Ulf Mühlhausen und Wolfgang Wegner

Erfolgreicher Unterrichten ? !

Eine erfahrungsfundierte Einführung in die Schulpädagogik

Begleit-DVD mit Videoszenen und Online-Übungen zur Unterrichtsanalyse

Schneider Verlag Hohengehren GmbH

Gedruckt auf umweltfreundlichem Papier (chlor- und säurefrei hergestellt).

Bibliografische Information der Deutschen Nationalbibliothek

Die Deutsche Nationalbibliothek verzeichnet diese Publikation in der Deutschen Nationalbibliografie; detaillierte bibliografische Daten sind im Internet über ›http://dnb.d-nb.de‹ abrufbar.

ISBN 978-3-8340-0058-3;   **2. unveränderte Auflage**
Schneider Verlag Hohengehren, 73666 Baltmannsweiler

Alle Rechte, insbesondere das Recht der Vervielfältigung sowie der Übersetzung, vorbehalten. Kein Teil des Werkes darf in irgendeiner Form (durch Fotokopie, Mikrofilm oder ein anderes Verfahren) ohne schriftliche Genehmigung des Verlages reproduziert werden.
© Schneider Verlag Hohengehren, Baltmannsweiler 2008.
Printed in Germany. Druck: Frechverlag, Stuttgart

Vorwort

Angehende Lehrer/innen möchten sich im Unterricht möglichst oft selbst erproben. Das ist auch sehr erwünscht — jedoch halten es ihre Ausbilder für notwendig, dass sie für die fortwährende Verbesserung ihrer Unterrichtsfähigkeit auch lernen, wie sie ihren Unterricht unter Rückgriff auf didaktische Kategorien und Konzepte analysieren können. Diese theoriebezogene Auseinandersetzung mit Unterricht empfinden Berufsanfänger oft als wenig gewinnbringend, denn die theoretischen Kategorien erscheinen ihnen fremd oder zumindest wenig vertraut.

Diesem Manko wird hier entgegengewirkt, indem schulpädagogische Begriffe und Unterrichtskonzepte erfahrungsfundiert vermittelt werden:

⇒ Zum einen gestützt auf medial veranschaulichte Unterrichtsbeispiele aus dem Schulalltag in Form vieler eindrucksvoller Videoszenen, Bilder und anderer Unterrichtsdokumente im Buch und auf der Begleit-DVD,

⇒ zum anderen durch Anregungen für Erkundungsprojekte in Schule und Unterricht.

Für die Unterrichtsbeispiele und die Möglichkeit zur Erprobung der Erkundungsprojekte bedanken wir uns bei vielen Mentor(inn)en der I. und II. Phase sowie bei deren Referendar(inn)en und Studierenden. Ihre oft phantasievolle und engagierte Unterrichtgestaltung hat wesentlich dazu beigetragen, dass die in den Kapiteln vorgestellten Begriffe eine konkrete Gestalt erhalten.

Hilfreiche Kritik zu einem ersten Entwurf und viele Anregungen für diesen Band haben wir von Alexander Engelbrecht, Hans Martin Hüne, Michael Linke, Roland Narr, Jochen Pabst und Rolf Knitter erhalten.

Unser besonderer Dank gilt Jan Mühlhausen, der die Web-basierten Übungen zur Unterrichtsanalyse programmiert hat und eine DVD-Benutzerführung schuf, in der alle Online-Übungen, Videos, Fotos und Textdokumente aus übersichtlichen Menüs aufgerufen werden können.

Hannover, im Januar 2006   U.M. & W.W.

INHALT

1 Einführung *11*
   1.1   Übersicht 11
   1.2   Zur Auswahl der Themen 12
   1.3   Aufbau der DVD, Aufruf der Multimedia-Dokumente und Verweise im Buch 19
   1.4   Die WBA-Online-Übungen 21

2 Antinomien im Lehrerberuf oder: Über den dornigen Weg zum guten Unterricht *23*
   2.1   Motive für die Wahl des Lehrerberufs 23
   2.2   Was macht den guten Lehrer aus? 25
   2.3   Lehrerarbeit als Handeln in Unsicherheit ... 27
   2.4   Das pädagogische Paradoxon und die Antinomien im Lehrerberuf. 31
   2.5   „Situationssicherheit" durch taktvolles Lehrerhandeln entwickeln: Ein Schlüssel für erfolgreichen Unterricht 35
   2.6   Die WBA-Übung zu Kapitel 02 36

3 Unterricht beobachten und protokollieren *39*
   3.1   Von den Tücken der Unterrichtsbeobachtung 39
   3.2   Ein Beobachtungsexperiment 40
   3.3   Wahrnehmungsbeeinträchtigende Faktoren 47
   3.4   Nachteile einer nicht mediendokumentierten Unterrichtsbeobachtung 51
   3.5   Die WBA-Übung zu Kapitel 03: Ein Experiment zur Web-gestützten Unterrichtsbeobachtung 52

4 Unterrichtseinstiege und Stundeneröffnungen *55*
   4.1   Zur Unterscheidung zwischen Stundeneröffnungen und Unterrichtseinstiegen 55
   4.2   Didaktische Funktionen und Merkmale von Unterrichtseinstiegen. 58
   4.3   Die besondere Bedeutung des Unterrichtsbeginns in der Ausbildung 62
   4.4   Alltägliche Stundenanfänge 63
   4.5   Die Angst des Anfängers vor dem misslungenen Einstieg 64
   4.6   Die überschätzte Bedeutung des Unterrichtseinstiegs 66
   4.7   Die WBA-Übung zu Kapitel 04 67
   4.8   Drei offenbar missglückte Stundenanfänge — und wie es weiterging: 68

5 Lehrziele — Wie Unterricht zielorientiert angelegt wird *69*
   5.1   Zur Unterscheidung von Zielen, Lehrzielen und Lernzielen ... 69

5.2 Der gesellschaftliche Bildungsauftrag: Fachübergreifende „mitlaufende" Ziele und Schlüsselqualifikationen 70
5.3 Thematisch-fachliche Lehrziele — Vorschläge der Lehrzieltaxonomie 76
5.4 Sind Kernideen der Lehrzieltaxonomie auf fachübergreifende Ziele übertragbar? 82
    5.4.1 Zur Notwendigkeit einer präzisen Formulierung fachübergreifender Ziele . 84
    5.4.2 Auch fachübergreifende Ziele setzen sich aus kognitiven, affektiven und pragmatischen Aspekten zusammen 85
5.5 Sicherung einer Ausgewogenheit der verschiedenen Zielaspekte ... 86
5.6 Heimliche Lehrziele ODER Was im Unterricht auch noch vermittelt wird, ohne dass Lehrer das als ihr Ziel angeben würden 87
5.7 WBA-Übungen zu Kapitel 05 90

6 *Lernumgebung als Rahmen erfolgreichen Schulunterrichts* *91*
6.1 Leitlinien für erfolgreichen Schulunterricht 91
    6.1.1 Die wichtigste Leitlinie: Sich selbst als Lehrerin ernst nehmen 92
    6.1.2 Die Schüler ernst nehmen 93
    6.1.3 Die Schüler da abholen, wo sie stehen 94
    6.1.4 Über Inhalte wechselseitig kommunizieren 95
    6.1.5 Anfang und Ende klar definieren 96
    6.1.6 Einen Rhythmus von Konzentration und Entspannung herstellen 97
6.2 Bedeutung der Lernumgebung für erfolgreichen Schulunterricht ... 98
6.3 Leitlinien für erfolgreichen Schulunterricht zeigen sich auch in der Lernumgebung 100
6.4 Vorschlag für ein Erkundungsprojekt „Fördert die Lernumgebung einen Unterricht, der sich an den Leitlinien für erfolgreichen Schulunterricht orientiert?" 103

7 *Schule und Recht* *105*
7.1 Müssen Lehrerinnen wertneutral sein? 105
7.2 Klärung einer schulrechtlichen Position am Beispiel des Elternwillens in der Sexualerziehung 109
7.3 Bedeutung der selbst erarbeiteten Rechtsklarheit für die eigene Unterrichtstätigkeit 115

8 *Organisation – Rituale und Regeln: Das Gerüst des Unterrichts* *117*
8.1 Unterrichtsorganisation 118
8.2 Rituale 122
8.3 Regeln 125
8.4 Anzeichen für Organisation, Rituale und Regeln im Klassenraum 127
8.5 Erkundung und Beobachtung zu Kapitel 08 129

Einführung

9 Arbeitsaufträge durchdacht entwerfen, verständlich stellen und überprüfen ... 131
- 9.1 Schwierigkeiten mit Arbeitsaufträgen ... 131
- 9.2 Arbeitsaufträge verständlich entwerfen — worauf ist zu achten? ... 133
  - Prüffrage 1: WAS soll bearbeitet werden? ... 133
  - Prüffrage 2: Wer soll MIT WEM zusammenarbeiten? ... 134
  - Prüffrage 3: WOMIT soll die Arbeit geleistet werden? ... 135
  - Prüffrage 4: WIE soll das Ergebnis aussehen? ... 135
  - Prüffrage 5: WIE LANGE sollen die Schüler bzw. Gruppen arbeiten? ... 135
  - Prüffrage 6: (Bei Gruppenarbeit) WER trägt das Ergebnis vor? ... 135
- 9.3 Arbeitsaufträge in der richtigen Weise stellen ... 136
  - Grundmuster „Stellen eines Arbeitsvorschlags" ... 139
- 9.4 WBA-Übungen zu Kapitel 09 ... 140
- 9.5 Wie gehen Schüler/innen mit Arbeitsaufträgen um? ... 141
- 9.6 Vorschlag für ein Erkundungsprojekt „Wie gehen Schüler/innen mit Arbeitsaufträgen um?" ... 143

10 Frontalunterricht — Unterrichtsgespräch — Lehrerfragen ... 145
- 10.1 Frontalunterricht - Vorzüge und Nachteile ... 145
  - 10.1.1 Tipps für schriftlich-graphische Darstellungen ... 149
  - 10.1.2 Tipps für den Einsatz der Tafel (ggfs. auch OHP) ... 150
  - 10.1.3 Tipps zur Gestaltung von Arbeitsblättern ... 150
  - 10.1.4 Tipps für den Lehrervortrag ... 151
- 10.2 Das Unterrichtsgespräch: Hilfen zur Gesprächsführung ... 152
  - 10.2.1 Elementare Fehler bei der Gesprächsführung vermeiden - Tipps für angehende Lehrer ... 152
  - 10.2.2 Gesprächsführung für Fortgeschrittene ... 155
  - 10.2.3 Die „hohe Schule" der Gesprächsführung ... 156
- 10.3 WBA-Übung zu Kapitel 10 ... 158
- 10.4 Lehrerfragen und Impulstechniken ... 158
  - 10.4.1 Der Unterrichtsimpuls ... 159
  - 10.4.2 Die Lehrerfrage ... 160
- 10.5 Wie erleben Schüler Lehrerfragen - und wann fragen sie selbst? ... 163

11 Öffnung des Unterrichts — Innere Differenzierung ... 165
- 11.1 Einführung ... 165
- 11.2 Großformen eines offeneren Unterrichts ... 166
  - 11.2.1 Unterricht nach Wochenplan ... 166
  - 11.2.2 Werkstattlernen ... 169
  - 11.2.3 Projektarbeit ... 173
- 11.3 Merkmale eines Offenen Unterrichts ... 175
- 11.4 Drei verbreitete Missverständnisse über Offenen Unterricht ... 177
- 11.5 „Kleinformen" einer Öffnung des Unterrichts ... 179
- 11.6 Vorschlag für ein Erkundungsprojekt „Öffnung des Unterrichts" ... 183

12 Planung einer ganzen Unterrichtsstunde *185*
   12.1 Beispiel für die Planung einer ganzen Unterrichtsstunde 188
   12.2 Kurzformen der Unterrichtsvorbereitung 196
   12.3 Erkundung / Beobachtung zu Kapitel 12 197

13 Unterrichtsstörungen — wenn Unterricht anders verläuft als geplant 201
   13.1 Unterrichtsstörung unter verschiedenen Perspektiven betrachtet .. 203
   13.2 Wahrnehmung von Störung als Ergebnis unbewusster Prozesse ... 205
   13.3 Übertragung und Gegenübertragung 211
   13.4 Sonderfälle: Institutionelle Störungen und Störungen durch
        Gewaltanwendung 212
        13.4.1 Störungen durch die ‚Institution Schule' 212
        13.4.2 (Körperliche) Gewalt 214
        13.4.3 Konflikte zwischen Schülern 216
   13.5 Die Botschaft der Störung entschlüsseln — einige Beispiele 217
        13.5.1 Lehr-/Lernstörungen (Überraschungen im Unterricht) 218
        13.5.2 Kommunikationsstörungen 221
        13.5.3 Die Botschaft der Angst 224
   13.6 Zusammenfassung 227

14 Zensur und Leistungsbewertung *229*
   14.1 Erstaunliche Ergebnisse von Benotungsexperimenten 229
   14.2 Die (Un-)Gerechtigkeit der Ziffernbenotung 231
        14.2.1 Objektivität der Ziffernbenotung 232
   14.3 Warum gelingt das Zensieren so schlecht? 235
        14.3.1 Funktionen der Zensur mit Vorrang eines sozialen Bezugsrahmens 238
        14.3.2 Funktionen der Zensur mit Vorrang eines individuellen Bezugsrahmens ... 239
        14.3.3 Funktionen der Zensur mit Vorrang eines kriterienbezogenen
                Bezugsrahmens 240
   14.4 Versuche zur Lösung des kaum lösbaren Problems 242
   14.5 Neuere Vorschläge zur Lösung des kaum lösbaren Problems 245
   14.6 Ratschläge für Praktiker 250

*15 Das Konzept einer erfahrungsfundierten Einführung in
unterrichtliches Handeln* *253*
   15.1 Zu den Schwierigkeiten, Unterrichtstheorie erfahrungsbezogen zu
        vermitteln 253
   15.2 Unterrichtstheoretische Grundkategorien erfahrungsbezogen
        vermitteln 259

16 Literatur *263*

17 Index *269*

TABELLEN

Tab. 1: Themen, Unterrichtsvideos, WBA-Übungen, Erkundungsübungen und weitere Aufgaben...................13
Tab. 2: Aufruf der Multimedia-Elemente 20
Tab. 3: Übersicht über die WBA-Übungen................................22
Tab. 4: Stufenmodell des Lehrerlernens (nach Fuller & Brown 1975).......30
Tab. 5: Einschätzung der acht Protokolle durch 24 Seminarteilnehmer 44
Tab. 6: Ablauf eines Unterrichtsprojekts 58
Tab. 7: Merkmale von Unterrichtseinstiegen nach Greving und Paradies..61
Tab. 8: Bildungsauftrag der Schule..71
Tab. 9: Schlüsselqualifikationen 73
Tab. 10: Was der Lehrzieltaxonomie „durch die Lappen" geht...................81
Tab. 11: Aspekte des Bildungsziels *Persönlichkeitsentwicklung*.................83
Tab. 12: Klärung der offenen Fragen durch Urteil des BVerfG vom 21.12.1977 114
Tab. 13: Organisationsaufgaben im Unterricht...................................121
Tab. 14: Wie gehen Schüler/innen mit einem Arbeitsauftrag um? Beobachtungen in einer 3. Klasse..............................142
Tab. 15: „Zwei zeitgenössische Definitionen von Frontalunterricht".........147
Tab. 16: Didaktische Funktionen von Impulsen und Lehrerfragen.............159
Tab. 17: Merkmale des Wochenplanunterrichts 168
Tab. 18: Aufgabenangebot für eine Werkstatt-Periode (ca. 3 Wochen mit insgesamt 9 Stunden).......................................170
Tab. 19: Merkmale dieses Werkstattunterrichts....................................172
Tab. 20: Merkmale eines Unterrichtsprojekts.......................................174
Tab. 21: Alltägliche Beteiligung der Schüler/innen an der Unterrichtsgestaltung...180
Tab. 22: Stationenlernen 192
Tab. 23: Schüler- und Schulklassenbeobachtung....................................193
Tab. 24: Erlass der KMK zur Zensurengebung......................................236
Tab. 25: Kompetenzstufen, Standard für Mathematik, 15-jährige Schüler.247

ABBILDUNGEN

Abb. 2: Auftragskarte bei der Station „Wassertropfen" 43
Abb. 3: Protokollanalyse 46
Abb. 4: Schule in Ibungila-Tansania 98
Abb. 5: Lehrer Lämpel 146
Abb. 6: Auszug aus einem Lernentwicklungsbericht 241
Abb. 7: Auszug aus einem Lernzustandsbericht..............................244

ÜBUNGEN, VIDEOSZENEN UND DOKUMENTE

Videoszene zu Kapitel 02 34
WBA-Übung Teil 1 zu Kapitel 02 37
WBA-Übung Teil 2 zu Kapitel 02 37
Videoszene 1 zu Kapitel 03 39
Arbeitsvorschlag zu Kapitel 03 41
   Kein „Entdeckendes Lernen" 44
Videoszene 2 zu Kapitel 03 45
WBA-Übung zu Kapitel 03 53
Videoszene zu Kapitel 04 61
WBA-Übungen zu Kapitel 04 67
Videoszene 1 zu Kapitel 05 76
Unterrichtsdokument 1 zu Kapitel 05 80
Videoszene 2 zu Kapitel 05 85
Unterrichtsdokument 2 zu Kapitel 05 87
WBA-Übungen zu Kapitel 05 90
Videoszene zu Kapitel 06 99
Erkundung/Beobachtung zu Kapitel 06 104
Ergänzender Text zu Kapitel 07 109
Arbeitsvorschlag zu Kapitel 07 111
Erkundung/Beobachtung zu Kapitel 08 129
Unterrichtsdokument 1 zu Kapitel 09 132
Unterrichtsdokument 2 zu Kapitel 09 133
Videoszene 1 zu Kapitel 09 134
WBA-Übungen zu Kapitel 09 141
Erkundung/Beobachtung zu Kapitel 09 143
Videoszene 1 zu Kapitel 10 153
Videoszene 2 zu Kapitel 10 156
WBA-Übung zu Kapitel 10 158
Videoszene 1 zu Kapitel 11 166
Videoszenen 2, 3 und 4 zu Kapitel 11 171
Videoszene 5 zu Kapitel 11 173
Erkundung/Beobachtung zu Kapitel 11 184
Information 1 zu Kapitel 12 190
Information 2 zu Kapitel 12 197
Erkundung/Beobachtung zu Kapitel 12 199
Arbeitsvorschlag 1 zu Kapitel 13 218
Arbeitsvorschlag 2 zu Kapitel 13 222
Benotungsexperiment zu Kapitel 14 230

1 Einführung

1.1 Übersicht

Behandelt werden dreizehn schulpädagogische Schwerpunkte, mit denen sich angehende Lehrer/innen[1] zur Vorbereitung und Aufarbeitung ihrer Unterrichtsversuche auseinander setzen sollten. Sie vermitteln Grundkenntnisse zur Unterrichtsplanung, erleichtern die Einschätzung des Unterrichtsstils von Ausbildungslehrern und ermöglichen einen besseren Zugang zu den Schülern. Leitendes Prinzip ist eine erfahrungsfundierte Vermittlung von Unterrichtskonzepten und schulpädagogischen Kategorien,

⇒ anhand von Unterrichtsbeispielen, die auf der beiliegenden DVD als Videoszenen und Bilddokumente [⚙] betrachtet werden können;
⇒ mit begleitenden Web-Basierten Übungen zur Analyse von Unterrichtsszenen, die online am PC abgerufen werden [🖥];
⇒ durch kleine Forschungsvorhaben zur Erkundung schulischer Lernumgebungen [🚲],
⇒ durch Aufgaben zur Analyse von Unterrichtsdokumenten, sowie einen Selbstversuch zur Zensurengebung [✍].

Wenn angehende Lehrer sich in Unterrichtskonzepte und didaktische Kategorien einarbeiten möchten, fehlt es ihnen in der Regel an Gelegenheiten, die theoretischen Konstrukte mit eigenen Unterrichtserfahrungen zu verknüpfen. Die zu vermittelnden Begriffe bleiben — mit Kant gesprochen — ohne Anschauung leer und schwer verständlich. Dieses Manko ist durch Unterrichtsbeispiele in Form vertexteter Schilderungen, wie sie in der schulpädagogischen Literatur üblich sind, kaum zu überwinden. In diesem Band werden die in den einzelnen Kapiteln behandelten unterrichtstheoretischen Kategorien mit Videoszenen veranschaulicht, sind in Online-Analyseübungen auf andere Unterrichtsbeispiele zu übertragen und werden in Erkundungsübungen zur Interpretation realer Unterrichtssituationen in Ausbildungsschulen

---

[1] Da bislang keine befriedigende Konvention etabliert ist, wird im Folgenden ein schematisches Vorgehen bei männlich-/weiblichen Sammelformen ebenso vermieden wie „ideologische Korrektheit": In bunter Mischung werden die weibliche oder männliche Schreibweise ebenso verwendet wie gelegentlich die „/"-Schreibweise und das große „I" oder die androgyne Fassung „Lehrperson".

herangezogen[2]. Auf diese Weise können die abstrakten Kategorien mit eigener oder medial vermittelter Erfahrung in Beziehung gesetzt werden.[3]

Mit den **Web-Basierten Analyse-Übungen (= WBA-Übungen)** wird ein im deutschsprachigen Raum neues Verfahren der Analyse von Unterricht am PC vorgestellt. In den Übungen sind die in einzelnen Kapiteln behandelten schulpädagogischen Kategorien auf Videoszenen zu übertragen. Die Übungen verfügen über eine einfach zu bedienende Oberfläche. Nur rudimentäre PC-Kenntnisse sind erforderlich, so dass die inhaltliche Arbeit in den Vordergrund rücken kann.

Die **Erkundungsübungen** enthalten Vorschläge zur Untersuchung der im Text behandelten Aspekte „vor Ort" im Unterricht. Angeregt werden Schulerkundungen, Befragungen von Lehrern und Schülern sowie teilnehmende Unterrichtsbeobachtungen. Bei einigen Erkundungen ist ein arbeitsteiliges Vorgehen in Gruppen von zwei bis vier Personen sinnvoll, so dass individuelle Ergebnisse zu einem Gesamtbefund zusammengeführt werden können. Das fragen- und hypothesengeleitete Vorgehen unterstützt das in der Lehrerausbildung oft geforderte, aber selten eingelöste Prinzip des *Forschenden Lernens*.

Die DVD enthält zu allen WBA-Übungen und Erkundungsprojekten beispielhafte Ergebnisse.

1.2 Zur Auswahl der Themen

Die in diesem Band behandelten inhaltlichen Schwerpunkte stellen keine systematische Einführung in das Gesamtspektrum der Schulpädagogik dar. Die Auswahl der dreizehn Themen (vgl. Tab. 1, S.13) beruht auf den Erfahrungen der Autoren mit langjähriger Betreuung angehender Lehrer/innen bei deren unterrichtspraktischer Arbeit: Behandelt werden zum einen Aspekte, die während der ersten eigenen Unterrichtsversuche als drängende Probleme im Vordergrund stehen, z.B. die Unterrichtsplanung, der günstige Unterrichtseinstieg, die Fähigkeit zur Gesprächsführung, das Umgehen mit — oder besser noch das Vermeiden von — Unterrichtsstörungen.

---

[2] Erkundungsübungen und die Web-Basierten Übungen zur Unterrichtsanalyse wurden in einer Reihe von Lehrveranstaltungen in der I. und II. Ausbildungsphase erprobt.
[3] Ausführlicher zu diesem Konzept einer erfahrungsfundierten Einführung: s. Kapitel 15, S.253

Kapitel	Thema	Unterrichtsvideos	WBA-Übung	Erkundungsübung	Weit. Aufgaben
02	Antinomien im Lehrerberuf oder: Über den dornigen Weg zum guten Unterricht	👓	💻		
03	Unterricht beobachten und protokollieren	👓	💻		✍
04	Unterrichtseinstiege und Stundeneröffnungen	👓	💻		
05	Lehrziele - Wie Unterricht zielorientiert angelegt wird	👓	💻		✍
06	Die Lernumgebung als Rahmen erfolgreichen Schulunterrichts	👓		🚲	✍
07	Schule und Recht				✍
08	Organisation – Rituale und Regeln: Das Gerüst des Unterrichtens			🚲	✍
09	Arbeitsaufträge durchdacht entwerfen, verständlich stellen und überprüfen	👓	💻	🚲	✍
10	Frontalunterricht - Unterrichtsgespräch – Lehrerfragen	👓	💻		✍
11	Öffnung des Unterrichts - Innere Differenzierung	👓		🚲	✍
12	Planung einer ganzen Unterrichtsstunde	👓		🚲	✍
13	Unterrichtsstörungen - Wenn Unterricht anders verläuft, als geplant				✍
14	Zensur und Leistungsbewertung				✍

Tab. 1: Themen, Unterrichtsvideos, WBA-Übungen, Erkundungsübungen und weitere Aufgaben

Des Weiteren werden Aspekte thematisiert, die als kompliziert gelten oder die gelegentlich nur oberflächlich gestreift werden (z.B. eine zielorientierte Unterrichtsgestaltung, die Bedeutung von Ritualen und Regeln, eine gerechte Leistungsbeurteilung, schulrechtliche Rahmenbedingungen). Und schließlich werden Aspekte behandelt, die kaum im Blickfeld angehender Lehrer/innen liegen (z.B. die Tücken der Unterrichtsbeobachtung, Probleme beim Stellen von Arbeitsaufträgen, eine effektive Organisation des Unterrichts, die Lernumgebung als wichtiger Faktor für erfolgreiches Lehren und Lernen).

Kapitel 02: Antinomien im Lehrerberuf oder: Über den dornigen Weg zum guten Unterricht

Dieses Kapitel beugt gegenüber der unrealistischen Erwartung vor, durch die Auseinandersetzung mit erziehungswissenschaftlichen Konzepten umfassend auf Unterrichtspraxis vorbereitet zu werden. Berufsanfänger möchten gern lernen, wie man „sichere" Unterrichtsentwürfe konzipiert, und sie erwarten „Rezepte" für schwierige Situationen. Sie übersehen dabei, dass Unterrichten ein Balanceakt ist, gekennzeichnet durch Zielkonflikte und divergierende Anforderungen, die oft nicht vorhergesehen werden können. Niemand kann — ganz gleich, mit wie viel Unterrichtserfahrung und fachlicher Kompetenz ausgestattet — Unterricht von seiner „Überraschungsanfälligkeit" befreien und ihn allein durch Überlegungen am Schreibtisch festlegen. Weil Unterricht selbst bei gründlichster Vorbereitung einem Abenteuer mit einem oft für alle Beteiligten unbekannten Ausgang ähnelt, kommt es genauso darauf an, ein Gespür für unerwartete Unterrichtssituationen zu entwickeln, sie schnell und zuverlässig einzuschätzen und gegebenenfalls angemessen auf sie zu reagieren.

Kapitel 03: Unterricht beobachten und protokollieren

Eine möglichst genaue Unterrichtsbeobachtung ist für guten Unterricht eine unerlässliche Voraussetzung. Berufsanfänger überschätzen oft ihre Beobachtungsfähigkeit; sie gehen ganz selbstverständlich davon aus, dass sie mühelos alles erfassen und im Gedächtnis behalten können („Ich war doch dabei"). Wie lückenhaft und täuschungsanfällig ihre Wahrnehmung ist, können sie bei Hospitationen oder eigenen Unterrichtsversuchen nicht erfahren, weil die Ereignisse im Klassenzimmer nicht wiederholbar sind. In diesem Kapitel werden einige Probleme bei der Unterrichtsbeobachtung vorgestellt. Eine Web-basierte Übung zur Unterrichtsbeobachtung führt vor Augen, wie man den eigenen „blinden Flecken" auf die Spur kommen kann.

Kapitel 04: Unterrichtseinstieg / Stundeneröffnung

Wie man eine Stunde beginnen oder in ein neues Thema einführen sollte, hat für angehende Lehrerinnen beim Entwurf von Unterrichtsvorhaben große Bedeutung. Anhand von Beispielen (Schilderungen, Videoszenen und einer WBA-Übung) werden Eröffnungsrituale und Möglichkeiten der Themeneinführung vorgestellt und die jeweils mit ihnen verbundenen didaktischen Funktionen erörtert. Kritisch beleuchtet wird der Aufwand zur Inszenierung von Unterrichtsanfängen, wie er oft bei Lehrproben in der zweiten Phase zu beobachten ist.

Kapitel 05: Lehrziele als übergreifende Bildungsziele, fachliche Lehrziele und heimliche Ziele

Eine der wichtigsten und für angehende Lehrer/innen schwierigsten Aufgaben bei der Unterrichtsplanung besteht darin, sich möglichst genau Gedanken darüber zu machen, welche Ziele sie mit ihrem Unterricht verfolgen. Berufsanfänger haben noch keine ausreichenden Kenntnisse über ihre Schüler, um den gewünschten Zuwachs an Wissen, die angezielten Fertigkeitsverbesserungen und Einstellungsänderungen präzise beschreiben zu können. Und sie haben Schwierigkeiten damit, die verschiedenen Facetten des Begriffs *Lehrziel* auseinander zu halten — fachübergreifende Bildungsziele und Schlüsselqualifikationen, unterrichtsfachlich-thematische Lehrziele und „heimliche" Ziele. In diesem Kapitel werden diese verschiedenen Aspekte von Lehrzielen an vielen Beispielen vorgestellt. Zur Vertiefung dienen eine WBA-Übung zur Analyse von Lehrzielen anhand von Unterrichtsdokumenten und eine Erkundungsübung, bei der die Ziele einer Unterrichtsstunde im Rahmen einer Hospitation zu rekonstruieren sind.

Kapitel 06: Die Lernumgebung als Rahmen erfolgreichen Schulunterrichts

Vor jeder konkreten Unterrichtsplanung benötigen Lehrer/innen einen Orientierungsrahmen[4], damit sie für sich klären können, was ihnen als *Pädagogen* wichtig ist. Es geht dabei weniger um die Inhalte und Methoden des Unterrichts als vielmehr um ihre Selbstachtung — den Respekt, mit dem sie ihren Schülern entgegentreten, ihre Freude an der Arbeit mit Kindern und Jugendlichen. Wichtig ist es, einen Rahmen zu schaffen und einzuhalten, innerhalb dessen sich erfolgreicher Schulunterricht ereignen kann. Vorgestellt werden sechs Leitlinien, an denen sich Berufsanfänger orientieren können, wenn sie die Lernumgebung ihrer Schülern darauf hin überprüfen. Die begleitende Erkundungsübung soll dazu anregen, die Bedeutung der Lernumgebung praktisch nachzuvollziehen.

Kapitel 07: Schule und Recht

Lehrer/innen greifen tief in das Leben von Kindern und Jugendlichen ein. Sie wirken als Vorbild und nehmen mit Zeugnissen entscheidenden Einfluss auf deren Lebensschicksal. Damit diese Macht nicht willkürlich ausgeübt wird,

---

[4] vgl. Giesecke / Hentig / Fauser. u.a. 1996.

sind Lehrer/innen auf die in Deutschland geltende — im Grundgesetz kodifizierte — Wertordnung verpflichtet, die den jeweiligen Schulgesetzen der Bundesländer zugrunde liegt. Angehende Lehrer haben mit Schulrechtsfragen oft erhebliche Probleme, weil die Frage: „Mit welchem Ziel darf ich meine Schüler erziehen, also wertmäßig beeinflussen?" auch das eigene Selbstverständnis berührt. Lehrer/innen haben — wie viele Menschen — eine Scheu davor, sich mit Rechtsfragen auseinander zu setzen. Das kann sie in eine diffuse Situation bringen, in deren Verlauf sie zwischen Forderungen von Eltern, der Schulleitung, ihren Schülern und schließlich ihren eigenen Wert-Überzeugung hin und her gerissen wird. Am Beispiel einer Frage des Elternrechts wird gezeigt, dass man als Lehrer/in bei vielen Schulrechtsfragen aus eigener Kraft zu einem klaren rechtlichen Standpunkt gelangen kann.

Kapitel 08: Organisation – Rituale und Regeln: Das Gerüst des Unterrichts

Wenn Berufsanfänger vor der Herausforderung stehen, eine Unterrichtsstunde zu entwerfen, konzentrieren sie ihre Planungsüberlegungen auf die Themenwahl, die Suche nach geeigneten Materialien, Arbeitsformen, Zeiteinteilung, Medieneinsatz u.v.m.. Selten haben angehende Lehrer einen Blick für das Gerüst des Unterrichts, von dessen Tragfähigkeit es entscheidend abhängt, ob die Unterrichtsstunde gelingt. Das sind Ereignisse im Verlauf einer Stunde, eines Schultags oder einer Woche, die sich in ähnlicher Weise wiederholen: Z.B. organisatorische Tätigkeiten wie Kontrollen (Hausaufgaben, Unterschriften usw.), Einsammeln von Geldern, Verteilen von Einladungen an Eltern u.a.; Regeln, die zur Verbesserung der Zusammenarbeit beitragen sollen (Arbeitsregeln, Gesprächsregeln, Klassendienste), Rituale zur Gestaltung des Schulalltags sowie besonderer Ereignisse (Begrüßungs- und Schlussritual, Feiern eines Schülergeburtstages). Gezeigt wird in diesem Kapitel, wie Unterricht durch geschickte Organisation erheblich erleichtert werden kann und wie Regeln und Rituale wesentlich zur Lernatmosphäre in einer Klasse beitragen können. Die Erkundungsübung schärft den Blick dafür, welche Organisationsformen, Regeln und Rituale den Unterricht in einer Klasse prägen.

Kapitel 09: Arbeitsaufträge gut formulieren - Arbeitsaufträge richtig stellen

Das Thema *Arbeitsaufträge* wird in der pädagogischen Ratgeberliteratur recht stiefmütterlich behandelt. Außer knappen Tipps wie z.B., dass sie vorher gut überlegt und auf Schülerniveau formuliert sein sollten (d.h. nicht zu lang, keine Fremdworte), gibt es kaum Hinweise. Das ist erstaunlich, wenn man bedenkt, dass Lehrer in nahezu jeder Unterrichtsstunde Arbeitsaufträge stellen, die Schüler verstehen müssen, um danach einzeln, zu zweit oder in Gruppen arbeiten zu können. Solche „Erarbeitungsphasen" machen zwischen 20% und 40 % der Unterrichtszeit aus, in Fächern wie Kunst oder Werken erheblich mehr. Ausgehend von Unterrichtsbeispielen mit einigen typischen Anfängerfehlern werden zwei Checklisten vorgestellt: Eine, mit der geprüft werden kann, ob beim Entwerfen des Arbeitsvorschlags an alle wichtigen Punkte gedacht wurde; eine zweite, mit deren Hilfe typische Fehler beim Stellen von Arbeitsaufträgen im Unterricht vermieden werden können. In der Erkundungsübung soll ermittelt werden, wie unterschiedlich Schüler/innen an einen Arbeitsvorschlag herangehen, welche Schwierigkeiten sie dabei haben und wie verschieden die Ergebnisse ausfallen können.

Kapitel 10: Frontalunterricht - Unterrichtsgespräch – Lehrerfragen
Dieses Kapitel befasst sich mit der umstrittensten, zugleich im Schulalltag am weitesten verbreiteten Unterrichtsform. Einen breiteren Raum nehmen Tipps für Unterrichtsgespräche ein, weil erfahrungsgemäß die damit verbundenen Anforderungen von Anfängern häufig unterschätzt werden — vermutlich, weil man sich im Alltag als gesprächskompetent erfährt und fälschlicherweise diese Kompetenz mit der Fähigkeit gleichsetzt, Unterrichtsgespräche führen zu können. Anhand beispielhafter Unterrichtsgespräche (als Videos auf der DVD) werden typische Anfängerfehler bei der Gesprächsführung erläutert. Schließlich geht es um Impulstechniken für Unterrichtsgespräche und die verschiedenen Varianten von Lehrerfragen mit ihren jeweiligen Vorzügen und Nachteilen — nicht zuletzt aus Schülersicht.

Kapitel 11: Offener Unterricht – geschlossener Unterricht / innere Differenzierung
Konzepte eines offeneren Unterrichts und Merkmale differenzierenden Unterrichts sind Gegenstand dieses Kapitels. Projektunterricht, Stationenlernen, Freie Arbeit und Unterricht nach Wochenplan werden anhand von Videoszenen und weiteren Unterrichtsdokumenten vorgestellt. Eingegangen wird auf drei landläufige Missverständnisse, wonach erstens im Offenen Unterricht Schülerinteressen der absolute Maßstab seien, zweitens Lehrer dabei zunehmend überflüssig würden und drittens *Offener Unterricht* besser sei als *Frontalunterricht* und diesen ersetzen sollte. Widersprochen wird der Behauptung, eine Öffnung des Unterrichts und Varianten von Differenzierung seien den „Großformen" offeneren Unterrichts vorbehalten. Gezeigt wird, dass jeder Unterricht — selbst der strikteste Frontalunterricht — Wünsche, Interessen, Fähigkeiten und Vorerfahrungen der Schüler nicht ignorie-

ren kann, und diese somit auch im herkömmlichen Unterricht an didaktischen Entscheidungen beteiligt sind. In der Erkundungsübung geht es darum, bei einer Unterrichtshospitation auch für solche „bescheidenen", leicht übersehenen Ansätze einer Öffnung des Unterrichts sensibel zu werden.

Kapitel 12: Planung einer ganzen Unterrichtsstunde
Es gibt eine Fülle von Vorschlägen, wie die Planung einer Unterrichtsstunde erfolgen und in einem sog. Stundenentwurf dokumentiert werden kann. Allein zur Darstellung des geplanten Unterrichtsverlaufs in mehrspaltigen Tabellen gibt es eine kaum überschaubare Anzahl von Varianten. Manche Ausbilder raten von schematischen Darstellungen ab, da so die erforderliche Flexibilität leicht auf der Strecke bleibe. Angehende Lehrer/innen fordern derartige Vorgaben dagegen oft und greifen, wenn sie diese nicht erhalten, nach zufällig angebotenen Planungsschemata — z.B. dem aus der Studienzeit des Mentors — wie nach dem rettenden Strohhalm. Planungshilfen sind notwendig, aber sie sollten so variabel sein, dass sie für verschiedene Unterrichtsfächer und Klassenstufen modifiziert werden können. Entwürfe sollten nicht zu einer rigiden Festlegung auf den geplanten Unterrichtsablauf und die formulierten Lehrziele veranlassen, sondern je nach aktueller Klassensituation und Herangehensweise auch zu anderen Zielen (Zielvarianz) und Stundenverläufen (Ablaufflexibilität) führen können. Dazu werden fünf Leitfragen vorgestellt und es wird an einem Beispiel erläutert, wie eine Stundenplanung sich daran orientieren kann.

Kapitel 13: Unterrichtsstörungen - Wenn Unterricht anders verläuft, als geplant
Nicht nur Berufsanfänger — auch erfahrene Lehrer/innen — werden fast täglich mit Situationen konfrontiert, in denen Schüler sich anders verhalten als erwartet. Besonders belastend sind dabei Störungen, die nicht nur den geplanten Ablauf zu gefährden drohen, sondern vor allem die Befindlichkeit des Lehrers erheblich beeinträchtigen — vom Eindruck der Unsicherheit bis hin zu Gefühlen von Hilflosigkeit, Wut und Enttäuschung. Angehende Lehrer wünschen sich ein Repertoire von geeigneten Maßnahmen, um Störer zu disziplinieren und zur Ruhe zu bringen. Anstatt solche Scheinlösungen zu präsentieren, wird in diesem Kapitel gezeigt, dass eine Unterrichtsstörung immer ein Ergebnis von innerpsychischen Prozessen ist und in den meisten Fällen aus Interaktionen zwischen den Beteiligten hervorgeht. Diesen Vorgängen nachzuspüren, kann ein Ansatzpunkt für den konstruktiven Umgang mit Unterrichtsstörungen sein. Angesprochen werden auch Störungen, deren Ursache außerhalb des Unterrichts liegt. Gezeigt wird, dass Störungen dieser

Art durch unterrichtsimmanente Strategien kaum oder gar nicht zu bewältigen sind.

Kapitel 14: Zensur und Leistungsbewertung
Die Beurteilung von Schülerleistungen gehört zu den verantwortungsvollsten und zugleich schwierigsten Aufgaben von Lehrern. Zensuren genügen selten den für psychologische Tests üblichen Gütekriterien; für „objektiv" gleiche Leistungen werden in verschiedenen Schulen und Klassen unterschiedliche Noten vergeben.[5] Zensierung birgt somit die Gefahr hochgradiger Willkür in sich. Das ist Berufsanfängern häufig nicht klar. Daher beginnt dieses Kapitel mit einer Darstellung der Ergebnisse eines Zensierungsexperiments. Auf der DVD befindet sich eine Version dieses Experiment, so dass Leser es — z.B. im Rahmen eines Ausbildungsseminars — selbst durchführen und anschließend vergleichen können, inwieweit die eigene Zensurengebung mit der von fast 400 anderen Teilnehmerinnen an diesem Experiment übereinstimmt. Anschließend wird ein Spektrum an Lösungsmöglichkeiten für die Zensierungsproblematik vorgestellt und diskutiert: Es reicht vom völligen Verzicht auf Zensuren über die Entwicklung von Zensierungsverfahren mit einem vorzugsweise sozialen, individuellen oder kriterienbezogenen Bezugsrahmen bis hin zu Berichtszeugnissen und schließlich — als Konsequenz aus den PISA-Studien — landesweiten, standardisierten, an Kompetenzstufen orientierten Vergleichsarbeiten. Zum Abschluss werden einige ganz pragmatische Ratschläge für die Zensierung gegeben.

1.3 Aufbau der DVD, Aufruf der Multimedia-Dokumente und Verweise im Buch

Die Begleit-DVD zu diesem Band enthält:
⇒ Videoszenen, Text- und Bilddokumente, welche die vorgestellten schulpädagogischen Begriffe und Konzepte veranschaulichen,
⇒ WBA-Online-Übungen zur multimedialen Unterrichtsanalyse,
⇒ Erkundungsprojekte zur Unterrichtsanalyse „vor Ort"
⇒ Musterlösungen zu den WBA-Übungen und den Erkundungsprojekten,
⇒ Vorschläge zur Analyse von Unterrichtsdokumenten.

Die Dokumente und Übungen sind für den Leser zum Selbststudium gedacht. Sie dürfen darüber hinaus in Veranstaltungen der Lehrerausbildung

---

[5] vgl. z.B. Grotjahn 2003, S. 6f

und der Lehrerfortbildung vorgestellt werden. Beim Start der DVD ist eine Verpflichtungserklärung abzugeben, die DVD bzw. einzelne Dateien daraus in keinem anderen Zusammenhang als vorstehend beschrieben zu verwenden.

Aus dem Anfangsmenü der DVD (Tab. 2, S.20) gelangt man zu Untermenüs, aus denen alle Dokumente aufgerufen werden können:

Videos und weitere Unterrichtsdokumente
Erkundungsprojekte
WBA-Übungen
WBA-Konzept
WBA-Open
Hilfe
Kontakt

Tab. 2: Aufruf der Multimedia-Elemente

Wenn das Anfangsmenü nach dem Einlegen der DVD nicht erscheint, ist die „Autorun"-Funktion auf Ihrem PC deaktiviert. In dem Fall kann das Anfangsmenü durch Doppelklicken auf die Datei „index.htm" gestartet werden.

Mit den Symbolen ☜, 🖳, 🚲, 🗎 (vgl. Tabelle 1, S. 13) wird im Text auf die obigen Dokumente verwiesen und jeweils der genaue Speicherpfad auf der DVD und der Dateiname des abzurufenden Dokuments angegeben, so dass diese Dokumente auch separat aufgerufen und z.B. ausgedruckt werden können.

Die in den Kapiteln erwähnten Unterrichtsdokumente finden Sie jeweils im gleichlautenden Pfad auf der DVD, z.B. :
⇒ die in Kapitel 02 angesprochenen Dokumente im Pfad
\Kapitel_02_Antinomien\,
⇒ die in Kapitel 03 angesprochenen Dokumente im Pfad
\Kapitel_03_Unterrichtsbeobachtung\,
u.s.w.

Diese Dokumente liegen in zwei Dateitypen vor:
⇒ Videos im Format Windows[6] Media Video 9 [7] (Dateiendung „.wmv");

---

[6] Im Text wird an vielen Stellen auf Software Bezug genommen. Erwähnt werden u.a. Microsoft Windows (= Windows), Microsoft Word (= Word, Winword, Word für Windows), Microsoft Excel (= Excel), Microsoft Office (= Office, Office-Paket), Windows Media Player (= Media Player), Internet Explorer. Alles sind eingetragene Warenzeichen der Microsoft Corporation.

[7] „Codecs" sind Programme zur Umwandlung von Daten in einen Film. Bei standardmäßiger

⇒ Texte, Fotos und Grafiken im Adobe-Acrobat-Reader Format (Dateiendung „.pdf").

Zum Betrachten der Dokumente ist ein PC (mindestens Pentium III oder vergleichbar) erforderlich. Als Softwareausstattung muss vorhanden sein:
⇒ ein MediaPlayer, der das wmv-Format 9 abspielen kann, z.B. Windows MediaPlayer ab Version 8 oder ein vergleichbarer Medien-Abspieler[8].
⇒ das Programm Adobe Acrobat Reader[9].

Die Namen der einzelnen Dokumente beginnen immer mit einer Kapitelabkürzung, gefolgt von einem Stichwort, das den Inhalt beschreibt, z.B.:
⇒ \Kapitel_02_Unterrichtseinstiege\K02_etui.wmv
⇒ \Kapitel_02_Unterrichtseinstiege\K02_protokollbeispiel.pdf
⇒ \Kapitel_02_Unterrichtseinstiege\K02_FotoSaftmaschine.pdf

1.4 Die WBA-Online-Übungen

Die WBA-Übungen zur Unterrichtsanalyse sind für das Betriebssystem Windows entwickelt worden (Version 98 SE, ME, 2000 oder XP).
⇒ Sie setzen einen Pentium PC (Version III 600 MHz oder höher) voraus.
⇒ Auf dem PC muss ein Internetbrowser installiert sein (z.B. Internet Explorer 5.5 oder höher) und der PC muss einen Internetzugang haben.
⇒ Die Übungen liegen auf der DVD im Pfad \WBA_UEBUNGEN. Sie werden aufgerufen über das Startmenü der DVD (s. Tabelle 3, S.22).
⇒ Bei jeder Übung sind folgende Angaben zu machen: Institution (fakultativ), Name, Vorname und Email (dann erhalten Sie Ihre Antworten).
⇒ Alle WBA-Übungen laufen skriptgesteuert ab, d.h. alle Videoszenen, Protokolle, Aufgaben und Textfelder zur Beantwortung werden automatisch nacheinander (oder nebeneinander) auf dem Monitor gezeigt. Die Protokolle werden automatisch zum laufenden Video „umgeblättert".
⇒ Jede Aufgabe muss in einer festgelegten Zeit bearbeitet werden, die so bemessen ist, dass die Bearbeitung ohne Zeitnot erfolgen kann.

Installation des Windows Media Players ist die zum Zeitpunkt der Installation aktuelle Fassung vorhanden. Falls der Codec für das wmv-Format 9 noch nicht installiert ist, versucht der MediaPlayer nach Aufruf einer Videodatei automatisch ein Update via INTERNET

[8] z.B. der ZOOM-Player; eine frei im Internet verfügbare Version liegt auf der DVD im Pfad \HILFE bei und kann bei Bedarf installiert werden.
[9] Eine frei im Internet verfügbare Version liegt auf der DVD im Pfad \HILFE und kann bei Bedarf installiert werden.

⇒ Die Aufgaben sind schriftlich zu beantworten. Wenn ein Textfeld zur Beantwortung einer Frage/Aufgabe erscheint, schreiben Sie Ihre Antworttexte dort hinein. Wenn Sie fertig sind schicken Sie Ihren Antworttext ab. Wenn Sie die maximale Bearbeitungszeit für eine Aufgabe erreicht haben, wird das bis dahin im Textfeld Stehende automatisch abgeschickt.
⇒ Wenn Sie eine gültige Email-Adresse angeben, erhalten Sie Ihre Antworten darüber. Wenn Sie keine Email-Adresse (oder eine ungültige) angeben, erhalten Sie Ihre Antworten nach jedem Übungsteil am Bildschirm und können Sie ausdrucken.
⇒ Kommentierte Musterlösungen für alle WBA-Übungen - sowohl gute als auch aus Autorensicht weniger passende Antworten - enthält die DVD im Pfad \WBA_UEBUNGEN\MUSTERLOESUNGEN.

Zu Kapitel	WBA-Übungen (online)	Dauer (ca.)
02	Übungsteil 1 „Beispiele für guten und schlechten Unterricht"	35 min
	Übungsteil 2 „Analyse einer Unterrichtsszene"	45 min
03	Übung „Unterricht beobachten und protokollieren"	75 min
04	Übungsteil 1 „Beschreibung von Unterrichtseinstiegen, schwerpunktmäßig mit jeweils einer didaktischen Funktion"	30 min
	Übungsteil 2 „Analyse eines Unterrichtseinstiegs – Sachunterricht 3. Klasse Grundschule"	25 min
	Übungsteil 3 „Analyse eines Unterrichtseinstiegs – Mathematik 8. Klasse Gymnasium"	25 min
05	Übungsteil 1 „Rekonstruktion der Lehrziele aus einer Unterrichtsszene — Grundschule"	45 min
	Übungsteil 2 „Analyse der Lehrziele aus einem Unterrichtsentwurf — Gymnasium"	45 min
09	Übungsteil 1 „Merkmale von Gedichten" 11. Klasse Übungsteil 2 „Boote" 3. Klasse Übungsteil 3 „Regenwürmer" 2. Klasse Übungsteil 4 „Lineare Gleichungen" 8. Klasse	jeweils 60 min
10	Übung „Gesprächsführung"	60 min

Tab. 3: Übersicht über die WBA-Übungen

2 Antinomien im Lehrerberuf oder: Über den dornigen Weg zum guten Unterricht

2.1 Motive für die Wahl des Lehrerberufs

Auf die Frage nach den Gründen für die Berufswahl angehender Lehrer/innen gibt es ein großes Spektrum von Vermutungen, darunter einige sarkastische Spekulationen. Nach landläufig vorherrschender Meinung sind die drei Hauptmotive „lange Ferien", „leicht verdientes Geld" und „gesellschaftliches Ansehen". Praktizierende Lehrer/innen werden darüber nicht einmal mehr lächeln können, denn sie erfahren fast täglich, dass sie einen anstrengenden Beruf gewählt haben, dem die gebührende gesellschaftliche Anerkennung oft versagt bleibt. Auch an der (selbst-)ironischen Einschätzung, die dem amerikanischen Erziehungsphilosophen John Dewey zugeschrieben wird, mag im Einzelfall durchaus etwas dran sein:

> Who can, does. - Who cannot, teaches. - Who cannot teach, teaches teachers. - Who cannot teach teachers, mediates everybody else.

Aber möglicherweise wirkt auch noch ein anderes Motiv im Hintergrund: Studienanfänger haben aus ihrer eigenen Schulzeit ein Bild von gutem Unterricht und von guten Lehrern als Vorbilder mitgenommen — oder sie sind abgestoßen durch schlechten Unterricht, verärgert über Lehrer, unter denen sie gelitten haben. Wir haben einige hundert Studienanfänger nach ihren Erinnerungen an die eigene Schulzeit befragt und beeindruckende Schilderungen von Unterrichtsszenen und Lehrern erhalten, die sich positiv oder negativ eingeprägt haben:

Eine angehende Gymnasiallehrerin:

⇒ „Wenn ich an einen guten Unterricht zurück denke, so fällt mir doch sofort mein Biologieunterricht ein. Ich erinnere mich daran, dass mir zunächst die Lehrerin sehr sympathisch war. Das heißt aus Schülersicht: nett, freundlich, nicht allzu streng, aber dennoch gab es Grenzen, nicht massig Hausaufgaben, die man bewältigen musste. Sie machte auch manchen Spaß mit und vor allem liebte sie ihr Fach. Das Fach gerne zu unterrichten, ist eine für mich wichtige Eigenschaft, da ich der Meinung bin, dass man nur dann einen „guten Unterricht" macht. Meinen Biologieunterricht empfand ich jedenfalls als einen solchen; es fängt schon beim Erzählen der Lehrerin an: Noch nie zuvor hat jemand einfache Abläufe und Tatbestände oder biologische Zusammenhänge so interessant und „spannend" erzählt - man mochte gern zuhören. Wichtig und zugleich auch mit viel Spaß vebunden waren sämtliche anschaulichen Übungen und Versuche, die auch wir Schüler „mitmachen" und durchführen konnten. Der Unterricht war somit nicht auf ein bloßes Zuhören (Frontalunterricht) beschränkt, sondern war eben auch sehr praktisch orientiert. Vielleicht sollte ich hier auch noch die Arbeit im Schulgarten erwähnen, die immer super viel Spaß bereitete, obgleich es doch immer mit „Lernen" verbunden war - man pflanzte nämlich nicht einfach irgendwo irgendwas hin, sondern man sollte schon über die Pflanze, Wasserhaushalt etc. Bescheid wissen.

⇒ Für einen schlechten Unterricht fällt mir doch gleich mein Mathematikunterricht ein! Die Lehrerin war mir so was von unsympathisch. Ich bekomme jetzt noch eine Gänsehaut, wenn ich an diesen Drachen zurück denken muss! Man stelle sich eine kleine alte Frau mit roten auftoupierten Haaren vor, die eine Stimme hat wie eine Hexe — brrrr! Nun, Sympathie ist ja nun nicht das Entscheidende. Ihr Unterricht: Sie kommt rein - alles verstummt und erhebt sich von den Plätzen, um gemeinsam ein „Guten Morgen Frau XX" zu singen. Richtig alte Schule. Man darf sich setzten und gleich darauf werden die Hausaufgaben kontrolliert. Dann wird das Thema der Stunde DURCHGEZOGEN. Laut, bestimmt und ohne jeglichen Spaß! Trocken! Langweilig! Einfach furchtbar. Kein Wunder, dass ich bis heute Mathematik als furchtbares Unterrichtsfach empfinde. Diese Frau hatte ich nun 4 lange Jahre als Lehrerin."

Eine angehende Grundschullehrerin:

⇒ „Sportunterricht in der 8. Klasse, Integrierte Gesamtschule. Zwei Mannschaften sollten für ein Handballspiel gewählt werden; wie immer wurden die Mädchen von den Jungen mit mauligen Gesichtern zum Schluss gewählt. Nach der Wahl bestimmte der Sportlehrer die Regeln in abgeänderter Form, und zwar galten geworfene Tore nur als Punkt, wenn sie von Mädchen rechtshändig und von Jungen linkshändig geworfen wurden. In dieser Sportstunde hatten endlich mal die Mädchen die Macht über einen Handball!

⇒ Deutschunterricht, 4. Klasse Grundschule. In dieser Unterrichtsstunde wurden Aufsätze zurückgegeben. Von der Lehrerin wurden einige gelungene und schlechte Beispiele vorgelesen. Anhand der roten Köpfe einiger Schüler war allen klar, wer einen schlechten Aufsatz geschrieben hatte; meine Arbeit wurde mit dem Satz vorgelesen und kommentiert: „So sollte man auf gar keinen Fall schreiben!" Im Anschluss daran erhielt ich mein Heft vor versammelter Klasse zurück."

Eine andere angehende Grundschullehrerin:

⇒ „Der Mathematikunterricht im Leistungskurs in der 12. und 13. Klasse war für mich ein guter Unterricht, was wohl hauptsächlich an dem Lehrer lag. Mir gefiel seine Art, wie er unterrichtete und seine Auffassung von Fairness. Er verlangte von niemandem Mathe zu können, erwartete aber, dass jeder Bemühen zeigte, sich mit dem jeweiligen Thema auseinander zu setzen und die jeweiligen Hausaufgaben zu erledigen. Auch verlor er selten die Geduld, wenn er immer wieder ein und die selbe Sache erklären musste und er stand jederzeit für Fragen zur Verfügung. Ebenfalls gut war, dass er selten Frontalunterricht abhielt, sondern vielmehr immer die Schüler einbezog. Z.B. gab es immer Hausaufgabenbesprechungen, wo ein Schüler an die Tafel musste, die Aufgabe anschreiben musste und sie dann bzw. seinen Lösungsweg erklären musste. Er ließ jeden Schüler bis er fertig war aussprechen und verlangte dann von den anderen, die

Fehler zu korrigieren. Was an dem Ganzen noch besonders gut war, dass er gar nicht mal verlangte, die Aufgabe wirklich richtig an die Tafel zu bringen, was er aber auch immer anerkannte, sondern dass er fast schon euphorische Begeisterung bei Fehlern zeigte, denn er war der festen Überzeugung, durch Fehler viel zu lernen, was auch meistens zutraf!

⇒ Englischunterricht in der 7. Klasse: Schlechte Schüler wurden wenig beachtet und mit ihren Problemen vollständig allein gelassen. Eine Sechs in einer Klausur, wurde grinsend und mit dem Kommentar: „Das war wohl nichts!" wiedergegeben. Was für viele noch ein Problem darstellte war, dass er damals fast ausschließlich Englisch im Unterricht sprach und dieses dann auch noch zu schnell, so dass es gerade für Schüler, die sowieso schon Probleme in Englisch hatten, unmöglich war zu folgen. Es fehlte auch jegliche Motivation bei schlechten Schülern, sich zu bessern, da man sehr häufig gesagt bekam: „Du kannst eben kein Englisch!"

Auf nicht wenige Studienanfänger dürften solche Eindrücke aus der eigenen Schulzeit nachhaltig wirken bei der Suche nach dem eigenen Weg, die Berufsrolle auszufüllen: An gute Vorbilder anzuknüpfen und sich von schlechten Vorbildern abzusetzen.

2.2 Was macht den guten Lehrer aus?

Studienanfänger haben nahe liegender Weise die Hoffnung, dass die Ausbildung ihnen eine Grundlage vermittelt, damit sie später eine gute Lehrerin bzw. ein guter Lehrer werden können. Was aber zeichnet gute Lehrpersonen aus? Dazu findet man in der Literatur unter anderem Vorstellungen, die zwar einleuchten, aber Anfängern nicht unbedingt eine Hilfe sind, weil sie ein Bild vom Ideallehrer zeichnen, das unerreichbar erscheint. So sollten Lehrer möglichst viele positive Eigenschaften auf sich vereinigen und ständig ihre Rolle passend zur Situation wechseln können[1]:

⇒ Lehrer sollten eine ausgeglichene, in sich ruhende Persönlichkeit aufweisen; sie sollten humorvoll, gerecht, konsequent, geduldig, gut gelaunt, hilfsbereit, selbstreflexiv, gut vorbereitet sein und eine positive Autorität ausstrahlen.

⇒ Lehrer sollten je nach Bedarf unterschiedliche Rollen einnehmen, als Dompteur, Animateur, Experte, Helfer, Berater.

Diese Anforderungen sind eher abschreckend, weil Lehrer sie nicht durchgängig einlösen können. Auch Lehrer sind schließlich (nur) Menschen. In den eingangs erwähnten Befragungen konnten sich viele Studienanfänger

---

[1] vgl. Gage 1979

an Lehrer erinnern, die geradezu demonstrativ gegen diese Prinzipien verstießen[2]:
⇒ *Lehrer lassen einen taktvollen Umgang mit der Klassengemeinschaft vermissen*: Sie respektieren Schüler nicht, schüchtern sie ein, erniedrigen sie, bringen sie zum Weinen, erzeugen Angst, bauen Hemmungen auf, schreien sie an, beschimpfen und beleidigen sie, bedrohen sie mit schlechten Zensuren, schwächen ihr Selbstbewusstsein;
⇒ *Lehrer entwürdigen einzelne Schüler*: Bloßstellen und Verspotten vor der gesamten Klasse, vor die Tür schicken, in die Ecke stellen, als Opfer vor der Klasse fertig machen, Nachschreiben der Klausur an der Tafel vor den Mitschülern, ohne freiwillige Meldung zur Tafel rufen;
⇒ *Lehrer sind „gezielt" ungerecht:* haben Lieblingsschüler, flirten mit Mädchen und geben ihnen bessere Zensuren; sprechen immer den Klassenbesten an, akzeptieren Lösungen schlechterer Schüler nicht.

In vielen empirischen Untersuchungen ist wiederholt und relativ eindeutig ermittelt worden, was erfolgreichen Unterricht auszeichnet. Es handelt sich um ein hochkomplexes Bündel von Merkmalen, die man sich als Berufsanfänger nicht einfach vornehmen kann. Einige der am häufigsten genannten Merkmale lauten [3]:
⇒ *Passung und Adaptivität*: Die Schwierigkeit der Aufgaben sollte stets in einer optimalen Spannung zu den Lernvoraussetzungen der Schüler stehen, d.h. weder unter- noch überfordern;
⇒ *Aufgabenorientierung und Zeitnutzung*: Nutzung der kostbaren Lernzeit und Vermeidung von unnötigem Leerlauf;
⇒ *Klarheit und Strukturiertheit* durch ein Unterrichtskonzept, das von Schülern nachvollzogen werden kann;
⇒ *Förderung aktiven Lernens* durch schüleraktivierende Arbeitsformen und Eingehen auf Schülerfragen;

---

[2] Eine Auswertung dieser Befragung enthält die DVD im Menü „Unterrichtsdokumente" zu Kapitel_02 „Guter und schlechter Unterricht". Sie zeigt, dass sich besonders solche Erlebnisse mit Schule „eingebrannt" haben, welche die personale Seite der Schüler-Lehrerbeziehung betreffen; das sind neben den o.g. negativen auch positive Aspekte: Schüler ermutigen, ohne sie zu drängen; ihr Selbstbewusstsein fördern; sie nicht unter Druck setzen; fair sein; Niemanden bevorzugen oder benachteiligen; auch leistungsschwächeren Schülern Aufmerksamkeit und Verständnis schenken; sich als Lehrer selbst auch an Regeln halten
[3] zusammenfassend Helmke, 2003

⇒ *Konstruktiver Umgang mit Fehlern*, die nicht nur nicht vermeidbar sind, sondern ein wertvoller Indikator dafür sein können, welches Lernniveau ein Schüler bereits erreicht hat;
⇒ *Vielfalt genutzter Unterrichtsmethoden*: Abwechslung statt Monotonie;
⇒ *Orientierung an anspruchsvollen Zielen*;
⇒ *Lernförderliches, motivierendes Klima*; Schüler sollten spüren, dass auf ihr Lerntempo und ihre Interessen Rücksicht genommen wird.

Diese schon lange bekannten Merkmale guten Unterrichts klingen ausgesprochen plausibel. Trotzdem gelingt es Lehrern oft nicht, sie zu berücksichtigen, wie die bereits erwähnten Erinnerungen der Studienanfänger an ihre Schulzeit belegen:

⇒ *Lehrer unterrichten unvorbereitet und ohne erkennbares Konzept*;
⇒ *Lehrer lassen keine Schülerfragen zu und gehen nicht auf geäußerte Interessen ein*;
⇒ *Monotone Unterrichtsgestaltung*: Anstelle abwechslungsreicher Methoden dominieren Vorgehensweisen, die Schüler in eine passive, vorwiegend aufnehmende Rolle drängen;
⇒ *Lehrer nehmen keine Rücksicht auf schwächere Schüler*: Sie stellen zu hohe Anforderungen ohne Rücksicht auf die Lerngeschwindigkeit der Schüler, dulden keine Fragen, Ungeduld gegenüber Schülern ausländischer Herkunft;

Offensichtlich reicht es nicht aus zu wissen, was einen guten Lehrer und einen erfolgreichen Unterricht auszeichnet, um dieses Wissen auch zu nutzen. Wie man zu einem guten Lehrer wird und das 40 Jahre lang bleibt (bzw. warum das manchmal scheitert), versuchen Erziehungswissenschaftler seit einigen Jahren anhand von Berufsbiographien zu erforschen[4]. Die Befunde wecken Zweifel an der Wirksamkeit der Ausbildungscurricula. Vielmehr scheinen einschneidende berufliche Erlebnisse und besonders prägnante Begegnungen mit Personen eine größere Bedeutung bei der Entwicklung des beruflichen Selbstverständnisses zu haben.

2.3 Lehrerarbeit als Handeln in Unsicherheit

Ganz offensichtlich ist es alles andere als leicht, den eigenen Weg zum Lehrersein zu finden. Deshalb hat für Berufsanfänger vor allem die Selbsterprobung in den — leider viel zu wenigen — Hospitationen und Unterrichtsver-

---

[4] Terhart u.a. 1994

suchen der ersten Phase einen hohen Stellenwert. Ein besonders wichtiger Schritt auf diesem Weg ist das erste „Große Schulpraktikum" (auch Allgemeines – oder Blockpraktikum genannt). Es bietet die Gelegenheit, in einem vergleichsweise frühen Studienabschnitt über mehrere Wochen am Stück im Unterricht erfahrener Ausbildungslehrer/innen zu hospitieren und auch schon öfter selbst zu unterrichten.

Die an das erste Schulpraktikum geknüpften Erwartungen sind hoch, denn es geht um nicht weniger, als sich selbst in der Lehrerrolle zu erproben:

⇒ Wie wirke ich auf Kinder oder Jugendliche, wie komme ich an?
⇒ Wie halte ich es aus, über eine oder sogar mehrere Stunden im Zentrum der Aufmerksamkeit zu stehen?
⇒ Liegt es mir, anderen zu sagen, was sie tun und denken sollen, sie dabei zu kontrollieren und notfalls zu disziplinieren?
⇒ Was mache ich, wenn mir die Sache aus dem Ruder läuft?
⇒ Werde ich für meinen Unterricht kritisiert: Wie gehe ich dann mit der Kritik um?

Die folgende Einschätzung von drei angehenden Lehrerinnen im Anschluss an ihr Schulpraktikum nach dem dritten Semester (zitiert aus dem Praktikumsbericht) macht deutlich, welche existenziellen Fragen sich aufdrängen und wie tiefgreifend die anfänglichen Selbstzweifel sind, die es zu überwinden gilt:

Unsicherheit, die Lehrerrolle zu übernehmen

Beim Schulpraktikum geht es uns angehenden Lehrern nicht nur darum, die Lehrerrolle zu erleben und zu beobachten, sondern wir wollen auch selbst diese Rolle übernehmen. Schließlich ist es unser Berufsziel, vor einer Klasse zu stehen und einer Gruppe von Kindern etwas beizubringen. Trotz einiger Vorerfahrungen in der pädagogischen Betreuung von Kindern war es für uns alle etwas Neues und Besonderes, jetzt vor 17 Schülern zu stehen und diese zu unterrichten. Würden sie uns mögen, als Lehrerinnen akzeptieren und waren wir überhaupt fähig mit den Kindern so umzugehen, dass sie uns nicht auf der Nase rumtanzen würden?

Erst mal mussten wir drei uns überhaupt einigen, ob wir alle geduzt oder gesiezt werden wollten. Das zwei zu eins für das Siezen hatte entschieden und hinterher waren wir uns alle einig, dass dies eine gute Entscheidung war. Teilweise hatten wir in unseren Jobs als Hilfslehrerin erlebt, dass das Duzen doch die entscheidende Distanz zwischen Lehrerin und Schülern aufheben kann. Die Kinder sehen einen dann oft eher als Kumpel und Freund. Das führte manchmal dazu, dass man mit Anweisungen und Ermahnungen nicht sofort ernst genommen wurde. Dies wollten wir bei unserem Praktikum verhindern. Trotzdem merkten die Kinder den Unterschied zwischen uns und ihrem eigentlichen Klassenlehrer. Wir waren viel jünger, unerfahrener und hatten auch erklärt, dass wir das Lehrersein noch lernen mussten.

Als Anfänger hatten wir so gut wie noch kein Konzept, wie wir als Lehrerinnen sein wollten, das heißt, wir hatten noch keinen bestimmten Führungsstil entwickelt. Streng, freundlich oder etwas dazwischen? Wir wollten es uns mit den Kindern ja nicht verscherzen. Also guckten wir erst mal einiges bei unserem Mentor ab. Wir übernahmen Regeln und Rituale, die er eingeführt hatte, und das gab uns schon einmal einen gewissen Halt und Sicherheit. Das galt auch für die Schüler.

Als wir unsere ersten Unterrichtsstunden hinter uns gebracht hatten, waren wir doch erleichtert und vielleicht auch ein bisschen stolz. Natürlich gab es noch immer etwas zu bemängeln, aber das war nicht so schlimm. Wir waren schließlich keine erfahrenen Lehrerinnen, sondern Studentinnen, die sich erst mal versuchten, um später aus gemachten Fehlern zu lernen.

Im Laufe des Praktikums erfuhren wir, wie anstrengend alles war. Zumindest für uns als Anfänger. Den Unterricht sorgfältig planen mit allen eventuellen Komplikationen, gelang uns ganz oft nicht so gut. Uns fehlte die Routine und zum Teil auch das Wissen, was z.B. Schüler in der 1. Klasse bereits an Vorwissen haben. Dann vergaßen wir öfter organisatorische Dinge wie das Aufschreiben von Schülernamen auf deren Unterrichtsmaterialien oder Ähnliches. Ein weiterer schwieriger Punkt war oft das Ende einer Stunde. Wie macht man den Schülern klar, dass das, was man gemacht hatte, einen gewissen Sinn hat und nicht nur zum Spaß da war? Wie bekommt man die noch arbeitenden Schüler zur Ruhe, um einen Stundenabschluss zu machen oder eine andere Unterrichtsphase einzuleiten? Und wie bringt man die einzelnen Kinder dazu, eigenständig ihre Plätze aufzuräumen ohne selbst diese Rolle zu übernehmen, da dies für den Augenblick einfacher gewesen wäre? Das alles war für uns nicht so einfach und der ein oder andere von uns stieß schon mal ein Stoßgebet zum Himmel, dass dies nicht immer so sein würde und man selbst mal als ausgebrannte Lehrerin enden würde.

Wir fingen an, uns wirklich mit diesen ganzen Fragen zu beschäftigen. Das Problem an der ganzen Sache ist nur, wie sollen wir herausfinden, ob der Lehrerberuf für uns das Richtige ist oder nicht? Schließlich kann man die ganzen gemachten Fehler noch in die Schublade *normale Anfängerprobleme* schieben. Oder ist der eine oder andere von uns doch nicht geeignet für diesen anspruchsvollen Beruf? Diese Unsicherheit ist durch das Praktikum nicht verschwunden.

Kinder sind so unterschiedlich in ihrer Art und somit in ihrem Arbeitsverhalten. Wir haben festgestellt, wie schwierig es ist, alle Kinder unter einen Hut zu bringen, ohne einige zu langweilen und anderen zu schnell zu sein. Leider kann man sich ja nicht vervielfältigen, um sich um jeden individuell zu kümmern! Wir waren im Praktikum oft bis zu vier Erwachsene auf einmal, die sich mit den ganzen Kindern beschäftigen konnten. Doch in der Realität ist man als Lehrer fast immer allein auf sich gestellt und das kostet Nerven. Da gehört eine große Portion an guter Organisation und Disziplin dazu. Wir angehenden Lehrerinnen haben nun einen kleinen Einblick bekommen und glauben zu wissen, dass dies später die eigentliche Herausforderung wird. Man kann sich jetzt besonders mit Seminaren und Literatur beschäftigen, die davon handeln, aber wir drei sind uns sicher, dies alles lernt man fast ausschließlich in der Praxis nach dem Motto: „Learning by doing".

Die drei angehenden Lehrerinnen haben in ihrer Einschätzung — wohl nicht wissentlich — eine Metapher von Floden und Clark aufgenommen, wonach das herausragende Charakteristikum des Lehrerhandeln darin bestehe, vom ersten Tag an in Unsicherheit zu handeln, und dass es daher die vorrangige

1. Stufe SURVIVAL STAGE	2. Stufe MASTERY STAGE	3. Stufe ROUTINE STAGE
Die Lehrperson ist damit beschäftigt, den Alltag zu bewältigen und im Klassenzimmer „zu überleben". Sie ist sich gewissermaßen selbst noch das größte Problem.	Die Lehrperson bemüht sich um Beherrschung / Gestaltung der Unterrichtssituation. Langsam erfolgt eine Ablösung vom Ich-Bezug zum Situationsbezug, vom bloßen Überleben zur routinierten Unterrichtsgestaltung.	Die Lehrperson bemüht sich um die Ausübung erzieherischer Verantwortung. Schülerinnen und Schüler und deren individuellen Interessen und Nöte stehen im Zentrum. Übergang auf eine individualpädagogische Perspektive.

Tab. 4: Stufenmodell des Lehrerlernens (nach Fuller & Brown 1975)

Aufgabe sei, Lehrerausbildung als Vorbereitung auf Unsicherheit zu gestalten[5]. Die drei angehenden Lehrerinnen sind aus ihrem Praktikum gestärkt, mit größerem Selbstvertrauen herausgekommen; sie haben etliche der sie vorher quälenden Fragen und Probleme — zumindest im Ansatz — lösen können.
Und sie haben bemerkt, dass sich neue Fragen auftun, neue Unsicherheiten ergeben, die einer zukünftigen Klärung harren. Ursula Drews hat in ihrem Buch „Anfänge, Lust und Frust junger Lehrer" dieses Wechselbad der Gefühle unter Rückgriff auf ein idealtypisches Stufenmodell des Lehrerlernens aus der amerikanischen Unterrichtsforschung beschrieben (Tab. 4, s.o.)[6]

Für angehende Lehrer ist das Defizitgefühl bei den ersten Unterrichtsversuchen besonders belastend, weil sie bei noch keinem Thema versiert sind, sich in keinem Bereich so vertieft haben, dass sie sich zumindest dort sicher fühlen. Sie verspüren Defizite in bezug auf alle Aspekte der zukünftigen beruflichen Tätigkeit. Deshalb ist die Erfahrung, das erste Praktikum überstanden und erstmals mehr oder weniger gelungene pädagogische Handlungen selbstständig vollführt zu haben, so wichtig für das eigene Selbstvertrauen. Es ist ein Fundament, auf dem aufgebaut werden kann, auch wenn schon

---

[5] vgl. Floden & Clark 1991
[6] Drews 2002, S. 23

durchschimmert, dass in zukünftigen Praxisbegegnungen neue Fragen und Probleme auftauchen werden, die der Klärung bedürfen.

Im Lehrerberuf wird man — und das ist ein entscheidender Unterschied zu etlichen anderen Berufen — niemals, selbst nicht nach 30 und mehr Berufsjahren, das Gefühl ganz los, zu wenig getan zu haben, zu schlecht vorbereitet gewesen zu sein, unangemessen reagiert zu haben. Kurz: Der Eindruck des Defizitären begleitet Lehrer/innen, die Ansprüche an sich stellen, ihr Leben lang. Selbst wenn man sich mit großer Kraftanstrengung immer aufs Neue bemüht, drängt sich der Eindruck auf, dass es wieder mal nicht ausgereicht hat. Hat man sich in einem Bereich besonders engagiert, befällt einen das Gefühl, in anderen Bereichen zu wenig getan zu haben. Der Hannoveraner Schulpädagoge Hans Martin Hüne hat für diese besondere Eigenart des Lehrerberufs in seiner Abschiedsvorlesung ein Motto geprägt, das sich angehende Lehrer ohne Scham zu Eigen machen sollten: „Lehrer sein heißt nicht perfekt sein."

Ein guter Lehrer wird man nicht per Examen und ist es dann für immer, sondern man strebt dieses Ziel immer aufs Neue an und wird immer wieder Rückschläge erleben. Wichtig ist
⇒ die eigene Neugier zu erhalten;
⇒ sich von Kollegen, Schülern, Studenten und Referendaren in die Karten gucken zu lassen;
⇒ sich kritisieren zu lassen und andere konstruktiv kritisieren können.

2.4 Das pädagogische Paradoxon und die Antinomien im Lehrerberuf

Der Bildungsauftrag der Schule verpflichtet Lehrer/innen, ihre Schüler/innen dahin zu führen, dass sie mündige Menschen in einer demokratischen Gesellschaft werden. Der Pferdefuß steckt in dem Wörtchen „führen". Es enthüllt das grundlegende *Paradoxon pädagogischen Handelns*, wonach der Lehrer seine Schüler zu einem selbstbestimmten Lernen in eigener Verantwortung führen soll, dieses aber nur unter Zwang tun kann. In der Frage *„Wie kultiviere ich die Freiheit bei dem Zwange?"* hat der Königsberger Philosoph Immanuel Kant dieses Paradoxon schon vor mehr als 200 Jahren prägnant formuliert. Gut 160 Jahre später hat der einflussreiche deutsche Erziehungswissenschaftler Eduard Spranger die Konsequenz aus dieser paradoxen Grundhaltung für die Lehrerarbeit aufgezeigt, die allzu gern verdrängt wird:

„Die pädagogische Begegnung ist zunächst ein Kampf. Das muss man zunächst begreifen. Wenn das Reifwerden darin besteht, sittlich selbständig zu werden und

Stellung zu nehmen, so wird der Durchbruch dazu nicht in einem bestimmten Moment erfolgen (wie es juristisch einen Termin des Mündigwerdens gibt). Der Drang, sich als Eigenwesen zur Geltung zu bringen, erwacht früh und tritt auch wieder zurück. Das Kind experimentiert mit ihm. Das sittliche Moment am Selbständigsein bleibt meist noch verhüllt. ... Anfangs ist nichts da, als der natürliche Unabhängigkeitsdrang. Dieser bedarf lange der vorsichtigen Lenkung; dabei muss die sich andeutende Willenskraft geschont werden, die Motivbildung aber ständig kontrolliert werden. Diese pädagogische Intention ist eigentlich paradox und die Durchführung glückt nur bei feinem Taktgefühl und reicher Erfahrung. Das Paradoxe liegt schon darin, dass jede Erziehung sich zuletzt überflüssig machen und in die Selbsterziehung übergehen soll. Das Befremdliche tritt noch mehr zutage, wenn man die Formel wählt: Die Erziehung soll den Werdenden zu *seiner* Selbständigkeit „hinführen"! Kein Wunder, daß mehr oder weniger deutlich ein ständiges Ringen stattfindet."[7]

Obwohl es Lehrern streckenweise immer wieder gelingt, die Lernenden von der Notwendigkeit zu überzeugen, sich aus freien Stücken dem vorgeplanten pädagogischen Arrangement zu unterwerfen, findet das Bestreben, Lernen planerisch verfügbar zu machen, seine Grenzen in der „kindlichen Wildheit" des lernenden Subjekts, das sich tendenziell mit Erfolg dagegen wehrt, fremdbestimmt zu werden. Eine Lehrerin beschreibt rückblickend dieses Dilemma ihrer Junglehrerzeit[8].

„Worüber ich am meisten gelernt habe in meinem ersten Jahr als Lehrerin, war ich selbst. Mir wurde klar, dass ich mit vier Annahmen ins Schulzimmer gekommen war:
⇒ erstens, dass die Schüler gern dort wären;
⇒ zweitens, dass ich für sie wichtige Informationen weiterzugeben hätte;
⇒ drittens, dass sie für das, was ich zu bieten hätte, aufnahmebereit wären;
⇒ und viertens, dass ich mehr wüsste als sie.
Alle diese Annahmen waren in gewissem Maße falsch."

Die staatliche Regelschule ist eine Zwangsanstalt, die allgemeine Schulpflicht wird notfalls mit Polizeigewalt erzwungen. Es ist wenig hilfreich, davor die Augen zu verschließen oder darauf zu bauen, dass die eigene Freundlichkeit oder das vermeintlich fortschrittliche Unterrichtskonzept schon dafür sorgen werden, dass man selbst von Folgen des pädagogischen Paradoxons verschont bleibt. „Schule hat eine schwarze Seite, die keine noch so aufgeklärte Pädagogik aus der Welt schaffen kann ... In der Schule tritt dem Kind zunächst einfach nur die Gesellschaft entgegen, mit ihrem Anpassungsdruck, ihren Konkurrenzen, ihrer Nichtachtung des Individuums ... ,"[9]

Auch der Oldenburger Schulpädagoge Hilbert Meyer, oft zitiert wegen seiner vielen anregenden Beiträge für schüler- und handlungsorientierten

---

[7] Spranger 1962, S. 78f.
[8] zitiert nach Drews 2002, S. 24
[9] Jessen 2003

Unterricht, lässt keinen Zweifel daran, worauf man sich als Lehrer einzulassen bereit sein sollte: „Der Lehrer muss seine Schüler, ob ihm das behagt oder nicht, immer wieder dazu zwingen, etwas zu tun, was sie von sich aus gar nicht oder zumindest ganz anders tun würden, als der Lehrer es ihnen vorschreibt. Aber der Lehrer tut dies nicht, weil er seine Schüler zwingen oder entmündigen will, sondern umgekehrt, weil er die Hoffnung nicht aufgibt, sie dadurch zu mehr Fachkompetenz und Selbständigkeit führen zu können."[10]

Aus dem grundlegenden Paradoxon erzieherischen Handelns ergeben sich eine Reihe von Spannungen, sogenannten *Antinomien*, die das Lehrerhandeln tagtäglich bestimmen. Als Antinomie bezeichnet man in diesem Zusammenhang zwei unvereinbare, aber jeweils für sich genommen vertretbare, ja notwendig anzustrebende Ziele, die sich gewissermaßen komplementär zueinander verhalten. Lehrer haben in einer Vielzahl von Situationen Entscheidungen zu treffen, bei denen sie sich für das eine Ziel entscheiden müssen und damit gegen das andere, komplementäre Ziel verstoßen. Die Kunst des Unterrichtens besteht darin, sich nicht dauerhaft für die jeweils eine und gegen die jeweils andere Seite zu entscheiden, sondern sich situationsangemessen zu entscheiden.

⇒ *Nähe zu Schülern suchen — auf Distanz zu Schülern bleiben*

Wie weit gehen Lehrer auf Schüler zu, wie weit lassen sie Schüler an sich heran? Einerseits die kumpelhafte Anbiederung (Berührungen - Duzen - als Lehrer Schüleroutfit tragen) — andererseits die kühl-abweisende Distanz (nichts Persönliches einbringen, sich durch Kleidung, Sprache, Gestik und Mimik von Schülern abgrenzen).

⇒ *Schüler annehmen, wie sie sind — Schüler weiterbringen wollen*

Eine häufig geäußerte Empfehlung lautet, die Schüler sollten so angenommen werden, wie sie sind. Gemeint ist damit, sie in ihrer Eigenart, mit ihren Besonderheiten, Stärken und Schwächen zu respektieren — ihnen also nicht gleich zu signalisieren „Du gefällst mir so nicht". Anderseits sind Lehrer durch den staatlichen Bildungsauftrag ausdrücklich aufgefordert, Schüler in ihrer Persönlichkeitsentwicklung voranzubringen[11]. Daraus ergibt sich unvermeidlich die Aufgabe, in diese Entwicklung lenkend einzugreifen.

---

[10] Meyer 2001, S. 56
[11] vgl. Kapitel 05.2, ab S.70: Der gesellschaftliche Bildungsauftrag: Fachübergreifende „mitlaufende" Ziele und Schlüsselqualifikationen.

⇒ *Schülerfähigkeiten fördern — Schülerleistungen festschreiben*
Damit hängt eine weitere Antinomie eng zusammen: Einerseits Schüler so zu fördern, dass sie ihre Fähigkeiten weiter entwickeln können — andererseits haben Lehrer die Aufgabe, den Ist-Zustand der Schülerleistungen von Zeit zu Zeit zensurenmäßig zu erfassen und damit festzuschreiben.

⇒ *Unterricht durch Planung festlegen — und zugleich offen halten für situative Erfordernisse*
Guter Unterricht ist nicht nur eine Frage der guten Vorbereitung, sondern abhängig vom angemessenen Handeln in unübersichtlichen Situationen: Gefragt sind in solchen Situationen Geschick und Fingerspitzengefühl. Betrachten Sie dazu eine brisante Unterrichtssituation als Videoszene auf der beiliegenden DVD: In der Englischstunde einer 4. Klasse ereignet sich kurz nach Stundenbeginn etwas Unvorhergesehenes. Ein Schüler geht einem Mitschüler im Rahmen einer Hör-Verstehens-Übung „an die Gurgel", weil dieser ihm sein Etui nicht zurückgeben will, das er entsprechend einer in Englisch gegebenen Lehreranweisung dem Mitschüler kurzfristig ausgehändigt hatte. Jetzt droht ein Streit zu eskalieren. Betrachten Sie den Ausschnitt zunächst nur bis zu der Stelle, an der sich der Streit anbahnt.

	Videoszene zu Kapitel 02

DVD-Pfad: Kapitel_02\
Datei: „K_02_Etui.wmv" (Dauer ca. 3½ Minuten)

1. Betrachten Sie zunächst nur die ersten 2:10 Minuten. Stoppen Sie sofort, nachdem die Lehrerin sagt „Philipp won't give it back."
2. Versuchen Sie möglichst rasch eine Idee zu formulieren, was Sie als Lehrerin in dieser Situation getan hätten, um den Streit zu entschärfen. Sofern Sie diese Szene mit anderen betrachten, tauschen Sie ihre Ideen aus und diskutieren Sie jeweils die Vor- und Nachteile.
3. Setzen Sie dann die Betrachtung der Szene fort und vergleichen Sie Ihre Lösungsideen mit der ungewöhnliche Deeskalationsstrategie der Lehrerin, die den Streit ohne großes Aufheben beendet.

2.5 „Situationssicherheit" durch taktvolles Lehrerhandeln entwickeln: Ein Schlüssel für erfolgreichen Unterricht

Die Hoffnung von Berufsanfängern auf sichere Rezepte und klare Richtlinien wird bereits in dem Moment enttäuscht, in dem sie ihren ersten eigenen Unterrichtsversuch unternehmen. Sie werden dabei ihre Unsicherheit bemerken, die sie auch später nicht völlig ablegen können. Das Umgehen mit antinomen Anforderungen, das Ausbalancieren komplementärer Ziele stellt Lehrer täglich — ein Berufsleben lang — vor neue Anforderungen, die nicht nach „Schema F" bewältigt werden können. Zwar sind Berufsanfänger — wie auch erfahrene Lehrkräfte — angewiesen auf eine gute Vorbereitung ihres Unterrichts. Dazu benötigen sie fachliche Kompetenz, Kenntnisse schulrechtlicher Rahmenbedingungen, „handwerkliches Können" bei der Gestaltung von Standardsituationen, diagnostische Kompetenz zur Beurteilung von Schülerleistungen. Gleichzeitig gilt es aber, von Beginn an eine „experimentelle" Haltung gegenüber dem eigenen Unterricht einzunehmen. Diese zeichnet sich dadurch aus, sensibel für scheinbar abweichende Schülersichtweisen und vermeintliche „Abwegen" zu sein — kurz: gegenüber der eigenen Vorplanung flexibel zu bleiben. Die Unsicherheit im Lehrerhandeln kann überwunden werden, wenn man anzuerkennen bereit ist, dass Unterricht selbst bei gründlichster Vorbereitung immer aufs Neue einem Abenteuer mit nicht genau vorher bestimmbarem Ausgang ähnelt. „Situationssicherheit" entwickeln können Lehrer/innen nur — so der Grundschulpädagoge Jakob Muth (1962) — wenn sie taktvoll handeln. Taktvolles Lehrerhandeln

⇒ zeigt sich in Situationen, in denen vom Lehrer unerwartete Ereignisse in den vorgeplanten Handlungsablauf einbrechen und sein Unterrichtsarrangement durchkreuzen. Solche „unstetigen Situationen" seien Bewährungsproben, bei denen es darauf ankomme, sich offen zu halten und für einen in seiner Dauer unkalkulierbaren Zeitabschnitt *aus dem vorgeplanten Arrangement auszubrechen*, also nicht sklavisch an einer vorab festgelegten Methode oder einem Ziel festzuhalten;

⇒ äußert sich als *dramaturgische Fähigkeit*, wenn der Lehrer in der Lage ist, Situationen, in der ein Schüler aus der Rolle fällt, aufzugreifen und für die weitere Inszenierung der Stunde zu nutzen. Auf diese Weise gelänge gelegentlich eine eigenartige Spannung, sofern der Lehrer offen für Unvorhergesehenes sei;

⇒ äußert sich als *improvisatorische Gabe*, als Fähigkeit, Schülerbeiträge aufzugreifen und in einer Weise für das Unterrichtsgeschehen fruchtbar zu machen, wie sie in der vorausschauenden Planung nicht gedacht wurden und meistens auch nicht gedacht werden konnten. Als Negativbeispiel führt Muth eine Unterrichtsszene an: Eine Maikäfergeschichte soll im Anschluss an das gemeinsame Vorlesen von den Schülern gespielt werden. Der Lehrer möchte das Spiel exakt an den Text anlehnen und so mit wenigen Rollen auskommen. Dagegen drängen einige Schüler mit ihren Vorschläge darauf, möglichst alle Schüler am Spiel zu beteiligen. Der Lehrer versäumt es immer wieder, Ideen, Wünsche und Vorschläge von Schülern aufzugreifen, und enttäuscht sie zunehmend;

⇒ äußert sich schließlich als *Wagnis freier Formen schulischen Handelns*, worunter Muth eine zumindest zeitweise Abkehr von einem für alle Kinder gleichen Unterricht versteht. Er polemisiert am Beispiel des Lesenlernens mit der Fibel gegen ein Unterrichtsverständnis, das die Stetigkeit des individuellen kindlichen Lernprozesses zu sichern sucht durch eine nivellierende, für alle Schüler gleiche Kleinschrittigkeit in der Methode: „Kein Lehrer hat doch in einem kontinuierlichen synthetischen Vorgehen den Zeitpunkt wirklich in der Hand, zu dem das Kind lesen kann, denn ob die Intentionen, die er auf einer Stufe verfolgt, im Kind auch Ereignis werden, das ist die Frage. Er hat auch im ganzheitlichen Lesen diesen Zeitpunkt nicht in der Hand; nur handelt er auch nicht in dem Bewusstsein, dass sich das Lesen gewissermaßen vorausberechenbar im Kinde als Können darstellt, weil viele kleine Schritte begangen wurden."[12] Taktvolles Lehrerhandeln korrespondiere mit der freien Beweglichkeit des Kindes, dem man individuelle Spielräume einräumen müsse. Wenn der Lehrer immer einen Schritt voraus sei und die Schüler immer einen Schritt hinterher, dann könne sich kein Takt entfalten.

2.6   Die WBA-Übung zu Kapitel 02

Die erste WBA-Übung gibt Ihnen Gelegenheit, sich mit dieser Form der Unterrichtsanalyse und den Besonderheiten der Oberfläche vertraut zu machen. Sie besteht aus zwei Teilen. Im ersten Übungsteil (vgl. WBA-Übung Teil 1 zu Kapitel 02, S.37 - Bearbeitungszeit ca. 35 Minuten) werden Sie gebeten, je ein Beispiel für guten und für schlechten Unterricht aus Ihrer Schulzeit zu notieren.

---

[12] Muth 1962, S. 99

	WBA-Übung Teil 1 zu Kapitel 02

DVD-Pfad: WBA_Uebungen_zu_Kapitel_02\
    Übungsteil 1 „Beispiele für guten und schlechten Unterricht"

1. Starten Sie die Datei aus dem Untermenü zu den WBA-Übungen und folgen den Hinweisen auf dem Bildschirm.
2. Dann öffnet sich ein Fenster mit Feldern für Angaben zu Ihrer Person und zur Eingabe von Texten.
3. Nach dem Absenden Ihrer beiden Texte (Anklicken des Buttons „Abschicken" unter dem Textfeld) erhalten Sie sogleich die von Ihnen geschriebene Antwort per Email, wenn Sie eine gültige Email-Adresse angegeben haben. Außerdem erhalten Sie einen Hinweis, wo Sie kommentierte Musterlösungen für diesen Übungsteil einsehen können.

Nach Abschluss von Übungsteil 1 können Sie gleich — aber auch jederzeit später — Übungsteil 2 vom Startmenü aufrufen (vgl. WBA-Übung Teil 2 zu Kapitel 02, s.o. — Bearbeitungszeit ca. 45 Minuten). Sie können dort eine Unterrichtsszene betrachten, in der ein Lehrer trotz mehrfachen Bemühens nicht zum Zuge kommt — und zwar erstaunlicher Weise gerade deshalb, weil sich die Schüler alle Mühe geben, seinen Vorgaben entsprechend zu arbeiten. Schließlich resigniert er und macht sich Vorwürfe, während seine Schüler ihn trösten. Mehr über diese Szene sei an dieser Stelle nicht verraten. Nach Ablauf des ca. 6 Minuten dauernden Videos werden Sie aufgefordert zu erläutern, mit welchen Antinomien der Lehrer in dieser Szene konfrontiert ist.

	WBA-Übung Teil 2 zu Kapitel 02

DVD-Pfad: WBA_Uebungen_zu_Kapitel_02\
    Übungsteil 2 „Analyse einer Unterrichtsszene"

Starten Sie die Datei aus dem Untermenü zu den WBA-Übungen und folgen den Hinweisen auf dem Bildschirm. Nach der Betrachtung des Videos öffnet sich wiederum ein Fenster mit Feldern für Angaben zu Ihrer Person und zur Texteingabe. Das weitere Vorgehen ist analog zu Übungsteil 1.

3 Unterricht beobachten und protokollieren

3.1 Von den Tücken der Unterrichtsbeobachtung

Die Fähigkeit, sich vom Unterrichtsgeschehen ein genaues Bild zu machen, ist eine Schlüsselqualifikation für guten Unterricht. Unterrichtsqualität hängt ganz wesentlich davon ab, wie präzise Unterrichtende die ständig wechselnden Situationen erfassen. Unmittelbar einleuchtend ist die Bedeutung einer schnellen und genauen Unterrichtswahrnehmung, wenn es z.B. darum geht, bei einer Störung nicht den Falschen zu ermahnen. Möglicherweise denken Sie: „Das kann mir nicht passieren".

In diesem Fall sei an die Unterrichtsszene aus Kapitel 2, S.34 erinnert, den „Kampf um das Etui" im Englischunterricht einer 4. Klasse. Vielleicht haben Sie diese Szene noch gut im Gedächtnis als Beispiel für eine geschickte Konfliktbewältigung, denn sie endet damit, dass der Schüler „James" durch eine geschickte Deeskalation der Lehrerin ein Etui von seinem Mitschüler „Philipp" auf einem Umweg kampflos zurückbekommt, das dieser ihm zunächst nicht mehr herausgeben wollte. Beide konnten ihr Gesicht wahren und die Lehrerin erscheint als einfühlsame Problemlöserin.

Was wäre aber, wenn es sich nicht so abgespielt hat — wenn James gar nicht sein eigenes Etui wiederbekommen hätte, sondern Philipp ihm seines gegeben und James Etui unter seiner Bank versteckt hätte?

	Videoszene 1 zu Kapitel 03
DVD-Pfad: Kapitel_02\ *Datei:* K_02_Etui.wmv (Dauer ca. 3½ Minuten)	
1. Betrachten Sie die Videoszene „Streit um ein Etui" noch einmal. 2. Vergleichen Sie dabei beide Etuis.	

Tatsächlich ist genau dieses geschehen, wie Sie durch nochmaliges, genaueres Beobachten der Szene herausbekommen können. Sie werden jetzt bemerken, dass Philipp das Etui von James zwischenzeitlich von der Tischoberfläche hat verschwinden lassen. Als der Mitschüler zu ihm kommt und James Etui abholen soll, liegt nur noch Philipps eigenes Etui auf dem Tisch.

Das gibt Philipp dem Mitschüler und dieser gibt es zurück an James, der das vermutlich bemerkt, sich aber nichts anmerken lässt. Vielleicht ist er erfreut, wieder ein Etui erhalten zu haben, auch wenn es nicht sein eigenes ist? Oder ist er verärgert, drückt das aber nicht aus? Wie auch immer: Keinesfalls hat James sein Ziel erreicht und in jedem Fall hat Philipp seinen Schabernack ungeahndet fortgesetzt. Auf diesem Hintergrund wirkt nun die Bewältigungsstrategie der Lehrerin gar nicht mehr als besonders geschickt.

Falls Sie sich beim ersten Betrachten haben täuschen lassen, befinden Sie sich in guter Gesellschaft: Weder die Lehrerin, noch der Kameramann und auch nicht zwei weitere, im Unterricht anwesende Beobachter haben den Etuitausch bemerkt. Alle haben sich täuschen lassen und in diese Situation die scheinbar ideale Konfliktlösung hineininterpretiert. Auch bei späteren Vorstellungen dieser Szene in verschiedenen Veranstaltungen haben etliche Beobachter — darunter übrigens auch ca. 60 Lehrerausbilder — diese Szene falsch wiedergegeben — bis auf einen, der den Irrtum aller anderen entdeckte!

3.2 Ein Beobachtungsexperiment

Bevor wir auf einige Faktoren eingehen, welche die Möglichkeit zur genauen Beobachtung beeinträchtigen, sollten Sie sich zunächst einem kleinen Experiment unterziehen (Arbeitsvorschlag 1 zu Kapitel 03, S.41). Sie werden gebeten, die Qualität von acht Unterrichtsprotokollen einzuschätzen, die acht angehende Lehrer/innen geschrieben haben. Jede von ihnen hat Unterricht in einer von acht Schulklassen (a - h) beobachtet, in denen eine Unterrichtseinheit im Sachunterricht zum Thema „Wasser" durchgeführt wurde. Alle acht Lehrkräfte haben ihren Unterricht unter dem Anspruch eines selbständigen, entdeckenden Lernens gestaltet. Die Schüler haben dazu in Kleingruppen von 5 - 6 Kindern an Lernstationen kleinere Versuche durchgeführt. In einem Versuch ging es um die Betrachtung von Wassertropfen. Dazu erhielten die Kinder eine Auftragskarte (Abb. 2, S.43). Die Protokollanten in den acht Klassen haben jeweils eine Gruppe dabei beobachtet.

Möglicherweise regt Sie der Vergleich der acht Protokolle zum Nachzudenken darüber an, wodurch sich *„Entdeckendes Lernen"* eigentlich auszeichnet. Dieses Experiment wurde mehrmals in Seminaren durchgeführt und hat zu z.T. außerordentlich kontroversen Einschätzungen der acht Szenen in Hinblick auf die Frage geführt, ob die jeweils beschriebene Szene nun „Entdeckendes Lernen" zeigt oder nicht.

Arbeitsvorschlag zu Kapitel 03

Lesen Sie die acht Protokolle genau durch und prüfen Sie deren Qualität, indem Sie folgende Fragen beantworten:
1. In welchen Klassen wird die Arbeit der Schüler/ innen am ehesten dem Ideal eines selbstständigen, entdeckenden Lernens gerecht?
3. In welchen Klassen gelingt dieses überhaupt nicht?

Klasse 3a: Die Kinder scheinen gewisse Aufgaben verteilt zu haben: Versuchsvorträger und -protokollierer, Versuchsdurchführer, Versuchsbeobachter. Ein Mädchen ist für die Pipette zuständig, ein anderes teilt sich den Job des „Vorlesens" mit Tobias, ein weiterer Junge hält die Glasscheibe, auf die der Wassertropfen gegeben werden soll. Ein dritter Junge scheint keine bestimmte Aufgabe zu erfüllen (evtl. ist er ein Beobachter). Der Junge mit der Funktion Vorleser versucht auch, die Ergebnisse der Beobachter festzuhalten, wozu es in dieser Szene aber nicht ganz kommt.

Klasse 3b: Es herrscht Chaos, die Schüler „spielen" mit dem Wasser und probieren verschiedenste Dinge mit dem Wasser und den Materialien (Bleistift, Pipette) und dem Finger aus. Der „Anleiter" (Lehrer?) fordert die Schüler auf, sich die Arbeitsanleitung noch mal genau durchzulesen. Die Arbeitsanleitung wird jedoch nicht ganz beachtet, die Schüler befolgen die Arbeitsanweisung nur teilweise und beobachten den auf dem Objektträger befindlichen Wassertropfen von oben. Andere Dinge sind wichtiger, jeder möchte einmal die Lupe in der Hand halten, die Finger im Wasserbehälter baden, ein Mädchen winkt lieber der Kamera zu.

Klasse 3c: Ein Junge hat erst mal den Wassertropfen auf die Glasplatte gebracht. Anschließend konnte man beobachten, dass offensichtlich nicht alle Kinder genau wussten, was dann zu machen ist, da einige eine diesbezügliche Frage stellten. Ein Mädchen hat daraufhin des öfteren an einen bestimmten Jungen Anweisungen gegeben, aufzuschreiben, wie denn der Wassertropfen von der Seite aussieht. Der Junge hat daraufhin gefragt, wie er das denn aufschreiben solle. Es kam jedoch zu dieser Zeit keine Antwort. Hilflosigkeit ist seitens des Jungen entstanden. Während dieser Zeit und danach waren zwei weitere Kinder damit beschäftigt, Wassertropfen auf Glasplättchen zu bringen. Die anderen Kinder standen drum herum, während das bereits erwähnte Mädchen weiterhin Anweisungen gab und der zum Aufschreiben aufgeforderte Junge sich einen Block nahm, jedoch noch nicht damit begonnen hatte, seine Beobachtungen zu Papier zu bringen. Der Junge wusste offensichtlich nicht, wie er seine Beobachtungen aufschreiben sollte. Zwischenzeitlich fiel der öfteren das Wort „verschwommen" und „rund". Er solle aufschreiben, dass der Wassertropfen verschwommen und rund aussehe.

Klasse 3d: Die Schüler beginnen mit dem Arbeitsauftrag und versuchen, mit den Materialien den Wassertropfen auf die Glasplatte zu bringen, einige lachen dabei. Sie beginnen mit dem Aufsetzen des Tropfens auf die Glasplatte und dies gelingt nach einigen Versuchen. Ein Schüler sieht mit der Lupe auf die Glasplatte, während diese sich noch in der Schüssel befindet, die anderen Schüler beobachten ihn dabei. Der Arbeitsauftrag wird von einem Mädchen laut vorgelesen. Die Glasscheibe wird aus der Schüssel zur Betrachtung geholt, der Wassertropfen läuft dabei von der Glassplatte herunter. Es wird ein erneuter Versuch unternommen.

Klasse 3e: Zu Beginn der Videosequenz versuchen die Kinder mit hoher Aufmerksamkeit unter Benutzung diverser, im Arbeitsauftrag angegebener Geräte, einen Tropfen Wasser aus dem Behälter zu entnehmen. Nachdem ihnen das gelungen ist, kommt allmählich eine allgemeine Unruhe auf, die später in chaotische Zustände ausartet — einige der Kinder drängen dazu, zum nächsten Schritt der Arbeitsanleitung überzugehen, während andere noch eine Weile an diesem Schritt forschen möchten.

Klasse 3f: Die Gruppe war sich überhaupt nicht einig, was sie nun überhaupt machen sollte. Aufgabe war ja, den Wassertropfen von der Seite anzusehen. Einige jedoch waren wohl noch beim Tropfen an der Bleistiftspitze. Sie hatten auch vergessen (oder sich nicht richtig durchgelesen), dass der Tropfen von der Seite angesehen werden sollte, nicht von oben. Dann schien es Schwierigkeiten zu machen, den Wassertropfen zu beschreiben. Die Schüler wollten ihn zunächst aufzeichnen. Der Junge im hellblauen Pullover machte auf mich den Eindruck, als würde er nicht richtig bei der Sache sein. Zumindest hat er sich sehr zurückgehalten. Das Mädchen im geringelten Pulli war lange Zeit noch mit dem Tropfen am Bleistift beschäftigt und hat viel geredet. Zum Schluss schien sie ganz von der Kamera abgelenkt. Von den anderen aus der Gruppe habe ich gar nichts mitbekommen;

Klasse 3g: Eine kleine Gruppe von SchülerInnen ist um eine Wasserschale versammelt. Ein Schüler holt mit einer kleinen Glasscheibe Wasser aus der Schale. Die anderen SchülerInnen schauen nicht zu. Ein Schüler liest die Aufgabe vor, die der Lehrer vorbereitet hatte. Die anderen SchülerInnen hören nicht zu. Die SchülerInnen spielen mit dem Wasser und verschiedenen Gegenständen (Strohhalme, Bleistifte) die neben der Schale liegen. Ein Schüler fragt den Lehrer, ob sie den Tropfen aufschreiben oder aufmalen sollen. Der Lehrer fordert den Schüler auf, nachzulesen was in der Aufgabe steht. Der Schüler liest die Aufgabe und beschwert sich, dass er nicht weiß, wie man den Tropfen aufmalen soll. Eine Schülerin fordert einen anderen Schüler auf, aufzuschreiben, dass der Tropfen verschwommen aussieht.

Klasse 3h: Am Anfang arbeiten alle mit, dann steigt erst das Mädchen mit der Brille aus (Nasenhygiene). Der Junge mit dem dunklen Pullover macht auf mich den Eindruck, dass er zwar dabei ist, aber nicht genau weiß, worum es geht. Es hat den Anschein, als wäre er unter den Anderen vergraben. Der etwas dominantere Junge mit den dunklen Haaren hat den Zettel in der Hand und fabriziert darauf etwas. Insgesamt passiert sehr viel in der Gruppe, jeder testet, beobachtet oder gibt Kommentare. Die Kinder haben Spaß. Ob die gestellten Aufgaben gelöst wurden, kann ich nicht beurteilen.

UNTERRICHT BEOBACHTEN UND PROTOKOLLIEREN

Folgender Unterrichtsversuch zum Thema ***Wasserexperimente an Stationen*** wurde in mehreren Klassen durchgeführt und protokolliert: Die Schüler sollen in Gruppen von jeweils 5 - 6 Kindern arbeiten. An jeder Station liegt eine Karte, die über die Aufgabe informiert. Die Gruppe soll die Aufgabe dann möglichst selbstständig bearbeiten. Die Auftragskarte bei der ***Station „Wassertropfen" sieht*** so aus:

Auftragskarte: Wassertropfen machen und betrachten

Wir sehen Wasser

- Versuche, aus dem Glas mit Wasser einen Wassertropfen herauszuholen. Benutze dazu einen Finger, einen Bleistift, einen Trinkhalm, eine Pipette oder die Nadel einer Spritze! Womit gelingt es dir am besten? Schreibe es auf!
- Zeichne den Bleistift auf ein Blatt Papier. Zeichne, wie der Wassertropfen an der Bleistiftspitze hängt! Setze mit der Pipette einen Wassertropfen auf die Glasscheibe. Beobachte ihn mit der Lupe. Zeichne nun, wie der Tropfen auf der Glasscheibe aussieht, wenn du ihn von der Seite betrachtest!
- Schreibe auf, wie der Tropfen an der Bleistiftspitze aussieht und wie der Tropfen auf der Glasplatte aussieht!

Abb. 2: Auftragskarte bei der Station „Wassertropfen"[1]

Tabelle 5 (S.44) zeigt die Ergebnisse aus einem Seminar (in Klammern die Anzahl der Teilnehmer/innen für die jeweilige Zuordnung sowie eine von ihnen gegebene typische Begründung für diese Zuordnung).

Aus der Übersicht geht hervor, dass sich die Seminarteilnehmer/innen bei der Einschätzung von vier dieser Protokolle einig sind, während die Meinungen bei zwei Protokollen erheblich und bei zwei weiteren leicht auseinandergehen. Deutlich wird, dass die Schüleraktivitäten von Seminarteilnehmern ganz unterschiedlich bewertet werden („freies, selbstständiges Arbeiten" oder „wildes Durcheinander, Chaos").

---

[1] Tabelle 1 und Arbeitsvorschlag 1 in Kapitel 03 sind entnommen; Mühlhausen 2003, S. 161 ff

Protokoll aus Klasse	„Entdeckendes Lernen"	Einordnung unklar	Kein „Entdeckendes Lernen"
A	(0)	(6) weil kein Ergebnis rauskommt	(18) weil Aufträge vorgegeben, zu starke Steuerung
B	(2) freies und selbstständiges Arbeiten	(9) Chaos, aber es wird was ausprobiert	(13) Chaos, wildes Durcheinander, keine Anleitung
C	(0)	(15) Schüler sind z.T. desorientiert	(9) Arbeit nur nach Anweisung, Schüler wirken hilflos
D	(24) Schüler korrigieren ihre Fehler selbstständig	(0)	(0)
E	(7) Einzelne wollen forschen	(13) teils gegenseitig blockierend, teils entdeckend	(4) arbeitswillige Schüler setzen sich nicht durch: Chaos und Unruhe
F	(0)	(0)	(24) Kinder wirken unkonzentriert, abgelenkt, nicht interessiert
G	(0)	(0)	(24) das Interesse fehlt
H	(24) jeder arbeitet aufgabenbezogen, ist aktiv	(0)	(0)

Tab. 5: Einschätzung der acht Protokolle durch 24 Seminarteilnehmer

Bei genauerer Betrachtung der konträren Zuordnungen haben dann in den Seminaren immer recht kontroverse Diskussionen darüber eingesetzt, was denn der Kern von „Entdeckendem Lernen" sei:

⇒ Geht es um das Nachentdecken von einem Ergebnis, das die Lehrkraft vorgesehen hat, *oder* darum, etwas herausfinden, das die Lehrkraft vorab nicht antizipiert hat?

⇒ Ist die — möglichst selbstständige — Schülertätigkeit ausschlaggebend *oder* die am Ende von allen nachvollzogene Entdeckung?

⇒ Ist die Zusammenarbeit zwischen den Schülern dann gelungen, wenn sie sich ohne Streit einigen, *oder* gehören Streit, Widerspruch und Verweigerung zur Kooperation dazu?

Die am Ende der Diskussion von der Seminarleitung aufgeworfene Frage, welches wohl die Intention für diese Protokollanalyse gewesen sei, beantworteten die Teilnehmer dahingehend, dass es vermutlich um eine interessante Form der Erarbeitung des Konzepts „Entdeckenden Lernens" gehe. Das ist zugegebenermaßen ein nicht unerhebliches Nebenziel, hat aber mit dem eigentlichen Anliegen nichts zu tun!

Für ungläubiges Staunen sorgte dann die Enthüllung, dass der eigentliche Zweck darin bestand, sich eingehender mit den individuellen Unterschieden bei der Protokollierung von Unterricht zu beschäftigen, denn:
Alle acht Protokolle sind aufgrund der Beobachtung ein- und derselben Unterrichtsszene durch acht angehende Lehrer entstanden. Die Betrachter haben die Szene als Video alle zur gleichen Zeit im gleichen Raum auf einer großen Leinwand zu sehen bekommen und unmittelbar anschließend ihre Protokolle abgefasst. Sie können diese Szene auf der DVD selbst betrachten.

Videoszene 2 zu Kapitel 03

DVD-Pfad: Kapitel_03\
Datei: „K_03_Wassertropfen.wmv" (Dauer ca. 4 Minuten)

Wenn man die acht Protokolle miteinander vergleicht, fällt bei einigen der Hang zur Interpretation und zur vorschnellen Bewertung auf. Erstaunlich groß ist auch die Varianz bei der Darstellung des — vermeintlich — Gesehenen. Ein genauer Vergleich einzelner Protokolle mit dem in der Videoszene Gezeigten fördert erhebliche Abweichungen zu Tage, etwa das Übersehen von Äußerungen und Handlungsabläufen, die zum Verständnis wichtig sind, oder Umkehrungen in der Reihenfolge von Ereignissen.

Derartige Phänomene einer ungenauen und von Bewertungen überlagerten Wiedergabe von Beobachtungsdaten sind auch aus anderen beruflichen Kontexten bekannt, z.B. bei gerichtlichen Zeugenvernehmungen. Sie sind in vielen wahrnehmungspsychologischen Experimenten und anderen psychologischen Untersuchungen vergleichsweise genau erforscht[2]. Für angehende Lehrer/innen reicht es jedoch nicht aus, dieses „theoretisch" zu wissen. Sie sollten die Täuschungsanfälligkeit der eigenen Wahrnehmung vielmehr „mit eigenen Augen und Ohren" erleben, um sich anschließend zu überlegen, wie man diesem Manko entgegenwirken kann.

Eine Möglichkeit dazu besteht darin, die Protokolle daraufhin zu analysieren, welche der darin enthaltenen Sätze beobachtbare Fakten wiedergeben, d.h. Beschreibungen von Sachverhalten, die anhand des im Video Gesehenen

---

[2] z.B. Forgas 1987

bzw. Gehörten nachvollziehbar sind. Des weiteren sind die Protokolle darauf hin zu überprüfen, welche Sätze oder Satzteile Interpretationen, d.h. nicht durch das Gesehene bzw. Gehörte belegbare Vermutungen oder Annahmen darstellen.

Protokollanalyse durch Seminarteilnehmer
(*einige Markierungen sind durchaus diskussionsbedürftig*)

normal:	nachvollziehbare Beobachtung
<u>unterstrichen:</u>	<u>Interpretation, Mutmaßung bzw. nicht belegbare Annahme</u>
kursiv:	*Bewertung*

Klasse 3a: Die Kinder <u>scheinen gewisse Aufgaben</u> verteilt zu haben: Versuchsvorträger und -protokollierer, Versuchsdurchführer, Versuchsbeobachter. Ein Mädchen ist für die Pipette zuständig, ein anderes teilt sich den Job des „Vorlesens" mit Tobias, ein weiterer Junge hält die Glasscheibe, auf die der Wassertropfen gegeben werden soll. Ein dritter Junge <u>scheint keine bestimmte Aufgabe zu erfüllen</u> (evtl. ist er ein Beobachter). Der Junge mit der Funktion Vorleser versucht auch, die Ergebnisse der Beobachter festzuhalten, wozu es in dieser Szene aber nicht ganz kommt.

Klasse 3b: *Es herrscht Chaos, die Schüler „spielen"* mit dem Wasser und probieren verschiedenste Dinge mit dem Wasser und den Materialien (Bleistift, Pipette) und dem Finger aus. Der „Anleiter" (Lehrer?) fordert die Schüler auf, sich die Arbeitsanleitung noch mal genau durchzulesen. <u>Die Arbeitsanleitung wird jedoch nicht ganz beachtet,</u> die Schüler befolgen die Arbeitsanweisung *nur* teilweise und beobachten den auf dem Objektträger befindlichen Wassertropfen von oben. *Andere Dinge sind wichtiger,* <u>jeder möchte einmal die Lupe in der Hand halten, die Finger im Wasserbehälter baden,</u> ein Mädchen winkt *lieber* der Kamera zu.

Klasse 3e: Zu Beginn der Videosequenz versuchen die Kinder mit hoher Aufmerksamkeit unter Benutzung diverser, im Arbeitsvorschlag angegebener Geräte, einen Tropfen Wasser aus dem Behälter zu entnehmen. Nachdem ihnen das gelungen ist, kommt allmählich eine allgemeine Unruhe auf, *die später in chaotische Zustände ausartet.* Einige der Kinder drängen dazu, zum nächsten Schritt der Arbeitsanleitung überzugehen, während andere noch eine Weile an diesem Schritt forschen möchten.

Klasse 3g: Eine kleine Gruppe von SchülerInnen ist um eine Wasserschale versammelt. Ein Schüler holt mit einer kleinen Glasscheibe Wasser aus der Schale. <u>Die anderen SchülerInnen schauen nicht zu.</u> Ein Schüler liest die Aufgabe vor, die der Lehrer vorbereitet hatte. <u>Die anderen SchülerInnen hören nicht zu.</u> Die SchülerInnen <u>spielen</u> mit dem Wasser und verschiedenen Gegenständen (Strohhalme, Bleistifte) die neben der Schale liegen. Ein Schüler fragt den Lehrer, ob sie den Tropfen aufschreiben oder aufmalen sollen. Der Lehrer fordert den Schüler auf, nachzulesen was in der Aufgabe steht. Der Schüler liest die Aufgabe und beschwert sich, dass er nicht weiß, wie man den Tropfen aufmalen soll. Eine Schülerin fordert einen anderen Schüler auf, aufzuschreiben, dass der Tropfen verschwommen aussieht.

Abb. 3: Protokollanalyse

Schließlich sind Sätze bzw. Satzteile herauszufinden, die Bewertungen darstellen. In Abbildung 3, S.46, ist das Ergebnis einer solchen Analyse für vier der acht Protokolle dargestellt, indem die einzelnen Aussagetypen durch unterschiedliche Markierungen hervorgehoben sind.

3.3 Wahrnehmungsbeeinträchtigende Faktoren

Das in Abschnitt 3.2 beschriebene Beobachtungsexperiment veranschaulicht, wie leicht sich die menschliche Wahrnehmung in die Irre führen lässt. Beobachten bedeutet immer, die Perspektive einzuschränken — niemand kann „alles" beobachten. Wie viele andere Ereignisse ist auch Unterricht ein viel zu komplexes Interaktionsgeschehen, als dass man es in seiner ganzen Vielfalt erfassen könnte. Aus Physiologie und Kognitionspsychologie ist bekannt, dass menschliche Wahrnehmung generell lückenhaft und täuschungsanfällig ist, und zwar umso mehr, je unübersichtlicher und unvorhersehbarer das Geschehen ist. Als ein erster „Filter" wirken dabei unsere Sinnesorgane, die nur einen vergleichsweise kleinen Ausschnitt der physikalisch übertragbaren Informationen erfassen können — etwa im Vergleich mit den hochspezialisierten Sinnesorganen einiger Tiere. Aber selbst bei dieser beschränkten Sensibilität nehmen die menschlichen Sinnesorgane in jeder Sekunde so ungeheuer viele Informationen auf, dass es unmöglich wäre, sie alle wahrzunehmen. Das menschliche Gehirn ist — ohne dass wir dieses bemerken — ständig damit beschäftigt, diese Informationen auf ihre Bedeutung hin auszuwerten. Nur ein Bruchteil der von den Sinnesorganen übermittelten Informationen werden dabei für so wichtig erachtet, dass sie von uns „bewusst" wahrgenommen werden, d.h. dass wir sie als Wahrnehmungseindruck bemerken. Bei dieser Umwandlung der an das Gehirn weitergeleiteten Sinneseindrücke in mitteilbare und erinnerbare Bewusstseinsinhalte spielt unsere Kenntnis von und unsere Vorerfahrung mit der wahrgenommenen Situation eine Rolle, unsere Fragehaltung, unsere psychische und physische Befindlichkeit, um nur einige Faktoren zu nennen. Vergleichsweise gut erforscht sind diese Vorgänge beim Erkennen einfacher bildlicher Darstellungen[3], z.B.:
⇒ die gestaltpsychologische Ergänzung von unklaren Mustern zu „guten" Gestalten;

---

[3] Wimmer & Perner 1979

⇒ die Wiedererkennung bedeutungshaltiger Figuren in nichtfigürlichen Vorlagen, z.B. in Tintenklecks-ähnlichen Gebilden bei sog. projektiven Tests wie dem Rohrschachtest;
⇒ der Einfluss des innerpsychischen Zustands auf den Wahrnehmungsvorgang (z.b. meinen hungrige oder durstige Versuchspersonen, denen bedeutungslose Zeichnungen oder sinnlose Wörter auf Dias extrem kurzzeitig (= tachistoskopisch) präsentiert werden, in diesen Bildern signifikant häufiger Begriffe aus dem Themenkreis Ernährung zu erkennen).

Ungleich komplizierter zu bestimmen sind solche Einflüsse, wenn es um Personen- oder Situationswahrnehmungen geht. In wahrnehmungs- und sozialpsychologischen Untersuchungen wurden fünf Mechanismen ermittelt, die dabei eine Rolle spielen:

(1) Rahmung: Unzusammenhängende Einzelfakten werden zu einem plausiblen Ganzen zusammengefügt

Wie wirksam die Wahrnehmung sozialer Situationen manipuliert werden kann, haben unlängst zwei amerikanische Psychologen[4] demonstriert. Sie zeigten einzelnen Personen Bilder, in denen bestimmte „Ergebnisse" zu sehen waren (z.B. Orangen, die in einem Supermarkt auf dem Boden verstreut lagen). Später zeigten sie denselben Personen Bilder, die als mögliche „Ursache" für das zuvor gezeigte „Ergebnis" gelten konnten (z.B. jemand, der eine Orange am Fuß einen Stapels herauszieht). Auf die anschließende Frage, ob sie die im Versuch zuletzt gezeigten Bilder schon anfangs, also vor dem „Ereignis" der am Boden liegenden Orangen, gesehen hätten, bejahte eine statistisch signifikante Anzahl der Befragten dieses fälschlicherweise. Sie tendierten dazu, dem gesehenen Ergebnis eine plausible Ursache hinzuzufügen, um so eine vermeintliche Lücke in der Beobachtungskette zu schließen. Die Autoren bezeichnen das als „causal inference errors", die sich einstellen, weil Menschen zu einem Interferenzschluss auf plausible Ursachen neigen, wenn sie etwas sehen, das sie als Ergebnis interpretieren. Entsprechend richten wir bei der Unterrichtsbeobachtung unsere Aufmerksamkeit auf Ereignisse, die sich erwartungsgemäß einstellen müssten. Unsere Erwartungen resultieren dabei aus unseren Vorstellungen, worauf der Unterricht hinauslaufen soll. Diese haben wir entweder dadurch erhalten, dass wir vorher den geplanten Unterrichtsverlauf kennen gelernt haben oder — falls nicht — indem wir uns aufgrund des gesehenen Unterrichts eine Vorstellung davon machen, was kommen könnte. Auch Lehrer lassen sich während des Unterrichts bei ihrer

---

[4] Hannigan & Reinitz 2001

Beobachtung des Geschehens von solchen Erwartungen leiten und tendieren deshalb z.B. dazu, Schülerbeiträge, die nicht in ihr Konzept passen, zu übersehen.

(2) Wahrnehmungsstereotype (=Voreinstellungen) prägen die Beobachtung
Im Alltag hat unsere Wahrnehmung äußerer Merkmale von Menschen einen großen Einfluss darauf, wie wir diese Personen beurteilen, etwa welche Persönlichkeitseigenschaften wir ihnen zuschreiben: Wenn vom „aalglatten" Makler, „pedantischen" Buchhalter oder der „aufopferungsvollen" Krankenschwester die Rede ist, haben die meisten von uns gleich ein bestimmtes Bild vor Augen. Filmregisseure machen sich gern derartige Stereotype zu nutzen: Z.B. sind Filmbösewichte oft schwarz gekleidet, die Guten dagegen am hellen Outfit zu erkennen. In einem Experiment an einer australischen Universität wurde Studierenden während verschiedener Vorlesungen ein- und dieselbe Person einmal als ausländischer Gastprofessor, einmal als neuer wissenschaftlicher Mitarbeiter und einmal als Austauschstudent vorgestellt. Anschließend wurden die Studierenden in allen drei Vorlesungen darum gebeten, die Körpergröße zu schätzen. Die als Professor vorgestellte Person erschien den Seminarteilnehmern im Durchschnitt um 6 cm größer als dieselbe, als Student vorgestellte Person. In ganz ähnlicher Weise wird man das Unterrichtshandeln von Lehrern in Abhängigkeit von vorgegebenen Einschätzungen über die Fähigkeit der unterrichtenden Lehrperson („gute Lehrerin" oder „schlechte Lehrerin") verschieden wahrnehmen (entsprechend dem sogenannten Pygmalion-Effekt[5]).

(3) Beobachtungslücken durch Überforderung der Aufnahmefähigkeit
Grundsätzlich ist Unterricht häufig so ereignisreich, dass es unmöglich ist, alle parallel ablaufenden Ereignisse zu erfassen. Hinzu kommt, dass viele Ereignisse allein schon durch den Betrachtungswinkel, die Raumakustik und andere physikalische Faktoren nicht oder nur unzureichend wahrgenommen werden können. Auf ein Beispiel wurde bereits eingangs hingewiesen („Wem gehört das Etui?"). Obwohl sich bei der Betrachtung dieser Szene auch erfahrene Lehrer und Ausbilder haben täuschen lassen, zeigen Vergleiche zwischen angehenden und erfahrenen Lehrern im Allgemeinen, dass mit zunehmender Unterrichtserfahrung auch die Genauigkeit der Beobachtung zunimmt. Charakteristisch für Berufsanfänger ist ein enges Blickfeld (der soge-

---

[5] benannt nach einem Theaterstück von G. B. Shaw, in dem aufgrund einer Wette ein Blumenmädchen aus niedrigem Stand in vornehme Gesellschaftskreise als Adlige eingeführt wird und man dort an ihr prompt typische Eigenschaften einer Adligen zu entdecken meint.

nannte „Tunnelblick"), während erfahrene Lehrer das Geschehen im Klassenzimmer „weitwinklig" beobachten - ihnen entgehen nicht so leicht Aktivitäten von Schülern, die rechts oder links außen sitzen.

(4) Vermengen von Beobachtung, Interpretation und Bewertung
Auch für diesen Mechanismus wurde bereits einige Seiten zuvor ein Beispiel gegeben: Die extrem divergierenden acht Protokolle von ein- und derselben Unterrichtsszene „Wassertropfen untersuchen". Für Lehrer, die während des Unterrichts unter ständigem Handlungsdruck stehen und andauernd Beurteilungen abgeben müssen, ist es besonders schwer, sich bei der Beobachtung von Unterricht zunächst auf Fakten zu beschränken und mit Interpretationen und Bewertungen zurückzuhalten. Dieser „deformation professionelle" gilt es möglichst früh entgegen zu wirken.

(5) Wahrnehmungen „zurecht rücken", damit sie das Selbstbild nicht stören
Wenn mehrere Personen als Beobachter an einer Unterrichtsstunde teilnehmen und anschließend darüber sprechen (wie das bei Hospitationen oder Lehrproben in der 2. Phase üblich ist), können sich ihre Einschätzungen in verschiedene Richtungen entwickeln. In welche Richtung sie sich entwickeln, ist nicht zuletzt davon abhängig, wie sich ein Betrachter aufgrund der Rahmenbedingungen zu äußern genötigt fühlt. Wenn z.B. andere Betrachter zunächst positive Eindrücke hervorheben und man sich verpflichtet fühlt, diese positive Grundstimmung nicht zu gefährden, z.B. aus Höflichkeit, um die Unterrichtende nicht zu verletzen, oder um ein gutes Gruppenklima zu erhalten, dann wird man eigene kritische Einwände oder ungünstige Beobachtungen zurückstellen. Sie verblassen, und am Ende der Besprechung wird man eine bessere Einschätzung von der Stunde in Erinnerung behalten, als es dem ersten unmittelbaren eigenen Eindruck entsprach. Oder es werden zunächst negative Eindrücke genannt und man fühlt sich geneigt, diesen zuzustimmen, um gegenüber dem Unterrichtenden die eigene Kompetenz hervorzuheben, oder weil es opportun ist, die Kritiker in ihrer Auffassung zu bestärken. Dann wird man dazu tendieren, selbst beobachtete positive Eindrücke nicht einzubringen, mit der Folge, dass man — ohne sich dessen bewusst zu sein — am Ende der Besprechung eine erheblich schlechtere Einschätzung von der Stunde mitnimmt, als es zunächst dem unmittelbaren Eindruck entsprach. In welche Richtung man sich in der eigenen Einschätzung drängen lässt, ist bedeutsam für den letztlich bleibenden eigenen Gesamteindruck. Am Ende ist der Betrachter davon überzeugt, eine gelungene (oder einen misslungene) Stunde gesehen zu haben, und wird im einen Fall eine Fülle positiver, im anderen Fall eine Fülle negativer Belege anführen können. Der Grund dafür ist ein ebenfalls unbewusst ablaufender Prozess: Denn andernfalls müsste

sich der Betrachter eingestehen, inhaltliche Aussagen aus sachfremden Gründen wie Gruppenzwang oder Loyalität gemacht zu haben. Das wäre mit dem eigenen Selbstbild nicht in Einklang zu bringen und würde erhebliche Spannungen, sogenannte kognitive Dissonanzen erzeugen [6].

3.4 Nachteile einer nicht mediendokumentierten Unterrichtsbeobachtung

Bei nachträglichen Unterrichtsbesprechungen bleibt die Ungenauigkeit von Beobachtungen meist unbemerkt, weil man die flüchtigen Eindrücke hinterher nicht mehr mit dem tatsächlichen Geschehen vergleichen kann. Was bleibt, sind Erinnerungsfetzen, bestenfalls bruchstückhafte Protokollnotizen. Ob sie zutreffen oder fehlerhaft sind, ist im Nachhinein nicht mehr entscheidbar, weil es keinen Maßstab für diese Entscheidung gibt. Hospitanten wiegen sich in der trügerischen Sicherheit, hinreichend genau beobachten zu können. Sofern Ausbilder nicht darauf bestehen, werden im Rahmen von Hospitationen und Unterrichtsversuchen nicht einmal handschriftliche Protokollnotizen verfertigt, weil viele angehenden Lehrer eine ausgeprägte Abneigung dagegen haben. Sie überschätzen die eigene Beobachtungsfähigkeit und gehen ganz selbstverständlich davon aus, dass sie Unterricht mühelos erfassen und im Gedächtnis behalten können (Motto „Ich war doch dabei"). Wie kann unter diesen Voraussetzungen die Einsicht vermittelt werden, dass der Unzulänglichkeit menschlicher Wahrnehmung zwar bis zu einem gewissen Grad entgegengewirkt werden kann, dass sie aber nicht grundsätzlich aufhebbar ist?

Das ist kein theoretisches Problem, welches in Seminaren geklärt werden könnte. Zwar gehören Stichworte wie „Selektivität von Wahrnehmung", „Beobachten als (Re-)konstruieren" inzwischen zu den klassischen Topoi erziehungswissenschaftlichen Denkens und werden in der Lehre traktiert. Wahrgenommene Wirklichkeit ist rekonstruierte Wirklichkeit, so die übereinstimmende Kernaussage verschiedener konstruktivistischer Ansätze[7]. Diese Erkenntnisse wirken jedoch nicht in die Lehrerausbildung hinein, weil sie bloß theoretisch vermittelt werden. Sie landen als Merksätze in mancher

---

[6] Dieser Mechanismus wurde in einer bekannten psychologischen Untersuchung erstmals Ende der 50er Jahren des vergangenen Jahrhunderts nachgewiesen durch Festinger und Carlsmith (1959). Er ist seither in etlichen Varianten bestätigt worden.

[7] Siebert 1997

Vorlesungsmitschrift, ihre Bedeutung aber bleibt unverstanden. Angehende Lehrer/innen erfahren selten „am eigenen Leib", wie lückenhaft und interpretationsbeladen ihre Wahrnehmung ist. Dramatischer noch: Etliche Ausbilder arbeiten dieser Einsicht, die sie einerseits selbst zu vermitteln suchen, andererseits systematisch zuwider — nicht erklärtermaßen, sondern i.S. eines heimlichen Lehrplans: Angehenden Lehrern wird anlässlich von Unterrichtsnachbesprechungen vermittelt, dass es die richtige Wahrnehmung gäbe: Die des Ausbilders. Ihm ist qua Amt die Befähigung zur korrekten Stundenbeurteilung übertragen worden, und er muss davon selbst dann Gebrauch machen, wenn er diese zugesprochene Kompetenz für sich infrage stellt. Die Lehrerausbildung führt ihre Klientel somit in eine „double-bind" Situation: hier die seminaristische Erkenntnis der Relativität von Wahrnehmung, dort die nachhaltige Erfahrung, wie sich Ausbilder selbst über diese Erkenntnis hinwegsetzen. Komplementär zur „amtlich richtigen" Sichtweise des Unterrichtsgeschehens erleben angehende Lehrer ihre eigenen Beobachtungen und Interpretationen in dem Maß als wertlos, in dem sie von der Sichtweise des Ausbilders abweichen.

3.5 Die WBA-Übung zu Kapitel 03: Ein Experiment zur Web-gestützten Unterrichtsbeobachtung

Um die Täuschungsanfälligkeit der Wahrnehmung nachvollziehen, die eigenen „blinden Flecken" überhaupt bemerken zu können, ist der Gang ins Klassenzimmer wegen der Unwiederholbarkeit der Ereignisse unzweckmäßig. Die webbasierte Beobachtungsübung (WBA-Übung zu Kapitel 03, S. 53) ermöglicht es, die Tücken der Unterrichtsbeobachtung „mit eigenen Augen und Ohren" zu erleben.
In der WBA-Übung wird eine kurze Unterrichtsszene am PC nur einmal vorgespielt. Vorab werden einigen Informationen zum besseren Verständnis der Szene gegeben. Dann wird die Szene abgespielt. Es handelt sich um einen kurzen Ausschnitt aus einer Deutschstunde. In der ca. 90 Sekunden langen Videoszene ist zu sehen, wie die Lehrerin einer 5. Klasse eine Gruppenarbeit initiiert, die jedoch zunächst wegen mehrerer Ereignisse nicht beginnen kann. Im ersten Teil herrscht etwas Unruhe (einige durcheinander gesprochene Wortbeiträge sind schwer verständlich — wie oft in der Schule). Der zweite Teil ist — nach Audiobearbeitung - gut verständlich).
Die erste Aufgabe besteht darin, die Szene möglichst genau zu beobachten und dann darüber ein Protokoll anzufertigen. Nach Absenden des selbst ge-

schriebenen Beobachtungsprotokolls wird dieses zusammen mit dem genauen Wortprotokoll der Szene eingeblendet.

Die zweite Aufgabe besteht darin, beide Protokolle miteinander zu vergleichen und dabei möglicherweise Abweichungen und fragwürdige Angaben im eigenen Protokoll zu entdecken.

In der dritten Aufgabe sollen diese Diskrepanzen unter Rückgriff auf die in Abschnitt 3.3, S.47f, vorgestellten, wahrnehmungsbeeinträchtigenden Mechanismen analysiert werden.

	WBA-Übung zu Kapitel 03

DVD-Pfad: WBA_Uebungen\Kapitel_03
  Übung „Unterricht beobachten und protokollieren"

1. Starten Sie die Übung aus dem Untermenü zu den WBA-Übungen und folgen den Hinweisen auf dem Bildschirm.
2. Zunächst erhalten Sie Vorab-Informationen zu dem im Video gezeigten Unterricht, danach startet das Video.
3. Anschließend öffnet sich wieder das schon aus der ersten WBA-Übung bekannte Fenster mit Feldern für Angaben zu Ihrer Person und zur Eingabe Ihres Protokolls. Sie erhalten keine Gelegenheit, die Szene ein zweites Mal anzusehen! Klicken Sie nicht im Explorer „zurück" — das merkt das Programm und dann ist die Übung ungültig — betrügen Sie sich bitte nicht selbst! Damit würden Sie den Sinn dieser Übung unterlaufen, die Begrenztheit ihrer Wahrnehmung „mit eigenen Augen" zu erfahren.
4. Sie erhalten wiederum das von Ihnen geschriebene Protokoll und Ihre anderen Angaben zu den o.a. Aufgaben per Email, wenn Sie eine gültige Email-Adresse angegeben haben. Am Ende der Übung erhalten Sie auch wieder einen Hinweis, wo Sie beispielhafte Musterlösungen zu dieser Übung einsehen können.
5. Die Bearbeitungszeit für diese Übung beträgt ca. 1¼ Stunde.

Seminarteilnehmer, die an dieser Übung teilgenommen haben, notierten dazu:

⇒ Ich habe mich sehr an Kleinigkeiten aufgehalten. Da ich von vornherein wusste, dass ich mich konzentrieren muss, kam es mir vor, als wenn ich mich zu sehr konzentrierte und dabei das Wesentliche aus den Augen verlor bzw. nicht wahrnahm.

Ich habe mich des weiteren von der großen Unruhe der Klasse ablenken lassen. Mir fiel es schwer, zu verstehen, was gesprochen wurde. Ich habe verstärkt auf die Körpersprache der Schüler geachtet. Das gesprochene Wort fand ich bei der Beobachtung sekundär. Auf beides gleichermaßen einzugehen, hätte für mich eine Reizüberflutung dargestellt. Außerdem war ich wohl zu sehr darauf erpicht, alles „richtig" zu machen. Dadurch habe ich wohl nicht sonderlich entspannt beobachten können. Ich hatte Beobachtungslücken durch die Reizüberflutung, außerdem habe ich ein Stück weit Beobachtung, Bewertung und Interpretation vermischt.

⇒ Die Abweichungen sind zustande gekommen, weil ich den Schüler ... beobachtet habe. Er hat gleich bei mir die Voreinstellung geweckt, dass er irgendwelche Defizite haben muss, weil er die Aufgabenstellung nicht verstanden hat. Anderseits habe ich mich während des Films mit der Frage beschäftigt, warum die Lehrerin jetzt nicht erst Mal bei ... bleibt (Rahmung). Meine Aufnahmekapazität war auch zu überfordert. Ich habe in meiner Protokollierung gemerkt, dass ich viele Beobachtungslücken habe. Ich war nicht in der Lage, das ganze Gruppengeschehen zu beobachten.

⇒ Ich habe bestimmte Erwartungen gehabt, auf die die Unterrichtssituation hinauslaufen sollte, und nur auf ... geachtet. ... war nicht in meinem Aufmerksamkeitsfokus.

⇒ Beobachtungslücken: In der Klasse war es so laut, dass es mir nur schwer möglich war, alles Gesprochene richtig zu verstehen und zuzuordnen, außerdem habe ich auch sehr auf die nonverbalen Aktionen der Kinder geachtet, so dass mir einiges entgangen ist.

⇒ Die Abweichungen in dem Gespräch der Lehrerin mit ... sind wahrscheinlich zustande gekommen, weil ... ziemlich leise gesprochen hat.

⇒ [... irritiert hat ...] die Tatsache, dass eine so unverfänglich erscheinende Aufgabenstellung zur Aufdeckung eines so existenziellen Problems führt.

⇒ Mich hat sehr erschreckt, dass ich die ... nicht als solche wahrgenommen habe und deshalb auch nicht erwähnenswert fand. An dieser Stelle bin ich mir nämlich nicht sicher, ob die Erklärung, die ich für einige andere Punkte, zum Beispiel ... habe, zutrifft. Die Stelle mit ... habe ich nicht richtig verstanden(akustisch). Dass ich der Ansicht war, ... , resultiert sicher aus dem Mechanismus, der als Rahmung bezeichnet wurde. Ich habe einen für mich plausiblen Grund hergestellt. (Auch das finde ich etwas erschreckend, da ich wirklich der Ansicht war, das gehört zu haben.) Das Phänomen der Beobachtungslücke ist bei meinem Protokoll auch sehr viel stärker, als ich mich eingeschätzt hätte. Ich hoffe nur, dass das in realen Situationen anders sein wird.

Diese Einschätzungen von Teilnehmern an der WBA-Übung zeigen, dass es möglich ist, sich mit den „am eigenen Leib" erfahrenen Wahrnehmungsbeeinträchtigungen selbstreflexiv auseinander zu setzen, sofern ein Grundwissen um die Problematik von Unterrichtsbeobachtungen besteht.

Es wäre wünschenswert, wenn angehende Lehrer/innen sich mindestens einmal während ihrer Ausbildung einer vergleichbaren Selbsterkundung unterziehen würden, um einer recht wahrscheinlichen Überschätzung ihrer Beobachtungsfähigkeit entgegenzuwirken.

4 Unterrichtseinstiege und Stundeneröffnungen

4.1 Zur Unterscheidung zwischen Stundeneröffnungen und Unterrichtseinstiegen

In diesem Kapitel geht es um einen Unterrichtsabschnitt, dem angehende Lehrkräfte ganz besondere Aufmerksamkeit widmen: dem Unterrichtsbeginn. Im Hinblick auf diese Phase unterscheiden wir zwei Begriffe, die oft durcheinander gebracht werden:
⇒ Stundeneröffnung (was sagt/macht die Lehrerkraft, nachdem sie den Klassenraum betreten hat) und
⇒ Unterrichtseinstieg (was sagt/macht die Lehrerkraft, um ein neues Thema einzuführen).

Verwechselt werden diese beiden Aspekte deshalb, weil sie gelegentlich zeitlich zusammenfallen. Der Stundenbeginn ist in diesen Fällen zugleich auch der Beginn eines neuen Themas.

Eine Stundeneröffnung gibt es — wie der Name schon sagt — prinzipiell am Anfang einer Schulstunde bzw. Doppelstunde. In der Sekundarstufe I und II, wo aufgrund des Fachlehrerprinzips fast jede Stunde von einem anderen Lehrer in einem anderen Fach unterrichtet wird, erleben demnach Schüler/innen an einem Unterrichtsvormittag bis zu sechs Stundeneröffnungen. Selbst wenn eine Lehrerkraft in einer Klasse an einem Vormittag zwei verschiedene Fächer unterrichtet, ist in beiden Stunden jeweils eine Stundeneröffnung erforderlich. Sogar in der Grundschule, in der Lehrkräfte mitunter eine Schulklasse vier oder mehr Stunden am Vormittag unterrichten, werden sie — zumindest am Stundenanfang nach den beiden großen Pausen — den Unterricht mehr als einmal in spezieller Weise beginnen.

Wenn man eine Klasse am Vormittag noch nicht gesehen hat, können sich zur Stundeneröffnung nach einer Begrüßung weitere, oftmals ritualisierte Handlungen anschließen, z.B.:
⇒ gemeinsam ein Lied singen
⇒ Hausaufgabenkontrolle
⇒ Anwesenheitskontrolle
⇒ schriftlicher Kurztest
⇒ Vorstellung des geplanten Stundenverlaufs

⇒ ein kurzer Austausch über die Befindlichkeit, über besondere Vorkommnisse o.ä.
⇒ Wiederholung von Ergebnissen der letzten Stunde
⇒ ein Lernspiel (z.B. Eckenrechnen im Mathematikunterricht)
⇒ Vokabeln abfragen, bis (fast) alle sitzen

Solche Tätigkeiten am Anfang einer Stunde haben mehrere Funktionen für den weiteren Unterricht: Die Lehrkraft signalisiert damit: „Jetzt beginnt meine Stunde" bzw. „Jetzt ist Unterricht im Fach X". Sie sorgt für Ruhe, diszipliniert die Klasse notfalls und macht deutlich, dass ab sofort eine neue Etappe im Schulvormittag beginnt. Wenn man sich am selben Tag noch nicht gesehen hat, möchte man sich als Lehrkraft ein Bild von der Befindlichkeit der Klasse und einzelner Schüler machen — umgekehrt versuchen auch die Schüler, einen Eindruck von der Befindlichkeit des Lehrers zu bekommen. Diese Einschätzung muss nicht zwangsläufig zutreffen, aber sie kann trotzdem das weitere Geschehen bestimmen, wie folgendes Beispiel zeigt:

Schuhfarbe als Stimmungsindikator
Ein Hauptschullehrer betritt den Klassenraum und noch während er zum Pult geht, sagt eine Schülerin, die vorn sitzt, zu ihm: „Oh, heute müssen wir uns zusammenreißen!" Der Lehrer fragt: „Wieso das denn?" Darauf die Schülerin: „Heute haben Sie wieder Ihre schwarzen Schuhe an. Wenn Sie die anhaben, dann sind Sie nicht gut drauf."

Oft hat man hat sich zu Beginn einer Stunde etwas zu sagen, möchte etwas zeigen, voneinander etwas wissen. Nicht selten haben Schüler Anliegen, die unbedingt vor der Stunde zu klären sind — weil erfahrungsgemäß am Ende der Stunde die Zeit nicht reicht. Schließlich kann es in einer Rückblende darum gehen, das Vorwissen der Schüler zu aktualisieren, um im weiteren Stundenverlauf daran anzuknüpfen. Als Funktionen der Stundeneröffnung lassen sich demnach zusammenfassen:

⇒ (Selbst-)Vergewisserung: „Jetzt geht's los mit (Lehrer, Klasse, Fach etc.)";
⇒ Schaffung einer (ruhigen) Atmosphäre und ggfs. Disziplinierung;
⇒ wechselseitige Aktualisierung der Beziehung;
⇒ Klärung dringender Anliegen;
⇒ Rückblende und Aktualisierung des Stoffes.

Ein Unterrichtseinstieg dient dagegen der Einführung in ein neues Thema. Dabei kann es sich um ein Thema handeln, das nur in dieser einen Stunde behandelt wird. Es kann aber auch um den Einstieg in ein längeres Vorhaben, z.B. eine mehrstündige Unterrichtseinheit oder ein Projekt, gehen.

Unterrichtseinstiege liegen häufig am Stundenanfang. Sie schließen dann direkt an die Stundeneröffnung an oder sind ein Teil derselben. Das muss aber nicht so sein. Denkbar ist z.b., dass ein vorausgegangenes Thema in einer Stunde abgeschlossen wird und noch Zeit bleibt, um ein neues Thema zu beginnen.

⇒ Ein Unterrichtseinstieg, der sich mühelos in den letzten fünf oder 10 Minuten einer Stunde bewältigen lässt, könnte z.b. darin bestehen, die Schüler zum Auftakt einer Unterrichtseinheit zum Thema „Müllrecycling" aufzufordern, als Hausaufgabe eine Plastiktüte mit möglichst unterschiedlichem Müll von zuhause mitzubringen. In der darauffolgenden Stunde wird der gesammelte Müll auf einer Folie in der Klassenmitte zusammengeschüttet und nach Müllarten sortiert, um danach mit Verrottungsexperimente zu beginnen.

⇒ Ebenfalls vergleichsweise wenig Zeit nimmt das Stellen der Aufgabe in Anspruch, für ein neues Thema „Die ökologische Bedeutung von Wäldern" im Verlauf einer Woche möglichst viele Informationen aus Sachbüchern, Zeitungsausschnitten und dem Internet zusammenzutragen. In beiden Fällen dient der Einstieg dazu, die Schüler bei der Orientierung auf ein neues Thema aktiv einzubeziehen.

Es gibt relativ schlichte Unterrichtseinstiege, die Schüler dennoch kurzzeitig wirksam beeindrucken können:

⇒ Auf dem Pult steht ein mit einem Tuch abgedeckter Gegenstand, der unter großer Spannung enthüllt wird. Zum Vorschein kommt ein Korb, in dem sich Spielsachen befinden: Affe, Auto, Ananas aus Plastik (Gemeinsamkeit: Sie beginnen mit demselben Buchstaben; um das herauszufinden, brauchen Schülerinnen einer 1. Klasse einige Zeit). Der Einstieg dient dazu, einen neuen Buchstaben A im Fibellehrgang einzuführen.

⇒ Die Lehrkraft hat ein Wort an die Tafel geschrieben und wartet stumm ab, bis sich die ersten Schüler äußern. Sie sagt dazu nichts und notiert alle darauf bezogenen Äußerungen von Schülern an der Tafel.

Es gibt zeit- und materialaufwändige Einstiege, die eine Stunde und länger dauern können:

⇒ So ist ein Verfahren des Brainstorming besonders geeignet, um Vorerfahrungen von Schülern bei der Konzeption einer Unterrichtseinheit zu berücksichtigen. Der Lehrer gibt ein Rahmenthema vor (z.B. „Das Leben von Eskimos vor 100 Jahren in Grönland") und bittet die Schüler, dazu auf Zetteln individuell Fragen oder Themenvorschläge zu notieren. Die ausgefüllten Zettel werden zunächst ungeordnet an die Tafel geheftet, dann wird gemeinsam nach einer Möglichkeit der Gruppierung nach thematisch Verwandtem gesucht und schließlich werden daraus Vorschläge für die weitere Bearbeitung im Unterricht entwickelt. Je nach Thema und

Kreativität der Schüler kann ein solches Vorgehen leicht eine Doppelstunde in Anspruch nehmen.
⇒ Der mit Abstand aufwändigste Einstieg wird im Projektunterricht praktiziert, weil es bei diesem Unterrichtskonzept darum geht, alle Planungsschritte von der Themenfindung über die Entscheidung für das Vorgehen bis hin zur Vorbereitung gemeinsam mit Schülern zu gestalten (Tab. 6).

4.2 Didaktische Funktionen und Merkmale von Unterrichtseinstiegen

Schon aus den wenigen oben genannten Beispielen geht hervor, dass mit Einstiegen ganz verschiedene Zielsetzungen verbunden sein können:
⇒ die Schüler über ein neues Thema informieren, d.h. ihnen Informationen zur Sache vorstellen;

Idealtypischer Ablauf eines Unterrichtsprojekts[1]

1. Themenfindung
    ⇒ Besprechung und Abstimmung
    ⇒ Festhalten von Absprachen
2. Festlegung eines Bearbeitungswegs / Planungsphase
    ⇒ Bearbeitungsideen sammeln: Projektidee
    ⇒ Abstimmung
    ⇒ Genaues Festhalten des geplanten Vorgehens: Projektskizze
    ⇒ Organisationsphase
3. Möglichst genaue Zeitplanung
    ⇒ Absprache von Arbeitsformen, Methoden, Regeln: schriftlich festgehalten in einem Projektplan
4. Projektdurchführung / Umsetzung der Planung
    ⇒ Falls erforderlich: „Fixpunkte" (fest vereinbarte Besprechungszeiten für organisatorische und inhaltliche Fragen) und „Metainteraktion" (ad hoc anberaumte Gespräche, wenn es „kriselt")
5. Vorstellung der Ergebnisse / Auswertung / Bestätigung und Selbstkritik

Tab. 6: Ablauf eines Unterrichtsprojekts

---

[1] in Anlehnung an: Frey 1982

⇒ Schülern ein Thema „schmackhaft" machen, ihre Neugier und ihr Interesse wecken;
⇒ Schüler durch ein besonderes Arrangement einstimmen auf ein Thema, ohne schon allzu viel vom Thema bekannt zu geben;
⇒ bei Schülern eine Fragehaltung aufwerfen, die zur weiteren Beschäftigung mit dem Thema und zur Klärung der Fragen drängt;
⇒ Schülern die vorgesehene Herangehensweisen an das Thema und die geplanten Bearbeitungsschritte mitteilen;
⇒ Schüler über die Bedeutung des ins Auge gefassten Themas und die anvisierten Lehrziele informieren;
⇒ eine Liste von Fragen und Problemen zusammenstellen, die es im Folgenden zu bearbeiten gilt;
⇒ Schülern Gelegenheit geben, ihre Vorerfahrungen und eigene Fragen gegenüber einem Thema zu äußern; ihr Interesse oder auch Desinteresse an einem Thema bzw. an einzelnen Themenaspekten zu artikulieren;
⇒ Schülern Gelegenheit geben, die Vorgaben des Lehrers mit eigenen Vorschlägen zu ergänzen oder zu korrigieren.

Weil diese Zielsetzungen für das unterrichtliche Gesamtkonzept jeweils einen ganz bestimmten Stellenwert haben, spricht man auch von den didaktischen Funktionen eines Einstiegs. Die didaktischen Funktionen von Unterrichtseinstiegen lassen sich in vier Hauptintentionen zusammenfassen:

O rientieren (wechselseitig: Lehrer ⇒ Schüler und Schüler ⇒ Lehrer)
M otivieren
E rwartungshorizont entwerfen, wie das Thema bearbeitet werden soll
I nformieren über das Thema

Orientierend ist ein Einstieg, wenn der Lehrer den Schülern eine generelle Vorstellung davon vermittelt, um welches Thema es im Folgenden gehen wird (Lehrer ⇒ Schüler). Diese Orientierung kann sich in einer groben Andeutung über die thematische Ausrichtung erschöpfen oder schon mehr oder weniger genau auf zu behandelnde Ziele, Fragen und Problemstellungen eingehen. Wechselseitig ist die Orientierung, wenn der Lehrer eine Rückmeldung seitens der Schüler darüber erhält, welche Vorerfahrungen sie mit dem Thema haben, was sie daran interessiert und was möglicherweise entbehrlich ist (Schüler ⇒ Lehrer).

Motivierend ist ein Einstieg, wenn die Neugier der Schüler geweckt und ihre Aufmerksamkeit erregt wird, so dass sie gespannt darauf sind, was nun folgen wird.

Ein *Erwartungshorizont* wird aufgespannt, wenn den Schülern durch den Einstieg klar wird, in welcher Weise das neue Thema angegangen wird (welches sind die Bearbeitungsschritte, in welcher Reihenfolge wird vorgegangen, um welche konkreten Tätigkeiten wird es gehen, was werden wir dabei lernen, wie könnte das Ergebnis bzw. Produkt aussehen?).

Informierend ist ein Einstieg, wenn die Schüler bereits zu Beginn Sachinformationen zum Thema erhalten oder sich dabei selbst beschaffen.

Einer Anekdote zufolge gab vor vielen Jahren ein bayerischer Referendar, der, als er in seinem Ausbildungsseminar von diesen vier Hauptfunktionen als Kriterien für gelungene Unterrichtseinstiege hörte, den Stoßseufzer von sich: „O - Mei! - Wie soll ich denn das alles mit einem kurzen Einstieg schaffen?". Dieser Stoßseufzer ist als „O-M-E-I"- Formel für den gelungenen Unterrichtseinstieg in die Didaktik eingegangen. Die Skepsis des bayerischen Referendars wäre übrigens berechtigt, wenn man fordern würde, dass jeder Einstieg alle vier Funktionen erfüllen müsse. Die Verwirklichung aller vier Funktionen in einem einzigen Einstieg könnte man als die didaktische Variante der Quadratur des Kreises bezeichnen.

Selbst Unterrichtseinstiege, die von Lehrern nach eigener Erprobung als besonders erfolgreich eingestuft werden, erfüllen in der Regel nur ein oder bestenfalls zwei der obigen Funktionen, wie die folgenden Beispiele [2] zeigen.

Geschichte Sek. II — „Kolumbus: Karikatur mittels des Overheadprojektors. Die Abbildung zeigt einen alten Druck: Indianer, wie sie Europa entdecken. Die Schüler sollen die Karikatur beschreiben und dadurch einen Perspektivwechsel vornehmen. Die Schüler haben sich sofort, vor allem emotional, mit dem Inhalt auseinandergesetzt, indem sie ihr Vorwissen über die Thematik einbrachten.

Geschichte 7. Klasse — „Kolumbus: Die Schüler sollen die Augen schließen. Der Lehrer lässt per Kassettenrekorder Musik abspielen. Zunächst spanische Folklore, später kommen Panflöten hinzu, noch etwas später andere kulturelle Musikeinflüsse, um die Schüler auf eine mentale, meditative Seereise mitzunehmen. Am Ende dieser Reise ertönt indianische Musik. Der Lehrer projiziert in der Zeit per OHP einen Stich von Kolumbus (Kolumbus bei der Entdeckung Amerikas). Nach Ausklang der Musik öffnen die Schüler die Augen und sehen die Abbildung (Kolumbus in Amerika) und sind jetzt (visuell) in Amerika angekommen.

Geschichte — „Französische Revolution": Der Lehrer ist die französische Fahne schwenkend und die Marseillaise singend in die Klasse gekommen; Diskussion über Rhythmus (trotz fehlender Französischkenntnisse als Marschlied erkannt), Bedeutung und Interpretation.

Geschichte - „Mittelalter": Ohne etwas zu sagen Tische aufeinandergebaut, auf die sich ein Schüler oben draufsetzen durfte; Beschreibung der Gefühle des Obensitzenden und der Hinaufschauenden.

---

[2] Aus Interviews mit Lehrern der KGS-Ronnenberg, zusammengetragen von den drei angehenden Lehrerinnen Antje Beckmann, Tobias Proske und Christian Schlote

Deutsch — „Vorurteile": Lehrer kommt mit Ohrring im Ohr in die Klasse; es entsteht sofort eine Diskussion über Homosexualität.

Thema „Europa/ Euro": Lehrer zerreißt einen 10-DM-Schein vor den Schülern; sie sollen über den Grund dafür nachdenken.

	Videoszene zu Kapitel 04
DVD-Pfad: Kapitel_04\ *Datei:* „K_04_Gedichte.wmv" (Dauer ca. 3 Minuten)	
Welche didaktische(n) Funktion(en) erfüllt dieser Einstieg im Deutschunterricht einer 11. Klasse?	

Unterrichtseinstiege können nicht nur nach ihren didaktischen Funktionen unterschieden werden, sondern auch nach folgenden Merkmalen:
⇒ ob sie *eher vom Lehrer* ausgehen, der dabei überwiegend referierend oder demonstrierend aktiv ist, oder ob *eher die Schüler* zum Zug kommen;
⇒ ob die Annäherung an das neue Thema überwiegend mit dem Medium der Sprache erfolgt (mit Texten, Tafelanschriften, Vorträgen, Gesprächen als *kognitive Einstiege*) oder ganzheitliche Schüleraktivitäten erfordert (z.B. durch gemeinsames Müllsammeln und Sortieren, durch Collagen oder vorbereitende Interviews als *handlungsorientierte Einstiege*).

Greving & Paradies haben eine umfangreiche Sammlung von Vorschlägen für Unterrichtseinstiege unter diesen beiden Gesichtspunkte geordnet, indem sie eine Art Koordinatenkreuz mit vier Feldern gebildet haben. Jedem Feld haben sie dann eine Vielzahl von Einstiegsverfahren zugeordnet[3] und ausführlich anhand von Beispielen erläutert, vgl. Tab. 7, s.u..

Unterrichtseinstiege	*eher ganzheitlich und handlungsorientiert*	*eher sprachlich vermittelt und kognitiv*
mit höherem Grad an Lehrerlenkung	Denkanstöße durch Rollenspiele, Standbilder	Lehrervortrag, Themenbörse
mit höherem Grad an Schülerselbstständigkeit	Experimentiertische, Erkundungsgänge, Interviews	Phantasiereise, Blitzlicht

Tab. 7: Merkmale von Unterrichtseinstiegen nach Greving und Paradies

---

[3] Greving & Paradies 1996, S. 22-23

Wer sich näher mit Einstiegen beschäftigen möchte, findet in diesem Band eine Fülle von z.T. ungewöhnlichen Anregungen für viele Fächer und Klassenstufen.

4.3 Die besondere Bedeutung des Unterrichtsbeginns in der Ausbildung

Die Phase des Unterrichtsbeginns findet nicht nur in der pädagogischen Literatur eine besonders große Beachtung — z.B. im Vergleich zur Phase des Unterrichtsabschlusses. Vor allem angehende Lehrer unterstellen dem Unterrichtsbeginn eine große Bedeutung und unternehmen während ihrer Ausbildung enorme Anstrengungen, um ein Misslingen des Einstiegs möglichst auszuschließen. Besonders anlässlich von Beurteilungsbesuchen und Prüfungsstunden, bei denen Stundeneröffnung und Einstieg meist zusammenfallen, gerät der Stundenanfang oft zum pompösen Feuerwerk, um die Prüfungskommission zu beeindrucken und die ob der Virtuosität des Unterrichtenden erstaunten Schüler für den weiteren Gang der Dinge einvernehmlich zu stimmen:

II. Phase — Abschlussprüfung: Als die Prüfungskommission den Klassenraum betritt, sind die Vorhänge zugezogen. Aus dem Halbdunkel erklingt leiser, steter Trommelwirbel. Den erstaunten Besuchern raunt der mit einer Trommel auf dem Pult sitzende Referendar leise zu: „Psssst! Afrika ... Dschungel ... Regen." Es handelt sich — das ist zumindest für ihn offensichtlich — um einen Einstieg ins Thema *Tropischer Regenwald*.[4]

Deiche und Sturmfluten sind Thema der Vorführstunde im Sachunterricht. Bereits am Vorabend hat der Referendar in der Klasse das aufwändige Modell einer Deichlandschaft mit einem Waschbrett, Wasser und Sand in einer gigantischen Wanne aufgebaut. Beim Eintreten ins Klassenzimmer dröhnt den Schülern aus gewaltigen Boxen das Donnern einer orkangepeitschten Brandung entgegen.

In einer Englischstunde in der Mittelstufe hüpft eine Referendarin im Ganzkörper-Känguru-Kostüm in die Klasse. Geplant hat sie eine Stunde zum Thema *Australien*. Sie unterrichtet dann übrigens die gesamten 45 Minuten kostümiert[5].

Der Vorzug solch aufwändiger Spektakel liegt für die begutachteten Referendare vermutlich darin, in den psychologisch wichtigen Anfangsminuten einen positiven Eindruck zu vermitteln, ohne sich der Gefahr auszusetzen, aus dem Konzept gebracht zu werden. Bei näherem Hinsehen ergeben sich

---

[4] zitiert nach Meyer 1987
[5] zitiert nach Markus Orths „Die deutsche Schule wird zum Narrenhaus". Beilage chrismon der Wochenzeitung DIE ZEIT 04/2004; S 36

Zweifel, ob Einstiege solcher Art als gelungen bezeichnet werden sollten. Es handelt sich wohl eher um Medienspektakel, die für die Schüler zwar Unterhaltungswert haben, als Einstimmung auf das geplante Vorhaben aber eher desorientierend wirken. Bei solchen Inszenierungen geht es vor allem darum, den Schülern keine Chance zu lassen, sich mit eigenen Fragen, Überlegungen oder spontanen Missfallensbekundungen zu äußern (worauf dann einzugehen wäre — ohne dieses vorher planen zu können). Wie bei der Rollenverteilung zwischen Showmaster und Publikum sind die Schüler bloß Rezipienten, die die Darbietung zu konsumieren haben.

4.4 Alltägliche Stundenanfänge

Tröstlich ist, dass das Ausbildungsritual aufwändiger Eröffnungs- und Einstiegsinszenierungen kaum auf den Schulalltag gestandener Lehrkräfte abfärbt. Sie müssen mit ganz anderen Anfangsproblemen fertig werden:

Themenfindung einmal anders

Nach einer Woche im Landschulheim hat eine 9. Hauptschulklasse wieder GSW-Unterricht (geschichtlich-soziale Weltkunde). Die Lehrerin begrüßt die Schüler und fragt, bis wohin man denn beim letzten Mal gekommen sei. Sie schlägt das Lehrbuch auf und beginnt, darin zu blättern. Dieses ist auch für viele Schüler ein Signal, um ihre Bücher aus dem Ranzen zu holen und nach der zuletzt behandelten Passage zu suchen. Es vergehen etwa zwei Minuten intensiven Blätterns und Tuschelns, bis ein Schüler laut ruft: „Ich hab's: Seite 285." Die Lehrerin prüft nach und schüttelt dann den Kopf „Das ist doch Erdkunde. Wir haben jetzt Geschichte." — Weitere 2 1/2 Minuten vergehen; etwa die Hälfte der Klasse beteiligt sich an der Suche, die übrigen Schüler tuscheln leise. Schließlich wird die Lehrerin fündig: „Bis Seite 106 sind wir gekommen!" Jetzt endlich — - mehr als 6 Minuten nach dem Klingeln - kann es losgehen.

Fangspiele

Deutschunterricht in der 9. Klasse eines Gymnasiums: Eigentlich steht eine Interpretation des Gedicht „Der Zauberlehrling" an, aber zunächst hat der Lehrer es mit Geistern ganz anderer Art zu tun. Beim Betreten des Klassenraums sieht er, wie vier bis fünf Schüler „Fangen'" mit einem BH spielen, andere Schüler johlen und feixen. Die Mädchen sind wie angewurzelt, eines fällt dem Lehrer jetzt besonders auf: es sitzt mit knallrotem Kopf da und blickt verschämt zu Boden. Da die Klasse zuvor Sport hatte, vermutet er, dass die Jungen ihren BH aus dem Umkleideraum haben mitgehen lassen.

Beide Beispiele zeigen Anfangssituationen, die — so oder ähnlich — für den Schulalltag in gewisser Weise typisch sind. Das erste repräsentiert als minimalistisches Gegenstück zum aufwändigen Ausbildungsunterricht die „Schwellendidaktik": Beim Überschreiten der Türschwelle hat sich diese Lehrerin gerade mal an das jetzt zu unterrichtende Fach erinnert. Gemeinsam mit den Schülern sucht sie nun die Anschlussstelle im Lehrbuch. Sarkastisch könnte man diesen Einstieg als eine Variante des *Entdeckenden Lernens* bezeichnen: Immerhin haben alle Beteiligten nach kaum mehr als sechs Minuten „entdeckt", an welcher Stelle im Buch der Unterricht beginnen soll. Das zweite Beispiel repräsentiert eine Anfangssituation, bei dem die Schüler dem Lehrer gar nicht erst die Chance lassen, die eigene Planung — wie gut oder schlecht auch immer konzipiert — umzusetzen. Er muss sich der von den Schülern definierten Situation stellen und entscheidet sich nach blitzschnellem Überlegen zu einer Improvisation:

Er ruft den Schüler, der gerade den BH gefangen hat, nach vorne und fordert ihn auf zu erklären, was für einen Gegenstand er denn da in den Händen halte und wozu dieser diene. Diese Situation ist für den betroffenen Schüler so extrem peinlich, dass er kein Wort über die Lippen bringt. Er darf sich wieder setzen.

Auch wenn dieser Lehrer zunächst nicht zu „seinem" Einstieg kommt, hat er angesichts der unerfreulichen Affäre versucht, mit Fingerspitzengefühl zu reagieren, und kann sich vermutlich des Respekts vieler Schüler/innen sicher sein. Anschließend geht er — ohne Motivierungsaufwand — zum vorgesehenen Thema über.

4.5 Die Angst des Anfängers vor dem misslungenen Einstieg

Die Angst angehender Lehrer vor Unterrichtsanfängen ist nicht unbegründet. Sie sind besonders anfällig für Unvorhergesehenes, nicht nur wegen der dort bevorzugt platzierten Schülerstreiche, sondern auch wegen der anfangs angeführten Funktionen von Stundeneröffnungen. Dem sollten Anfänger Rechnung tragen, anstatt den Schülern sofort die eigene Planung überzustülpen. Wer Schülern schon vom ersten Moment an das eigene Skript aufzwingt, ohne ihnen Handlungsspielraum zum Vorbringen eigener Anliegen zu lassen, sollte sich nicht über zunehmende Reaktanz[6] wundern. Und selbst wenn Schüler zunächst auf das Konzept des Lehrers eingehen, kann das anvisierte Unterrichtsvorhaben gerade deshalb zum Stocken kommen, weil sich die Aufmerksamkeit der Schüler — angeregt durch den gewählten Einstieg —

---

[6] Der Begriff „Reaktanz" stammt aus der Psychologie und bezeichnet den Widerstand, den ein Mensch aufbringt, wenn er den Eindruck bekommt, dass ihm seine Handlungen und Haltungen von außen aufgezwungen werden.

auf etwas scheinbar Abwegiges, Nebensächliches, nicht zum Konzept Passendes richtet:

Unplanmäßige Mäuse
„Versuche mit Mäusen" hatte sich der Lehrer im Biologieunterricht vorgenommen, und zwar solche, die auch von Schülern ausgeführt werden können. Er hat gerade die Klasse betreten und den Mäusekäfig auf dem Pult abgesetzt, da beginnen einige Schüler, etwas zu schreiben. Kurz darauf halten sie ihm Zettel entgegen mit Aufschriften wie „Keine Tierversuche", „Nieder mit Tierexperimenten" u.ä. In einem schweißtreibenden Gespräch gelingt es ihm, die Schüler davon zu überzeugen, dass die Mäuse nicht unter den Versuchen zu leiden haben.

Nicht zwangsläufig ziehen also Probleme beim Unterrichtsanfang ein Scheitern des Gesamtvorhabens nach sich. Zudem fällt es bei genauerem Hinsehen gar nicht so leicht, misslungene und geglückte Anfänge auseinander zu halten. Versuchen Sie das doch einmal mit den drei folgenden Unterrichtsbeispielen!

Prozentrechnung mit Hindernissen (Interview mit einem Gymnasiallehrer)
„Fast wie im Referendariat eingepeitscht, hatte ich in meiner 6. Klasse eine Motivationsphase zur *Prozentrechnung* zurechtgelegt und steckte mitten in der Umsetzung. Plötzlich geht die Tür auf, Schüler X trifft verspätet ein! Keine Entschuldigung, statt dessen Kontaktaufnahme zu einem Mitschüler: „Na, wie fand´st denn Du das Spiel [Fußball im Fernsehen]?" Zwangsläufige Folge: Unruhe — Fragende Blicke nach dem Motto „Was macht jetzt wohl der Lehrer?". Die Motivationsphase ist im Eimer und ich breche sie ab: „Sei bitte ruhig und setzt Dich hin!" — „Schlagt bitte das Buch auf; Seite 134; lest Euch die Beispielaufgabe durch!" — Danach: Frontalunterricht wie zur Saurierzeit."

Papierflugzeuge im Passatwind
Während die Lehrerin in einer 9. Hauptschulklasse damit beginnt, an der Tafel die Passatwinde zu erklären, basteln einige Schüler Papierflieger und bombardieren damit die Tafel. Die Lehrerin wird zwar nicht getroffen, ärgert sich aber. Ihr gehen viele Möglichkeiten durch den Kopf zu reagieren .....

Der Koffer-Sketch
Der Klassenlehrer einer 3. Klasse beginnt die Doppelstunde Deutsch mit folgendem kleinen Sketch: Er betritt den Klassenraum, verkleidet mit einem langen Mantel, hoch geschlagenem Kragen und tief ins Gesicht gezogenem Hut — in der Hand einen Reisekoffer. An der Tafel steht das Wort „Bahnhof". Er setzt den Koffer ab und beginnt, einen fiktiven Fahrplan zu studieren. Ein Schüler kommt herein und verkauft als Zeitungsjunge dem Reisenden eine Zeitung. Dieser stellt seinen Koffer ab, vertieft sich in die Zeitung und bemerkt nicht, wie der Junge ihm den Koffer klaut. Daraufhin ärgert sich der Reisende vernehmlich. — Nach diesem etwa 1-minütigen Sketch bekommt jeder Schüler ein Arbeitsblatt, auf dem die vorgespielte Geschichte in drei Bildern dargestellt ist, ein vierter Bilderrahmen — für das Ende — ist leer. Die Schüler sollen die Geschichte nun niederschreiben und ein selbst ausgedachtes Ende hinzufügen. In der zweiten Stunde sollen sie dann Gelegenheit bekommen, ihre selbst verfassten Geschichten vorzulesen. Die Schüler machen sich an die Arbeit .....

Wie der Unterricht in diesen drei Szenen weitergeht, erfahren Sie am Ende dieses Kapitels (Abschnitt 4.8, S.68).

4.6 Die überschätzte Bedeutung des Unterrichtseinstiegs

Die Bedeutung des Einstiegs wird häufig überschätzt, weil man ihm zu Unrecht eine Funktion zuschreibt, die er nicht erfüllen kann: Durch eine Anfangsmotivation das Schülerinteresse dauerhaft für den gesamten weiteren Verlauf aufrecht zu erhalten. Die beiden Schulpädagogen Monika und Jochen Grell bezeichnen den motivierenden Unterrichtseinstieg sogar als einen Mythos, der nur deshalb so lebendig sei, weil viele Lehrer und Erziehungswissenschaftler an seine Wirksamkeit glaubten[7]: Tatsächlich betonen viele sogenannte „Phasenlehren" bzw. „Formalstufen-Schemata", die eine bestimmte Gliederung des Unterrichtsablaufs empfehlen, die motivierende Bedeutung des ersten Abschnitts [8]. So wird in dem lange Zeit in Deutschland am weitesten verbreiteten Ablaufschema von Heinrich Roth aus dem Jahr 1956 der erste Stundenabschnitt ausdrücklich als „Stufe der Motivation" bezeichnet.

Der berechtigte Einwand lautet, dass Lehrer es nicht dabei belassen können, sich nur am Anfang Gedanken über die Motivation ihrer Schüler zu machen. Lehrer müssen über den gesamten Unterrichtsverlauf hinweg sicherstellen, dass Schüler motiviert sind, z.B. mit Blick auf die Auswahl von Material und Medien sowie die Wahl der Arbeitsformen und die Auswertung. Wenn die Frage der Motivation ausschließlich als Problem des Einstiegs betrachtet wird, drückt sich darin sogar eine Geringschätzung des Schülers aus[9]: „Wenn ich Schüler durch Verpackung des Themas und andere Motivierungstricks zum Lernen verführe, nehme ich sie nicht als Menschen ernst, die denken können und sich selbst steuern wollen."

Die Angst vor dem missglückten Unterrichtseinstieg ist zwar verständlich, aber unbegründet. Auch schwierige Anfangssituationen können „aufgefangen" werden. Als misslungen kann letztendlich nur derjenige Einstieg bezeichnet werden, der den Lehrer nach dem Eintreten einer überraschenden,

---

[7] Grell & Grell 1979, S. 138
[8] Phasenlehren als Vorschriften, Unterricht unabhängig von Fach, Klassenstufe und Thema in einen immergleichen Ablauf zu gliedern, waren bis weit in die 80er Jahre ein wichtiges Thema der schulpädagogischen Ausbildung. Die überzeugenden Einwände gegen derartige Gliederungsversuche (z.B. Meyer, 1987) haben dazu geführt, dass die Schulpädagogik inzwischen die Suche danach aufgegeben hat.
[9] Grell & Grell 1979, S. 143

unvorhergesehenen Situation handlungsunfähig macht, so dass das auftretende Problem nicht gelöst wird und den weiteren Stundenverlauf vollständig überlagert. Mit solchen Situationen lernen Lehrer jedoch zunehmend umzugehen, denn: „Das Missraten unserer Pläne und das Auftreten von störenden Faktoren gehört zum W e s e n der Erziehung", so Eduard Spranger[10]. Wenn diese Aussage stimmt, dann kommt es darauf an, schwierige, peinliche, hektische aber auch amüsante, komische Anfangssituationen angemessen zu bewältigen. Hier können und müssen sich Lehrer/innen durch gekonnte Improvisation jenseits ihres Unterrichtsentwurfs bewähren.

Unterrichtseinstiege sollten demnach in zweifacher Weise nicht überschätzt werden: Ein gelungener Unterrichtseinstieg ist kein Garant für das Gelingen einer Unterrichtsstunde. Ein missglückter Einstieg zieht nicht zwangsläufig ein Scheitern des weiteren Vorhabens nach sich.

4.7 Die WBA-Übung zu Kapitel 04

Die WBA-Übung zum Thema „Unterrichtseinstiege" besteht aus drei Übungsteilen, die Sie unabhängig voneinander aus dem Startmenü aufrufen können. In Übungsteil 1 geht es darum, vier Beispiele für Einstiege zu beschreiben, bei denen jeweils eine der didaktischen Funktionen (Orientieren — Motivieren — Erwartungshorizont aufspannen — Informieren) im Vordergrund steht. In den Übungsteilen 2 und 3 ist jeweils um eine Videoszene

	WBA-Übungen zu Kapitel 04
DVD-Pfad: WBA_Uebungen_zu_Kapitel_04\ *Konstruktion und Analyse von Unterrichtseinstiegen*	
1. Starten Sie den gewünschten Übungsteil aus dem Untermenü zu den WBA-Übungen und folgen den Hinweisen auf dem Bildschirm. 2. Nach Abschluss jedes Übungsteils erhalten Sie wie gewohnt Ihre Antworten per Email und einen Hinweis auf Musterlösungen. 3. Die Bearbeitungszeit für Übungsteil 1 beträgt ca. 35 Minuten, für die Übungsteile 2 und 3 jeweils ca. 25 Minuten.	

---

[10] Spranger 1962

zu analysieren, die einen Unterrichtseinstieg zeigt: Die ersten Minuten des Unterrichts in einer 3. Grundschulklasse (Sachunterricht) bzw. einer 8. Gymnasialklasse (Mathematikunterricht). Beide Male geht es um die Einführung in ein neues Thema, zu der sich die Lehrer etwas Besonderes haben einfallen lassen.

4.8 Drei offenbar missglückte Stundenanfänge — und wie es weiterging:

Wahrscheinlich haben Sie schon vermutet, dass die drei in Abschnitt 4.5 skizzierten problematischen Szenen im weiteren Verlauf eine überraschende Wende nehmen:

Dem wegen eines verspäteten Schülers verärgerten Mathematiklehrer, der in die unterrichtsmethodische Saurierzeit (seine Worte!) zurückfällt, kommt fünf Minuten vor Stundenschluss eine Idee: „Hausaufgabe: Bitte Aufgabe 3a) bis 3g) bearbeiten! — Damit X zu seinem Recht kommt, bearbeiten wir auch noch folgende Aufgabe. Bitte alle mitschreiben: Ein Schüler kommt 8 Minuten zu spät in den Unterricht, ohne sich zu entschuldigen. Er stört und unterbricht die Stunde um weitere 2%. Eine Stunde hat 45 Minuten. Wie viele Minuten hat der Schüler verpasst und wie viel Prozent sind das? Diese Aufgabe besprechen wir das nächste Mal gemeinsam unter aktiver Mithilfe von X."

Die mit Papierflugzeugen beworfene Lehrerin entscheidet sich zunächst, die Aktion der Schüler zu ignorieren. Am Ende der Stunde bittet sie die Schüler zu sich: „Es hat mich gestört, dass ihr wahllos mit den Papierfliegern geworfen habt. Ich habe aber eine erste Klasse, mit der ich gerne mal Wett- und Zielwerfen machen würde. Leider können die Kinder noch keine Flieger basteln." Daraufhin reagieren die Schüler zum Erstaunen der Lehrerin ganz spontan: „Wir falten die Flieger für die Erstklässler!" Man verabredet sich für die 6. Stunde. Die Lehrerin überreicht den Schülern einen dicken Stapel Papierbögen, und diese machen sich eifrig ans Werk. Am Ende hat die Lehrerin viele Papierflieger, über die sich die Erstklässler sehr freuen.

Bemerkenswert am „Koffer-Sketch" ist, dass dieses dramaturgisch doch recht bescheidene Mini-Rollenspiel die Schüler motivieren soll, sich immerhin zwei Stunden lang zu beschäftigen. Das wäre ein beeindruckendes Beispiel für die anhaltend motivierende Kraft einer anfänglichen Motivation! Und überraschenderweise geht die Planung des Lehrers tatsächlich auf: Jeder Schüler ist zunächst mit ausdauerndem Eifer dabei, die Geschichte niederzuschreiben, und in der zweiten Stunde herrscht großes Gedränge beim Vorlesen.

5 Lehrziele — Wie Unterricht zielorientiert angelegt wird

5.1 Zur Unterscheidung von Zielen, Lehrzielen und Lernzielen

Der Begriff „Lehrziel" ist einer der schwierigsten Begriffe der Schulpädagogik, weil er theoretisch anspruchsvoll ist und eine facettenreiche Gestalt aufweist. Er ist von angehenden Lehrern bei den ersten eigenständigen Unterrichtsplanungen schwer umzusetzen. Die Schwierigkeit, Lehrziele möglichst genau anzugeben, wird offenkundig, wenn in Unterrichtsentwürfen hochtrabende und unpräzise Formulierungen die Ungenauigkeit der Vorüberlegungen übertünchen sollen (z.B. mit Sätzen wie „Die Schüler sollen sich kreativ mit dem Text auseinandersetzen" oder „Die Schüler sollen lernen, ihre Ausdrucksfähigkeit zu verbessern."). Derart ungenaue Angaben zeigen, dass ihre Urheber nicht so genau wissen, worauf sie mit ihrem Unterricht eigentlich hinaus wollen. Das ist auch nicht verwunderlich, weil Anfänger vor einem doppelten Problem stehen. Zum einen haben sie den Begriff *Ziel* bislang überwiegend umgangssprachlich verwendet. In der Alltagssprache redet man von Zielen, wenn man sich etwas vorgenommen hat, das verwirklicht bzw. erreicht werden soll: Man möchte ein neues Buch lesen, abends ins Kino gehen, im Sommerurlaub eine Radtour machen. Um solche Ziele zu erreichen, braucht man jedoch in der Regel nichts dazuzulernen, d.h. mit dem Erreichen solcher Ziele ist kein Lernzuwachs verbunden. Wenn man dagegen etwas lernen will, möchte man sein Wissen erweitern (Fremdsprachenkenntnisse) oder sein Können verbessern („Mit einem neuen Computerprogramm Fotos nachbearbeiten." „Beim Volleyball am Netz abblocken"). Oder man möchte die eigene Sichtweise zu einem Thema überprüfen und ggfs. ändern (*„Dürfen islamische Lehrkräfte in Deutschland mit einem Schleier unterrichten? Wie ist es mit christlichen Kreuzen im Klassenzimmer?")* Bei solchen Vorhaben möchte man sich selbst weiterentwickeln, neue Erkenntnisse, Fähigkeiten und Einstellungen gewinnen. All das sind Lernziele — aber es sind Ziele, die man ausschließlich für sich selbst verfolgt: Man selbst möchte etwas Neues lernen.

In dem Moment, wo man als Unterrichtender vor Schüler tritt, zeigt sich die zweite Seite des Problems: Wenn Lehrer davon sprechen, dass sie in ihrem Unterricht Ziele erreichen wollen, dann meinen sie damit Ziele, die sie stellvertretend für ihre Schüler formulieren. Es sind Ziele, die Schüler nach Lehrerüberzeugung verfolgen sollten, weil die Schüler mit dem Erreichen dieser Ziele selbst einen Zuwachs an Wissen, Fertigkeiten oder Einstellungsänderungen bekommen. Im Unterricht geht es für den Lehrer dann zusätzlich darum, seinen Schülern die eigenen Vorstellungen darüber, welche Ziele des Lernens sie haben sollten, nachvollziehbar zu vermitteln. In dieser spannungsreichen Aufgabe kommt wiederum die pädagogische Grundantinomie von Freiheit und Zwang zum Ausdruck: Der Lehrer möchte seine Schüler dazu bringen, seine Lehrerziele als ihre eigenen Ziele zu übernehmen. Die häufig anzutreffende synonyme Verwendung der Begriffe Lehrziel und Lernziel ist also genau genommen falsch: Nur im günstigen Fall geglückten Unterrichts werden aus Lehrzielen (= Ziele des Lehrers für seine Schüler) Lernziele (= Ziele des lernenden Schülers). Die Kunst des Unterrichtens besteht prägnant ausgedrückt darin, dass aus Lehr(er)zielen Lern(er)ziele werden.

Da Lehrer ihren Schülern Ziele vorgeben, tragen sie eine besondere Verantwortung bei der Auswahl dieser Ziele. Von welchen Kriterien sollten sie sich dabei leiten lassen?

5.2 Der gesellschaftliche Bildungsauftrag: Fachübergreifende „mitlaufende" Ziele und Schlüsselqualifikationen

Lehrer sind in ihrem Unterricht an gesellschaftlich festgelegte und demokratisch legitimierte Vorgaben gebunden. Sie folgen in ihrem pädagogischen Wirken den Leitvorstellungen, die im Grundgesetz vorgegeben und in den einzelnen Bundesländern länderspezifisch in einem Bildungsauftrag ausformuliert sind. Die folgende Erörterung der Zielvorgaben aufgrund des Bildungsauftrags erfolgt am Beispiel des Bundeslandes Niedersachsen. Der Bildungsauftrag für die allgemeinbildenden Schule des Landes ist im § 2 des niedersächsischen Schulgesetzes umrissen (Tab. 8, S.71). Diese Zielvorgaben gelten für die gesamte Schulzeit für alle Schulformen, Klassenstufen und Fächer. Auf dieser Grundlage werden für die einzelnen Schulformen, Schulfächer und Klassenstufem in sogenannten Richtlinien Präzisierungen in Bezug auf fachlich-inhaltliche und methodische Aspekte vorgenommen.

Die Allgemeinbildende Schule hat — in Niedersachsen wie in anderen deutschen Bundesländern — einen klar definierten Bildungsauftrag. Der Gesetzgeber formuliert darin, über welche Haltungen, Einstellungen und Fähigkeiten Schulabsolventen verfügen sollen.

§ 2 Bildungsauftrag der Schule[1]

(1) Die Schule soll im Anschluss an die vorschulische Erziehung die Persönlichkeit der Schülerinnen und Schüler auf der Grundlage des Christentums, des europäischen Humanismus und der Ideen der liberalen, demokratischen und sozialen Freiheitsbewegungen weiterentwickeln. Erziehung und Unterricht müssen dem Grundgesetz für die Bundesrepublik Deutschland und der Niedersächsischen Verfassung entsprechen; die Schule hat die Wertvorstellungen zu vermitteln, die diesen Verfassungen zugrunde liegen. Die Schülerinnen und Schüler sollen fähig werden,
- die Grundrechte für sich und jeden anderen wirksam werden zu lassen, die sich daraus ergebende staatsbürgerliche Verantwortung zu verstehen und zur demokratischen Gestaltung der Gesellschaft beizutragen,
- nach ethischen Grundsätzen zu handeln sowie religiöse und kulturelle Werte zu erkennen und zu achten,
- ihre Beziehungen zu anderen Menschen nach den Grundsätzen der Gerechtigkeit, der Solidarität und der Toleranz sowie der Gleichberechtigung der Geschlechter zu gestalten,
- den Gedanken der Völkerverständigung, insbesondere die Idee einer gemeinsamen Zukunft der europäischen Völker, zu erfassen und zu unterstützen und mit Menschen anderer Nationen und Kulturkreise zusammenzuleben,
- ökonomische und ökologische Zusammenhänge zu erfassen,
- für die Erhaltung der Umwelt Verantwortung zu tragen und gesundheitsbewusst zu leben,
- Konflikte vernunftgemäß zu lösen, aber auch Konflikte zu ertragen,
- sich umfassend zu informieren und die Informationen kritisch zu nutzen,
- ihre Wahrnehmungs- und Empfindungsmöglichkeiten sowie ihre Ausdrucksmöglichkeiten unter Einschluss der bedeutsamen jeweiligen regionalen Ausformung des Niederdeutschen oder des Friesischen zu entfalten,
- sich im Berufsleben zu behaupten und das soziale Leben verantwortlich mitzugestalten.

Die Schule hat den Schülerinnen und Schülern die dafür erforderlichen Kenntnisse und Fertigkeiten zu vermitteln. Dabei sind die Bereitschaft und Fähigkeit zu fördern, für sich allein wie auch gemeinsam mit anderen zu lernen und Leistungen zu erzielen. Die Schülerinnen und Schüler sollen zunehmend selbständiger werden und lernen, ihre Fähigkeiten auch nach Beendigung der Schulzeit weiterzuentwickeln.

(2) Die Schule soll Lehrkräften sowie Schülerinnen und Schülern den Erfahrungsraum und die Gestaltungsfreiheit bieten, die zur Erfüllung des Bildungsauftrags erforderlich sind.

Tab. 8: Bildungsauftrag der Schule

Oberstes Ziel ist die Persönlichkeitsentwicklung der Schülerinnen und Schüler mit Blick auf die in den zehn Spiegelstrichen genannten Aspekte. Die

---

[1] aus: Niedersächsisches Kultusministerium: Niedersächsisches Schulgesetz (in der Fassung der Bekanntmachung vom 3. März 1998, S. 5)

Vermittlung von fachlichem Wissen und von Fertigkeiten wie den sogenannten Kulturtechniken Lesen, Schreiben und Rechnen ist Mittel zu diesem höheren Ziel der Persönlichkeitsbildung. Diese Ziel-Mittel-Relation hat Konsequenzen für die Beantwortung der Frage, wozu Schule da ist:

(1) Unterricht ist explizit auf die Vermittlung von Wertvorstellungen anzulegen.

(2) Bei den in den zehn Spiegelstrichen aufgeführten Teilaspekten in § 2 geht es um ethisch-moralische Grundhaltungen und Kompetenzen eines zukünftig mündigen Bürgers in einer demokratischen Gesellschaft. Diese Ziele sind zwar letztendlich nur langfristig anzustreben, sollten aber möglichst in jeder Unterrichtsstunde als fachübergreifende, gewissermaßen immer „mitlaufende" Ziele beachtet werden. Jeder Lehrer — gleich welches Fach und welche Klassenstufe er unterrichtet — sollte sich bei seiner Stundenplanung auch darüber Gedanken machen, ob sein Unterricht diesen Zielen entsprechen wird oder ihnen zuwiderlaufen könnte.

(3) Kulturtechniken, Wissensvermittlung und Fertigkeitsschulung sind demnach kein Selbstzweck, wie das gelegentlich von Politikern, Verbandsvertretern, Eltern und z.T. auch von Lehrern behauptet wird. Vielmehr muss sich jeder Unterricht daraufhin befragen lassen, welchen Stellenwert sie für die Persönlichkeitsentwicklung haben.

(4) Um diese Ziele zu erreichen, haben Lehrer und Schüler einen erheblichen Gestaltungsspielraum.

Diese Konsequenzen werden allzu oft übersehen. So kritisieren nicht selten Eltern den Unterricht, weil ihre Kinder angeblich zu wenig lernen oder bloß spielen würden, sich in Gruppenarbeit um schwache Mitschüler kümmern müssten und umständlich Sachinformationen selbst aus diversen Büchern zusammensuchen müssten. Besonders ambitionierten Eltern dauert das alles zu lange, lenkt ihrer Meinung nach vom Lernen ab und bringt angeblich nichts ein. Ihr Wunsch an die Lehrer lautet stattdessen: Frontalunterricht, Lektüre im Schulbuch und Ergebnissicherung durch ein Diktat.

Ein in anderer Weise verkürztes Verständnis über die Ziele schulischen Lernens haben auch die sog. „Abnehmer" der Schulabsolventen, die Vertreter aus der Wirtschaft. Sie kritisieren, dass in deutschen Schulen zu wenig Wert gelegt wird auf fächerübergreifende *Schlüsselqualifikationen*[2].

---

[2] Der Begriff *Schlüsselqualifikationen* sollte nicht verwechselt werden mit dem von Klafki, 1985 eingeführten Begriff *Schlüsselprobleme*, mit dem er auf gesellschaftlich drängende Gegenwarts- und Zukunftsprobleme verweist wie Friedenssicherung, gerechte Verteilung von Arbeit und Reichtum, partnerschaftliche Sexualität, Sicherung der ökologischen Lebens-

> **Schlüsselqualifikationen - Anforderungen an Schulabgänger** [3]
> ⇒ „Berufe und Berufsbilder ändern sich so rasch, dass auf die meisten ein mehrmaliger Berufswechsel zukommen wird. Das erfordert hohe Flexibilität, das heißt die Bereitschaft, ständig neu und umzulernen („Lernen von Lernen"). Das setzt die Beherrschung von Arbeitstechniken und die Einsicht voraus, dass komplexe Probleme, mit denen wir es heute immer mehr zu tun haben, nicht individuell lösbar sind."
> ⇒ „Hoch zu bewerten wären die Fähigkeit zur Selbstorganisation von Lernprozessen, zur Strukturierung von Sachverhalten, die Arbeit in der Gruppe."
> ⇒ „Notwendig ist eine moderne Allgemeinbildung. Damit sind die Sicherheit in Rechtschreibung und Rechnen gemeint, moderne PC-Kenntnisse sowie die Fähigkeit, Informationen und fachliches Wissen zu strukturieren, einzuordnen, zu reflektieren und zu verarbeiten, letzteres in Kommunikation mit anderen."
> ⇒ „Wichtig ist der Reflexionsprozess: reflektieren, was man wofür lernt und wie man etwas lernt. Nicht mechanisches und von Anderen Vorgegebenes, sondern selbstinitiiertes Lernen ist wirkliches Lernen."
> ⇒ „Es sollte der Sinn für strukturiertes Lernen geschärft werden. Das heißt: Probleme definieren und auf den Punkt bringen. Was ist überhaupt ein Problem? Welche Folgen sind zu erwarten? Wie besorge ich mir Informationen zur Ursachenanalyse und über Lösungsstrategien? Lernen als Problemlösungs- und Entscheidungslernen konzipieren. Das ist mehr als das Üben von Kulturtechniken."
> ⇒ „Es muss stärkeres Gewicht auf aktivierende, Selbstständigkeit fördernde Lernformen gelegt werden, auf Projektarbeit mit fächerübergreifendem, vernetztem Denken.
> ⇒ „Es geht um die Art des Lernens, um das Wie, weniger um das Was. Benötigt werden Lernarrangements, die das Selbst- und Gruppenlernen fördern. Von der Schule ist daher zu fordern, dass sie die bisherigen Lehr- und Lernformen in Richtung auf Selbstqualifizierung und Selbstorganisation erweitert ..."

Tab. 9: Schlüsselqualifikationen

Darunter werden Basiskompetenzen zum selbstständigen Lernen und kooperativen Arbeiten verstanden (s. Tab. 9, s.o.), die erst die Voraussetzung dafür bieten, dass fachliches Wissen eigenständig erarbeitet und genutzt werden kann. Zwar gibt es auf den ersten Blick bemerkenswerte Übereinstimmungen zwischen diesen Schlüsselqualifikationen und den aus dem Bil-

---

grundlagen u.v.a.. Klafki versteht darunter Prüfkriterien zur Auswahl und zum didaktischen Zuschnitt von Unterrichtsinhalten, die sich - ganz gleich in welchem Fach oder für welche Altersgruppe gedacht — auch daran messen lassen sollten, ob sie Schülern Gelegenheit geben, sich mit solchen Kernproblemen auseinander zu setzen.

[3] Auszüge aus Interviews mit den Leitern der Bildungsabteilungen von VW Wolfsburg und Continental Hannover, der Deutschen Bank, der Industrie- und Handelskammer Hannover, der Handwerkskammer Hannover und des Arbeitsamtes Hannover. Zitiert nach: Wulf Schmidt-Wulffen: „Schlüsselqualifikationen - Bildung für das Leben oder im Dienste der Wirtschaft" In: Zeitschrift „Praxis Geographie", 28. Jg. Heft 4 / 1998, S. 14-19

dungsauftrag abgeleiteten Zielaspekten, aber sie unterscheiden sich in einem wesentlichen Punkt. Schlüsselqualifikationen enthalten keine Aussagen zu leitenden Wertvorstellungen für die Persönlichkeitsentwicklung, wie sie im ersten Absatz des § 2 des niedersächsischen Schulgesetzes vorgegeben sind. Der amerikanische Soziologe Richard Sennett kritisiert in einem Interview[4] diese scheinbare Neutralität:

„Sennett: Besonders interessant erscheint mir, dass sich eine neue Bildungs- oder Ausbildungsethik durchsetzt: Was heute zählt, sind allein Kenntnisse und Fähigkeiten, die den Leuten erlauben, schnell von Job zu Job, von Aufgabe zu Aufgabe zu wechseln. Und fast mehr noch als auf Handfertigkeiten und Wissen kommt es dabei auf soziale Anpassungsfähigkeit an.

DIE ZEIT: Die Menschen werden in der Arbeit mobiler. Dagegen ist doch nichts einzuwenden.

Sennett: Zweifellos haben alle diese Veränderungen den Arbeitnehmern größere Freiheiten in der Ausübung ihres Jobs gebracht. Und viele Leute haben heute Zugang zu Positionen, die ihnen früher niemals offen gestanden hätten. Aber diese Flexibilisierung zieht auch eine Reihe von Problemen nach sich. Ein junger Hochschulabsolvent aus Großbritannien muss heute darauf gefasst sein, im Laufe seines Lebens nicht weniger als 12 Mal den Arbeitgeber zu wechseln. Es gibt keine linearen Berufskarrieren mehr: Das heißt, dass die Arbeitnehmer eine ganz andere Art von Beziehung zu ihren Unternehmen eingehen, eine viel oberflächlicherer nämlich.

DIE ZEIT: Sind die Beziehungen der Kollegen untereinander auch unverbindlicher?

Sennett: Ja. Man kann das gut daran erkennen, wie sich die Teamarbeit verändert hat. Ein Team zu sein, das hieß einmal, fest zusammen zu halten, füreinander einzustehen. Heute ist Teamarbeit eher eine Übung in lockerem, flüchtigem Umgang miteinander. Auf Managementschulen wird heute gelehrt, dass man Teams alle sechs bis acht Monate völlig umkrempeln muss, damit die Leute sich nicht zu sehr aneinander gewöhnen.

DIE ZEIT: Was heißt das für die zur Teamarbeit Verdonnerten?

Sennett: Wer in ständig wechselnden Besetzungen arbeiten muss, hat keine Chance, Vertrauen zu seinen Kollegen zu entwickeln. Vertrauen braucht Zeit. Man möchte doch wissen, auf wen man sich verlassen kann, wenn im Betrieb etwas schief läuft oder der Boss Unmögliches verlangt.

DIE ZEIT: Dem Management kann das egal sein.

Sennett: Nein. Auf ähnliche Weise erudiert nämlich das Vertrauensverhältnis der Leute zur Firma. Warum soll man sich für einen Laden engagieren, den man nach zwei Jahren wieder verlässt oder auch von dem man weiß, dass er dann gar nicht mehr existieren wird? Man kann das gut beobachten, wenn externe Consultants eine Firma platt machen sollen — Re-engeniering oder Downsizing nennt man das ja wohl auch in Deutschland. Das misslingt erstaunlich oft. Und zwar deshalb, weil die Berater ihre Informationen über den Betrieb oft ausschließlich vom Management beziehen. Sie sind blind für die Beziehungen zwischen den Arbeitnehmern; blind für das Engagement der

---

[4] zitiert nach „Der charakterlose Kapitalismus". DIE ZEIT Nr. 49 vom 26.11.1998, S. 28

Beschäftigten, das für den Betrieb so wichtig ist, gerade in Krisensituationen. Dass die Flexibilisierung so häufig Effizienz zerstört, liegt zum guten Teil an diesen Phänomenen."

Aber nicht nur Eltern und Wirtschaftsvertreter, auch Lehrer selbst — und nicht nur angehende — tun sich mit dem Bildungsauftrag schwer. Hinter vorgehaltener Hand ist zu hören: „§ 2 klingt zwar schön, bringt mir aber nichts; das ist bloß Begründungslyrik." „Solche pathetische Ziele kann ich doch nicht in einen Unterrichtsentwurf schreiben." „Was sollen die Schüler eigentlich konkret in meiner Stunde lernen?" Dabei übersehen sie, dass Unterricht ohne Bezugnahme auf die o.g. fächerübergreifenden Ziele überhaupt nicht gestaltbar ist. Ob man sich als Lehrer/in darüber im Klaren ist oder nicht: Hinter fast jeder Entscheidung über die Art und Weise, eine Stunde zu gestalten, wird implizit auch mit entschieden, ob und in welcher Weise fachübergreifende Ziele ins Auge gefasst oder missachtet werden. Fachübergreifende Ziele können durch ungeeignete Unterrichtsmethoden ausgehebelt werden:

⇒ Wenn ein Lehrer im Verlauf einer Unterrichtseinheit seinen Schülern keine Gelegenheit gibt, in kleineren Gruppen arbeitsteilig Teilergebnisse zu erarbeiten, die für das Gesamtvorhaben wichtig sind, liegt ihm offensichtlich nichts an der Förderung von Kooperationsfähigkeit.

⇒ Wenn Schüler genötigt werden, alle Informationen zu einem Unterrichtsthema ausschließlich aus einem Lehrbuch abzulesen, dürfte es kaum darum gehen, Schüler zur „selbstständigen Informationsgewinnung" und zum „kritischen Umgang mit Texten" zu befähigen.

Umgekehrt fällt bei genauerer Betrachtung des unterrichtsmethodischen Vorgehens auf, welche fächerübergreifenden Ziele sich in den Entscheidungen für bestimmte Methoden „verstecken" (siehe dazu Videoszene 1 in Kapitel 05, S.76 aus einer Projektwoche zum Thema *Dinosaurier*).

Zugegebenermaßen lassen die allgemein gehaltenen Formulierungen im gesetzlichen Bildungsauftrag einen Interpretationsspielraum zu. Man kann daraus nicht linear Ziele für einzelne Unterrichtsvorhaben einfach ableiten. Die Konkretisierung fächerübergreifender Ziele ist aus gutem Grund eine Aufgabe, der sich jede Lehrerin und jeder Lehrer stellen muss. Sie kann je nach individueller Interpretation anders ausfallen, ist aber nicht beliebig, sondern bewegt sich innerhalb des Rahmens der als Leitideen vorgegebenen — ebenfalls auslegbaren — gesellschaftlichen Wertvorstellungen.

Eine gut überlegte Konkretisierung fächerübergreifender Ziele ist erfahrungsgemäß für angehende Lehrkräfte außerordentlich schwierig. Auf diese Anforderung wird deshalb in Abschnitt 5.4 noch einmal eingegangen, wobei

	Videoszene 1 zu Kapitel 05

DVD-Pfad: Kapitel_05\
Datei: „K_05_ProjektSaurier" (ca. 6 Minuten)

Rekonstruieren Sie aufgrund der Berichte dieser Schülerinnen und Schüler einer 2. Klasse über ihre ungewöhnliche Projektwoche, welche fachübergreifenden, mitlaufenden Ziele die Lehrerin dabei vermutlich verfolgt hat.

Überlegungen aus dem folgenden Abschnitt zur Formulierung fachlich-thematischer Lehrziele aufgegriffen werden.

5.3 Thematisch-fachliche Lehrziele — Vorschläge der Lehrzieltaxonomie

Fachübergreifende Zielperspektiven sind wichtige Orientierungspunkte, um Unterricht zielorientiert anzulegen. Sie reichen allerdings nicht zur Planung einer Stunde aus. Zu ergänzen sind sie um solche Zielformulierungen, die einen Bezug zum Thema, zum fachlichen Inhalt der Stunde haben.

Wenn man sich bei der Planung von Unterricht über Ziele Klarheit verschaffen will, die sich auf den fachlichen Gehalt des Unterrichtsthema beziehen, hilft die sog. „Lehrzieltaxonomie". Dieser vor mehr als 40 Jahren geprägte Begriff klingt kompliziert, ist aber vergleichsweise einfach zu verstehen. Es geht dabei um ein Ordnungsschema für fachliche Unterrichtsziele (abgeleitet von den griechischen Wörtern taxis = einordnen, regeln; nomos = Gesetz). Vertreter dieser Auffassung (z.B. die Amerikaner Benjamin Bloom und Robert Mager sowie die deutsche Erziehungswissenschaftlerin Christine Möller) sehen im Lernen einen Vorgang, der als Ergebnis eine beim Lernenden beobachtbare Verhaltensänderung bewirkt. Solche Verhaltensänderungen deuten auf einen Zuwachs in Hinsicht auf Wissen, Kenntnisse, Werthaltungen, Fähigkeiten hin.[5]

---

[5] Die meisten Vertreter der Lehrzieltaxonomie halten es für erforderlich, den Ablauf einer Unterrichtsstunde nach einem ganz bestimmten — lernpsychologisch begründeten — Muster zu organisieren (sog. Phasen-, Stufen- oder Artikulationsschemata). Meyer, 1987 hat eine ganze Reihe derartiger Schemata vorgestellt — mit der einschränkenden Warnung, dass es bis heute nicht gelungen sei, ein für alle Fächer, Themen und Unterrichtsstunden universell gülti-

Trotz der am Ende dieses Abschnitts zusammengefassten Kritik, die die Lehrzieltaxonomie berechtigterweise erfahren hat, lohnt es sich, auf drei ihrer Kernaussagen bei der Unterrichtsplanung zurückzugreifen.

Kernaussage 1:
Lehrziele haben eine unterschiedliche Reichweite: Richtziele, Grobziele und Feinziele

⇒ Richtziele beziehen sich auf einen größeren zeitlichen Rahmen (z.B. ein Schuljahr oder -halbjahr);
⇒ Grobziele beziehen sich auf einen mittleren Zeitraum (z.B. eine über mehrere Unterrichtsstunden gehende Einheit);
⇒ Feinziele beziehen sich auf eine zusammenhängende Unterrichtsepisode (eine Stunde oder Doppelstunde).

Diese Unterscheidung soll anhand des Unterrichtsbeispiels in der WBA-Übung zu Kapitel 03 „Unterrichtsbeobachtung", S.53 verdeutlicht werden: Die Schüler dieser 5. Klasse einer Orientierungsstufe sollten sich überlegen, wem sie eine Geburtstagseinladung schreiben möchten. Sie nennen mögliche Gästegruppen, die an der Tafel notiert werden („Brieffreunde", „Sportfreunde", „Schulfreunde", u.s.w.) und jeder Schüler soll sich aussuchen, welcher Gästegruppe er/sie eine Einladung schreiben möchte, indem er seinen Namen an die Tafel hinter die gewünschte Gästegruppe schreibt. Die so entstehenden Schülerteams sollen nun gemeinsam die wichtigsten Punkte für eine Einladung in Stichworten notieren. Als Hausaufgabe soll jeder diese Stichworte zu einem Text in Briefform ausformulieren.

⇒ Als Feinziele lassen sich für diese Stunde unschwer folgende Ziele ausmachen: Lernen sollen die Schüler, welche Angaben in einer Geburtstagseinladung enthalten sein müssen. Benötigen unterschiedliche Gäste verschiedene Angaben? Auch die richtige Schreibung dieser Angaben ist zu lernen.
⇒ Als Grobziel könnte es in der Unterrichtseinheit, zu der diese Stunde gehört, darum gehen, am Beispiel einer Geburtstagseinladung sowie anhand weiterer Brieftypen das Schreiben von Briefen ganz allgemein zu lernen: Wie ist ein Brief aufgebaut? Anrede, Datum, Unterschrift — Wie ist ein Briefumschlag zu beschriften? Empfänger und Absender, Anschriften. Wie ist die Aufteilung? — Wo gehört die Briefmarke hin?
⇒ Unter dem Gesichtspunkt der Richtziele des Deutschunterrichts in der 5. Klasse dient diese Einheit dazu, den schriftsprachlichen Ausdruck zu

---

ges Schema zu entwickeln, und dass die weitere Suche danach vermutlich müßig sei.

verbessern sowie zu lernen, Andere schriftlich über Sachverhalte zu informieren (in Form von Briefen und anderen Texttypen) und schließlich die Rechtschreibung zu üben.

Kernaussage 2:
Feinziele sind als Verhaltensbeschreibungen zu formulieren, durch Angabe von a) beobachtbarem Verhalten, b) Maßstab und c) Zeit sowie erlaubten Hilfsmitteln. Weil die Lehrzieltaxonomie anstelle des deutschen Wortes Tätigkeit das aus dem Lateinischen abgeleitete Wort Operation vorzieht, werden diese drei Angaben zusammengefasst zum Prinzip der Operationalisierbarkeit von Lehrzielen. Damit ist Folgendes gemeint:
a) Ein beobachtbares Schülerverhalten (z.B. eine Äußerung, Vorführung oder ein schriftliches Ergebnis) muss definiert werden, anhand dessen der Lehrer zweifelsfrei feststellen kann, ob das Feinziel erreicht wurde.
b) Ein Maßstab ist festzulegen, mit dem geklärt werden kann, ob das Schülerverhalten in Qualität und Quantität der Zielvorstellung entspricht.
c) Angegeben werden muss, wie viel Zeit den Schülern zur Verfügung steht und welche Hilfsmittel erlaubt sind.
Angewendet auf das obige Beispiel bedeutet das:
zu a) Beobachtbares Schülerverhalten: Jeder Schüler soll einen Einladungstext geschrieben haben und dabei für die jeweilige Gästegruppe überlegt haben, welche Angaben benötigt werden und welche überflüssig sind: z.B. über den Weg braucht der Brieffreund ganz sicher eine Angabe, die Schulfreundin vielleicht — Oma und Opa ganz sicher nicht.
zu b) Maßstab: Im Einladungstext sind mindestens 5 der folgenden 8 Angaben zu verwenden: „Wer lädt ein — Adressat — Adresse — Wann ist die Feier (Tag und Uhrzeit) — Wo findet die Feier statt — Wie alt wird der Einlader — Absender — Um Antwort wird gebeten bis zum ...". Nicht mehr als 5 Rechtschreibfehler machen.
zu c) Zeit und Hilfsmittel: Die Einladung ist in 20 Minuten zu schreiben. Die Rechtschreibung darf mit einem Duden überprüft werden.

Kernaussage 3:
Eine dritte Anregung der Lehrzieltaxonomie betrifft die Unterscheidung von Lehrzielen nach den drei vorrangigen Dimensionen menschlichen Denkens und Handelns: Kognitive Erkenntnisse, Pragmatische (bzw. instrumentelle, bzw. psychomotorische) Fähigkeiten und emotional-affektive Haltungen.
⇒ Die kognitive Dimension umfasst solche Ziele, die sich auf einen Zuwachs an Wissen und auf intellektuelle Einsichten beziehen.

⇒ Bei der pragmatischen Dimension, die auch als instrumentelle oder psychomotorische Dimension bezeichnet wird, geht es um eine Verbesserung von Handlungsfertigkeiten, z.B. ein Musikinstrument zu spielen, eine physikalische Messtechnik zu beherrschen, eine sportliche Übung absolvieren zu können.

⇒ Ziele in der emotional-affektiven Dimension richten sich auf eine Veränderungen von Einstellungen und Werthaltungen.

In dem herangezogenen Beispiel aus dem Deutschunterricht lassen sich in dieser Hinsicht folgende Ziele unterscheiden:

⇒ kognitive Ziele: Aufbau und Bestandteil eines Briefes, Rechtschreibung, welche Angaben sind für wen notwendig;

⇒ pragmatische (instrumentelle/psychomotorische) Ziele: Beim Schreiben in einer Zeile bleiben; den Brief so falten, dass er in den Umschlag passt;

⇒ emotionale Ziele: Wie spreche ich mit meinem Brief die verschiedenen Gästegruppen so an, dass sie merken, dass ich mich freue, wenn sie kommen. Vermeidung von Peinlichkeiten (z.B. sollte man kein Geschenk erbitten, wenn man nicht ausdrücklich danach gefragt wurde)

Eine Hilfe bei der Klärung der Frage, welche Ziele in welchen Dimensionen man eigentlich anstrebt, kann die folgende Zusammenstellung von Tätigkeitsworten sein, die sich relativ eindeutig den drei Dimensionen zuordnen lassen:

⇒ für überwiegend kognitive Ziele: angeben, zusammenfassen, übersetzen, aufzählen, anschreiben, vortragen, definieren, abstrahieren, interpretieren, erklären, beschreiben, darstellen, verallgemeinern, erläutern, vergleichen, berechnen, übertragen, ordnen, beobachten, untersuchen, begründen, überprüfen, Hypothesen bilden, Theorien entwerfen, einschätzen, Kriterien aufstellen, entscheiden

⇒ für überwiegend pragmatische (auch instrumentelle bzw. psychomotorische) Ziele: messen, zeichnen, schreiben, rhythmisch bewegen, musizieren, stecken, betont vorlesen, korrekte Aussprache (z.B. das „th" im Englischen), den Beinschlag beim Kraulen, Pritschen beim Volleyball, ein Stativ mit Bunsenbrenner im Chemieunterricht aufbauen u.a.m.

⇒ für überwiegend affektiv-emotionale Ziele: bewusst werden, bereit sein zu..., Freude haben, Gefallen finden an..., Befriedigung empfinden bei..., Anteil nehmen an..., interessiert sein an..., angesprochen sein durch..., einverstanden sein, gelten lassen, anerkennen, sich einsetzen für..., Werte gegeneinander abwägen, würdigen, überzeugt sein von..., Konsequenzen ziehen aus..., Einstellungen ändern.

	Unterrichtsdokument 1 zu Kapitel 05

Bitte lesen Sie das folgende Unterrichtsbeispiel „Zahnpflege":
   Eine 2. Grundschulklasse bekommt im Rahmen einer Unterrichtseinheit „Zahnpflege" Besuch von der Schulzahnärztin. Die Ärztin zeigt am Modell eines überdimensionalen Ober- und Unterkiefers den Aufbau des Gebisses, das Wachstum von Zähnen und erklärt den Übergang von den Milchzähnen zu den bleibenden Zähnen. Anschließend erfahren die Kinder, wie Karies entsteht (am Modell mit farbiger Paste simuliert), was Karies ist, was Karies mit den Zähnen macht (Löcher, vorzugsweise an ganz bestimmten Stellen) und welche Ursachen es für Karies gibt (Belag durch Essenreste, vorzugsweise bestimmte Speisen wie Süßigkeiten). Zur Vorbeugung gegen Karies, so hören die Kinder, ist es notwendig, dass die Zahnoberflächen mindestens zweimal täglich nach dem Essen (morgens und abends) geputzt werden.
   Auch wie das Zähneputzen zu erfolgen hat und welche Fehler man dabei machen kann, demonstriert sie den Kindern mit einer übergroßen Zahnbürste am Modellkiefer. Anschließend dürfen die Kinder das mit geschenkten Zahnbürsten an ihren eigenen Zähnen ausprobieren. Dabei wird genau darauf geachtet, dass sie auch die besonders durch Karies gefährdeten Stellen erreichen.

Aufgabe:
Arbeiten Sie an diesem Unterrichtsbeispiel heraus, in welchen Dimensionen hier vermutlich Lehrziele angestrebt werden und wie entsprechend operationalisierte Feinziele lauten könnten.

DVD-Pfad: Kapitel_05\
Datei: K_05_Zahnpflege.pdf
In dieser Datei finden Sie mögliche Antworten.

Unterrichtsdokument 1 zu Kapitel 05 (S.80) regt zur Analyse von Lehrzieldimensionen an.

Nicht immer lassen sich fachbezogene Lehrzielformulierungen eindeutig nur einer Dimension zuordnen. So haben pragmatische Ziele häufig auch einen kognitiven und einen emotionalen Anteil: Um ein Musikinstrument spielen zu können, muss man einiges über Noten sowie über den Aufbau und die Funktionsweise des Instruments verstehen; im Sportunterricht geht es beim Einüben von Bewegungsabläufen oder strategischen Spielzügen auch um die Erfahrung von gelungener oder misslungener Körperbeherrschung, um das gefühlsmäßige Erleben und Verarbeiten von Sieg und Niederlage.

Die Lehrzieltaxonomie hat noch eine weitergehende Präzisierung des Ordnungsschemas für Lehrziele vorgenommen, indem sie für jede Ziel-Dimension mehrere Niveaustufen eines Ziels, sogenannte „Anbahnungsstufen" oder „Hierarchien" unterscheidet: Für die kognitive Dimension sechs

Stufen, für die pragmatische und affektiv-emotionale Dimension jeweils fünf Stufen. Auf diese feingliederige Unterscheidung soll hier nicht weiter eingegangen werden, weil es außerordentlich schwer ist, diese Anbahnungsstufen eindeutig zu definieren[6]. Einschließlich der Anbahnungsstufen könnten theoretisch 16 Lehrzielkategorien in jeweils drei Reichweiten, mithin 48 Rubriken unterschieden werden! Es gab Zeiten, in denen die Zuordnung von Lehrzielformulierungen für eine Unterrichtsstunde bzw. -einheit zu diesen 48 Rubriken eine Fleißaufgabe für angehende Lehrer beim Schreiben ihrer Entwürfe war. Diese verfehlte Praxis und die berechtigte Kritik an den Mängeln der Lehrzieltaxonomie hat inzwischen vielerorts dazu geführt, den durchaus sinnvollen Kern des Ansatzes gleich mit über Bord zu werfen.

Vier Haupteinwände gegen die Lehrzieltaxonomie (vgl. Tab. 10, s.u.)
1. Kritisiert wird die Lehrzieltaxonomie, weil sie mit ihrer Beschränkung auf ausschließlich operationalisierbare Ziele solche Ziele ausblendet, die sich nicht oder nicht so leicht eindeutig in beschreibbarem Verhalten angeben lassen, vgl. Tabelle 10, s.u.).
2. Sie hat übersehen, dass im Unterricht auch fachübergreifende Ziele verfolgt werden sollten (soziale Ziele, Schlüsselqualifikationen).
3. Die Lehrzieltaxonomie vernachlässigt, dass sich Ziele aufgrund des Unterrichtsverlaufs verändern können, ohne dass dieses vorab antizipiert und formuliert werden konnte. Damit leistet sie einer Haltung Vorschub, sich zum Sklaven eines kleinschrittigen Lehrzielrasters zu machen und die zum Unterrichten erforderliche Flexibilität einzuschränken.
4. Schließlich geht die Lehrzieltaxonomie von einem nicht differenzierenden Unterricht aus, in dem alle Schüler zur gleichen Zeit das Gleiche lernen sollen. Aber müssen alle Schüler am Ende einer Stunde das Gleiche gelernt haben? Diese Vorstellung überwiegt noch immer in Schulen, obwohl

	geplante Lehrziele	nicht vorausgesehene Lehrziele
unmittelbar vom Lehrer feststellbare Ziele	von der Lehrzieltaxonomie ausschließlich berücksichtigt	von der Lehrzieltaxonomie nicht in den Blick genommen
nicht unmittelbar feststellbare Ziele	von der Lehrzieltaxonomie nicht akzeptiert	von der Lehrzieltaxonomie nicht akzeptiert

Tab. 10: Was der Lehrzieltaxonomie „durch die Lappen" geht

---

[6] ausführlicher dazu: Meyer 1975

sie vollkommen unrealistisch ist. Gleichschrittiges Lernen funktioniert nicht: Kein Schüler lernt in einer Unterrichtsstunde exakt das Gleiche, das sein Banknachbar lernt. Das wird allein schon durch Unterschiede im Lerntempo, im Interesse und in der Aufmerksamkeit verhindert. Wenn Ziele entsprechend dem Bildungsauftrag für alle gleich lauten, bedeutet das nicht zwangsläufig, dass in einer Unterrichtsstunde die Ziele für alle Schüler gleich sein müssen. Unterricht kann durchaus so angelegt werden, dass sich die Schüler in einer Stunde mit verschiedenen Themen beschäftigen, unterschiedliche Arbeitsformen praktizieren, verschiedene Ergebnisse zustande bringen.[7]

Als Verdienst der Lehrzieltaxonomie bleibt festzuhalten, dass man als Lehrer/in sehr genau darüber nachdenken sollte, welche themen- und fachbezogenen Ziele man anstrebt. Da Unterricht immer zielorientiert anzulegen ist, gilt auch für einen zieldifferenzierenden Unterricht, dass man möglichst präzise Vorstellungen darüber entwickelt, welche Schüler auf welchen Wegen welche Ziele erreichen sollten. Im zweiten Schritt ist dann zu prüfen, ob diese Ziele mit dem vorgestellten Stundenverlauf sowie den ins Auge gefassten Methoden und Medien in realistischer Weise erreicht werden können. Für diese Überlegungen liefert die Lehrzieltaxonomie mit ihren Vorschlägen wichtige Prüfkriterien. Wie die Diskussion über Konsequenzen aus den PISA-Studien zeigt, gewinnen die Überlegungen der Lehrzieltaxonomie wieder an Bedeutung, z.B. bei Leistungskontrollen mit standardisierten Tests[8].

5.4 Sind Kernideen der Lehrzieltaxonomie auf fachübergreifende Ziele übertragbar?

Die bisher dargestellten Überlegungen zur Zielorientierung von Unterricht sind in Tabelle 11 (S.83) zusammengefasst:
Auffällig ist, dass die Unterrichtstheorie große Mühe darauf verwandt hat, die fach- und themenbezogenen Lehrziele außerordentlich genau aufzuschlüsseln, während es bei den fachübergreifenden Zielen keine vergleichbaren Anstrengungen gibt. Bei diesen Zielen ist es unüblich, sie nach den o.g. Dimensionen menschlichen Handelns aufzuschlüsseln und sie werden auch

---

[7] Diese Art des Unterrichts nennt man *(Binnen-) differenzierten Unterricht.* Seinen verschiedenen Formen — z.B. Wochenplan, Werkstattunterricht, Stationenlernen, Projektarbeit — ist gemeinsam, dass die Schüler aus einer Stunde oder auch einer Einheit Unterschiedliches mitnehmen, also auch unterschiedliche Ziele erreichen. Dazu mehr in Kapitel 11.

[8] ausführlicher dazu Kapitel 14: „Zensur und Leistungsbewertung", 14.5, S.245

nicht nach ihrer unterschiedlichen Reichweite unterschieden. Vielmehr wird davon ausgegangen, dass es unmöglich sei, fachübergreifende Ziele und Schlüsselqualifikationen so zu operationalisieren wie die fachbezogenen Ziele: Zum einen, weil es um Haltungen, Einstellungen und Fähigkeiten geht, über die Schüler/innen vollständig erst am Ende der Schulzeit verfügen; zum anderen, weil nicht eindeutig operational beschreibbar ist, ob diese Ziele erreicht sind. Dieser Einwand ist z.T. nachzuvollziehen. Durch welches beobachtbare Verhalten ließe sich schon schlüssig belegen, ob ein Schüler kommunikationsfähig ist, selbstständig lernen kann oder fähig zur Zusammenarbeit mit anderen ist? Aber deshalb gilt noch lange nicht der Umkehrschluss, wonach es obsolet sei, sich über eine präzise Konkretisierung fachübergreifender Ziele Gedanken zu machen. Diesbezügliche Zielformulierungen in Unterrichtsentwürfen angehender Lehrer/innen sind häufig vage; z.B. ist dort zu lesen „Die Schüler sollen lernen, sich im Unterrichtsgespräch an Regeln zu halten" oder „Schüler sollen bei der Gruppenarbeit miteinander arbeiten lernen". Solche schwammigen Formulierungen sind banal und überflüssig, denn sie gelten erstens so abstrakt für jedes Unterrichtsgespräch bzw. jede Gruppenarbeit und lassen zweitens nicht mal im Ansatz erkennen, ob die favorisierten Regeln oder die gewünschte Form der Gruppenarbeit vereinbar sind mit den im Bildungsauftrag formulierten Leitvorstellungen.

Bei der Planung von Unterricht sollte man sich auch in Hinblick auf die fachübergreifenden Ziele möglichst genau überlegen, welche Fähigkeiten die Schüler bereits aufweisen, worin der Lernzuwachs liegen soll und wie diese Ziele durch ein angemessenes Unterrichtsarrangement erreicht werden können. Je genauer man sich Gedanken macht, welche Aspekte einem dabei wichtig sind, desto genauer wird man bei der Detailplanung des Unterrichts darauf achten, dass die Schüler eine Chance haben, diese Ziele auch erreichen

Bildungsziel: Persönlichkeitsentwicklung			
Fachübergreifende Ziele			Fachbezogene bzw. themenbezogene Ziele
Grundhaltungen (gesellschaftspolitische Überzeugungen, moralisch-ethische Prinzipien, ästhetische Aufnahme- und Ausdrucksfähigkeiten)	*Soziale Kompetenzen* (bzgl. Kooperation, Kommunikation, Konfliktlösung)	*Problemlösekompetenzen* (Strategien und Techniken selbstständigen Lernens)	*Richt-, Grob-, Feinziele aufgeschlüsselt in:* ⇒ kognitive ⇒ pragmatische ⇒ affektiv-emotionale Dimension

Tab. 11: Aspekte des Bildungsziels *Persönlichkeitsentwicklung*

zu können. Einige Kernideen der Lehrzieltaxonomie können dazu durchaus hilfreich sein.

5.4.1 Zur Notwendigkeit einer präzisen Formulierung fachübergreifender Ziele

Auch fachübergreifende Ziele sollten so präzise und konkret wie möglich formuliert werden (s. dazu die Aufgabe zur Videoszene 2 S.85):
⇒ Es sollte nicht bloß heißen „Schüler sollen lernen, selbstständig zu arbeiten", sondern „Schüler sollen ihre Aufgaben selbständig ermitteln, indem sie die an den Stationstischen ausgelegten Aufgabenkarten lesen und gemeinsam interpretieren". Wenn man dieses Ziel so klar formuliert, wird man erstens bei dem Entwurf der Arbeitskarten peinlich genau darauf achten, die Aufgaben so zu beschreiben, dass die Schüler das Gemeinte ohne Lehrerhilfe verstehen. Und man wird sich während der Stationenarbeit zweimal überlegen, fragenden Schülern — die manchmal nur zu bequem sind, die Aufgabenkarte zu lesen — den Auftrag selbst zu erklären (es sei denn, wiederholte Verständnisschwierigkeiten etlicher Schüler signalisieren, dass man die Aufgabe unverständlich formuliert hat).
⇒ Anstatt zu schreiben „Die Schüler sollen durch Gruppenarbeit ihre Kooperationsfähigkeit entwickeln", sollte genau beschrieben werden, welche Aspekte von Kooperation einem bei der ins Auge gefassten Gruppenarbeit wichtig sind. Geht es z.B. darum, dass die Schüler arbeitsteilig vorgehen sollen, indem jeder eine bestimmte Teilaufgabe übernimmt (einer ist Beobachter, ein anderer Versuchsleiter und wieder ein anderer Protokollant), dann ist die Gruppenarbeit einschl. der Hilfsmittel und Materialien entsprechend zu organisieren. Oder soll es bei der Gruppenarbeit gerade darauf ankommen, dass alle Tätigkeiten abwechselnd von allen Gruppenmitgliedern durchgeführt werden? In dem Fall kommt es darauf an, dass die Schüler lernen, entsprechende Absprachen zu treffen, sich daran zu halten und bei Konflikten die Probleme möglichst gruppenintern zu klären. Diese Zielperspektive setzt eine andere Organisation der Gruppenarbeit voraus als das Vertrautwerden mit arbeitsteiligem Vorgehen.
⇒ Wenn es darum geht, dass Schüler sich bei Partner- oder Gruppenarbeit gegenseitig helfen sollen, dann muss die Aufgabenstellung so angelegt sein, dass gegenseitige Hilfe unbedingt erforderlich, d.h. die Aufgabe nur so zu erfüllen ist. In vielen Unterrichtsstunden ist Gruppenarbeit ein Etikettenschwindel, weil die Schüler zwar an Gruppentischen sitzen und sich

LEHRZIELE — WIE UNTERRICHT ZIELORIENTIERT ANGELEGT WIRD

	Videoszene 2 zu Kapitel 05

DVD-Pfad: Kapitel_05
Datei: „K_05_Stationenlernen" (ca. 4 Minuten)
„K_05_Station5_Aufgabe.pdf" (Aufgabenkarte)

Die Videoszene zeigt die unterschiedlichen Herangehensweisen von zwei Schülergruppen an eine auf einer Arbeitskarte beschriebene Aufgabe. Bevor Sie sich die Szene ansehen, sollten Sie die Aufgabenkarte an dieser Station durchlesen.

Aufgaben:
1. Welche Schülergruppe arbeitet im Sinne des fachübergreifenden Ziels „Selbständiges Lernen"?
2. Aus welchen Gründen gelingt das der anderen Gruppe nicht?
3. Wie könnte die andere Schülergruppe auch dazu gebracht werden?

anfangs über die Materialaufteilung einigen müssen, dann aber jeder für sich arbeiten kann.

⇒ Das oft genannte Ziel „sich an Gesprächsregeln halten" klappt trotz Anstrengungen aller Beteiligten oft weder in der Schule noch außerschulisch (man denke an politische Debatten oder Fernsehdiskussionen). So etwas „gebetsmühlenartig" in Unterrichtsentwürfe zu schreiben ist überflüssig. Vielmehr sollte möglichst genau überlegt werden, durch welche Maßnahmen bei der Gestaltung der Gesprächsführung welche Aspekte dieses Ziels angestrebt werden sollen. Im Grundschulunterricht wird den Schülern die Bedeutung des abwechselnden Redens und Zuhörens z.B. durch einen „Gesprächsstein" vermittelt: Nur wer den „Gesprächsstein" gerade in den Händen hält, darf reden. In der Mittel- und Oberstufe könnte eine entsprechende Zielformulierung lauten: „Die Schüler sollen die Wirksamkeit von Gesprächsregeln erfahren, indem jeder von ihnen abwechselnd für einen Abschnitt das Unterrichtsgespräch leitet."

5.4.2 Auch fachübergreifende Ziele setzen sich aus kognitiven, affektiven und pragmatischen Aspekten zusammen

Die von der Lehrzieltaxonomie herausgearbeitete Unterscheidung zwischen der kognitiven, pragmatischen affektiv-emotionalen Dimension gilt in glei-

cher Weise für fachübergreifende Ziele. So müssen bei der Entwicklung von Kommunikationsfähigkeit alle drei Dimensionen gefördert werden:
⇒ Schüler müssen kognitiv in der Lage sein, die Kommunikation des Gegenübers zu verstehen, dabei u.a. verbale und nonverbale Äußerungen und mögliche Diskrepanzen dazwischen zu entschlüsseln;
⇒ sie müssen pragmatisch gelernt haben, sich adäquat auszudrücken;
⇒ sie müssen affektiv bereit sein, sich in Mitschüler hineinzuversetzen.

Auch selbstständiges, problemlösendes Lernen beruht auf der Fähigkeit zu strategischem Denken (kognitiver Aspekt), benötigt ein Repertoire an methodischen Fertigkeiten (pragmatischer Aspekt) und basiert nicht zuletzt auf der Haltung, sich durch entsprechend knifflige Aufgaben gern herausfordern zu lassen (affektiv-emotionaler Aspekt).

Indem man bei fachübergreifenden Zielformulierungen von leeren Worthülsen zugunsten präziser Operationalisierung Abstand nimmt, wird man sensibel dafür, was man selbst unter solchen Zielen wie „Kooperationsfähigkeit" oder „Selbstständiges Lernen" genau versteht. Und man wird genauer hinsehen, ob und in welchem Umfang diese Ziele bei den Schülern schon entwickelt sind - worauf man also bauen kann und was neu hinzukommen muss.

5.5 Sicherung einer Ausgewogenheit der verschiedenen Zielaspekte

Fachübergreifende und fach- bzw. themenbezogene Ziele stehen nicht additiv nebeneinander, sondern sind bei der Vermittlung im Unterricht aufeinander bezogen:
⇒ Fachübergreifende Ziele können kaum losgelöst von konkreten Unterrichtsthemen vermittelt werden.
⇒ Bei der Vermittlung fachbezogener Ziele werden zwangsläufig auch fachübergreifende Einsichten, Fähigkeiten und Einstellungen angesprochen.

Ein ausgewogenes Verhältnis von fachübergreifenden und fach- bzw. themenbezogenen Zielen ist jedoch nicht selbstverständlich und auch nicht immer möglich. Nicht in jeder Stunde können alle Zielaspekte gleichwertig angestrebt werden. Aber nachhaltig wirksamer Unterricht zeichnet sich dadurch aus, dass längerfristig alle Aspekte berücksichtigt werden. Zur Prüfung, ob der eigene Unterricht unter Umständen eine ausgeprägte Schlagseite in Richtung auf nur eine Dimension aufweist oder ob er fachliche Ziele zuungunsten fachübergreifender favorisiert, ist es bei der Entwicklung einer Unterrichtseinheit empfehlenswert zu ermitteln, wie die verschiedenen Zielaspekte gewichtet sind.

Eine oft geäußerte Kritik am herkömmlichen Schulunterricht lautet, er sei unverhältnismäßig „verkopft" — also zu einseitig auf kognitive Ziele ausgerichtet — und würde fachübergreifende Ziele vernachlässigen. In einem Zeitungsausschnitt wird von einer ungewöhnlichen Biologiestunde in der gymnasialen Oberstufe berichtet, bei der Schüler/innen Schweineherzen sezieren. Wie beurteilen Sie diesen Unterricht? („Unterrichtsdokument 2 zu Kapitel 05", s.u.)

Unterrichtsdokument 2 zu Kapitel 05

DVD-Pfad: Kapitel_05\
Datei: K_05_Schweineherz_HAZ.pdf

Aufgaben:
1. Welche Zielaspekte strebt dieser Biologieunterricht an? Ist er vorwiegend fachorientiert und „verkopft"? Stellen Sie fest, ob neben der kognitiven auch die beiden anderen Lehrzieldimensionen angesprochen werden.
2. Versuchen Sie entsprechende Feinziele zu formulieren und diese, wenn möglich, auch zu operationalisieren.

In der Datei K05_Schweineherz_Autoren.pdf im selben Pfad finden Sie eine Antwort der Autoren.

5.6 Heimliche Lehrziele ODER Was im Unterricht auch noch vermittelt wird, ohne dass Lehrer das als ihr Ziel angeben würden

Bislang war in diesem Kapitel von gesellschaftlich erwünschten und von Lehrern bewusst angestrebten Zielen die Rede. Es gibt jedoch einiges, das Schüler im Unterricht lernen (oder besser gesagt: als Ergebnis mitnehmen), ohne dass es zu den erklärten Zielen von Unterricht zählt. Auch sind sich Schüler und Lehrer oft nicht dessen bewusst, dass solche Ziele vermittelt und gelernt werden — und zwar äußerst wirksam. Ihr Erfolg ist in der Regel so durchschlagend, dass man ironisch auch vom „heimlichen Lehrplan" spricht, der gelegentlich ungleich stärker sein kann als der offizielle Lehrplan. Heimliche Lehrziele stellen sich geradezu gesetzmäßig ein, wie Eduard Spranger, ein im letzten Jahrhundert einflussreicher deutscher Erziehungswissenschaftler, in seinem vor 40 Jahren veröffentlichten Buch mit dem bemerkenswerten Titel „Das Gesetz der ungewollten Nebenwirkungen in der Erziehung" herausgestellt hat[9]. Danach ist es ein Wesensmerkmal pädagogischer Prozesse, dass sich gerade nicht die angestrebten Intentionen durchsetzen (zumindest nicht im ersten Anlauf). Oftmals scheitere — so Spranger — die Planung des Lehrers und die eigentliche Herausforderung pädagogischen Handelns bestehe darin, solche Krisen zu bewältigen. In dieser Charakterisierung des Lehrerhandelns liegt eine ungeheure Provokation in Anbetracht des bis heute vorherrschenden Optimismus einer Steuerbarkeit von Lernprozessen und einer planmäßigen Erreichbarkeit von Lernergebnissen. Doch Sprangers Einschätzung ist so unrealistisch nicht, wie viele Beispiele für heimliche Lehrziele zeigen:

⇒ Schüler wollen lernen — dürfen aber nicht: „In vielen Stunden beginnen die Schüler von sich aus mit selbständigen Lernaktivitäten, was aber meist nicht die Zustimmung des Lehrers findet. So kann man bei Lehrervorträgen beobachten, dass die Schüler bestimmte Worte leise wiederholen, sich mit ihrem Nachbarn über bestimmte Gedanken, die der Lehrer darstellt, unterhalten, Mitschülern Verständnisfragen stellen oder damit anfangen, laut über den Inhalt des Vortrags nachzudenken. Nimmt man einen Lehrervortrag auf Tonband, dann hört man dieses ständige aktive Mitlernen der Schüler, ähnlich wie man aus der Ferne die Verkehrsgeräusche einer Stadt wahrnimmt. ...... Für Lehrer sind die bescheidenen Mitlernaktivitäten (Mit-Lern-Aktivitäten) vielfach unerwünscht, weil sie glauben, dass die Schüler mehr lernen, wenn sie mit unbewegter Miene konzentriert dasitzen oder weil sie sich beim Vortragen gestört fühlen."

⇒ Lehrer erwarten von ihren Schülern „Lernaktivitäten"' wie: „zuhören, leise sein, nicht mit dem Nachbarn reden, nach vorn schauen, raten, was der Lehrer wohl hören möchte, sich melden, keine unpassenden Fragen stellen, die den Lehrer irritieren und ihn von seinem Kurs abbringen könnten" Dies sind nun aber sicherlich nicht die Ziele, die ein Lehrer bewusst anstreben würde. Höchstwahrscheinlich wird er sich sogar dagegen wehren, wenn man ihm sagt, dass dies die Ziele sind, für deren Erreichung er praktisch arbeitet. Diese Ziele schleichen sich über die Form des Erarbeitungsunterrichts heimlich ein: hier dominiert ein heimlicher Lehrplan ..."[10]

⇒ Lesen lernen mit der Fibel infantilisiert aufgeweckte Erstklässler: „Wenn wir Erwachsenen ein Buch langweilig oder uninteressant finden, hören wir auf darin zu lesen und legen es weg. Diese Möglichkeit hat ein Schulanfänger mit der Fibel nicht. Mir wird immer deutlicher, dass Fibeln aufgrund ihrer beschränkten Wortwahl den

---

[9] Spranger 1962
[10] Grell & Grell 1979, S. 233 - 237

Kindern nicht gerecht werden. Die sich dauernd wiederholenden Wörter versetzen sie in den Stand eines Kleinkindes, das gerade das Sprechen lernt. Die Texte entsprechen nicht ihrem Sprachgebrauch und die Fibelsprache wird als Babysprache empfunden. Die Ablehnung der Fibel durch die Kinder kann zu Leseproblemen wie Blockierung, Schwinden der Lesemotivation oder Langeweile führen."[11]

⇒ Die angeblich wichtigen Vorerfahrungen von Schülern sind oft unwillkommen: Beim Lesenlernen nach der Fibelmethode erfahren die Schüler häufig, dass ihre Vorerfahrungen nicht wichtig sind: Eine im Praktikum unterrichtende angehende Lehrerin fragt, welcher Buchstabe in dem Wort „Domino" sei, den die Kinder noch nicht gelernt hätten. Das D wird markiert. Einige Kinder sagen, das D würden sie schon kennen. Die Lehrerin sagt, ja, das wisse sie, aber jetzt würden sie zusammen sich das D genau ansehen.

⇒ Schüler zur Mitarbeit auffordern und frustrieren: „Man muss es sich immer wieder bewusst machen: Sechs Schüler melden sich und keiner kommt dran. Das Bemühen der Schüler ist umsonst (lateinisch: frustra). Ruft man einen Schüler auf, der sich nicht meldet, können sich verschiedene Absichten dahinter verbergen (kleine Disziplinierung „Du bist doch noch dabei?"; Bloßstellung „Habe ich dich erwischt!"; Einbeziehung „Machst du auch mit?"; Gewähren einer Chance: „Ich glaube, du weißt es auch"; Ermunterung „Bring dich ein, dann hast du mehr vom Leben.")[12]

Offensichtlich schlagen bei heimlichen Lehrzielen auch die Zwänge durch, die sich aufgrund der Organisation von Schule und Unterricht ergeben. Sie unterlaufen zum Teil die im Bildungsauftrag vorgegebenen Ziele und verkehren sie manchmal ins Gegenteil:

⇒ Ständiger Konkurrenzkampf unter den Schülern: Im herkömmlichen, nicht differenzierenden Unterricht herrscht die Fiktion des gleichschrittigen Lernens vor; so steht jeder Schüler im direkten Leistungsvergleich mit seinen Mitschülern — das Lehrziel lautet: Einüben des Konkurrenzkampfs für die Ellenbogengesellschaft (für leistungsstarke Schüler möglicherweise motivierend, für leistungsschwächere in jedem Fall demoralisierend);

⇒ Schülerinteressen müssen im 45-Minutentakt wechseln: Schüler lernen, dass sie mit ihrer Neugier und ihren Interessen so flexibel wie der Stundenplan sein müssen;

⇒ Unterricht hat immer ein „richtiges" Ergebnis: Anders als in der wissenschaftlichen Forschung oder im „wirklichen Leben" gibt es in der Schule nach 45 Minuten fast immer ein Unterrichtsergebnis, das von der Tafel abgeschrieben und schwarz auf weiß nach Hause getragen werden kann. Das sollte zumindest bis zur nächsten Klassenarbeit behalten werden und wird dann oft genug schnell wieder vergessen!

Organisatorische Mängel und schlechten Unterricht nehmen Schüler nicht ohne Gegenwehr hin. Sie antworten mit subversiven Gegenmaßnahmen: Vom gekonnten „Aufmerksamkeitsheucheln" über versteckte Frusthandlungen (Männchen malen) bis hin zu geschickten Manövern des Abtauchens

---

[11] Nikolas 1997, S. 42
[12] Die beiden zuletzt genannten Beispiele stammen aus einem Seminarpapier unseres Hannoveraner Kollegen Roland Narr.

(Schiffe versenken mit dem Banknachbarn), die dem Lehrer meist verborgen bleiben. Auch hier werden beeindruckende Kompetenzen entwickelt — eine weitere Facette heimlicher Lehrziele, die zu betrachten durchaus lohnend wäre.

5.7 WBA-Übungen zu Kapitel 05

Die WBA-Übung zum Thema „Lehrziele" besteht aus zwei Übungsteilen, die Sie unabhängig voneinander aus dem Startmenü aufrufen können. In Teil 1 geht es um eine Rekonstruktion fachlicher und fachübergreifender Ziele aus einer Videoszene mit eingeblendetem Wortprotokoll. In Teil 2 sind die fachlich-thematischen Lehrzielformulierungen aus einem Unterrichtsentwurf darauf hin zu überprüfen, ob sie entsprechend den Überlegungen der Lehrzieltaxonomie nachvollziehbar operationalisiert und dimensioniert sind.

	WBA-Übungen zu Kapitel 05
DVD-Pfad: WBA_Uebungen_zu_Kapitel_05 *Zwei Übungen zur Analyse von Lehrzielen*	
1. Starten Sie den gewünschten Übungsteil aus dem Untermenü zu den WBA-Übungen und folgen den Hinweisen auf dem Bildschirm. 2. Nach Abschluss jedes Übungsteils erhalten Sie wie gewohnt Ihre Antworten per Email und einen Hinweis auf Musterlösungen. 3. Die Bearbeitungszeit beträgt für die Übungsteile jeweils ca. 45 Minuten.	

6 Lernumgebung als Rahmen erfolgreichen Schulunterrichts

Lehrerinnen wollen etwas leisten — wie jeder arbeitende Mensch. Es wird auch diskutiert, ob Lehrerinnen leistungsbezogen bezahlt werden sollen und ob es angemessen ist, dass ihr Gehalt mit zunehmendem Dienstalter steigt. Aber wann ist die Leistung einer Lehrerin gut und wann ist sie schlecht? Eine Antwort könnte lauten: Gut ist die Leistung, wenn der Unterricht erfolgreich ist und schlecht ist sie, wenn der Unterricht keinen Erfolg hat — aber was ist erfolgreicher Schulunterricht?

6.1 Leitlinien für erfolgreichen Schulunterricht

Ein Kennzeichen für erfolgreichen Schulunterricht ist, dass wichtige Lehrziele erreicht werden[1]. Das geschieht in den letzten Jahren offenbar nicht in gewünschtem Umfang, denn die PISA-Studien[2] belegen, dass die deutschen Schulen im internationalen Vergleich relativ schlecht abschneiden. Überdurchschnittlich viele Schüler haben die zentralen Inhalte nur oberflächlich oder auswendig gelernt, jedoch nicht verstanden oder können sie nicht richtig anwenden. Demnach kommt es darauf an, dass bestimmte Bedingungen erfüllt sein müssen, wenn der Schulunterricht erfolgreich sein soll. Das gilt wahrscheinlich nicht nur für die ‚PISA-Fächer' Deutsch, Mathematik und Naturwissenschaften, sondern für alle Fächer, also auch für Sachfächer wie Erdkunde und Politik und auch für die musischen Fächer und für den Sportunterricht und auch für den Religionsunterricht.

Aber welches sind diese Bedingungen? Mit Druck und Kontrolle kann man Schüler zum Auswendiglernen zwingen, aber nicht zur Einsicht und zum Verständnis bringen. Wählt man den entgegengesetzten Weg und überlässt es den Schülern, ob und wie viel sie lernen, erreicht man ebenso wenig. Erfolgversprechender ist ein Mittelweg zwischen diesen Extremen, so dass

---

[1] s. Kapitel 05: „Lehrziele", ab S.69
[2] **P**rogramme for **I**nternational **S**tudent **A**ssessment. Lernen für das Leben. Erste Ergebnisse der internationalen Schulleistungsstudie PISA 2000, OECD 2001. URL: http://www.pisa.oecd.org/dataoecd/44/31/33691612.pdf [am 12.10.2005] *Hinweis:* Für diese und alle folgenden URL gilt, dass es darin *keine Leerzeichen* gibt. Wenn Abstände zwischen den Zeichen so erscheinen, ist das drucktechnisch bedingt.

Lehrerin und Schüler günstigstenfalls das Gefühl haben, an *einem* Strang zu ziehen.

Damit ist nicht die Anwendung einer Gesprächstechnik oder Unterrichtsmethode, eines bestimmten Unterrichtsstils oder einer Unterrichtsform — z.B. Offener Unterricht — gemeint, sondern eine Grundhaltung der Lehrerin, die in der Literatur unter dem Stichwort ‚Psychohygiene'[3] beschrieben wird. Diese Grundhaltung spiegelt sich vor allem in der Art, wie sie ihre Arbeit gestaltet und mit ihren Schülern umgeht. Dazu möchten wir einige Leitlinien herausarbeiten. Dabei geht es nicht um einen einmal zu erwerbenden Wissensbesitz, sondern um einen langen — im Grunde lebenslangen — Prozess der Selbstbeobachtung und ernsthaften Auseinandersetzung mit sich und seinen Schülern, damit eine solche Grundhaltung sich allmählich herausbildet und festigt.

6.1.1 Die wichtigste Leitlinie: Sich selbst als Lehrerin ernst nehmen

Sich selbst in der Berufsrolle ernst zu nehmen, gehört für jeden Beruf — insbesondere aber in hoch qualifizierten — zu den Grundvoraussetzungen erfolgreicher Tätigkeit. Für Lehrerinnen bedeutet das unter anderem
⇒ vorbereitet in den Unterricht gehen;
⇒ genau wissen und auch mitteilen können, was die Schüler in dieser Stunde lernen sollen[4];
⇒ Forderungen an die Schüler sorgfältig prüfen und darauf bestehen, dass die Forderungen erfüllt werden. Wenn die Lehrerin z.B. Hausaufgaben aufgibt, muss sie jedes Mal überprüfen, ob diese auch richtig erledigt wurden — sonst sollte sie lieber keine aufgeben.
⇒ darauf bestehen, achtungsvoll und höflich behandelt zu werden und auch nicht zu akzeptieren, dass Mitschüler von anderen verächtlich behandelt oder bedroht werden. Es geht nicht darum, kleinlich zu sein — aber wenn jemand eindeutig dagegen verstoßen hat, sollte eine Lehrerin nicht weiter unterrichten, bevor die Situation bereinigt ist[5].

Nimmt sich eine Lehrerin nicht ernst und verstößt immer wieder gegen diese Leitlinie, werden ihre Schüler sie bald auch nicht mehr ernst nehmen.

---

[3] vgl. Müller 1997
[4] vgl. Kapitel 05: „Lehrziele", vor allem Abschnitt 5.3, ab S.76 und Abschnitt 5.4.1, ab S.84 sowie Kapitel 12, Leitfrage 1, S.185
[5] vgl. Kapitel 13: „Unterrichtsstörungen", Abschnitt 13.4.2, ab S.214 und Abschnitt 13.4.3, ab S.216.

Dann kann sie keinen erfolgreichen Schulunterricht mehr machen — zumindest nicht in der gleichen Schulklasse und im gleichen Schuljahr.

6.1.2 Die Schüler ernst nehmen

Die zweite Leitlinie ist das komplementäre Gegenstück zur ersten. Sie ist von besonderer Bedeutung für alle Berufe, in denen ein Austausch mit abhängigen Personen stattfindet[6]. Für die Lehrerin bedeutet das,

⇒ niemals zu vergessen, dass jeder Schüler ein Mensch mit eigener Würde ist und ihr in diesem Punkt völlig gleich. Wenn jemand intensiv mitdenkt, aber auch wenn er stört, wenn sich jemand ständig beteiligt, aber auch wenn er gar nichts sagt — immer gibt es dafür Gründe, die subjektiv nachvollziehbar sind. Nur kennt sie diese Gründe nicht.[7]

⇒ sich — was auch geschieht — vor Gedanken zu hüten wie: Die Schüler werden immer fauler, dümmer und aggressiver. Niemals behandelt sie einen Schüler unhöflich oder achtungslos; sie versucht wenigstens, niemals einen Schüler oder die ganze Klasse anzuschreien und lässt sich nie, aber wirklich niemals, dazu hinreißen, einen Schüler anzufassen.[8] Und sie ist nicht ironisch. Ironie unter Ungleichen ist so verletzend, weil sie so hilflos macht. Was hat ein 10- oder 14-jähriges Kind schon für Chancen gegenüber der Ironie eines Erwachsenen. Höchstens kann es frech werden — und setzt sich damit automatisch ins Unrecht.

⇒ ihre Schüler als Person weder zu tadeln noch zu loben. Vor allem unterlässt sie undifferenziertes Lob. Sie sagt nicht bei jedem Kinkerlitzchen ‚TOLL'. Stattdessen gibt sie eine möglichst klare und aussagekräftige Rückmeldung, z.B.: „Aufgabe 2 war sehr schwierig. Du hast sie ganz ohne Hilfe gelöst. Das war eine ausgezeichnete Leistung." Oder: „Aufgabe 3 war ziemlich einfach. Du hast die Aufgabe gelöst aber noch viel Unterstützung gebraucht. Wenn Du Dich weiter so anstrengst, hast Du's bald geschafft."

⇒ ihren Schülern alles zu erklären, was sie in erzieherischer Hinsicht beabsichtigt — aber sie lässt sich auch nichts abhandeln. Z.B. will sie künftig immer erst mit der Arbeit anfangen, wenn alle still sitzen, schweigen und nach vorne sehen. Sie erklärt, warum sie das wichtig findet, und fängt erst

---

[6] Sehr deutlich macht das der Untertitel des Buches von Ruf, U. / Gallin, P.: Austausch unter Ungleichen. (Ruf & Gallin 1999)
[7] vgl. Kapitel 13: „Störungen", vor allem Abschnitt 13.2, ab S.205 und 13.5, ab S.217
[8] vgl. Kapitel 13: „Störungen", Abschnitt 13.4.2, ab S.214

dann an, wenn wirklich alle — und nicht nur die meisten — diese Regel befolgen.[9]
⇒ dass es nicht egal ist, ob ein Schüler etwas leistet und ob er ihre Forderungen erfüllt oder nicht.
⇒ dass es nicht egal ist, ob er sich gut benimmt oder nicht. Man hat festgestellt, dass Lehrerinnen sich mit Schülern, die sich schlecht benehmen und die wenig leisten, viel mehr beschäftigen als mit eifrigen Schülern, die sich gut benehmen. Da erstere häufiger Jungen sind und die zweiten häufiger Mädchen, beschäftigen sich Lehrerinnen viel mehr mit den Jungen als mit den Mädchen in der Klasse[10] — da müssen sich Jungen ja schlecht benehmen und wenig leisten, damit sie von der Lehrerin beachtet werden.[11]

6.1.3 Die Schüler da abholen, wo sie stehen

Niemand lernt etwas, wenn ihn das nicht interessiert. Ein lehrreiches Beispiel hierzu ist die Zensierungsübung[12]. Da haben Student/inn/en Abitur gemacht — das heißt 13 Jahre lang Mathematikunterricht — und hinterher beherrschen sie nicht mal die schriftliche Division und die Umrechnung von Maßeinheiten. Was gibt es Sinnloseres als 13 Jahre Mathematikunterricht, wenn ein Schüler oder eine Schülerin sich nicht dafür interessiert! Damit ist deutlich, dass es keineswegs ausreicht, im Klassenbuch einige Seiten zurück zu blättern und dort nachzulesen, was in den letzten Tagen oder Wochen „durchgenommen" wurde.

Vielfach soll an Stelle von *Interesse* der Schüler treten, dass sie von der Lehrerin *motiviert* werden. Motivation[13] ist ein Zauberwort — in manchen Unterrichtslehren wird die erste Phase einer Unterrichtsstunde direkt Motivationsphase genannt. Es ist jedoch zweifelhaft, ob man jemanden für etwas motivieren kann, wenn er sich nicht selbst schon dafür interessiert.

Es geht also mehr darum, dass man seine Schüler daran erinnert, wofür Sie sich ohnehin schon interessieren und daran anzuknüpfen. Je jünger die Schüler sind, desto eher wird das etwas ganz Konkretes sein, z.B. auf dem

---

[9] vgl. Kapitel 08: „Organisation – Rituale und Regeln", ab S.117
[10] vgl. z.B. Enders-Dragässer 1990
[11] vgl. Schwelien 2003 [URL: http:// www.zeit.de/ 2003/ 13/ C-Streber am 04.08.2003].
[12] vgl. Kapitel 14: „Leistungsmessung", Abschnitt 14.1, ab S.229
[13] vgl. Kapitel 04: „Unterrichtseinstiege und Stundeneröffnungen", Abschnitt 4..3, ab S.62 und Abschnitt 4.5, ab S.64

Lehrertisch ein Käfig mit einem Meerschweinchen, das schwanger ist. Wenn es der Lehrerin gelingt, ihren Schülern zu zeigen, dass es sich lohnt, da weiter zu forschen, hat sie sie da abgeholt, wo sie sind. Das gilt übrigens auch und sogar besonders für das Fach Mathematik, wie Ruf/Gallin in ihren zahlreichen Veröffentlichungen zeigen[14].

Dies ist eine Aufgabe des Lehrerberufs, für deren Erfüllung Routine hinderlich ist. Man darf die Messlatte auch nicht zu hoch legen, da selbst erfahrene und engagierte Lehrerinnen nur einen begrenzten Einblick in die Lebenswelt ihrer Schüler gewinnen können. Es gilt ja nicht nur, dass in jeder Schulklasse sehr viele verschiedene Schülerinteressen aufeinander treffen, die nur schwer auf den gemeinsamen Nenner einer Unterrichtseinheit zu bringen sind, sondern auch jeder Schülerjahrgang kann sehr verschieden sein. Darum müssen selbst gestandene Lehrerinnen nicht selten erfahren, dass eine Unterrichtseinheit, die einmal sehr gut „gelaufen" ist, schon zwei oder drei Jahre später nur schlecht oder gar nicht in Gang kommt. Einerseits ist das eines der Elemente, die den Lehrerberuf interessant machen, andererseits erfordert es, die Interessen und Erfahrungen seiner Schüler ständig und immer wieder neu zu erkunden. So eignet sich gerade diese Leitlinie besonders für das kleine Forschungsprojekt, das hier angeregt werden soll[15].

6.1.4 Über Inhalte wechselseitig kommunizieren

Erwerb von Wissen ist immer nur ein Teilziel eines Lernprozesses und hat für sich genommen noch keine große Bedeutung. Entscheidend ist vielmehr, was man mit dem Wissen anfängt, d.h. ob sich auch Einstellungen und Verhalten des Lerners verändern. Ausgangs- und Mittelpunkt eines verändernden Lernprozesses, der in den 45 Minuten einer Schulstunde in Gang gebracht werden soll, ist gewöhnlich die sachbezogene Kommunikation zwischen Lehrerin und Schülern. Dass hauptsächlich solche Schüler lernen, die in die Kommunikation mit der Lehrerin und ihren Mitschülern aktiv einbezogen sind, kann man selbst überprüfen, indem man Unterricht unter diesem Gesichtspunkt beobachtet. Eine Unterrichtsstunde macht oft einen ganz runden Eindruck. Analysiert man sie genauer, haben aber nur wenige Schüler etwas

---

[14] Gallin & Ruf 1999, sowie weitere Bücher dieser Autoren enthalten zu dieser Thematik sehr grundsätzliche Ausführungen und eine Fülle konkreter Beispiele.
[15] vgl. Kapitel 06.4, ab. S.103

gelernt, und zwar immer die gleichen — die sich gemeldet und tatsächlich mit der Lehrerin über die Lerninhalte kommuniziert haben.

Da die Lehrerin nicht mit allen Schülern gleichermaßen und gleichzeitig kommunizieren kann — trotz der weit verbreiteten Illusion, dies sei im Frontalunterricht der Fall — muss die Kommunikation zwischen Lehrerin und Schülern durch die sachbezogene Kommunikation der Schüler untereinander ergänzt werden. Das heißt z.B.: Wenn die Lehrerin eine Aufgabe vorgerechnet hat und alle Schüler haben sie abgeschrieben und eine ähnliche Aufgabe im Heft gerechnet — dann ist weder eine Einsicht gewonnen noch irgendetwas verstanden — selbst wenn alle Schüler im Test die volle Punktzahl erreichen. Wenn dagegen ein Schüler — nicht der beste, sondern ein mittelmäßiger — den anderen in seinen Worten erklärt, wie er das gemacht hat, und die anderen stellen ihm immer Fragen, wenn sie nicht verstanden haben, wie er das meint, werden viele etwas verstehen und dabei mathematische Einsichten gewinnen. Eine ebenfalls weit verbreitete Illusion ist, dass die sachbezogene Kommunikation der Schüler untereinander z.B. in der Gruppenarbeit oder in Freiarbeitsphasen automatisch geschehe[16]. Stattdessen muss auch in solchen Phasen die Kommunikation zwischen Schülern gewöhnlich von der Lehrerin angeleitet werden, wenn sie Lernerfolge zeitigen soll.

6.1.5 Anfang und Ende klar definieren

Die Beziehung zwischen Lehrerin und ihren Schülern ist durch die Grundantinomien des Lehrerberufs bestimmt[17] und existiert in dieser Art sonst nirgends. Es ist auch ausgesprochen schädlich für den Erfolg des Schulunterrichts, wenn sie uminterpretiert wird, z.B. in der Grundschule wie eine Familienbeziehung oder in höheren Schulstufen[18] wie die zwischen Arbeitgebern und Arbeitnehmern. Die Besonderheit der pädagogischen Beziehung muss aus dem Alltag herausgehoben und immer wieder bewusst gemacht werden. An jedem Unterrichtstag und für jede Unterrichtsstunde muss demnach deutlich werden: „Nun beginnt diese besondere Unterrichtsbeziehung — nun

---

[16] Zwar gilt nach wie vor das Axiom P. Watzlawicks (2000): „Man kann nicht nicht kommunizieren." Gemeint ist damit, dass in jedem Augenblick ein — verbaler oder nonverbaler — Informationsaustausch stattfindet, wenn Menschen einander wahrnehmen (können). Hier geht es jedoch um die Kommunikation über die Lerninhalte.
[17] vgl. Kapitel 02: „Antinomien im Lehrerberuf", ab S.23
[18] Dort erscheint die Grundantinomie in der Weise, dass im Kern die Schüler die *Arbeitgeber* sind und Lehrerin und Schüler in einer sehr komplexen Abhängigkeit voneinander stehen.

endet sie wieder." Das ist der tiefere Sinn vieler schulischer Rituale[19]. Dafür sollten am Anfang und am Ende der Stunde jeweils einige Minuten Zeit zur Verfügung stehen.

6.1.6 Einen Rhythmus von Konzentration und Entspannung herstellen

Aus den Antinomien des Lehrerberufs ergibt sich auch, dass es nicht darum gehen kann, Produkte (=Wissensbestände) in einer möglichst hohen Frequenz herzustellen, sondern dass Lernprozesse stattfinden, in deren Verlauf sich die Schülerpersönlichkeit weiterentwickeln kann. Diese kommen nur zustande, wenn auf Phasen der Informationsaufnahme solche folgen, in denen die Information kommuniziert, verarbeitet, angewendet werden kann. Jeder verändernde Lernprozess erfordert einen Rhythmus von Konzentration und Entspannung.

Die Arbeit sollte niemals beginnen, bevor alle Schüler sich konzentriert haben. Wenn das schwer fällt, kann eine — altersangemessene — Konzentrationsübung helfen, deren Sinn und Ziel — ebenfalls in altersangemessener Form — mit den Schülern bei Gelegenheit geklärt werden sollte. Werden die Schüler so deutlich erkennbar ernst genommen, werden sie nach einiger Zeit sogar selbst feststellen, ob sie für den Unterricht schon hinreichend aufmerksam sind und schließlich selbst um eine Konzentrationsübung bitten. Das wäre ein wichtiger Schritt auf dem Weg dahin, dass Lehrerin und Schüler an *einem* Strang ziehen.

Nach der Konzentration darf die Entspannung nicht vergessen werden, d.h. grundsätzlich ein Wechsel zu einer entspannenden Arbeitsform[20] oder zumindest irgendeine Form der Abwechslung. War die Konzentration zu intensiv, gelingt der Übergang manchmal nicht gleich und dann kann — vor allem in der Grundschule — der Übergang durch ein Spiel erleichtert werden. Es sollte in jeder Unterrichtsstunde einen Rhythmus von Konzentration und Entspannung geben, wobei vor allem die Konzentrationsphasen nicht zu lang sein sollten. Ein Richtwert kann je nach Altersstufe und Intensität 5 – ca. 15 Minuten[21] für eine Konzentrationsphase sein.

---

[19] vgl. Kapitel 08: „Organisation – Rituale und Regeln", Abschnitt 08.2, ab S.122
[20] vgl. Kapitel 12: „Planung einer ganzen Unterrichtsstunde", Leitfrage 3 und 4, S.186
[21] Das gilt grundsätzlich auch für Erwachsene. Diese sind zwar dazu in der Lage, eine *Pose* der Konzentration über längere Zeit aufrecht zu erhalten. Beobachtet man sie dabei, sieht man sie „Männchen" malen und ahnt, dass sie sich innerlich ganz woanders aufhalten.

6.2 Bedeutung der Lernumgebung für erfolgreichen Schulunterricht

Unter der Herrschaft der Taliban war in Afghanistan für Mädchen, unter Androhung schwerer Strafen, jeder Schulunterricht verboten. Es gab Fernsehberichte, wie dennoch unter schwierigsten Bedingungen und großen Gefahren Schule gehalten wurde. Solche Situationen sind nicht neu. Vor etwa 150 Jahren, als die Engländer in Irland ein Terrorregime ausübten, war den Iren jeder Schulbesuch und vor allem der Gebrauch der irischen Sprache bei schweren Strafen verboten. Dennoch fand Schulunterricht in Erdhöhlen und verborgenen Kellerräumen statt. Oder bleiben wir in der Gegenwart: In vielen Ländern werden die meisten Kinder unter freiem Himmel oder in einem einfachen Unterstand unterrichtet (vgl. Abb. 4). Sie besitzen weder Bücher noch Schulhefte; sie müssen zudem stundenlange Schulwege zu Fuß auf sich nehmen.

Daraus folgt: Wenn Schüler unbedingt lernen wollen, wenn ihr Interesse und ihre innere Motivation stark genug sind, können sie in jeder Umgebung lernen — wenn Menschen unbedingt lernen wollen, kann man das kaum verhindern. Die Lernumgebung ist demnach nur eine sekundäre Voraussetzung für erfolgreichen Schulunterricht. Primär ist eine gemeinsame Grundhaltung von Lehrerin und Schülern, die in den sechs Leitlinien zusammengefasst

Abb. 4: Schule in Ibungila-Tansania[22]

---

[22] aus Geo Nr. 1 1999, S. 77

LERNUMGEBUNG ALS RAHMEN ERFOLGREICHEN SCHULUNTERRICHTS

wurde.

Nun kommen zum Glück unsere Kinder nicht in nackter Not in die Schule, sondern meistens aus recht behaglichen Verhältnissen. Selbst den ärmsten Kindern alleinerziehender Elternteile, die Arbeitslosenhilfe oder Sozialhilfe beziehen, geht es im Vergleich mit Kindern in Entwicklungsländern oder Krisengebieten zumindest physisch noch erträglich.[23]

Dazu passt, dass man häufig vor allem in Grundschulen eine üppig ausgestattete Lernumgebung vorfindet, mit Gängen voller Bilder und Klassenzimmern mit Teppichen, Polstern, Blumen und Büchern wie kuschelige Wohnzimmer oder mit Computern, Kinderzeichnungen, Postern und allerlei altersgemäßem Spielzeug, ausgestattet wie freundliche Kinderzimmer. Ist das nun eine ideale Lernumgebung? Der Film „Grundschul-Klassenraum" erlaubt den Blick in den Klassenraum eines 3. Schuljahrs.

Videoszene zu Kapitel 06

DVD-Pfad: Kapitel_06\
Datei: „K_06_Grundschul-Klassenraum.wmv" (ca. 2 Minuten)

In seltsamem Widerspruch zu dieser anregend erscheinenden Umgebung steht der alltägliche Eindruck, dass in manchen deutschen Schulklassen Schüler sitzen, die zumindest bei oberflächlicher Beobachtung nicht das geringste Interesse am Lernen zu haben scheinen. Sind da nicht doch Schulen nach Art der englischen Internate besser geeignet, mit kahlen Räumen, in denen es keinerlei Ablenkung gibt? Und dann gibt es ja auch noch das Sprichwort: „Voller Bauch studiert nicht gern."[24]

Lernen hat sicher auch etwas mit der Lernumgebung zu tun, in der es stattfindet, aber der Zusammenhang ist nicht einfach und linear. Die Gleichung: „Je schöner, besser ausgestattet und je teurer die Schule ist, um so intensiver und erfolgreicher wird gelernt" geht nicht auf. Aber die Umkehrung: „Eine schmucklose Schule, die schon rein äußerlich an ein Gefängnis erinnert und

---

[23] Ihre oftmals sehr zermürbende psychische Belastung darf jedoch nicht unterschätzt werden!
[24] Vergleichbare Sprichwörter und Redensarten existieren übrigens in vielen Sprachen. In Jordanien jedoch auch „batin malan, kiif tamam!" – „Ist der Bauch voll, ist der Kopf in Ordnung." (Berichtet von Björn Blaschke in taz Nr. 6791 vom 4.7.2002, Seite 16. Der Autor ist Nahostkorrespondent der ARD.)

ein Klassenraum mit der Atmosphäre eines Warteraums" bietet schon gar keine Garantie für nachhaltige und fruchtbare Lernprozesse. Entscheidender ist die Grundhaltung, aus der heraus die Lernumgebung gestaltet und genutzt wird. Wenn das aus einer Haltung heraus geschehen ist, die den 6 Leitlinien für erfolgreichen Schulunterricht entspricht, kann sie gut geeignet und günstigstenfalls ideal sein, selbst wenn sie von schweren äußeren Repressionen oder großer materieller Not geprägt ist.

6.3 Leitlinien für erfolgreichen Schulunterricht zeigen sich auch in der Lernumgebung

Daraus ergibt sich, dass Lehrkräfte — soweit das in ihrer Macht liegt — auch die Lernumgebung so gestalten sollten, dass in dieser Umgebung ein Unterricht möglich ist, der den Leitlinien für erfolgreichen Schulunterricht folgt:

⇒ Es sollte durch die Lernumgebung erkennbar werden, dass sie sich selbst und ihre Schüler ernst nehmen.
⇒ Die Schüler sollten durch die Gestaltung der Lernumgebung spüren, dass sie dort abgeholt werden, wo sie stehen. Das heißt nicht, sich als Lehrerin anzubiedern. Z.B. gehört ein Bild der aktuellen Boygroup wohl kaum in den Klassenraum, es sei denn, deren Lyrik oder Sound wird gerade im Rahmen des Englisch- bzw. Musikunterrichts analysiert.
⇒ Die Lernumgebung sollte so gestaltet sein, dass man dort gut wechselseitig über Inhalte kommunizieren kann. Dazu gehört z.B., dass Arbeitsergebnisse ausgehängt und betrachtet werden können.
⇒ In der Lernumgebung sollte es Hinweise auf die geltenden Regeln und Rituale geben.
⇒ Und schließlich sollten in dieser Umgebung Konzentration für intensive sachliche Arbeit, aber auch Entspannung möglich sein.

Die ersten beiden Leitlinien spiegeln sich in der Lernumgebung in vielfältiger Weise. Die Lehrerin kann z.B. zeigen, dass sie ihre eigene *Leistung* als Lehrerin und die ihrer Schüler ernst nimmt, indem sie gelungene Schülerarbeiten im Klassenzimmer oder auf dem Schulflur aushängt oder ausstellt — wenn dort immer die Produkte aus den letzten vier Wochen zu sehen sind, die ständig erneuert werden, und nicht Produkte aus den letzten 3 Jahren, darunter welche, die gar nicht von dieser Klasse sind. Sich selbst und die Schüler als *Person* ernst zu nehmen, kann z.B. bedeuten, dass die Pflanzen in einem guten Pflegezustand sind und nach den Ferien nicht vertrocknet auf dem Fensterbrett stehen, da sie vorher einigen interessierten Schülern in Pflege gegeben wurden. Überhaupt gehören dazu ein guter Zustand des Mobiliars und eine liebevolle Gestaltung der Wände. Das ist weder eine Zeit- noch eine Kostenfrage. Ein Gegenbeispiel sind zerbrochene Stühle, die wochenlang im Klassenraum herumstehen, verschmutzte Wände, zerfetzte Plakate, herumfliegende Kreidestückchen — alles Zeichen gemeinsamer Würdelosigkeit.

Leitlinie 3 (vgl. S.94): *Die Schüler da abholen, wo sie sind.* In der — zuweilen etwas nostalgisch verklärten — Vergangenheit der niedersächsischen Lehrerausbildung fand das „Landschulpraktikum" genannte „Allgemeine Schulpraktikum (ASP)" z.B. in der zweiklassigen Grundschule in Flegessen am Süntel statt. Dort ging der Schulhof direkt in die Natur über. Die Schule lag am Rande des Dorfes und man konnte die Lebenswelt der Schüler, in der sie spielten und tobten, froh waren und auch litten, von der Schule aus sehen. Da ergab es sich fast von selbst, dass man täglich an die Erfahrungen der Schüler anknüpfen konnte. Wenn es z.B. um Naturschutz— so hieß der Umweltschutz damals — ging, machte man keine Arbeitsblätter, sondern plante in der dritten Stunde einen Unterrichtsgang ein. Die Umgebung der Schule und der Schulhof waren dort also sehr wichtig für erfolgreichen Schulunterricht. Wenn heute die Schule in einem sozialen Brennpunkt am Rande einer Großstadt liegt, ist das noch viel wichtiger — jedoch für die Lehrerin schwerer zu verwirklichen. Wichtigste Voraussetzung ist, dass die Lehrerin die Lebenswelt ihrer Schüler überhaupt erst einmal kennen lernt, zumal sie wahrscheinlich in einem anderen Stadtteil wohnt. Lange Spaziergänge im Viertel sind Pflicht und dann viele Unterrichtsgänge, auf denen die Lehrerin sich das Viertel und seine Gegebenheiten aus der Perspektive ihrer Schüler erklären und nahe bringen lässt. Im Übrigen ist das nicht nur die Basis dafür, den Unterricht in der Lebenswelt der Schüler zu verankern, sondern ein Zeichen des Ernstnehmens und fast ein Akt der Höflichkeit.

Leitlinie 4 (vgl. S.95): *Über Inhalte wechselseitig kommunizieren.* Nicht jeder Raum ist als Lernumgebung gleichermaßen geeignet. In einem Raum, in dem die Schüler in Kinoreihen hintereinander sitzen, ist die wechselseitige Kommunikation erschwert. Elemente einer Lernumgebung, die eine wechselseitige Kommunikation über Inhalte erleichtert, könnten z.B. sein:

⇒ Vor dem Eingang der Schule ist ein schattiger Platz, wo man vor Unterrichtsbeginn zusammenstehen und miteinander reden kann.
⇒ In der Eingangshalle gibt es Sitzecken, die mit Grünpflanzen abgetrennt sind.
⇒ In der Schule gibt es ein kleines Cafe, das in den Pausen geöffnet ist.
⇒ Auf dem Schulhof gibt es Wege, auf denen man miteinander flanieren kann.

⇒ Im Klassenzimmer gibt es Ecken, in die man sich bei der Gruppenarbeit zurückziehen kann.
⇒ In der Klasse gibt es eine Sitzordnung, in der alle Schüler und die Lehrerin sich jederzeit ansehen können.
⇒ Im Klassenraum liegen Materialien für den „offenen Anfang" eines Schultages bereit, die nach freier Wahl zu zweit oder in kleinen Gruppen genutzt werden können.

Leitlinie 5 (vgl. S.96): *Anfang und Ende klar definieren.* Wenn im Klassenraum die Ordnung der Materialien, Schulbücher, Hefte, Fächer nicht gut durchdacht und klar erkennbar ist — z.B. einige dieser Gegenstände in einer Ecke des Raumes verdeckt aufbewahrt werden — erschwert das deren Bereitstellen am Stundenbeginn und das Wegräumen am Ende der Stunde. Dann kann der Anfang wie das Ende der Stunde chaotisch geraten und der Übergang zwischen Unterricht und Freizeit bzw. Pause fließend oder sogar ‚fliegend' werden.

Leitlinie 6 (vgl. S.97): *Konzentration und Entspannung.* Ganz trivial — wenn vor dem Klassenfenster eine Baustelle ist, kann man sich wahrscheinlich weder gut konzentrieren noch gut entspannen. Wenn es im Klassenraum schnell stickig wird und bei geöffnetem Fenster der Straßenlärm hereinschlägt, wird man sich nicht gut auf Inhalte konzentrieren können. Wenn die Schule so hellhörig ist, dass es in den Nachbarklassen stört, wenn in einer Klasse ein Lied gesungen oder ein Spiel gemacht wird, verhindert das die notwendige Entspannung. Auch ein Schulhof, auf dem alle durcheinander rennen, und auf dem man dauernd angerempelt wird, ist nicht geeignet, um sich in der Pause zu entspannen. Wenn andererseits Spiele und Lesestoff für eine verregnete Pause bereit liegen, kann das den Schülern helfen, mit einer misslichen Situation gelassen umzugehen.

Die Beispiele zeigen, dass die Lernumgebung — das ist das Stadtviertel, in dem die Kinder leben, die unmittelbare Umgebung der Schule, das Schulgebäude, der Schulhof und natürlich das Klassenzimmer — eine erhebliche Bedeutung für erfolgreichen Schulunterricht haben kann, dass es dabei jedoch weniger auf die materielle Ausstattung ankommt als darauf, ob sie viele Anknüpfungspunkte bietet und — soweit das in der Macht der Lehrerin steht — im Sinne der Leitlinien für erfolgreichen Schulunterricht sorgfältig strukturiert und aktiv gestaltet wurde.

6.4 Vorschlag für ein Erkundungsprojekt „Fördert die Lernumgebung einen Unterricht, der sich an den Leitlinien für erfolgreichen Schulunterricht orientiert?"

Die sechs Leitlinien stellen ein Raster dar, mit dessen Hilfe das Lehrerhandeln, alltägliche Unterrichtsituationen sowie Randbedingungen des Unterrichts wie die Gestaltung der Lernumgebung daraufhin untersucht werden können, ob sie unter Gesichtspunkten der Psychohygiene für erfolgreichen Schulunterricht förderlich sind oder nicht. Besonders einsichtig wird dieser Zusammenhang, wenn man ihn Schritt für Schritt selbst erkundet.

Das ist der Inhalt eines Erkundungs- bzw. kleinen Forschungsprojekts (s. Erkundung/Beobachtung zu Kapitel 06, S.104). Die leitende Fragestellung dieses Forschungsprojekt lautet: *Inwieweit fördert die Lernumgebung einer Schulklasse einen Unterricht, der sich an den sechs Leitlinien für erfolgreichen Schulunterricht orientiert, bzw. inwieweit behindert die Lernumgebung diesen Unterricht?* Die Klärung soll in vier Schritten geschehen:

1. Schritt: Sie beobachten die Lernumgebung.
2. Schritt: Sie entwickeln Interviewfragen und einen Interviewleitfaden, um der Klassenlehrerin und einigen Schülern Fragen zur Lernumgebung zu stellen.
3. Schritt: Sie interviewen die Lehrerin und einige Schüler zur Lernumgebung.
4. Schritt: Sie fassen alle Daten zusammen und interpretieren diese unter dem Gesichtspunkt der leitenden Fragestellung.

Da es besonders ertragreich ist, wenn zahlreiche Gesichtspunkte zusammen getragen und möglichst viele Schüler interviewt werden können, sollte dieses Erkundungsvorhaben nach Möglichkeit zu zweit oder besser noch zu dritt durchgeführt werden. Günstig ist es, wenn diese Erkundung/Beobachtung im Rahmen einer ohnehin stattfindenden Hospitation erfolgt, so dass schon eine gewisse wechselseitige Vertrautheit zwischen Schülern und Erkundenden besteht.

	Erkundung/Beobachtung zu Kapitel 06

DVD-Pfad: Kapitel_06\
Datei: K_06_Erkundung_Beobachtung.pdf
Diese Datei enthält den Projektplan. Zum Projekt gehören zahlreiche Materialien, auf die im Projektplan jeweils verwiesen wird (jeweils in unterschiedlicher Anzahl auszudrucken).

Material zur Vorübung
Dateien: K_06_Beobachtung_Schulhof.pdf [je einmal pro Beobachter/in ausdrucken]
K_06_Schulhof.wmv

Material zu Schritt 1 — Beobachtung der Lernumgebung
Datei: K_06_EB_Lernumgebung.pdf [je einmal pro Beobachter/in ausdrucken]

Material zu Schritt 2 — Interviews vorbereiten
K_06_Interview_Schüler.pdf [für jede/n zu beobachtende/n Schüler/in ausdrucken]
K_06_Interview_Lehrer.pdf [je einmal pro Beobachter/in ausdrucken]
K_06_Hilfe_Interviewfragen.pdf

Material zur Schritt 4 — Interpretation der eigenen Beobachtung
K_06_Auswertungsbogen.pdf [einmal ausdrucken]

Die DVD enthält zur Anregung für die Durchführung und Auswertung dieses Erkundungsprojekts fünf beispielhafte Ergebnisse, die im Rahmen von Schulpraktika entstanden sind:
K_06_Beispiel_1.pdf bis K_06_Beispiel_5.pdf

7 Schule und Recht

Die Schule ist eine wichtige gesellschaftliche Institution. Schüler, Eltern und manchmal auch Lehrer machen sich dies oft nicht bewusst und verhalten sich in und gegenüber der Schule, als wäre dies eine private Veranstaltung. Tatsächlich ist das Handeln aller Beteiligten — vom zuständigen Kultusminister über die Schulverwaltung und Schulleitung, Lehrer, Schüler und sogar der Eltern — durch Gesetze und andere Rechtsnormen geregelt. Diese sog. staatliche Schulaufsicht[1] betrifft u.a.

⇒ Vorgaben für die Unterrichtgestaltung bis hin zu Stoffverteilungsplänen für Schularten und Jahrgänge
⇒ Regularien für die Zensierung, Versetzung, Gutachten (z.B. Empfehlungen, Feststellung des Förderbedarfs)
⇒ Aufsichtspflicht
⇒ Mitspracheregelungen in Konferenzen
⇒ Elternbeteiligung.

Es gibt in der Schule keinen Bereich, keinen Zeitraum und keine Handlung, die nicht rechtlich geregelt sind. Folglich kann es um jede Handlung, die in der Schule geschieht, einen Rechtsstreit geben, und das geschieht auch.

Darum ist es wichtig, Lehrerinnen zu ermutigen, sich mit Rechtsfragen, die für ihre berufliche Tätigkeit relevant sind, aktiv auseinander zu setzen. Andernfalls stehen sie den rechtlichen Meinungen Dritter hilflos gegenüber und sind gezwungen, sich deren Interpretation — auch gegen die eigene Überzeugung — anzupassen. Hier sollen drei Bereiche herausgegriffen werden:

⇒ Wertvorstellungen in der schulischen Erziehung
⇒ für Lehrerinnen relevante Entscheidungshierarchien innerhalb und außerhalb der Schule
⇒ Mitwirkung der Eltern.

7.1 Müssen Lehrerinnen wertneutral sein?

In den Schulgesetzen der Länder werden auch fächerübergreifende Lehrziele formuliert, z.B. „Die Schülerinnen und Schüler sollen fähig werden, ... ihre Beziehungen zu anderen Menschen nach den Grundsätzen der Gerechtigkeit,

---

[1] Artikel 7 Abs.1 GG

der Solidarität und der Toleranz sowie der Gleichberechtigung der Geschlechter zu gestalten, ..."[2] wobei Toleranz vor allem gegenüber Andersdenkenden geboten ist. Aber was bedeutet das, wenn „Andersdenkende" nun rechtsradikal oder wenn sie fundamentalistisch denken — soll man denen gegenüber auch tolerant sein? An anderer Stelle heißt es: „Die Sexualerziehung in der Schule soll ... die Schülerinnen und Schüler mit den Fragen der Sexualität altersgemäß vertraut machen, ihr Verständnis für Partnerschaft, insbesondere in Ehe und Familie, entwickeln und ihr Verantwortungsbewusstsein stärken. Dabei sind ihr Persönlichkeitsrecht und das Erziehungsrecht der Eltern zu achten. Zurückhaltung, Offenheit und Toleranz gegenüber verschiedenen Wertvorstellungen in diesem Bereich sind geboten."[3] Und wenn Eltern nun der Ansicht sind, dass ihr Kind ab drei Jahren Sex haben darf, im Kindergarten, oder ab 14, wenn es rein rechtlich nicht mehr „Kind" ist, oder ab 18, wenn es erwachsen ist, oder wenn es verheiratet ist? Sind diese Ansichten alle gleichermaßen zu tolerieren?

Bei diesen und ähnlichen Fragen geht es nicht um die Vermittlung von Kenntnissen oder Einübung von Faktenwissen, sondern um die Vermittlung von Werthaltungen, also um Erziehung. Wie und wohin man erziehen soll, ist häufig umstritten. So kann es geschehen, dass eine Lehrerin, die sich auch als Erzieherin versteht, zwischen allen Stühlen sitzt und von verschiedenen Schüler-Eltern, vielleicht sogar von Kolleginnen und ihren Dienstvorgesetzten, aus ganz unterschiedlichen Richtungen attackiert wird. Das gilt vor allem, wenn es um Fragen geht, die in der Gesellschaft ohnehin besonders umstritten sind, z.B.

⇒ die Integration behinderter Kinder in Regelschulklassen oder von Kindern, deren Muttersprache nicht Deutsch ist
⇒ Sexualerziehung
⇒ das Umgehen mit Unterrichtsstörungen
⇒ innere und äußere Leistungsdifferenzierung
⇒ Methoden der Leistungsmessung

und vieles mehr. Wenn es um solche unterschiedlichen Positionen geht, fragen Andersdenkende die Lehrerin, ob sie diese oder jene Position überhaupt vertreten dürfe, oder sie wenden sich gleich an deren Dienstvorgesetzte und versuchen zu erreichen, dass ihr diese oder jene Handlung oder Einstellung schlicht untersagt wird.

---

[2] § 2 Abs.1 NSchG, vgl. auch Kapitel_05: „Lehrziele", Tabelle 8, S.71
[3] § 96 Abs.4 NSchG.

So ist die verbreitete Auffassung nachvollziehbar, dass Lehrer nur belehren und nicht erziehen sollten und dass in der Schule wertneutral zu unterrichten sei. Das erscheint zunächst als einfache Lösung eines schwierigen Problems. Solange eine Lehrerin ihre Arbeit so versteht, dass sie einfach nur Fakten vermittelt, also Vokabeln und Grammatik oder die Regeln der Bruchrechnung, haben Rechtsfragen für ihr Berufsleben scheinbar kaum eine Bedeutung. Aber leider sind damit doch nicht alle Fragen geklärt, z.B. folgende:
⇒ Zunächst rein theoretisch: Wenn die Lehrerin wertneutral ist — steckt darin nicht auch eine Wertung? Dass eben alles gleich gut ist.
⇒ Etwas konkreter: Wenn die Schule für Wertfragen nicht zuständig ist — von wem lernen junge Menschen dann ihre Wertvorstellungen? Von den Eltern? Oder entstehen die Wertvorstellungen ganz von selbst, sind sie vielleicht ererbt? Oder lernen sie gar keine Werte — was heute oft beklagt wird? Vor allem wenn Jugendliche oder sogar Kinder schlimme Verbrechen begehen, steht so etwas in der Zeitung[4].
⇒ Ganz konkret: Wenn auf dem Schulhof zwei große Jungen einen kleinen nach Strich und Faden verprügeln oder wenn sie ihm sein Taschengeld abnehmen — soll die Lehrerin dann auch wertneutral sein, oder jetzt auf einmal nicht mehr?

„Wertneutralität" hört sich demnach einfacher an als sie ist. Es gibt ständig Situationen, in denen man sich als Lehrerin aus der Erziehung der Schüler gar nicht heraushalten kann, selbst wenn man wollte.

Aus dieser Erkenntnis haben Kulturpolitiker in allen Bundesländern fächerübergreifende Zielsetzungen für die Schule benannt[5]. Das sind Kataloge von Wertvorstellungen, an denen sich Lehrerinnen im Rahmen ihrer Unterrichtstätigkeit fächerübergreifend orientieren sollen. Abgeleitet sind diese aus der verfassungsrechtlichen Grundlage der Bundesrepublik Deutschland, dem Grundgesetz. In diesem sind die Grundrechte enthalten, die im Kern ebenfalls einen Katalog von Wertvorstellungen[6] darstellen. Die Arbeit des Lehrers findet also nicht in einem wertfreien Raum statt. Sie kann und darf darum auch nicht wertneutral sein. Grundlage sind letztlich die Wertvorstellungen, die im Grundgesetz der Bundesrepublik Deutschland niedergelegt sind.

Sinnvoll ist es, noch einen Schritt zurück zu gehen. Woher kommen die Wertvorstellungen, die im Grundgesetz stehen? Wurden sie **er**funden, hat

---

[4] Eine Auffassung, die den Autoren dieses Textes unsinnig erscheint.
[5] z.B. in § 2 Abs.1 NSchG den Bildungsauftrag der Schule
[6] Artikel 1 – 19 GG für die Bundesrepublik Deutschland, Abschnitt I. Die Grundrechte

man sie **ge**funden, existierten sie vielleicht schon immer oder wurden sie einer heiligen Schrift entnommen? Real geschah Folgendes: Drei Jahre nach dem 2. Weltkrieg wurde eine Versammlung von 65 bedeutenden Persönlichkeiten einberufen, genannt Parlamentarischer Rat, der die Aufgabe hatte, sich auf die Grundwerte zu einigen, die künftig die Basis des Zusammenlebens in Deutschland sein sollten. Diese Sammlung wurde Grundgesetz genannt und das Grundgesetz wurde am 23. Mai 1948 mit 53 : 12 Stimmen verabschiedet. Das Grundgesetz ist also in seinem wesentlichen Kern nichts anderes als eine Übereinkunft von 65 angesehenen Persönlichkeiten über die Wertvorstellungen, die in Deutschland nach dem 2. Weltkrieg gelten sollen. Das bedeutet auch: Es handelt sich um ganz spezielle Wertvorstellungen, die nur in Deutschland gelten. In anderen Ländern gibt es andere Wertvorstellungen und folglich auch andere Grundgesetze. Es ist wichtig, dass Lehrer sich das vergegenwärtigen, wenn sie Kinder unterrichten, deren Familien in kulturell von Deutschland sehr entfernten Ländern wurzeln.[7]

Lehrerinnen greifen tief in das Leben anderer Menschen ein. Kinder und Jugendliche müssen Jahre ihres Lebens mit Lehrerinnen verbringen und können dazu auch gegen ihren Willen und gegen den ihrer Eltern gezwungen werden. Zensuren und Empfehlungen haben entscheidenden Einfluss auf das Lebensschicksal junger Menschen. Die Inhalte, die Lehrerinnen vermitteln, und auch die Art, in der sie dies tun, kann tief in Familien hineinwirken und deren Struktur verändern oder sogar erheblich stören — denkt man an die Familien von Einwanderern, die aus einem anderen Kulturkreis kommen. Insofern ist es entscheidend, dass sie diese enorme Macht nicht willkürlich ausüben.

Mit Hilfe gesetzlicher Vorgaben ist es möglich zu überprüfen, ob Handlungen der Lehrerin den im Grundgesetz niedergelegten Wertvorstellungen entsprechen. Allerdings ist es praktisch nicht möglich, jede Handlung einer Lehrerin *unmittelbar* an den im Grundgesetz niedergelegten Wertvorstellungen zu messen, weder die der handelnden Lehrerin selbst noch die der betroffenen Schülerinnen oder deren Eltern. Das gilt nicht nur für die Schule, sondern für alle Bereiche des Zusammenlebens. Darum wurden Gesetzeswerke

---

[7] Die Übereinstimmung bezüglich gesellschaftlicher Grundwerte kann erheblich sein, wenn Kulturen z.T. seit Jahrhunderten in ständigem und unmittelbarem kulturellem Austausch stehen, was z.B. für die meisten Mitglieder der EU gilt. Andernfalls sind die Unterschiede oft gravierend. Ob es dennoch einen Katalog von Menschenrechten geben kann, der nicht nur übereinstimmend formuliert, sondern auch übereinstimmend interpretiert wird, gehört zu den umstrittensten Fragen unserer Zeit.

geschaffen, vom Strafrecht bis zum Verwaltungs- und Sozialrecht usw., gleichsam Ausführungsbestimmungen, in denen für konkrete Anwendungsbereiche niedergelegt ist, wie die Wertvorstellungen des Grundgesetzes umzusetzen sind. Für das Schulwesen, einschließlich Schulorganisation, Schulverwaltung, Lehrer, Schüler, Eltern ist es das Schulrecht, in dessen Mittelpunkt in allen Bundesländern ein Schulgesetz steht, in dem die Wertvorstellungen des Grundgesetzes in eine schulgemäße Form gebracht worden sind.

Die Rechtsauffassung der Gesetze reicht weit zurück und einige Gesetzestexte sind älter als das Grundgesetz und nicht unmittelbar aus diesem abgeleitet. Jedoch gilt, dass jeder Paragraph eines Gesetzes, so auch des Schulgesetzes — und jede Bestimmung, die diesem untergeordnet oder von ihm abgeleitet ist — sich grundsätzlich am Grundgesetz messen lassen muss. Unter dieser Prämisse bietet das Schulrecht den rechtlichen Rahmen, in dem die Berufsarbeit der Lehrerin stattfindet.

Einem ergänzenden Text können Sie entnehmen, wie das Schulrecht in die Ordnung des Rechtssystems eingefügt ist:

	Ergänzender Text zu Kapitel 07
DVD-Pfad: Kapitel_07\ *Datei*: K_07_Schulrecht_und_Rechtssystem.pdf	
Lesen Sie den Text „**Einpassung des Schulrechts in die hierarchische Ordnung unseres Rechtssystems**"	

7.2 Klärung einer schulrechtlichen Position am Beispiel des Elternwillens in der Sexualerziehung

Viele Menschen haben eine Scheu, sich mit Rechtsfragen zu befassen. Und tatsächlich gilt für Gesetzestexte vielfach, dass sie in einer ganz spezifischen Fachsprache verfasst sind, so dass der Laie sie ohne fachkundige Hilfe gar nicht interpretieren kann. Für das Schulrecht gilt das jedoch grundsätzlich nicht. Die meisten Texte erfordern zwar eine sehr sorgfältige Lektüre — es kommt oft auf ein einziges, entscheidendes Wort an, das zunächst identifiziert werden muss — Kenntnis einer Fachsprache ist aber nicht erforderlich. Das folgende Beispiel einer Interpretation von Schulrecht soll dazu ermutigen, im Zweifelsfall zu dem entsprechenden Gesetz oder Erlass oder Richtlinientext zu greifen und selbst nachzuprüfen, wie dieser zu verstehen ist — anstatt einfach zu glauben, was andere angeblich kundige Leute behaupten.

Manchmal ist nicht leicht herauszufinden, welche Schulrechtstexte für einen konkreten Fall relevant sind. Das lässt sich am besten mit einer Internetrecherche erkunden, da mittlerweile mehrere Bildungsserver im Netz bereit stehen und zudem die zuständigen Ministerien in allen Bundesländern Internetseiten eingerichtet haben, über die wichtige Texte gesucht und heruntergeladen werden können. Den Text des niedersächsischen Schulgesetzes erhält man z.B. mit der Suchmaschine Google und den Suchworten ‚Niedersächsisches Schulgesetz'.

Es folgt als Beispiel die Untersuchung einer Rechtsfrage, die häufig auftaucht. Es geht darum, in welcher Form die Eltern einzubeziehen sind, wenn im Unterricht Fragen der Sexualerziehung angesprochen werden sollen. Ausgangspunkt der Untersuchung soll das niedersächsische Schulgesetz sein. In den Schulgesetzen der anderen deutschen Bundesländer existieren ähnliche Texte[8]. Ruft man mit Strg + F die Suchfunktion auf und gibt das Suchwort „*Eltern*" oder „*Sexualerziehung*" ein, gelangt man unmittelbar zu folgendem Text, der aus 7 Sätzen besteht. Die Interpretation dieses Textes ist Arbeitsvorschlag 07, S.111.

§ 96 (Absatz 4) Mitwirkung der Erziehungsberechtigten in der Schule.
1. *Die Lehrkräfte haben Inhalt, Planung und Gestaltung des Unterrichts mit den Klassenelternschaften zu erörtern.*
2. *Dies gilt vor allem für Unterrichtsfächer, durch die das Erziehungsrecht der Eltern in besonderer Weise berührt wird.*
3. *Die Erziehungsberechtigten sind insbesondere über Ziel, Inhalt und Gestaltung der Sexualerziehung rechtzeitig zu unterrichten, damit die Erziehung im Elternhaus und die Erziehung in der Schule sich soweit wie möglich ergänzen.*
4. *Die Sexualerziehung in der Schule soll vom Unterricht in mehreren Fächern ausgehen.*
5. *Sie soll die Schülerinnen und Schüler mit den Fragen der Sexualität altersgemäß vertraut machen, ihr Verständnis für Partnerschaft, insbesondere in Ehe und Familie, entwickeln und ihr Verantwortungsbewusstsein stärken.*

---

[8] Gibt man in die Suchmaschine Google die Suchworte „Bayerisches Schulgesetz" ein, kommt man auf die Seite „Bayerisches Gesetz über das Erziehungs- und Unterrichtswesen (BayEUG)", so heißt das bayerische Schulgesetz, entsprechend für die anderen Bundesländer.

6. *Dabei sind ihr Persönlichkeitsrecht und das Erziehungsrecht der Eltern zu achten.*
7. Zurückhaltung, Offenheit und Toleranz gegenüber verschiedenen Wertvorstellungen in diesem Bereich sind geboten.

Arbeitsvorschlag zu Kapitel 07

Interpretieren Sie § 96 (Absatz 4) (bevor der Text im Folgenden exemplarisch interpretiert wird.)

Hilfen für Arbeitsvorschlag 07:
⇒ Interpretieren Sie jeden Satz einzeln (sehr wichtig!).
⇒ Beachten Sie jedes einzelne Wort. Z.B.: Was meint „Inhalt, Planung, Gestaltung des Unterrichts"
⇒ Achten Sie darauf, was nicht geschrieben wird. Z.B. „erörtern" bedeutet weder „sich rechtfertigen" noch „zum Beschluss vorlegen".

Im Folgenden sollen die kursiv hervorgehoben Sätze exemplarisch interpretiert werden:
Satz 1:
Die Lehrkräfte haben Inhalt, Planung und Gestaltung des Unterrichts mit den Klassenelternschaften zu erörtern.

⇒ „Erörtern" deutet darauf hin, dass ein Gespräch stattfinden soll. Wichtig ist, dass der Begriff „erörtern" nicht einschließt, dass am Ende des Gesprächs ein Beschluss gefasst oder eine Entscheidung gefällt wird. → Generell ist es wichtig, auch darauf zu achten, was *nicht* im Gesetz steht.
⇒ Das Gespräch soll mit den „*Klassenelternschaften*" stattfinden. → Das kann nur im Rahmen eines Elternabends geschehen. Solche Elternabende finden an den meisten Schularten zweimal im Schuljahr statt.
⇒ „*des Unterrichts*" bezieht sich auf alle Schulfächer. → Demnach kann solch eine Erörterung pro Schuljahr höchstens ein Mal stattfinden und auch für ein „Hauptfach" dürften kaum mehr als 30 Minuten zur Verfügung stehen.
⇒ Gegenstand des Gesprächs sollen „*Inhalt, Planung und Gestaltung des Unterrichts*" sein. → Das sind sehr allgemeine Begriffe der Didaktik. Deutlich ist aber, dass sich das Gespräch auf Ziele und Methoden des Unterrichts beziehen soll.

Satz 2:
Dies gilt vor allem für Unterrichtsfächer, durch die das Erziehungsrecht der Eltern in besonderer Weise berührt wird.
⇒ *„Unterrichtsfächer, durch die das Erziehungsrecht der Eltern in besonderer Weise berührt wird."* → Die Fächer werden hier nicht benannt. Spontan fallen einem Bereiche ein wie die
- religiöse Erziehung;
- Gesundheitserziehung, z.B. gesunde Ernährung, gesundes Freizeitverhalten;
- Sexualerziehung; aber auch
- Disziplin, Vorurteile, Ästhetik.

Fächer sind demnach Religion, Sachunterricht, Biologie, Gemeinschaftskunde, z.T. handelt es sich auch um fächerübergreifende Themen, so dass jeweils mehrere Fächer betroffen sind.
⇒ *„Vor allem"* deutet darauf hin, dass diese Fächer und Themen vorrangig erörtert werden müssen, sofern aus Zeitgründen nicht alle Unterrichtsfächer berücksichtigt werden können. → Das dürfte Lehrerinnen wie Eltern überraschen, da das Hauptinteresse der Klassenelternschaften meistens auf die ‚Hauptfächer' gerichtet ist.

Satz 3:
Die Erziehungsberechtigten sind insbesondere über Ziel, Inhalt und Gestaltung der Sexualerziehung rechtzeitig zu unterrichten, damit die Erziehung im Elternhaus und die Erziehung in der Schule sich soweit wie möglich ergänzen.
⇒ Dieser Satz wiederholt im ersten Teil fast wörtlich die Aussage von Satz 1, nur dass Ziele und Methoden jetzt als *„Ziel, Inhalt und Gestaltung"* benannt werden. Im Falle der *„Sexualerziehung"* sind diese jedoch nicht zu erörtern, sondern *„die Erziehungsberechtigten sind ... zu unterrichten"*→ Ein Gespräch mit den Erziehungsberechtigten über Sexualerziehung ist demnach im Schulgesetz nicht vorgeschrieben und nicht einmal vorgesehen.
⇒ Ein zentrales Wort in diesem Satz ist *„rechtzeitig"*. Was damit gemeint ist, wird im zweiten Halbsatz erläutert: *„damit die Erziehung im Elternhaus und die Erziehung in der Schule sich soweit wie möglich ergänzen"*. → Nur wenn die Eltern vorher über die Ziele und Methoden der Sexualerziehung informiert sind, können sie sich in ihrer eigenen, familiären Sexualerziehung darauf einstellen. Damit wird deutlich, dass die Klassenelternschaft über schulische Sexualerziehung grundsätzlich vorher unterrichtet werden muss – ein wesentlicher Unterschied zu anderen Bereichen schuli-

schen Lernens, bei denen die Eltern eventuell auch nachträglich informiert werden können.

Satz 6:
Dabei sind ihr Persönlichkeitsrecht und das Erziehungsrecht der Eltern zu achten.

⇒   Dieser Satz wird die Lehrerin ratlos lassen, auch wenn der vorhergehende Satz 5 einbezogen wird. Denn was bedeutet es, das „*Persönlichkeitsrecht*" der Schüler zu achten. Muss das nicht immer geschehen? Und was bedeutet, „*das Erziehungsrecht der Eltern zu achten*"? Können Eltern ggf. einzelne Themen verbieten oder ihr Kind von der Sexualerziehung ganz abmelden?

Tatsächlich sind, nachdem § 96[9] ins Schulgesetz eingefügt wurde, erhebliche Irritationen eingetreten. Es zeigte sich bald, dass eine Reihe von Fragen offen blieben, die durch einfache Interpretation des Gesetzes nicht zu klären waren und die immer wieder zu Kontroversen mit der Elternschaft und in den Kollegien führten:

⇒ W*as ist schulische Sexualerziehung?* Jede Auseinandersetzung mit der Thematik Sexualität (z.B. ein Liebesgedicht, reine Begriffsklärung, Heiratssitten anderer Völker im Sachunterricht) oder erst eine intensive inhaltliche Auseinandersetzung?

⇒ *Auf welche dieser Themen bezieht sich die Verpflichtung zur rechtzeitigen Information der Eltern?* Auf alle oder nur auf einige? Wenn auf alle: Darf man dann als Lehrer nicht mehr spontan auf Schülererlebnisse oder Schülerfragen eingehen? Wenn nur auf einige: Auf welche?

⇒ Wie ist mit den großen *Auffassungsunterschieden in der Gesellschaft* bezüglich dieser Thematik umzugehen?

⇒ Können die Persönlichkeitsrechte von Schülern beeinträchtigt werden, vor allem wenn sich diese in einer *Minderheitenposition* befinden? Können sie dann zur Teilnahme verpflichtet werden?

⇒ Gibt es ein *Mitbestimmungsrecht der Eltern* bezüglich Themen und Inhalten der schulischen Sexualerziehung?

⇒ Können Eltern ihre Kinder *von der Sexualerziehung befreien*, wenn diese ihren Erziehungsvorstellungen widerspricht?

Im Gefolge solcher Fragen wurden mehrere Schulgesetze (jedoch nicht das oben zitierte niedersächsische) sowie Richtlinientexte vom Bundesver-

---

[9] In den ersten Fassungen dieses Paragraphen des NSchG war die Nummerierung anders, der Wortlaut jedoch gleich.

fassungsgericht (BVerfG) auf ihre Rechtmäßigkeit hin überprüft und abschließend interpretiert. Basis der Überprüfung durch das BVerfG waren vor allem der Beschluss der Kultusministerkonferenz vom 03.10.1968: *Empfehlungen zur Sexualerziehung in den Schulen*, bis heute die wichtigste Rechtsgrundlage der schulischen Sexualerziehung. Das Urteil des BVerfG erfolgte am 21.12.1977 und gehört seitdem ebenfalls zu den zentralen Rechtsgrundlagen der Sexualerziehung in den Schulen der Bundesrepublik Deutschland. Sowohl die Existenz wie der Wortlaut dieser Texte lässt sich über eine Internet-Suchmaschine recherchieren[10].

Den Beschluss der Kultusministerkonferenz und eine gezielte Auswahl des Urteilstextes sowie die zugehörigen Passagen des jeweiligen Schulgesetzes sollte jede Lehrerin kennen, die sich mit schulischer Sexualerziehung befassen will. Diese Rechtsgrundlagen sind dazu geeignet, dass die Lehrerin sie grundsätzlich ohne besondere Hilfe satzweise, in der oben exemplarisch demonstrierten Form, interpretieren kann. Das soll hier nicht geschehen, aber Tabelle 12, S.114, enthält eine kurz gefasste Zusammenfassung der Ergebnisse der Interpretation.

➢ Die Vermittlung von Sexualwissen, und zwar im weiteren Sinne, einschließlich Vermittlung psychologischer, sozialer, politischer und gesellschaftlicher Fakten zur Sexualität, ist wie jede Wissensvermittlung in der Schule ohne Einschränkung erlaubt.
➢ Sexualerziehung ist erlaubt, wenn die Eltern vorher Gelegenheit hatten, auf einer Elternversammlung über Sexualerziehung zu sprechen.
➢ Weder können die Eltern, z.B. durch Mehrheitsentscheidung in der Elternversammlung, Inhalte, Ziele, Methoden, Medien der Sexualerziehung bestimmen, noch können Kinder auf Wunsch der Eltern oder (wenn sie volljährig sind) auf eigenen Wunsch vom Sexualerziehungs-Unterricht befreit werden.
➢ Das Toleranzgebot ist im Zusammenhang mit dem Sexualerziehungs-Unterricht besonders wichtig.

Tab. 12: Klärung der offenen Fragen durch Urteil des BVerfG vom 21.12.1977

---

[10] Hinweise zum gezielten Einsatz von Suchmaschinen für Internet-Recherchen finden sich in Winkel 2003, S.73f

7.3 Bedeutung der selbst erarbeiteten Rechtsklarheit für die eigene Unterrichtstätigkeit

Nach dieser Klärung der *Rechts*fragen weiß die Lehrerin, dass ihre besondere Informationspflicht nur eintritt, wenn tatsächlich Sexual*erziehung* stattfinden soll — meistens wird es im Sexualunterricht aber eher um Wissensvermittlung gehen. Andererseits kann die Abgrenzung im Einzelfall schwierig sein. Sicher ist auch, dass z.B. das Angebot eines Extra-Elternabends zur Sexualerziehung nicht erforderlich ist und dass es ausreicht, auf einem turnusmäßig stattfindenden Elternabend Themen, Ziele, Medien und Methoden ihres Sexualerziehungsunterrichts ähnlich wie für andere Fächer darzustellen.

Einer Antwort auf die entscheidende Frage, wie sie dies in ihrem Unterricht *pädagogisch* umsetzen kann, ist sie damit jedoch kaum näher gekommen. Eine Klärung der Rechtslage hilft ihr lediglich, ihren Spielraum zu klären und sich gegen ungerechtfertigte Kritik abzusichern. Pädagogische Probleme müssen dagegen weiterhin pädagogisch gelöst werden:

⇒ Z.B. kann das kulturelle Spektrum in einer Schulklasse in Einzelfällen zu groß für einen gemeinsamen Unterricht sein. Das ist kein rechtliches, sondern ein pädagogisches Problem, und wenn die Lehrerin dann nach individuellen Lösungen sucht, geschieht dies allein aus pädagogischen Erwägungen.

⇒ Ein Extra-Elternabend zur Sexualerziehung muss nicht stattfinden. Aber vielleicht sieht eine Grundschullehrerin darin eine besondere Chance, mit ihren Schülereltern in Kontakt und ins Gespräch zu kommen.

⇒ Über Ziele und Methoden der Sexualerziehung müssen die Erziehungsberechtigten nur *informiert* werden. Aber vielleicht ist es der Lehrerin gerade wichtig, diese mit ihren Schülereltern auch zu *erörtern,* um so vielleicht wichtige Hinweise für ihr unterrichtliches Vorgehen zu erhalten.

Entsprechende Untersuchungen der Schulrechtslage sind für viele Probleme, die im schulischen Alltag immer wieder auftreten, in ähnlicher Weise möglich und sinnvoll. An diesem Beispiel wird hoffentlich deutlich, dass die kleinschrittige Interpretation von schulrechtlichen Vorgaben vielleicht gewöhnungsbedürftig, aber nicht besonders schwierig ist. Die Lehrerin, der es auf diesem Wege gelingt, die eigene Position abzuklären, muss sich der rechtlichen Interpretation Dritter — gegen die eigene Überzeugung — nicht von vornherein anpassen und kann ihre Position gegenüber Eltern und ggf. auch der Schulleitung besser vertreten.

8 Organisation – Rituale und Regeln: Das Gerüst des Unterrichts

Wenn man versucht, das Besondere von schulischem Lernen zu beschreiben, etwa im Unterschied zum häuslichen Alltag oder zu beruflichen Tätigkeiten, dann wird man hervorheben, dass in der Schule immer etwas Neues zu lernen, immer etwas anderes „dran" ist. Im Unterschied zur beruflichen Routine und den wiederkehrenden Gewohnheiten des Alltags wechseln in der Schule täglich — in der Regel sogar stündlich — Unterrichtsthemen, Medien, Arbeitsformen und damit verbunden auch die Anforderungen an die Schüler.

Aber im Verlauf einer Unterrichtsstunde, eines Schultags oder einer Woche sind auch Handlungsabläufe zu beobachten, die sich in ähnlicher Form wiederholen. Sie folgen oft einem bestimmten Muster, z.B. die tägliche Begrüßung, die Art der Hausaufgabenkontrolle, das Zurückgeben von Klassenarbeiten, das Feiern eines Schülergeburtstages. Offensichtlich gibt es in der Schule beides: Das immer Neue, beständig Vorwärtsdrängende und ebenso das Eingespielte, Gewohnte. In jeder Klasse haben sich solche Handlungsgewohnheiten eingespielt. Sie können allerdings von Klasse zu Klasse recht unterschiedlich sein.

Die Organisation des Unterrichts sowie die Rituale und Regeln sind die Fixpunkte in einem sich unablässig wandelnden Unterrichtsgeschehen. Sie machen als eine Art Rückgrat oder Gerüst einen wesentlichen Teil des Unterrichtsgeschehens aus. Sie bestimmten mit, welche Lernatmosphäre in einer Klasse vorherrscht.

Dem Unterricht ein tragfähiges Gerüst zu geben, gehört in den Bereich des handwerklichen Können des Lehrers, ist jedoch untrennbar verwoben mit den im Bildungsauftrag der Schule genannten fächerübergreifenden Zielen: Vielfach können diese nur erreicht werden, wenn eine gut organisierte und organisierende Lehrerin Struktur hat und Struktur bietet, Halt gebende Rituale und Regeln einführt, diese selbst einhält und somit eine wichtige Vorbildfunktion für ihre Schülerinnen wahrnimmt. Das gilt für so wichtige Ziele wie „religiöse und kulturelle Werte zu erkennen und zu achten", „Beziehungen zu anderen Menschen nach den Grundsätzen der Gerechtigkeit, der Solidarität und der Toleranz sowie der Gleichberechtigung der Geschlechter zu gestalten", „Konflikte vernunftgemäß zu lösen, aber auch Konflikte zu ertragen"[1].

---

[1] vgl. Kapitel 05: „Lehrziele", Tab. 8, S.71

Organisation, Regeln und Rituale beziehen sich auf
⇒ eine Schulstunde,
⇒ einen Schulvormittag (Anfang und Abschluss, Frühstücksregeln, Pausenregeln),
⇒ eine Schulwoche (Montagmorgenkreis, Einsammeln des Milchgeldes, Organisation der Klassendienste),
⇒ einen Monat oder das ganze Schuljahr (regelmäßige Präsentationsforen", Platz von Materialien und Schülerfächern im Klassenraum),
⇒ Feste oder jahreszeitliche Anlässe (Frühling, Erntedank), aber auch auf
⇒ Umgangsformen und Verhaltensnormen,
⇒ Umgehen mit Konflikten und Regelverstößen,
⇒ Maßnahmen zur Gewährleistung der Ordnung im Klassenraum (z.B. Hygiene und Sauberkeit).

Die Beobachtung zahlreicher Unterrichtsstunden zeigt, dass diese selten scheitern, weil die Lehrerin den Unterrichtsinhalt nicht beherrscht. Relativ häufig missglückt der Unterricht, weil die Ziele nicht ausreichend durchdacht worden sind; noch häufiger aber, weil das Gerüst des Unterrichts entweder nicht genügend durchdacht oder aber zu starr ist. Dazu passen die Ergebnisse aktueller Unterrichtsforschung, wonach „Klassenführung" ein zentrales Merkmal erfolgreichen Unterrichts ist[2]. Um es etwas plakativ auszudrücken: Ein durch sichere Organisation, etablierte Rituale und klar definierte Regeln strukturierter Unterricht kann kaum noch ganz schief gehen — eine gute Struktur kann über inhaltliche Schwächen des Unterrichts (gelegentlich!) hinweg tragen.

Im weiteren Sinne gehören zum „Gerüst des Unterrichts" viele Elemente. Z.B. könnte man auch die Lernumgebung[3], die Schulorganisation und drgl. dazu rechnen. In diesem Kapitel sollen jedoch vorwiegend solche Aspekte der Unterrichtsorganisation sowie Rituale und Regeln behandelt werden, die für einen geordneten Ablauf von Unterrichtsstunden relevant sind und auf die sich Lehrer unmittelbar vorbereiten können.

8.1 Unterrichtsorganisation

Die Unterrichtsorganisation regelt den formalen Ablauf des Unterrichts und sichert, dass keine wichtigen Aufgaben vergessen werden. Sie verhindert,

---

[2] vgl. Helmke 2003, S. 78-83
[3] vgl. Kapitel 06, Abschnitt 6.3, S.100

dass eigentlich irrelevante äußere Einflüsse die zielorientierte Unterrichtsarbeit beeinträchtigen oder zum Erliegen bringen.

In der Literatur zu Didaktik und Methodik wird über die Organisation des Unterrichts oft wenig oder gar nichts geschrieben. Es scheint ein Vorurteil zu geben, wonach qualifizierte Personen sich mit Organisation nicht befassen müssen, da sie diese ohnehin beherrschen, oder aber, dass Organisation zu irrelevant sei, um sich damit ernsthaft auseinander zu setzen. Ganz im Gegensatz dazu stehen z.B. Erfahrungen in der Industrie, wonach eine perfekte Logistik zu den wichtigsten Voraussetzungen für den wirtschaftlichen Erfolg eines Unternehmens gehört.

Zu den täglich anfallenden unterrichtsorganisatorischen Aufgaben der Lehrerin gehören

⇒ *Kontrollen* aller Art: z.B. Hausaufgabenkontrolle, Unterschriftenkontrolle, Kontrolle der Vollständigkeit genutzter Materialien;

Das Kontrollieren hat sehr viel mit Leitlinie 1 für erfolgreichen Schulunterricht zu tun: „Sich selbst als Lehrerin ernst nehmen" [4]. Es kann umstritten sein, ob Hausaufgaben gestellt werden sollen und ob man die zensierten Klassenarbeiten von den Erziehungsberechtigten gegenzeichnen lassen soll. Wenn man sich als Lehrerin dazu entschließt, muss man kontrollieren und ggf. nachkontrollieren, bis alle Schülerinnen den Auftrag erfüllt haben. Andernfalls fördert man gänzlich unerwünschte „heimliche Lehrziele"[5], nämlich dass sich Schülerinnen, wenn sie nur beharrlich genug sind, vor unangenehmen Aufträgen drücken können, und dass die Lehrerin es auch nicht so ernst meint, wenn sie einen Auftrag erteilt.

⇒ *Geschäftsführung*: z.B. Einsammeln von Geldern, Listen führen, Verteilen von Einladungen für Elternabende usw.

Vergisst sie, das Milchgeld oder das Eintrittsgeld für den Museumsbesuch einzusammeln, gibt es zu einem späteren Zeitpunkt ein erhebliches Durcheinander und einige Schülerinnen haben das Geld dann schon nicht mehr dabei.

⇒ *Ansagen*: z.B. Mitteilungen der Schulleitung, Erinnerung an Verpflichtungen und dgl.

Vergisst die Lehrerin eine Ansage („zur nächsten Stunde Schere mitbringen"), muss sie ihren Unterricht entweder zu einem späteren und dann sicher störenden Zeitpunkt unterbrechen oder die nächste Stunde scheitert vielleicht sogar, da zu wenige Scheren zur Verfügung stehen.

⇒ *Hinweise* auf spezielle Verhaltensmaßregeln, z.B. in Funktionsräumen wie Sporthalle, Schwimmbad, naturwissenschaftliche Räume, Werkstatt, Computerraum usw..

---

[4] vgl. Kapitel 06: „Lernumgebung", Leitlinie 1, S. 92
[5] vgl. Kapitel 05: „Lehrziele", Abschnitt 5.6, S. 87

Vergisst die Lehrerin im Computerraum nach der Begrüßung den Computer hochfahren zu lassen, muss sie das nachholen, nachdem sie mit den Schülerinnen die Aufgabe besprochen hat. Dann hat das eine minutenlange Unterbrechung zur Folge, in der wichtige Details der Aufgabenstellung bereits in Vergessenheit geraten sind.

Eine weitere, marginal erscheinende und dennoch sehr wichtige Organisationsaufgabe besteht darin, die kleinen Hilfsmittel bereitzustellen. Dazu gehören so triviale Dinge wie Kreide oder OHP-Stifte, Wasser bzw. Spiritus zum Reinigen der Schreibfläche, Disketten zum Transport von Arbeitsergebnissen, Tesafilm oder –krepp, Reißzwecken, Büroklammern, farbige „Eddings" für Poster und Wandzeitungen. Aus den vielfältigen Erfahrungen des Unterrichts entsteht mit der Zeit eine Sammlung von Gegenständen, die die Lehrerin ständig bei sich trägt oder in der Klasse unter Verschluss hält, damit nur sie Zugang hat. Manche Unterrichtsstunde ist schon gescheitert, weil ein kleiner Streifen Tesakrepp fehlte: Die Wandkarte, die während der gesamten Stunde das zentrale Unterrichtsmedium war, musste nun die ganze Zeit von zwei Schülerinnen gehalten werden, was endlose Kichereien und „witzige" Bemerkungen zur Folge hatte. Nicht so gravierend, aber ebenfalls störend ist es, wenn zwei Schülerinnen in den Nachbarklassen nach farbiger Kreide fahnden müssen und vielleicht erst nach 10 Minuten wiederkommen.

Dazu gehören auch Dinge, deren Existenz die Lehrerin nicht „an die große Glocke hängt", um nicht ebenfalls unerwünschte heimliche Lehrziele zu fördern (dass man nämlich die Verantwortung für die eigenen Angelegenheiten anderen, in diesem Fall der Lehrerin, zuschieben kann). Denn wenn die Lehrerin auch rechtzeitig angesagt hat, dass eine Schere, Stifte, Zeichenpapier, Lineal usw. benötigt werden, und wenn sie das vielleicht sogar in ein Merkheft eintragen lässt, das von den Erziehungsberechtigten gegenzuzeichnen ist, werden dennoch ein oder zwei Schülerinnen das erforderliche Material nicht dabei haben. Die Lehrerin wird vermeiden, diese Schülerinnen deswegen offen zu tadeln, sofern sie deren persönlichen Umstände nicht genau kennt. Sie wird aber, wenn die Arbeit einmal begonnen hat, diesen Schülerinnen Reserveschere, -stifte, -papier, -lineal usw. zustecken und nach dem Unterricht nicht vergessen, diese auch wieder einzusammeln. Andernfalls drohen eine ganze Stunde lang Streitigkeiten, weil diese Schülerinnen sich die erforderlichen Geräte bei ihren Nachbarinnen ausborgen müssen, welche sie aber ebenfalls benötigen.

ORGANISATION – RITUALE UND REGELN: DAS GERÜST DES UNTERRICHTS

➢	Ständige Aufgaben	➢	*Kontrollen:* Hausaufgabe, Unterschriften ....
		➢	*Geschäftsführung*: Milchgeld, Einladung ....
		➢	*Ansagen*: Sportfest ....
		➢	*Hinweise*: Computer hochfahren ....
		➢	...
➢	Kleine Hilfsmittel	➢	Kreide, Farbkreide, Tesa, Schwamm, Projektorstifte, Spiritus
		➢	Reserveschere, -stifte, -papier, -bücher, -lineal
		➢	Disketten
		➢	....
➢	Geräte, Medien	➢	OHP (Reservebirne, Verlängerungsschnur)
		➢	Kopien (bis 10.40 Uhr!)
		➢	Kartenständer
		➢	Projektionsleinwand
		➢	...

Tab. 13: Organisationsaufgaben im Unterricht

Ebenfalls zur Unterrichtsorganisation gehört das Bereitstellen und *Erproben* von Geräten und sonstigen Medien. Es ist erstaunlich, wie oft der Unterricht erheblich behindert wird, weil z.B. eine simple Verlängerungsschnur nicht bereit liegt, weil die Glühbirne des Projektors defekt ist oder weil die Lehrerin nicht bedacht hat, dass sich im Klassenraum kein Kartenständer befindet. Der sogenannte „Vorführeffekt" bedeutet in den meisten Fällen nichts Anderes, als dass die Lehrerin das Gerät vorher nicht ausprobiert hat. Auch solche Organisationsfehler führen in den meisten Fällen dazu, dass der geplante Unterricht erheblich verzögert wird oder gar nicht stattfinden kann. Das gilt auch, wenn die Lehrerin mit frisch kopierten Arbeitsblättern verspätet in die Klasse kommt, weil vor ihr noch jemand kopiert hat.

Erfolgreicher Unterricht nutzt die zur Verfügung stehende Zeit zu nahezu 100% für Lehr- und Lernprozesse aus. Organisationsmängel verhindern das und können sich so summieren, dass die reale Unterrichtszeit erheblich schrumpft und schlimmstenfalls fast die gesamte Zeit für die nachträgliche Organisation des Unterrichts verbraucht wird[6].

Die Lehrerin kann die vielen organisatorischen Anforderungen leichter im Blick behalten, wenn sie im Laufe der Zeit eine Checkliste erarbeitet, die sie entsprechend der jeweiligen Bedingungen verändert. Diese geht sie
⇒ bei ihrer täglichen Unterrichtsvorbereitung,

---

[6] vgl. Helmke 2003, S. 104 - 107

⇒ bevor sie aus dem Lehrerzimmer in den Klassenraum geht und
⇒ in ihrer Klasse vor Beginn des Unterrichts

kurz durch — bis ihr diese in einiger Zeit in „Fleisch und Blut" übergegangen ist. Wenn sie dann bemerkt, dass ihr doch wieder Organisationsfehler unterlaufen, aktualisiert sie die Liste. Ausgangspunkt könnte Tab. 13, S.121 sein, die sich auch auf der DVD als kopierfähiges Dokument befindet:

| *DVD-Pfad*: Kapitel_08\ |
| *Datei:*   K_08_Organisation.doc |

8.2 Rituale

Rituale sind künstliche Handlungsabläufe, die oft auf Traditionen aufbauen (manchmal unklarer Herkunft). Ihre konkrete Gestalt steht mit ihrer Funktion oft in keinem plausiblen Zusammenhang:
⇒ Kerzen an den Weihnachtsbaum; ausgeblasene Eier an den Osterstrauß. (Warum nicht umgekehrt?)
⇒ Begrüßung: Die Hand reichen; Umarmung. (Warum nicht beide Arme heben oder 10 Sekunden einen Summton von sich geben?)
⇒ Geburtstagsritual in Grundschule: Geburtstagsthron → Lied → Süßigkeiten, die das Geburtstagskind mitbringt.
⇒ Beispiele aus anderen Lebenszusammenhängen: Nach der Trauung im Konvoi hupend durch die Stadt fahren; nach dem Meisterschaftsspiel Hemden tauschen; beim Gebet niederknien oder aufstehen; ‚Äquatortaufe' bei Kreuzfahrten.

Rituale wirken durch ihren Symbolgehalt. Sie haben oft eine hohe emotionale Qualität, sie „bewegen". In manchen Grundschulklassen wird es kaum gelingen, mit einer Vorführstunde zu beginnen, wenn eigentlich ein Geburtstagsritual ansteht (das leider nicht eingeplant war). Das „fehlende" Ritual verhindert, dass sich die Schülerinnen auf den Unterricht einlassen können.

Rituale können den Charakter von Wegmarken und/oder von Signalen haben. Die Besonderheit eines Rituals ist in beiden Fällen, dass damit ein Gefühl verknüpft ist und ein Wissen darum, dass nun ein (Lebens-)Ziel erreicht ist bzw. dass eine neue Situation beginnt oder eingetreten ist:
⇒ Wer konfirmiert oder jugendgeweiht ist oder wer in anderen Kulturen an einem Initiationsritus teilgenommen hat, spürt *und* weiß, dass er nun kein Kind mehr ist. Wer die Siegerurkunde überreicht bekommt, spürt *und* weiß, dass er nun zu den erfolgreichen Menschen gehört. Wer an der

ORGANISATION – RITUALE UND REGELN: DAS GERÜST DES UNTERRICHTS

Äquatortaufe teilgenommen hat, spürt *und* weiß, dass er von jetzt an zu den weit gereisten Menschen zählt. Rituale dieser Art spielen auch in der Schule eine große Rolle, von der Einschulungsfeier bis zum feierlichen Überreichen des Abiturzeugnisses.

⇒ Wichtiger im Schulalltag sind Rituale mit Signalcharakter, die sich oft wie ein roter Faden durch den gesamten Unterricht ziehen: Wenn das Begrüßungsritual stattgefunden hat, spürt *und* weiß der Schüler, dass nun der Unterricht beginnt. Wenn das Schlussritual beendet ist, spürt *und* weiß er, dass nun die Pause oder Freizeit angefangen hat. Wenn einer Grundschülerin ein Geburtstagsthron errichtet wird, spürt *und* weiß sie, dass sie nun im Mittelpunkt stehen wird.

Rituale sind eng verbunden mit der „Wertorientierung des Schulwesens"[7], d.h. mit fächerübergreifenden Lehrzielen. Sie sind folglich zeitweise heftig umstritten. Das gilt vor allem, wenn Rituale

⇒ gesellschaftlich vorgegeben und einer Schule (einem Lehrer) aufoktroyiert werden oder

⇒ eine lange Tradition haben und nicht hinterfragt werden, oder

⇒ vorwiegend der Einordnung und (auch) der Unterordnung und Disziplinierung dienen.

Beispiele dafür sind die Begrüßung mit dem Dienstrang („Guten Morgen, Herr Oberstudiendirektor"), dass Schülerinnen nach der Pause klassenweise in Zweierreihen vor der Hoftür antreten und von ihrer Lehrerin in den Klassenraum geführt werden, dass im ganzen Satz geantwortet wird und aufstehen muss, wer aufgerufen wird. Wo solche Rituale eingeführt sind, werden sie von den Beteiligten oft als selbstverständlich wahrgenommen. Setzt sich jemand dagegen zur Wehr, führt das oft zu heftigen Auseinandersetzungen, die gelegentlich die Abschaffung, häufiger die Festigung des Rituals zur Folge haben.

Nicht alle Rituale sind so stark emotional besetzt wie die oben genannten. Im kleineren Klassen-Rahmen ist es gewöhnlich durchaus möglich, eine angemessene Balance zu finden. Es geht darum, dass einerseits genügend Halt durch feste Gewohnheiten gegeben ist, andererseits eine zu strikte, fremdbestimmte Ritualisierung vermieden wird. Es ist meistens ohne große Schwierigkeiten möglich, mit diesem Ziel Rituale neu einzuführen z.B.

⇒ dass man nach der Begrüßung ein Lied singt,

⇒ dass im Montagskreis ein ‚Erzählstein' zum Sprechen berechtigt,

---

[7] vgl. Kapitel 05: „Lehrziele", Tab. 9, S. 71

⇒ dass eine Fachstunde offiziell erst beginnt, wenn das von der Klasse dazu erkorene Eröffnungslied im CD-Player abgespielt ist.

Wenn das Ritual „passt", d.h. vor allem einen für die Schülerinnen klar erkennbaren Signal-Charakter hat, kann ein Ritual schon nach drei-, manchmal zweimaliger Wiederholung fest etabliert sein. Nach wenigen Tagen oder Wochen haben alle Beteiligten das Gefühl, dass dieses Ritual „schon immer" ausgeführt wurde. Das Ausbalancieren ist eine Aufgabe, die sich immer wieder neu stellt. Aufgabe der Lehrerin ist es, bei Übernahme einer Klasse Rituale zunächst zu erkennen und zu pflegen. Dann wird sie neue einführen und sich darum bemühen, unpassende Rituale durch geeignetere zu ersetzen.

Rituale sind verhandelbar. Z.B. finden die Kinder des 4. Schuljahrs einen Geburtstagsthron nicht mehr altersgemäß und statt „Wie schön, dass Du geboren bist..." wollen sie jetzt lieber „Happy Birthday" singen — ein Erfolg des Frühenglisch-Unterrichts. Möglich und sogar sehr empfehlenswert ist es auch, den Sinn einiger Rituale zu thematisieren und den Ablauf gemeinsam festzulegen und gelegentlich zu revidieren.

Besonderes Augenmerk sollte auf Anfangs- und Schlussrituale gerichtet werden. „Zackiges" Aufstehen und Begrüßen der Lehrerin im Chor sind heute unüblich, weil das für viele einen überzogen disziplinierenden Charakter hat. Als Signale des Übergangs von der Pause oder Freizeit zur gemeinsamen Arbeit sorgen sie aber dafür, dass alle unterrichtsfernen Gespräche und Beschäftigungen unterbrochen werden. Das ist eine wichtige Funktion eines Anfangsrituals. Auch wenn die Lehrerin dem Bildungsauftrag der Schule eher entsprechende Rituale bevorzugt, muss sie sicherstellen, dass ein Augenblick der Stille und Konzentration eintritt. Grundsätzlich gilt das auch für den Beginn jeder Unterrichtsphase. Wirft die Lehrerin Arbeitsanweisungen in das brodelnde Leben ihrer Klasse, ohne durch ein geeignetes Ritual ein Signal zu setzen, verwandelt sich ihr Unterricht in ein Happening mit ungewissem Verlauf und relativ beliebigen Ergebnissen.

Schlussrituale haben die umgekehrte Funktion, einen Punkt zu setzen und innerlich gesammelt in die Pause oder in die Freizeit zu gehen. Erst durch ein Schlussritual wird die Unterrichtsstunde zum „Werk", vergleichbar einem Schauspiel: Der Schlussapplaus ist nicht nur Anerkennung der Schauspieler, sondern auch Übergangsritual. Läuft die Klasse mit dem Klingeln strukturlos auseinander, verschwindet der Unterricht im Nichts und es wird schwer, sich am nächsten Tag darauf zu beziehen. Wiederum sind veraltete Stundenabschlüsse wie „Aufstellen und in Zweierreihe auf den Flur geführt werden" heute wegen ihres disziplinierenden Charakters für viele nicht mehr akzeptabel, sollten jedoch nicht einfach weggelassen, sondern durch zeitgemäßere

Rituale ersetzt werden. Die Lehrerin sollte am Schluss einer Unterrichtsstunde mindestens fünf Minuten einplanen, damit sie evtl. eine Hausaufgabe erteilen kann, die Schüler ihre Hefte schließen, alle Materialien aufräumen und Abfälle in die vorgesehenen Behälter werfen, ein Augenblick der Stille eintritt, ein Abschiedsgruß gesprochen wird und die Schüler dann gelassen aus dem Raum gehen.

Gelingt es der Lehrerin nicht, ein Gerüst emotional positiv besetzter Rituale zu etablieren und zu erhalten, gibt es kein emotionales Zentrum des Unterrichts und damit auch keine Klassengemeinschaft. Die Schülerinnen kommen dann zusammen und laufen wieder auseinander. Fehlen notwendige Rituale, entstehen (emotionale) Leerräume. Dann kann es geschehen, dass sich in der Schülergruppe antisoziale oder sogar kriminelle Rituale einschleichen, von denen die Lehrerin keine Ahnung hat und die jeden zielorientierten Unterricht von vorn herein ausschließen. So häufen sich seit einigen Jahren Berichte, wonach sich in Schulklassen Prügelrituale herausbilden, z.B. alle männlichen Schüler an ihrem Geburtstag von der führenden Clique ihrer Klasse windelweich geprügelt werden oder einzelne Schüler täglich verprügelt und dabei gefilmt werden. Die Filme werden dann zum Beweis dieser „Heldentaten" ins Internet gestellt. Die Lehrer berichten, dass sie von diesen Ritualen monate- und z.T. jahrelang nichts gemerkt haben. Zu den Ritualen mit destruktiver Wirkung gehören auch alle ritualisierten Formen der Entehrung, z.B. dass Schülerinnen nach Fehlern von der Klasse ausgelacht oder von der Lehrerin ironisch kommentiert werden, dass sie bei Regelverstößen „in die Ecke gestellt" werden oder dass die Lehrerin bei der Rückgabe missglückter Klassenarbeiten abwertende Bemerkungen macht („Was willst du hier eigentlich?"; „Herzlichen Glückwunsch!").

8.3 Regeln

Regeln, die in der Klasse vereinbart oder vom Lehrer vorgegeben werden, sind Vorschriften für Handlungen, die mit ihrer Funktion begründbar sind. Sie sollen dazu beitragen, die Zusammenarbeit funktional zu verbessern (Arbeitsregeln, Gesprächsregeln, Klassendienste). Regeln sind demnach vergleichsweise plausibel.

Die ersten Schuljahre, mehr noch die ersten Schulmonate sind davon geprägt, dass die Vermittlung von Regeln im Vordergrund steht und das Fachli-

che dagegen zurücktritt. Ilse Nilshon[8] beobachtet drei 1. Klassen in den ersten drei Schulwochen und findet zwischen 7 und 48(!) Regeln, die in diesem kurzen Zeitraum eingeführt werden. Z.B. sollen die Schülerinnen in einer 1. Klasse den an der Tafel erarbeiteten Text abschreiben. Die Arbeitsanweisung der Lehrerin könnte lauten:
⇒ Nehmt das rote Deutschheft,
⇒ schlagt es auf bis zu der Seite, wo ihr zuletzt geschrieben habt,
⇒ nehmt den Füller (nicht den Wachsmalstift),
⇒ setzt ihn auf der nächsten freien Seite an,
⇒ fangt oben links an zu schreiben.

Allein in dieser kurzen Anweisung verweist die Lehrerin auf fünf Regeln, die für einen Erwachsenen z.T. wegen ihrer Selbstverständlichkeit als Regel gar nicht erkennbar sind:
⇒ Den Fächern sind zur besseren Übersicht Farben zugeordnet (z.B. ist das Matheheft blau, das Deutschheft grün.)
⇒ Keine Seite bleibt leer.
⇒ Im Deutschheft wird mit dem Füller geschrieben (nicht mit Bleistift oder Malstift).
⇒ An jedem Schultag beginnt man auf einer neuen Seite.
⇒ Man schreibt von links oben nach rechts unten.

Es kann Monate dauern — bei einigen Schülerinnen Jahre — bis die Mehrzahl es tatsächlich schafft, bei der Tafelabschrift alle fünf Regeln gleichzeitig zu befolgen.

Ob Regeln eingehalten werden, hängt wesentlich davon ab, ob sie von den Schülern als funktional erfahren werden. Gut gewählte Regeln schleifen sich mit der Zeit ein und können dann eine emotionale Bedeutung gewinnen (= ritualisiert werden)[9]. Funktionieren Regeln nicht wie erhofft, geraten sie meistens einfach in Vergessenheit. Seltener werden sie von der Klassengemeinschaft aufgehoben[10].

---

[8] vgl. Nilshon 1980, S. 119-147
[9] Es handelt sich dann immer noch um Regeln, sofern die Funktionalität gewahrt bleibt. Rituale entstehen daraus, wenn dieser Zusammenhang verloren geht. Z.B. gilt für Gehorsamsübungen, dass diese durchaus funktional waren, als in eine Schulklasse 45 bis z.T. über 100 Schüler gingen und Material für die Eigentätigkeit der Schüler kaum zur Verfügung stand. Bei 25 Schülern und weitreichenden Gestaltungsmöglichkeiten handelt es sich um Unterordnungsrituale, die aus der aktuellen Situation rational nicht begründbar sind.
[10] Funktioniert hat das in „Summerhill". Dort existierte jedoch eine Grundregel, wonach die Abschaffung von Regeln ausdrücklich ebenso vorgesehen war wie deren Einführung.

Regeln können verordnet werden. Erfolgversprechender ist jedoch eine bewusste Regeleinführung, die aus gegebenem Anlass von allen Betroffenen gemeinsam erarbeitet und beschlossen wird. Z.B. werden Lernspiele von Schülern aus Bequemlichkeit nicht aufgeräumt ins Regal zurückstellt. Der verständliche Ärger der nächsten Nutzer kann ein Anlass für die Einführung einer neuen Regel zur Nutzung von Lernspielen sein. Es reicht dann vielleicht ein geeigneter Anstoß der Lehrerin, dass die Schülerinnen die Regel selbst finden, formulieren, aufschreiben oder ans Regal pinnen und günstigenfalls deren Einhaltung auch selbst kontrollieren.[11]

8.4 Anzeichen für Organisation, Rituale und Regeln im Klassenraum

Wie der Unterricht von der Lehrerin organisiert wird und welche Rituale und Regeln in einer Klasse praktiziert werden, kann oft schon durch eine genaue Beobachtung des Klassenraums erschlossen werden. Das wird durch folgende Beobachtungen illustriert, die als Manifestationen gelungener Organisation sowie verbindlicher Rituale und Regeln auf den ersten Blick weniger auffallen. Der Beobachter[12] befasst sich hauptsächlich mit Plakaten, die im Klassenraum einer 8. Klasse aushängen:

⇒ *Klassenbaum:* Ein Wandplakat 2 auf 3 Meter stellt einen Klassenbaum dar. Alle Mitglieder (auch die Lehrerin) sind als Blätter „symbolisiert", mit Foto, Geburtstag, Hobbys (hier besonders Mitteilung der Sportarten).

⇒ *Schattenrisse*: An Stirn und Rückseite sind die Köpfe der Klassenmitglieder als leicht überlebensgroße Schattenrisse aufgehängt.

Das sind Rituale zur Unterstützung der Bildung einer Klassengemeinschaft. (Vermerk des Beobachters: *Ganz beiläufig drückt die Klassenlehrerin einen sich ablösenden Kopf wieder an. Soll ein Ritual wirken, ist der sorgfältige, pflegliche Umgang damit wesentlich. Erst dieser macht es möglich, in besonderen Situationen bewusst = transparent gemacht von dem regulären Ablauf abzuweichen.*)

Folgende Plakate erinnern an Regeln für Arbeitsabläufe:
⇒ Regeln für gute Gruppenarbeit
  - Wahl einer Gruppenleiter/in
  - Den Anderen richtig zuhören
  - Nicht dazwischen reden; richtig ausreden lassen
  - Sich nicht anmachen oder streiten
  - Arbeitsruhe fördert die Konzentration

---

[11] In dem Übersichtsartikel von Renate Hinz: Rituale in Schule und Unterricht. In: PÄDAGOGIK Heft 12/2001 S. 53-56 finden sich weiterführende Literaturtipps.
[12] Nach Narr, in: Unterlagen zum PGS, 1998

- Man muss abgeben können
- Jeder/jede arbeitet bis zum Schluss mit

⇒ Kriterien für Buchvorstellungen
(In der Klasse hängen ca. 10 DIN A 3 Plakate, auf denen Bücher „vorgestellt" sind.)
- Warum gerade dieses Buch?
- Informationen zum Buch: Autor, Preis, Titel, Titelblatt, Verlag, Art des Buches
- Worum geht es? (Hauptpunkt)
- selbstentworfenes Plakat anhängen
- freier Vortrag mit Notizzettel
- Information zum Buch bis zur Lesestelle
- Vorlesen
- kurzer Ausblick, wie geht es weiter (Vorsicht: Nicht Spannung nehmen!)
- Publikum ab und zu anschauen.

⇒ Merkposten für Teilbarkeitsregeln
- durch 1: jede Zahl,
- durch 2: wenn die letzte Ziffer eine 0, 2. 4, 6, 8 ist,
- durch 3: wenn sich die Quersumme durch 3 teilen lässt,
- durch 4: wenn die letzten 2 Ziffern durch 4 teilbar sind,
- durch 5: wenn die letzte Ziffer 0 oder 5 ist,
- durch 6: wenn die letzten beiden Ziffern durch 2 oder 3 teilbar sind (?).

⇒ „Schwarzes Brett" für Organisatorisches:
- Zuteilung zum Wahlpflichtkurs im II. Halbjahr (Musik, Textiles Gestalten, Werken, Kunst, Technik, Hauswirtschaft
- Liste der (wöchentlich wechselnden) Klassenämter (dahinter stehen die Namen der Schülerinnen, die in der laufenden Woche verantwortlich sind)
- Hofdienste.

Wenn man als Außenstehender beobachtet, wie der Schulalltag und der Unterricht von der Lehrerin organisiert wird und welche Rituale und Regeln in einer Klasse wirksam sind, erhält man damit bereits einen recht guten Einblick in die Lernatmosphäre dieser Klasse. Wie das Beispiel zeigt, kann man sogar schon aus Hinweisen im Klassenraum viel darüber erfahren. So kann die Erkundung des Klassenraums der erste Schritt sein, um sich mit der Lernkultur in dieser Klasse vertraut zu machen. Nach einiger Zeit wird man dann kaum noch einen Augenblick ausmachen können, der nicht organisiert und in seinem Ablauf weder ritualisiert noch geregelt ist. Das gilt für lehrerzentrierten oder sogar monologisierenden Unterricht wie für die offensten Unterrichtsformen gleichermaßen. Verschieden sind nur die Art der Organisation sowie die Herkunft und Reichweite der Rituale und Regeln. Einem aufmerksamen Beobachter entgeht auch nicht, an welchen Stellen Unorganisiertheit der Lehrerin sowie des Unterrichts, das Fehlen notwendiger Rituale und Unklarheit oder Abwesenheit von Regeln für Unsicherheit sorgen.

ORGANISATION – RITUALE UND REGELN: DAS GERÜST DES UNTERRICHTS

8.5 Erkundung und Beobachtung zu Kapitel 08

In dem Beobachtungs- und Erkundungsprojekt zu diesem Kapitel (s. S. 129) geht es darum, in einer Klasse herauszufinden, wie diese organisiert ist und welche Regeln und Rituale den Unterricht prägen. Die eigenen Beobachtungen werden durch Befragungen der Ausbildungslehrerin und von Schülern im Rahmen des Ausbildungsunterrichts ergänzt.

	Erkundung/Beobachtung zu Kapitel 08
Beobachten Sie während einer Hospitationsstunde, welche Rolle Organisationsmerkmale, Rituale und Regeln spielen.	
DVD-Pfad: Kapitel_08\ *Datei*: K_08_EB_Rituale_Regeln_Organisation.pdf Diese Datei ist der Erkundungs-/Beobachtungsbogen. Drucken Sie die Datei aus und machen Ihre Eintragungen auf dem Vordruck.	
Hinweise zu Erkundung/Beobachtung 08: Aufgabe 3 (Befragung von Schülern) muss vorbereitet werden. Wenn Sie Schüler nach Organisation, Ritualen und Regeln fragen, werden diese nicht wissen, was Sie meinen. Hilfe dazu im: *DVD-Pfad*: Kapitel_06/ *Dateien*: K_06_Interview_Schüler.pdf und K_06_Interviewfragen.pdf Zum Vergleich mit der eigenen Auswertung gibt es fünf Beispiele für Beobachtungsergebnisse, die angehende Lehrer im Rahmen ihres Schulpraktikums gemacht haben: *DVD-Pfad*: Kapitel_08 *Dateien*: K_08_Beispiel_1.pdf bis ....Beispiel_5.pdf	

9 Arbeitsaufträge durchdacht entwerfen, verständlich stellen und überprüfen

9.1 Schwierigkeiten mit Arbeitsaufträgen

Das Thema *Arbeitsaufträge* wird in der pädagogischen Ratgeberliteratur recht stiefmütterlich behandelt. Außer knappen Tipps wie z.B., dass sie vorher gut zu überlegen und auf Schülerniveau zu formulieren seien (d.h. nicht zu lang und kompliziert, keine Fremdworte verwenden), gibt es kaum Hinweise. Das ist erstaunlich, wenn man bedenkt, dass Lehrer in nahezu jeder Unterrichtsstunde Arbeitsaufträge stellen, die Schüler zuerst verstehen müssen, um danach einzeln, zu zweit oder in Gruppen

⇒ ein Arbeitsblatt zu bearbeiten, das eine Anweisung enthält;
⇒ einen kurzen Text unter einer Fragestellung zu lesen oder ein Bild zu betrachten;
⇒ ein chemisches Experiment zu beobachten;
⇒ einen Film im Biologieunterricht unter einer Fragestellung anzusehen;
⇒ sich im Fach Deutsch für eine Geschichte ein anderes Ende auszudenken.

Derartige Erarbeitungsphasen machen durchschnittlich zwischen 20% und 40 % der Unterrichtszeit aus, in manchen Fächern (Kunst oder Werken) erheblich mehr. Für gelungenen Unterricht ist das verständliche Formulieren von Arbeitsaufträgen demnach von erheblicher Bedeutung. Es ist viel schwieriger, als man denkt, Arbeitsaufträge so zu stellen, dass Schüler sie verstehen. Man kann dabei viele Fehler machen und diese werden von angehenden Lehrern bei den ersten Unterrichtsversuchen auch häufig gemacht. Solche Fehler bleiben im Rahmen von Hospitationen und Unterrichtsversuchen unter Umständen unentdeckt, weil Mentor und Mitpraktikanten vielen Schülern in Einzelgesprächen noch einmal erklären, was zu tun ist. Unterrichtende bemerken diese Hilfe der anderen oft nicht, weil sie selbst auch mit Nacherklären beschäftigt sind. Hinterher haben sie den Eindruck, sie hätten den Arbeitsvorschlag akzeptabel formuliert, weil er ja von den Schülern verstanden wurde. In welche Schwierigkeiten Unterrichtende kommen können, ohne es zu bemerken, zeigt das Beispiel „Basteln einer kleinen Hexe" (s. „Unterrichtsdokument 1 zu Kapitel 09", S.132). Dort versucht eine Praktikantin Zweitklässlern im Kunstunterricht in einer 10-minütigen (!) Arbeitsanweisung zu erklären, wie man eine kleine Hexe bastelt, die auf ei-

	Unterrichtsdokument 1 zu Kapitel 09

DVD-Pfad: Kapitel_09\
Datei: K_09_Basteln_einer_kleinen_Hexe.pdf

Überlegen Sie, welche vermeidbaren Fehler bei dieser Arbeitsanweisung zusammenkommen und wie sie durch ein anderes Vorgehen hätten verhindert werden können.

nem Besen reitet. Danach hat kein Schüler auch nur ansatzweise verstanden, was zu tun ist.

Genau genommen verteilen sich die Schwierigkeiten mit Arbeitsaufträgen auf zwei Etappen. Erste Fehler können sich einschleichen, wenn man vor dem Unterricht über den Arbeitsvorschlag nachdenkt. Dabei sollte nicht nur die Formulierung genau überlegt und wörtlich notiert werden (so dass man sie notfalls während der Stunde vom Zettel ablesen kann), sondern es sollten alle wichtigen Aspekte, die zur Erfüllung des jeweiligen Arbeitsvorschlags erforderlich sind, durchdacht werden. Im zweiten Abschnitt werden dazu sechs Prüffragen vorgestellt, die als eine Art Checkliste herangezogen werden können.

Auch wenn ein Arbeitsvorschlag vorab gut überlegt und verständlich vorformuliert wurde, kann es in der zweiten, entscheidenden Etappe — beim Stellen des Auftrags — zu weiteren Problemen kommen. Das bemerkt man spätestens, wenn die Schüler, anstatt mit der Arbeit zu beginnen, die Frage stellen: „Und was sollen wir jetzt machen?". Worauf beim Stellen von Arbeitsaufträgen zu achten ist, wird im dritten Abschnitt erläutert.

Im vierten Abschnitt geht es darum, was passiert, nachdem ein durchdachter Arbeitsvorschlag verständlich gestellt wurde und die Schüler ihn ausführen. Nicht nur angehende Lehrer haben die Hoffnung (besser: die Illusion), dass alle Schüler gleichschrittig zu Werke gehen. Oft zeigt sich jedoch das Gegenteil: Wenn man Schüler/innen bei der Ausführung beobachtet, sind erstaunliche Unterschiede in der Herangehensweise, im Engagement und Arbeitstempo sowie bei den Ergebnissen auszumachen.

Diese Behauptung kann mit einem kleinen Erkundungsprojekt überprüft werden, das im fünften Abschnitt vorgestellt wird: Vorgeschlagen wird ein Beobachtungsverfahren, mit dem ermittelt werden kann, wie unterschiedlich Schüler/innen an einen Arbeitsvorschlag herangehen, welche Schwierigkeiten sie dabei haben und wie verschieden die Ergebnisse ausfallen.

ARBEITSAUFTRÄGE DURCHDACHT ENTWERFEN, VERSTÄNDLICH STELLEN ...

9.2 Arbeitsaufträge verständlich entwerfen — worauf ist zu achten?

Prüffragen: **WAS - MIT WEM - WOMIT - WIE - WIE LANGE - WER**.
Diese Überlegungen — hier erläutert für Schulunterricht - gelten auch für andere Bereiche, z.B. Hochschulausbildung, Erwachsenenbildung, berufliche Weiterbildung.

Prüffrage 1: WAS soll bearbeitet werden ?

Der Arbeitsvorschlag bzw. die Frage(n) soll(en) klar formuliert sein. Vertrauen Sie nicht darauf, dass es reicht, den Auftrag mündlich zu stellen (Vielleicht erinnern Sie sich an den Schülersatz „Was sollen wir eigentlich machen?"). In schriftlicher Form — z.B. an der Tafel oder auf einem Arbeitsblatt — ist er als ständige Gedächtnisstütze wertvoll. Wenn Schülergruppen an unterschiedlichen Aufgaben arbeiten, ist es meist sinnvoll, dass alle über die verschiedenen Aufgaben informiert sind und sie als Teil eines Gesamtvorhabens begreifen können.

Bei bestimmten Aufgaben, z.B. Bastel- und Konstruktionsaufgaben, sollte die Lehrerin ihren eigenen Arbeitsvorschlag auf jeden Fall am Vortag ausprobieren! Sie merkt dann, ob sie mit den gegebenen Mitteln in der gegebenen Zeit auskommt und wo besondere Kniffligkeiten liegen.

In beeindruckender Weise haben drei Praktikantinnen das Problem gelöst, Schülern einer 1. Klasse zu erläutern, wie sie einen Bauernhof mit vielen Tiermodellen aus Papier, Pappe und anderen Utensilien basteln können. Sie haben das Entstehen der Modelle Schritt für Schritt mit den Originalmaterialien dokumentiert, indem sie die einzelnen Stadien durchnummeriert an die Tafel geheftet haben. Die Schüler sind dann jeweils vor die Tafel gekommen, um nachzusehen, was bei ihrem Modell als nächstes zu tun ist. (s. „Unterrichtsdokument 2 zu Kapitel 09", s.u.).

	Unterrichtsdokument 2 zu Kapitel 09
DVD-Pfad: Kapitel_09\Bauernhof\	
Datei: Fotodokumentation „Tiermodelle.pdf"	

Prüffrage 2: Wer soll MIT WEM zusammenarbeiten?

Falls man Gruppenarbeit arrangieren möchte, sollte man vorher genau überlegen, wie sich die Gruppen zusammenfinden sollen. Man kann mit Gruppenarbeit bestimmte pädagogische Absichten verfolgen; in jedem Fall aber hat sie Wirkungen, die für den Unterricht bedeutsam sein können: Gruppenarbeit kann bei einzelnen Schülern Gefühle der Solidarität und des Stolzes auf eine gemeinsam vollbrachte Aufgabe auslösen, aber auch Gefühle des Zurückgedrängtseins, Nichtangenommenseins.

Wenn man die Klasse besser kennt, kann man auf bestimmte Sensibilitäten achten: Gibt es Vorlieben oder Abneigungen für bestimmte Sozialformen? Sind sich einzelne Schüler nicht „grün" oder umgekehrt: wären einzelne verärgert, wenn sie nicht in einer Gruppe sein könnten? Manche Gruppenaufgaben verlangen spezifische Fähigkeiten, die in der Gruppe dann auch repräsentiert sein müssten.

Eine Gruppenbildung ist nach verschiedenen Gesichtspunkten möglich:
⇒ Zufallszuordnung,
⇒ Wahl durch die Schüler selbst,
⇒ kriterienbezogene Zusammenstellung durch den Lehrer,
⇒ entsprechend der bestehenden Sitzgruppen.

Für eine Zufallsgruppierung gibt es einfachere und kompliziertere Verfahren, mit denen man selbst wiederum pädagogische Absichten verbinden kann (z.B. bei der Bildung von Vierergruppen das Durchnummerieren von 1 bis 4; zur Bildung von Partnergruppen ein Bilderpuzzle: jeder Schüler zieht ein Puzzleteil, für das es genau ein passendes Gegenstück gibt oder Doppelwörter: jeder Schüler zieht eine Karte mit einem Begriff, zu dem es genau einen passenden Ergänzungsbegriff gibt, z.B. Baum - Haus, Eisen - Bahn).

	Videoszene 1 zu Kapitel 09

DVD-Pfad: Kapitel_09\
Dateien: K_09_Gruppenbildung.wmv (Dauer ca. 14 Minuten)
K_09_Gruppenbildung_Protokoll.pdf (Wortprotokoll)

Aufgaben:
1. Über welche Probleme stolpert der Lehrer beim Versuch, Gruppenarbeit zu organisieren?
2. Halten Sie die Art, wie er sie zu bewältigen versucht, für akzeptabel?

Arbeitsaufträge durchdacht entwerfen, verständlich stellen ...

Wie schwierig eine Gruppenbildung sein kann, hat ein angehender Lehrer in einer 5. Klasse erlebt (s. „Videoszene zu Kapitel 09", S.134.). Er hatte sich dafür kein besonderes Vorgehen ausgedacht, sondern vermutet, dass diese Aufgabe schnell zu erledigen sei.

Prüffrage 3: WOMIT soll die Arbeit geleistet werden ?

Der Lehrer muss klären, mit welchen Materialien, Werkzeugen, Hilfsmitteln gearbeitet werden soll und ob diese Mittel in ausreichender Zahl zur Verfügung stehen (ggfs. Reserven bereithalten). Man kann sicher sein, dass es immer Schüler gibt, die trotz Ankündigung vom Vortag: „Bringt für das morgige Basteln X und Y mit!" X oder Y vergessen haben.

Prüffrage 4: WIE soll das Ergebnis aussehen ?

Falls nicht schon durch den Auftrag selbst genau umrissen, sollte den Schülern möglichst klar sein, wie das von ihnen zu erstellende Ergebnis beschaffen sein sollte.

Prüffrage 5: WIE LANGE sollen die Schüler bzw. Gruppen arbeiten?

Eine präzise Zeitangabe (Zeitdauer und Endzeitpunkt) ist für ein selbständiges Arbeiten besonders wichtig. Sie ermöglicht das eigenständige Einteilen des z.V. stehenden Zeitbudgets: „Ihr habt jetzt 15 Minuten Zeit. Ich möchte, dass ihr um 10 Uhr 25 aufhört, damit wir die Ergebnisse betrachten können."

Faktisch benötigt man für fast jede Arbeit länger, als einem zugestanden wird — oder man sich selbst zugesteht. Der erfahrene Lehrer wird daher in seinem „inoffiziellen" Zeitplan einige Minuten mehr einkalkulieren, als er den Schülern in seinem „offiziellen" Zeitplan zugesteht [Ein Erfahrungswert besagt, dass man im Durchschnitt noch einmal zusätzlich die Hälfte der vorgegebenen Zeit einkalkulieren sollte.]

Ein Signal einige Minuten vor Ablauf der „offiziellen" Zeitdauer („Jetzt bitte nur noch zwei Minuten, dann sollten alle fertig sein!") erleichtert es den Schülern, zum Ende zu kommen.

Prüffrage 6: (Bei Gruppenarbeit) WER trägt das Ergebnis vor ?

Die Vorstellung von Arbeitsergebnissen stockt nicht selten, weil die Gruppen nicht ausgemacht haben, wer diese Aufgabe übernimmt. Die zeitraubende nachträgliche Absprache darüber kann vermieden werden, wenn diese Frage bereits beim Gruppenauftrag mit gestellt ist und während der Gruppenarbeit geklärt wird. Da sich der- bzw. diejenigen schon darauf einstellen können, gelingt die Vorstellung auch besser.

Auch wenn eine Gruppenarbeit von allen und nicht nur von einem vorgetragen werden soll (was mitunter sinnvoll sein kann), sollten sich die Gruppenmitglieder vorher darauf einstellen.

9.3 Arbeitsaufträge in der richtigen Weise stellen

Angenommen, man hat einen Arbeitsvorschlag gut überlegt, ja sogar auf einem Spickzettel wörtlich notiert. Im Unterricht möchte man ihn dann zum vorgesehenen Zeitpunkt stellen. Jetzt kann eigentlich nichts mehr passieren — denkt man. Es geht ja bloß noch darum, den Auftrag abzulesen.

Trotz der guten Vorbereitung können jetzt Fußangeln auftauchen, an die man nicht gedacht hat.

Ein Beispiel aus einem Allgemeinen Schulpraktikum in einer 1. Grundschulklasse Die Schüler/innen sollen in dieser Stunde „Collagen zum Thema Gesunde Ernährung" erstellen. Indem die unterrichtende angehende Lehrerin einen wohldurchdachten (!) Arbeitsvorschlag vorträgt, gelingt es ihr, eine bis dahin aufmerksam und engagiert mitarbeitende Klasse innerhalb von 40 Sekunden in einen „Hexenkessel" zu verwandeln.

Ein wohlüberlegter Arbeitsvorschlag — mit katastrophalen Folgen

In der vorausgegangenen Stunde hatte die angehende Lehrerin das Thema Gesunde Ernährung vorbereitet, indem sie nacheinander vier selbst gemalte DIN A3 Plakate mit jeweils einer Nahrungsmittelgruppe (Obst und Gemüse; Backwaren; Fleisch und Wurst; Molkereiprodukte) an die Tafel gehängt und die von den Kindern gefundenen Bezeichnungen für typische Vertreter dieser vier Gruppen unter das jeweilige Plakat notiert hat.

Nach der Pause lässt sie diese Wörter noch einmal vorlesen. Nach 9 Minuten sind die ca. 30 Wörter (auch die schwereren) gelesen, jeder Schüler war mindestens einmal dran. Die Lehrerin fragt nun, in welchen speziellen Geschäften man die vier Nahrungsmittelarten jeweils kaufen kann, und gibt einige Hilfen, so dass alle vier Bezeichnungen von den S. genannt und an der Tafel notiert worden (Bäckerei; Fleischerei; Obst- und Gemüseladen; Käse, Milch und Joghurt).

Damit hat die Lehrerin die Voraussetzung erarbeitet, um zu ihrem eigentlichen Vorhaben zu kommen: Sie hängt 4 Tapeten auf, auf denen jeweils ein großes, leeres Haus gemalt ist, das eines der zuvor beschriebenen Geschäfte darstellt (der jeweilige Geschäftsname steht oben drüber). Sie sagt: „Wir wollen mit diesen Häusern basteln (S. rufen begeistert). Ich möchte, dass ihr mir jetzt genau zuhört, und dann erst anfangt, eure Bastelsachen zu holen."

[Es wird sofort ruhiger, die S. warten gespannt auf die Aufgabe.]

Sie stellt jetzt ihren besonders gut durchdachte Arbeitsvorschlag:

ARBEITSAUFTRÄGE DURCHDACHT ENTWERFEN, VERSTÄNDLICH STELLEN ...

„Jeder Tisch bekommt gleich eine dieser Tapeten. Außerdem habe ich ganz viele Zeitungen und Prospekte gesammelt, in denen viele von den Dingen, die man essen kann, und die in diesen vier Geschäften verkauft werden, abgebildet sind. Sucht jeweils an eurer Tischgruppe die Bilder aus, die zu eurem Geschäft passen. Ihr braucht also eure Scheren, ... Haaalt! ..."

[Einige Kinder haben sofort angefangen zu kramen und sie unterbricht sofort, weil sie weiß, dass die Aufgabe nicht gelöst werden kann, solange nicht alle S. wissen, womit sie arbeiten sollen.]

Sie wartet kurz, ermahnt zwei Schüler namentlich; es wird sofort leiser.

Sie fährt fort: „Ich habe gesagt, dass ihr erst zuhören sollt, dann könnt ihr die Sachen holen."

Sie wartet noch einmal einige Sekunden: „Also Scheren, Klebstoff und die Bastelunterlage. Aber noch etwas ist ganz wichtig!"

Sie senkt ihre Stimme und es wird sofort ganz still ....

[An dieser Stelle sagt die Lehrerin noch zwei Sätze ihrer sehr gründlich durchdachten und überlegt vorgetragenen Arbeitsanweisung und kaum mehr als 40 Sekunden später ist in der Klasse — trotz der weisen Vorplanung — das Chaos ausgebrochen.]

Die ungeahnte, katastrophale Folge dieser beiden Sätze:

Etwa 10 Schüler liegen vor einem Regal an der Wand in einem Knäuel über- und untereinander, die anderen stehen um dieses Knäuel herum, jauchzend und brüllend.

Die Klassenlehrerin, die hospitiert hat, eilt erschrocken zu dem Knäuel, entwirrt es und zieht ganz unten die zierliche Sogul hervor, auf der mehrere andere Schüler gelegen haben. Sogul ist völlig schockiert und weint. Die Klassenlehrerin tröstet sie, während die anderen Schüler plötzlich recht still werden und bemerken, wie erregt sie ist.

[Nachher sagt die Klassenlehrerin, sie sei „in Panik" gewesen, weil die Schüler in dieser Situation überhaupt keine Selbstkontrolle hatten und wie bei einer Stampede aufeinander losgegangen seien. Außerdem hatte sie befürchtet, dass die Schüler sich beim Herauszerren der relativ harten Bastelunterlagen hätten verletzen können — was glücklicherweise nicht geschehen ist.]

Wie dieser „wohlüberlegte" Arbeitsvorschlag weitergeht, können Sie am Ende dieses Abschnitts nachlesen (s. S.140).

Als Fazit bleibt: Wenn man in der Grundschule unterrichtet, sollte man zumindest in den beiden ersten Grundschuljahren damit rechnen, dass Schüler/innen einen Arbeitsvorschlag wörtlich nehmen und ihn sofort ungestüm umsetzen.

Es gibt auch noch weitere Probleme mit dem „Stellen von Arbeitsaufträgen". Angehende Lehrer/innen bauen optimistisch darauf, dass es genügen würde, einen — gut durchdachten und sprachlich angemessenen — Arbeitsvorschlag einfach bloß den Schülern anzukündigen („Ich möchte jetzt, dass ihr...."), damit sich alle daran machen, ihn auszuführen. Auf diese Weise geht zunächst einmal meist alles schief, was nur schief gehen kann (Das 1. Gesetz Murphy's aus der Informatik lässt grüßen!):

⇒ Der Arbeitsvorschlag wird vom Lehrer in eine allgemeine Unruhe hinein formuliert.

Die *Folge*: Die wenigsten können ihn überhaupt akustisch verstehen.
⇒ Während der Formulierung des Auftrags beginnen einige Schüler sofort damit, den zuerst genannten Aufforderungen nachzukommen (z.B. Arbeitsutensilien aus dem Ranzen zu kramen).
Die *Folge*: Diese Schüler hören dem weiteren Auftrag nicht mehr zu und wissen dann nicht, wie es weitergehen soll; als Nebeneffekt produzieren sie durch Stühlerücken, Kramen in ihren Schultaschen etc. soviel Lärm, dass auch die anderen Schüler das Weitere nicht mehr verstehen können.
⇒ Die sprachliche Formulierung und einzelne Begriffe sind den Schülern teilweise nicht geläufig.
Die *Folge*: Sie verstehen nur bestimmte Aspekte des Auftrags.

Solche Fehler haben zur Folge, dass nicht alle Schüler wissen, worum es geht. Einige haben schon angefangen, anderen schauen ratlos in der Gegend herum, wieder andere fragen mehr oder weniger leise ihren Nachbarn, was sie tun sollen. Die Lehrkraft muss nun von Tisch zu Tisch gehen, um einzelnen Schülern den Arbeitsvorschlag oder zumindest Teilschritte noch einmal zu erklären. Gerade solche Phasen, in denen alle Schüler den Auftrag bekommen haben, etwas zu bearbeiten, viele jedoch nicht genau wissen, was sie tun sollen, sind besonders störanfällig. Die Störanfälligkeit potenziert sich dadurch, dass die Aufmerksamkeit des Lehrers vom Klassengeschehen zeitweise abgezogen ist, weil er sich ja immer wieder mit einzelnen Schülern befassen muss. Das wiederum verlängert für die anderen die Dauer der vom Lehrer erzeugten Wartezeit und „verbessert" die Gelegenheit für Nebentätigkeiten der Schüler, wodurch sich für den Lehrer neue Probleme ergeben — ein Teufelskreis.

Nicht weniger problematisch sind Versuche des Nachbesserns von nicht verstandenen Arbeitsaufträgen durch Ansage an alle: „Halt - halt - halt - stopp! Legt eure Sachen noch mal hin und hört noch mal zu, ich muss euch noch etwas erklären!". Oftmals werden dadurch selbst diejenigen Schüler behindert, die eigentlich weiterarbeiten könnten, weil sie das Gesagte bereits verstanden habe. Auch sie müssen ihre Arbeit unterbrechen, untätig herumsitzen und warten. Sie sind „Opfer" einer vom Lehrer produzierten, „didaktisch verschuldeten Schülerarbeitslosigkeit" (so der Hannoveraner Schulpädagoge Roland Narr).

Wie immer man auch als Lehrer reagiert, ein nicht verstandener Arbeitsvorschlag hat zumeist ungünstige Konsequenzen, die man anschließend schwer zufriedenstellend auffangen kann.

Erfahrene Lehrer sind beim Stellen von Arbeitsaufträgen mit solchen und ähnlichen Problemen mehr als einmal konfrontiert worden und haben ihre diesbezüglichen Erlebnisse meist konstruktiv gewendet. Indem sie eine ganz bestimmte Abfolge von Schritten einhalten, bemühen sie sich darum, dass möglichst alle Schülern den Arbeitsvorschlag ohne größeren Verzögerungen angehen können. Das folgende Beispiel zeigt, wie man in der Grundschule beim Stellen von Arbeitsaufträge vorgehen kann. Diese Vorgehensweise ist eine Art Grundmuster, das jeweils situativ modifiziert wird.

Grundmuster „Stellen eines Arbeitsvorschlags"

1. Die Lehrerin fasst in einer bestimmten Situation den Vorsatz, einen Arbeitsvorschlag zu stellen.
2. Sie prüft und stellt ggfs. sicher, dass Ruhe und Aufmerksamkeit der Schüler gewährleistet sind.
3. Dann formuliert sie den Auftrag, relativ leise aber langsam und betont sprechend.
4. Sie bittet die Schüler, den Auftrag wörtlich zu wiederholen bzw. vorzumachen, und wartet einen Moment.
5. Sie nimmt dann mindestens einen Schüler dran, der den Auftrag wiederholt bzw. noch einmal vormacht.
   Wenn die Lehrerin ihre Schüler gut kennt, ruft sie nicht irgendeinen Schüler auf, und schon gar nicht einen von denen, die sich sofort melden. Diese Schüler bekommen in der Regel jeden Arbeitsvorschlag mit — auch wenn es noch so laut und chaotisch zugeht. Sie wartet vielmehr — auch wenn „kostbare" Unterrichtszeit verstreicht —, bis sich auch die Schüler melden, die erfahrungsgemäß meist nicht so genau mitbekommen, was zu tun ist. Denn erst, wenn einer von diesen Schülern den Arbeitsvorschlag wiedergegeben hat, kann die Lehrerin ziemlich sicher sein, dass er von den meisten anderen wohl auch verstanden worden ist.
6. Erst nach der erfolgreichen Wiederholung des Auftrag durch einen (oder ggfs. mehrere) Schüler gibt sie das Signal, mit der Ausführung zu beginnen.

Diese sechs Schritte lassen sich nicht einfach schematisch abarbeiten. Wie die Lehrerin sie umsetzt, hängt von der jeweiligen Situation ab:

⇒ Es kann erforderlich sein, länger bei Schritt 2 zu verweilen, weil es nicht auf Anhieb gelingt, die notwendige Ruhe zu erhalten.
⇒ Die Lehrerin sieht sich bei Schritt 4 genötigt, einen zweiten Schüler dranzunehmen, weil der erste den Auftrag falsch wiedergegeben hat.
⇒ Schritt 5 ist entbehrlich, weil offensichtlich ist, dass alle Schüler den Auftrag schon nach dem ersten Wiederholen verstanden haben.

Wenn man noch nicht so viel Erfahrung im Stellen von Arbeitsaufträgen hat, ist es durchaus empfehlenswert, dieses Grundmuster — in der einen oder anderen Variation — auszuprobieren.

Fortsetzung: Ein wohlüberlegter Arbeitsvorschlag — mit katastrophalen Folgen

Die angehende Lehrerin hatte sich vorher überlegt, dass sie die — in einer 1. Klasse immer umständliche und langwierige — Aktion, um die Bastelmaterialien auf die Tische zu holen [sie befinden sich für alle Schüler in einem Regal], durch eine geschickte Motivation abkürzen könnte. Sie sagte also:

„Ich möchte, dass ihr jetzt einen Wettkampf macht und eure Bastelmaterialien so schnell wie möglich holt und euch dann wieder an eure Tische setzt. Der Tisch, der zuerst fertig ist, darf sich als erster sein Geschäft aussuchen; der zweitschnellste Tisch darf an zweiter Stelle aussuchen, dann der dritte und der letzte muss das Geschäft nehmen, das übrig bleibt."

Das Stichwort „Wettkampf" elektrisiert die Schüler; sie stürzen von allen Seiten auf das Regal, fallen übereinander her und blockieren den Zugang, so dass niemand an seine Sachen kommt!

Durch diesen Vorfall gibt es zunächst eine große Verzögerung, bis die Schüler mit den Bastelsachen an ihren Tischen sitzen, die Prospekte ausgeteilt sind und sie mit dem Ausschneiden und Aufkleben beginnen. Diese Tätigkeit selbst führen sie dann überwiegend mit Begeisterung aus und überraschend schnell haben fast alle Tischgruppen „ihre Geschäfte" vollgeklebt.

9.4 WBA-Übungen zu Kapitel 09

Zum Formulieren und Stellen von Arbeitsaufträgen gibt es vier WBA-Übungen mit Videoszenen und den zugehörigen Wortprotokollen aus verschiedenen Klassenstufen und Fächern (s. „WBA-Übungen zu Kapitel 09", S.141):

⇒ WBA-Übung „Gedichtmerkmale": In einer 11. Klasse erhalten die Schüler am Stundenbeginn den Auftrag zu klären: „Woran erkennt man ein Gedicht?"

⇒ WBA-Übung „Boote": Die Schüler/innen einer 3. Klasse sollen im Sachunterricht Boote aus Knetmasse bauen, die auch schwimmen können.

⇒ WBA-Übung „Regenwürmer beobachten": In einer 2. Klasse sollen die Schüler jeweils zu zweit eine Beobachtungsbox für Regenwürmer bauen. Der Lehrer erläutert das Vorgehen.

⇒ WBA-Übung „Lineare Gleichungen": Ein Mathematiklehrer lässt in einer 8. Klasse auf einem vorbereiteten Arbeitsblatt einen Graphen für eine lineare Zuordnungsvorschrift zeichnen.

Zu prüfen ist jeweils, inwieweit die Lehrkräfte die vorgestellten Überlegungen zum Formulieren und Stellen von Arbeitsaufträgen berücksichtigt haben. Außerdem ist eine Einschätzung darüber abzugeben, ob die Schüler/innen die Arbeitsaufträge wohl verstanden haben.

	WBA-Übungen zu Kapitel 09

DVD-Pfad: WBA_Uebungen_zu_Kapitel_09
Analyse von Arbeitsaufträgen

1. Starten Sie den gewünschten Übungsteil aus dem Untermenü zu den WBA-Übungen und folgen Sie den Hinweisen auf dem Bildschirm.
2. Nach Abschluss jedes Übungsteils erhalten Sie wie gewohnt Ihre Antworten per Email und einen Hinweis auf Musterlösungen.
3. Die Bearbeitungszeit beträgt für die Übungsteile jeweils ca. 60 Minuten.

9.5 Wie gehen Schüler/innen mit Arbeitsaufträgen um?

Berufsanfänger machen sich oft keine Vorstellung davon, wie unterschiedlich Schüler an eine vom Lehrer gestellte Aufgabe herangehen, welche Schwierigkeiten sie dabei haben und wie verschieden die Ergebnisse ausfallen. Es ist ausgesprochen lohnend, Schülern dabei zuzuschauen: Da gibt es Schüler, die sofort beginnen. Es gibt andere, die sich erst mit ihrem Nachbarn abstimmen und wieder andere, die lange Zeit größte Mühe haben, ihre Schreibgeräte und Hefte rauszukramen. Es kann passieren, dass der erste Schüler schon fertig ist und den Lehrer um eine Kontrolle der Ergebnisse bittet, während ein anderer gerade sein einziges Schreibgerät, einen stumpfen Bleistift, im Ranzen gefunden hat und zum Papierkorb schlurft, um ihn anzuspitzen. Besonders krass sind die Unterschiede in ersten Klassen. In einer Mathematikstunde war der erste Schüler mit der Bearbeitung von Rechenaufgaben auf einem Arbeitsblatt bereits nach einer Minute fertig und hatte alles richtig gerechnet, während die letzten Schüler auch nach 20 Minuten noch nicht fertig waren. Die Bearbeitungsgeschwindigkeit variierte hier um den Faktor 20 (!). Das wirft die Frage nach einer alternativen methodischen Vorgehensweise auf: Einerseits sollte vermieden werden, dass die Schüler, die häufiger schnell fertig werden, untätig lange warten müssen. Andererseits werden die rechenschwachen Mitschüler auf Dauer frustriert, wenn sie immer die Langsamsten sind[1]. Tabelle 14, s.u., zeigt Ergebnisse einer kleinen Studie, bei der drei Schülerinnen genauer dabei beobachtet wurden, wie sie einen als Einzelaufgabe gestellten Arbeitsvorschlag ausführen. Zugrunde liegt dieser Erarbeitungsphase ein Arbeitsvorschlag zum Thema Fasching: Im Lesebuch ist ein Text darüber mehrmals aufmerksam zu lesen, der Inhalt soll gut eingeprägt werden (ca. 5 Minuten Zeit). Anschließend soll das Buch weggelegt und ein Zettel mit Arbeitsanweisungen bearbeitet werden. Hierauf sind sechs Fragen zum Text gestellt, die schriftlich in ganzen Sätzen beantwortet wer den sollten. Danach ist das Arbeitsblatt ins Deutschheft zu kleben. Nur ein Drittel der Klasse (9 Schüler) hat die Fragen in ganzen Sätzen beantwortet (in Tab. 14 stellvertretend für diese Schüler: Carina). Bei der Besprechung haben fast alle Schüler große Schwierigkeiten, vollständige Sätze zu bilden.

	Carina	**Katja**	**Rita**
Lesen	9.00 h – 9.05 h	9.00 h – 9.04 h	9.00 h – 9.04 h
"Räumen"	9.05 h – 9.07 h	9.04 h – 9.07 h	9.04 h – 9.07 h
Bearbeiten des Arbeitszettels	9.07 h – 9.16 h - bearbeitet die Fragen der Reihe nach - bemüht sich, die Antworten in ganzen Sätzen zu formulieren, was nicht immer gelingt - arbeitet konzentriert - klebt das Arbeitsblatt sauber ins Heft	9.07 h – 9.13 h - will sich nicht ins Heft gucken lassen - hält sich nicht an die vorgegebene Reihenfolge: 1,4,6,2 - schreibt keine vollständigen Antwortsätze - guckt viel umher	9.07 h – 9.15 h - schreibt erst die Nummerierungen der Aufgaben 1-6 untereinander - bearbeitet die Aufgaben in der Reihenfolge 2,4,5,1,6 - schreibt teilweise Stichworte, teilweise vollständige Sätze - - hält das Heft vor den Blicken der Mitschüler zu
Einkleben	- Direkt im Anschluss um 9.17 h	- Weiß nicht, wie und wohin sie den Zettel kleben soll, schließlich um 9.17 h eingeklebt	- Nach einigem „Geräume" um 9.19 h eingeklebt

Tab. 14: Wie gehen Schüler/innen mit einem Arbeitsauftrag um? Beobachtungen in einer 3. Klasse

---

[1] s. Kapitel 11 „Öffnung des Unterrichts - Innere Differenzierung, S.165

9.6 Vorschlag für ein Erkundungsprojekt „Wie gehen Schüler/innen mit Arbeitsaufträgen um?"

Die in Tabelle 14, S.142, notierten Beobachtungen zeigen, dass schon bei drei Schülern sowohl die Herangehensweise als auch die Ergebnisse erstaunlich differieren können. Ein entsprechendes Erkundungsprojekt (s. „Erkundung/ Beobachtung zu Kapitel 09", s.u.) ist besonders ertragreich, wenn möglichst viele Schüler beobachtet und in ihrer Vorgehensweise verglichen werden. Da es erfahrungsgemäß jedoch schwierig ist, mehr als drei Schüler auf einmal zu beobachten, sollte dieses Erkundungsvorhaben nach Möglichkeit zu zweit oder besser noch zu dritt durchgeführt werden.

	Erkundung/Beobachtung zu Kapitel 09

DVD-Pfad: Kapitel_09\
Datei: K09_EB_Arbeitsauftraege.pdf
            Diese Datei ist der Erkundungs-/Beobachtungsbogen. Drucken Sie sie aus und machen Sie Ihre Eintragungen auf dem Vordruck.

Hospitieren Sie in einer Stunde, in der die Schüler einen Arbeitsauftrag erhalten, mit dem sie voraussichtlich mindestens 5 Minuten beschäftigt sind. Suchen Sie sich vor der Stunde in Absprache mit der Lehrerin drei Schüler (im Falle von Partnerarbeit bzw. Gruppenarbeit eine Partnergruppe bzw. Gruppe) für Ihre Beobachtung aus. Wenn Sie zu zweit oder zu dritt hospitieren können, beobachten Sie verschiedene Schüler bzw. Gruppen. Protokollieren Sie die Arbeitsweise der Schüler/innen und machen Sie Notizen zu den Ergebnissen. Dabei sollten Sie sich an den Aufgaben im Erkundungsbogen orientieren.

Die DVD enthält vier Beispiele für Erkundungsergebnisse, die angehende Lehrer im Rahmen ihres Schulpraktikums gemacht haben:
DVD-Pfad: Kapitel_09\
Dateien: K_09_EB_Arbeitsauftraege_Beispiel_1.pdf bis ...Beispiel_4.pdf

10 Frontalunterricht — Unterrichtsgespräch — Lehrerfragen

10.1 Frontalunterricht - Vorzüge und Nachteile

Frontalunterricht ist einerseits außerordentlich weit verbreitet und wird andererseits stark kritisiert. Schon im Wort *frontal* schwingt eine Bedeutung mit, die zur Beschreibung von Lehr- und Lernformen eher befremdlich erscheint. Es ist abgeleitet vom lateinischen *frons*, was bedeutet: 1. Stirn, Vorderseite; 2. Gefechtslinie; 3. Grenze, Grenzverlauf. Es handelt sich also um einen Begriff, der auch kriegerische Assoziationen weckt: Zwei feindliche Parteien stehen sich an einer Grenzlinie gegenüber. Diese Assoziation ist möglicherweise sogar naheliegend, wenn man die Hauptvarianten des *Fron*talunterrichts betrachtet:
⇒ den Lehrervortrag
⇒ das vom Lehrer gelenkte Unterrichtsgespräch
⇒ die Lehrerdemonstration bzw. das Lehrerexperiment

Wenn Unterricht so gestaltet wird, entsteht in der Tat eine räumliche Grenzlinie zwischen dem Lehrer auf der einen und den Schülern auf der anderen Seite. Das Kräfteverhältnis ist dabei recht ungleich, nicht zuletzt wegen des Redeanteil von Lehrern im Frontalunterricht: Nach vorsichtigen Schätzungen beträgt er etwa 70 % der Gesamtredezeit aller Beteiligten. Somit verbleibt für alle Schüler zusammen ein zeitlicher Redeanteil von etwa 30 %, d.h. bei ca. 25-30 Schülern in einer Klasse kommt auf jeden einzelnen Schüler durchschnittlich etwa 1%. Das sind selbst in Stunden, in denen ausschließlich gesprochen wird, umgerechnet nur ca. 25 Sekunden pro Schüler — das reicht kaum für mehr als einen Satz. Zudem ist die Schülerbeteiligung faktisch extrem verschieden, denn neben Schülern, die sich oft und gern beteiligen, gibt es andere, die während einer Stunde schweigen (was nicht heißt, dass erstere dabei immer etwas lernen und letztere nicht).

Frontalunterricht ist die am heftigsten kritisierte und zugleich die in deutschen Schulen am häufigsten angewendete Form des Unterrichtens. Schon in der Literatur ist Schulkritik fast immer Kritik am Frontalunterricht. Der Lehrervortrag als eine der Hauptsäulen des Frontalunterrichts hat Generationen von Schülern gelangweilt - wie die zeitlose Karikatur von Wilhelm Busch zum Ausdruck bringt.

	„Wenn alles schläft und einer spricht
	Dieses nennt man Unterricht"
	"Da steht der Lehrer vorne
	und hält 'n Monolog."
	aus:
	Hago GmbH „Das große Wilhelm Busch Album." Hannover 1991, S.26

Abb. 5: Lehrer Lämpel

Größere empirische Untersuchungen zur Verbreitung des Frontalunterrichts gibt es allerdings wenige. Die meistzitierte Untersuchung wurde bereits in der ersten Hälfte der 80er Jahre von Hage, Dichanz u.a. (1985) im Bereich der Sekundarstufe I durchgeführt und kommt zu einer Größenordnung von 85 %. Diese Daten sind mittlerweile 20 Jahre alt und dürften heute nicht mehr ganz zutreffen — neuere Untersuchungen sind überfällig. Zu berücksichtigen ist bei derartigen statistischen Angaben, dass die angegebenen Durchschnittswerte z.T. stark variieren, und zwar zwischen den Schulformen (der Anteil dürfte in Grund- und Sonderschulen deutlich niedriger liegen als in Realschulen und Gymnasien), nach Fächern (im fremdsprachlichen Unterricht und in Mathematik dürfte er wesentlich höher liegen als in den Fächern Kunst und Werken) und auch zwischen einzelnen Lehrern dürfte die Varianz erheblich sein. Aber selbst wenn aktuellere Zahlen fehlen, drängt sich bis heute bei Schulbesuchen der Eindruck einer andauernden Dominanz des Frontalunterrichts auf.

So selbstverständlich bislang von Frontalunterrichts die Rede ist, eine Definition dieses Begriffs ist nicht so einfach, wie es den Anschein hat. Gegenwärtig werden vor allem zwei Definitionen häufig zitiert (s. Tabelle 15, S.147). Beide Definitionen können nicht zufriedenstellen: Die Definition von Aschersleben blendet wichtige Aspekte aus. Die Definition von Meyer ist ein von Lehrerseite vielleicht gewünschter, aber unerfüllbarer Idealzustand. Eine für länger erzwungene passiv-rezeptive Haltung der Schüler behindert ihr Lernen: Sie hören nur zu und schreiben mit, ggfs. melden sie sich ab und zu, ganz selten können sie einen Beitrag leisten. Eine Zusammenarbeit zwischen

Nach **Karl Aschersleben** (1999) ist Frontalunterricht eine Sozialform des Unterrichts neben anderen Sozialformen wie Gruppenarbeit, Partner- und Einzelarbeit, die durch Lehrervortrag oder Unterrichtsgespräch bestimmt ist.	Einwand: FU ist mehr als nur eine Art des sozialen Zusammensein im Klassenraum. Zudem wird auch dann frontal unterrichtet, wenn anstelle des Lehrers ein Schüler einen Vortrag hält oder wenn der Lehrer einen Film zeigt.
Nach **Hilbert Meyer** (1987) ist Frontalunterricht ein gemeinsamer Unterricht, bei der sich die ganzen Klasse mit der gleichen Sache zur gleichen Zeit in gleicher Weise beschäftigt und bei dem der Lehrer alle Kommunikationsprozesse steuert und kontrolliert. Dazu gehören alle Formen der Informationsvermittlung an die „Klasse", auch mittels Tafel, Schulbuch, Tageslichtprojektor, Film oder Schülervortrag.	Einwand: Kein Lehrer kann dieses gewährleisten, weil * zu keinem Zeitpunkt alle Schüler ihre ungeteilte Aufmerksamkeit der Behandlung des Unterrichtsgegenstands widmen; * selbst wenn Schüler sich zeitweise darauf einlassen, die behandelten Themen, gestellten Fragen, gegebenen Antworten in jedem Schüler etwas andere Vermutungen, Assoziationen und Folgefragen auslösen.

Tab. 15: „Zwei zeitgenössische Definitionen von Frontalunterricht"

Schülern ist unerwünscht, schon der geflüsterte Austausch von Ideen oder das wechselseitige leise Nachfragen stört. Erlaubt ist lediglich, den Blick abwechselnd vom Heft bzw. Buch zur Tafel oder zum Lehrer zu wenden.

Manchmal gelingt es dem Lehrer, die Aufmerksamkeit vieler Schüler über eine gewisse Zeitspanne aufrecht zu halten. Nicht selten wahren die Schüler aber nur den Schein interessierter Mitarbeit, indem sie ihre Beteiligung vorspielen, tatsächlich aber ganz andere Dinge machen (Karten unter der Bank tauschen, Hausaufgaben für andere Fächer erledigen). Und häufiger als Lehrern lieb ist, wird nicht einmal der Schein gewahrt (Schüler unterhalten sich lautstark, schauen gelangweilt aus dem Fenster, lesen Comics etc., so dass es dem Lehrer auffallen muss). Die erzwungene Passivität fordert den Widerstand der Schüler heraus und macht als Konsequenz Ordnungsmaßnahmen erforderlich.

Bezeichnenderweise erfolgt in der schulpädagogischen Literatur unmittelbar im Anschluss an die o.a. optimistische Beschreibung der Möglichkeiten des Frontalunterrichts sogleich die Einschränkung, dass die erhofften Steuerungs-, Kontroll- und Bewertungsmöglichkeiten gerade im Frontalunterricht von Schülern ziemlich leicht unterlaufen werden können — und faktisch oft unterlaufen werden (so auch bei Meyer 1987).

Erfahrene Lehrer spüren, wie viel sie ihren Schülern zumuten können, und machen während anstrengender frontaler Phasen Bewegungspausen oder Ent-

> **Eine sarkastische Definition:**
> Frontalunterricht ist eine Unterrichtsform, welche die trügerische Illusion vermittelt, die Schüler lernten besonders viel und der Lehrer hätte „alles im Griff" (wobei „alles" meint: Den zu vermittelnden Stoff und die Schüler).

spannungsübungen. Aber das können sie nur mit Blick auf den Klassendurchschnitt - dem individuellen Lerntempo, der Konzentrationsfähigkeit Einzelner können sie so nicht gerecht werden. Frontalunterricht erschwert es demnach, eine der 6 Leitlinien für erfolgreichen Unterricht zu verwirklichen: Einen angemessenen Rhythmus von Konzentration und Entspannung zu finden [1]. Frontalunterricht gehört zu den anstrengendsten Unterrichtsformen
⇒ für den Lehrer, weil er ständig aktiv sein muss, um den Stoff zu vermitteln und die Ordnung zu kontrollieren,
⇒ für die Schüler, weil sie ihren Aktivitätsdrang einschränken und kanalisieren müssen!

Eine vermittelnde Definition greift diese Spannung zwischen Anspruch und Wirklichkeit auf:

> **Eine vermittelnde Definition:**
> Im Frontalunterricht soll sich die ganze Klasse mit der gleichen Sache zur gleichen Zeit in gleicher Weise beschäftigen (anders als bei Gruppenarbeit, Partner- oder Einzelarbeit) und der Lehrer ist *bemüht*, alle Kommunikationsprozesse zu steuern und zu kontrollieren.

Angesichts der genannten Nachteile und Einschränkungen stellt sich die Frage, warum Frontalunterricht gegenüber anderen Unterrichtsformen trotzdem so ausdauernd bevorzugt wird. Darauf gibt es zwei Antworten:
Erstens erscheint die Möglichkeit verlockend, das Lernen aller Schüler gleichschrittig zu organisieren und dabei — zumindest dem Anspruch nach — ihre Arbeits-, Interaktions- und Kommunikationsprozesse zu steuern, zu kontrollieren und zu bewerten. Zweitens können mit Frontalunterricht didaktische Funktionen erfüllt werden, die beim Lehren in größeren Gruppen anders nicht zu realisieren wären[2]:
⇒ das Besprechen gemeinsamer Anliegen;
⇒ die Einführung in ein neues Arbeitsgebiet, Vorstellung eines neuen Vorhabens;

---

[1] vgl. Kapitel 6.1.6, Leitlinie 6, S.97
[2] Grell & Grell 1979

⇒ die Präsentation von Sachverhalten, Problemen und Fragestellungen aus Lehrersicht;
⇒ das Zusammenführen und Besprechen von Arbeitsergebnissen.

Um einer falschen Polarisierung von vorneherein entgegenzutreten: Auch für alle Ansätze eines offeneren Unterrichts gilt, dass dort die obigen didaktischen Funktionen ebenso zu erfüllen sind[3]. Demnach sollten Lehrer, die offenere Unterrichtsansätze praktizieren, entsprechende Kompetenzen für eine frontale Unterrichtsgestaltung erworben haben. Zu den vier Basiskompetenzen für einen guten Frontalunterricht gehören:
⇒ schriftliche bzw. grafische Darstellungen an der Tafel und auf Arbeitsblättern (sowie inzwischen zunehmend am OHP oder am projizierten PC-Monitor) übersichtlich zu gestalten.
⇒ die Fähigkeit, einen Lehrervortrag interessant darzubieten;
⇒ das Unterrichtsgespräch so zu führen, dass möglichst viele Schüler sich beteiligen;
⇒ den Unterricht durch angemessene Fragen und Impulse zu lenken.

10.1.1 Tipps für schriftlich-graphische Darstellungen

Möglicherweise überrascht der zuerst genannte Punkt, der auch in der Ratgeberliteratur zur Unterrichtsvorbereitung oft recht knapp abgehandelt wird. Man sollte sich jedoch klar machen, dass nach der gesprochenen Sprache die Schriftsprache das bedeutendste Unterrichtsmedium ist, mittels dessen Lehrer ihre Informationen weitergeben. Eine unübersichtliche Tafelanschrift, eine nicht vorbedachte Aufteilung des begrenzten Raums für Notizen an der Tafel oder unleserliche handschriftliche Angaben auf Arbeitsblättern haben schon manche Stunde ins Stocken gebracht. In den ersten Jahrzehnten nach dem II. Weltkrieg, als Papier noch teuer war und andere technische Medien nicht zur Verfügung standen, kam der Tafel eine so große Bedeutung zu, dass kein angehender Lehrer die Hochschule verlassen konnte, ohne ein Seminar zum Thema „Tafeleinsatz" absolviert zu haben. Für Schüler ist es zwar gelegentlich unterhaltsam, wenn Praktikanten oder Referendare an dieser Stelle ihre Inkompetenz demonstrieren, das ist letztlich aber nicht dem Lernen förderlich.

---

[3] s. Kapitel 11: „Offener Unterricht – geschlossener Unterricht / Innere Differenzierung", S.165

10.1.2 Tipps für den Einsatz der Tafel (ggfs. auch OHP)

⇒ Damit die Tafel überhaupt eingesetzt werden kann, muss sie am Stundenbeginn geputzt sein und es sollte für Kreide gesorgt sein,
⇒ kompliziertere Darstellungen sollten nicht während des Unterrichts angezeichnet werden (das verursacht bei den wartenden Schülern entweder Langeweile oder Spott), sondern schon vorher in der Pause,
⇒ sofern ein Overhead- bzw. Tageslicht-Projektor (OHP bzw. TP) zur Verfügung steht, ist es günstiger, solche Abbildungen auf Folien vorzubereiten. Aber Vorsicht: Die Erfahrung lehrt, dass OHPen selten funktionieren, wenn man sie vorher nicht getestet hat,
⇒ die Aufteilung des Tafelbildes sollte vorher überlegt sein. Eine Skizze des Tafelbildes gehört zur schriftlichen Unterrichtsvorbereitung,
⇒ insbesondere wenn Schülerbeiträge notiert werden sollen, über deren Anzahl und Länge vorher keine Schätzung möglich ist, sollte Reserveplatz einkalkuliert werden,
⇒ das Schreiben an der Tafel unterscheidet sich erheblich vom Schreiben im Heft. Ungeübte brauchen für die gleiche Textmenge erheblich länger. Daher gilt für eine gut lesbare Tafelschrift: Üben, üben, üben.

10.1.3 Tipps zur Gestaltung von Arbeitsblättern

Mit der wachsenden Verbreitung von PCs ist das Anfertigen lesbarer Arbeitsblätter inzwischen deutlich einfacher geworden. Hervorhebungen durch Variationen der Schrift, Schriftgröße, Schriftauszeichnungen etc., die Einbindung von Fotos, Grafiken und Tabellen, all das ermöglicht attraktive und lesbare Arbeitsblätter - auch wenn das präzise Formulieren noch immer so schwer ist wie zu Zeiten handschriftlicher Fertigung. Ein weiterer unschätzbarer Vorteil der elektronischen Fertigung ist es, dass Arbeitsblätter leicht ausgetauscht, gut archiviert, schnell überarbeitet und neuen Gegebenheiten angepasst werden können. Für viele Stundenthemen und Fragen zu allen Unterrichtsfächern gibt es im Internet ganze Sammlungen von Arbeitsblättern — übersichtlich geordnet nach Schulfächern, z.T. Klassenstufen und Themen, z.B. bei Zentrum für Unterrichtsmedien im Internet e.V.[4], sowie auf den

---

[4] URL http://www.zum.de [am 12.10.2005]

sogenannten „Bildungsservern", die bundesweit[5]) oder von den jeweiligen Kultusministerien in vielen Bundesländer betrieben werden[6].

10.1.4 Tipps für den Lehrervortrag

Selbst Lehrervorträge müssen nicht zwangsläufig in der von Wilhelm Busch (Abb. 5. S.146) karikierten Weise langweilen, wenn man einige Regeln beachtet[7]:
Der *Text* sollte
⇒ in schülergemäßer Sprache verfasst sein
⇒ keine überflüssigen Fremdwörter und Fachbegriffe beinhalten
⇒ veranschaulichende Beispiele einbeziehen
⇒ zu Beginn einen besonders auffordernden Charakter haben
⇒ eine erkennbare Gliederung vorweisen
⇒ in möglichst kurzen Sätzen formuliert sein
⇒ möglichst nicht in Schriftdeutsch vorgetragen werden
⇒ durch Medien unterstützt werden
⇒ wichtige Passagen oder Begriffe wiederholen
⇒ Aussagen in Frageform umformen, auch als rhetorische Fragen
⇒ Sprachklischees vermeiden
⇒ den Zuhörer direkt ansprechen
⇒ in seiner Dauer optimiert sein (5 bis 20 Minuten)
⇒ plausible Gedankenführung aufweisen
Die *Stimme* sollte:
⇒ nicht monoton klingen, sondern betonend
⇒ ein dem Text angemessenes Sprechtempo mit Tempowechsel haben
⇒ eine deutliche Aussprache haben
⇒ durch Pausen das Ende von Aussagen oder Gedanken signalisieren
⇒ zur Vermeidung von Künstelei die individuellen Sprechgewohnheiten weitestgehend beibehalten.
Die *Mimik und Gestik* sollten
⇒ den Blickkontakt mit den Zuhörern herstellen
⇒ Freundlichkeit ausstrahlen (z.B. gelegentlich den Zuhörer anlächeln)
⇒ den Vortrag zurückhaltend unterstreichen.

---

[5] Deutscher Bildungsserver,URL: http://www.bildungsserver.de/ [am 12.10.2005]
[6] z.B. für Niedersachsen URL: http://www.nibis.de/ [am 12.10.2005]
[7] nach: Aschersleben 1999

Vor allem aber sollte ein Lehrervortrag, der die Schüler in eine passiv-rezipierende Rolle zwängt, in einem ausgewogenen Verhältnis zu anderen, schüleraktivierenden Lernformen stehen, so dass die Schüler selbst auch zum Zug kommen.

10.2 Das Unterrichtsgespräch: Hilfen zur Gesprächsführung

Das Führen von Unterrichtsgesprächen kann man letztlich nur lernen, indem man es im Klassenzimmer übt - das gilt in gleicher Weise für den Lehrervortrag. Beides sind komplexe Tätigkeiten mit so hohen Anforderungen, dass man sich nicht einfach vornehmen kann, gut gemeinte Ratschläge zu befolgen. Oft überträgt man liebgewordene alltagssprachliche Gewohnheiten unüberlegt ins Klassenzimmer, die bei Gesprächen mit Freunden zweckmäßig, aber ungeeignet für Gespräche mit Schülern sind. Solche Sprachmuster muss man sich erst einmal bewusst machen, bevor man sie korrigieren kann. Dafür benötigt man entweder geschulte Begleiter, die einen im Nachhinein darauf aufmerksam machen, oder Tonband- bzw. besser noch Videoaufnahmen, anhand derer man ein selbst geleitetes Gespräch noch einmal durchgehen kann. Das Medium Buch ist deshalb eigentlich denkbar ungeeignet, um entsprechende Kompetenzen zu fördern.

Es gibt jedoch eine Reihe von „Fallen", in die angehende Lehrer/innen häufig geraten, sowie schlichte „handwerkliche" Fehler bei der Gesprächsführung, die sich bereits im Vorfeld vermeiden lassen:

10.2.1 Elementare Fehler bei der Gesprächsführung vermeiden - Tipps für angehende Lehrer

1. „Wer ist der „Chef"? - Keine Unklarheiten aufkommen lassen

Im Rahmen von Ausbildungsunterricht kommt es häufig vor, dass mehrere angehende Lehrer am Unterricht teilnehmen, wobei meist einer unterrichtet und die anderen hospitieren. Dabei sollte für die Schüler immer deutlich sein, wer unterrichtet und wer „bloß" Zuschauer ist. Gelegentlich versuchen die Hospitierenden ihrem unterrichtenden Kollegen zu „helfen", indem sie bei aufkommender Unruhe Schüler ermahnen. Das ist alles andere als ein gelungenes Beispiel für gute Zusammenarbeit, denn aus Sicht der Schüler wird zunehmend unklarer, wer das Sagen hat. Der oder die „hilfreiche" Akteurin signalisiert, dass sie der oder dem eigentlichen Lehrer/in nicht zutraut, selbst für Ordnung zu sorgen. Schüler sind für solche Signale ausgesprochen sensibel und testen daraufhin gern aus, wo die Belastungsgrenze liegt. Eine andere Möglichkeit, die Autorität der Unterrichtenden zu untergraben, besteht darin, dass sich Hospitierende nicht an die Gesprächsregeln halten, die für die Schüler gelten: Z.B. wenn ein Hospitant auf die Frage eines neben ihm sitzenden Schülers eingeht, statt ihn an die Unterrichtende zu verweisen.

2. Statt: „Jetzt Du da!" — Schüler mit ihrem Namen anreden

Schüler wissen es zu schätzen, wenn Lehrer sie mit ihrem Namen anreden. Umgekehrt empfinden sie es als Geringschätzung ihrer Person, wenn sie ‚anonym' angesprochen werden („Hey, Du da mit dem roten Pullover"). Der Grundschulpädagoge Jakob Muth hat es als ein wichtiges Merkmal des pädagogischen Takts bezeichnet, dass Lehrer, die eine neue Klasse übernehmen, so schnell wie möglich die Namen aller Schüler auswendig lernen. Lehrer signalisieren damit, dass sie bemüht sind, Schüler individuell anzusprechen. Am Anfang hilft dabei ein „Klassenspiegel" mit der Sitzordnung, der auf dem Pult liegt, damit man während des Unterrichtens nachschauen kann.

3. „?"

Um welchen auffälligen „Verstoß" gegen eine gelungene Gesprächsführung es in Videoszene 1 in diesem Kapitel (s.u.) geht, sollten Sie selbst herausbekommen. Falls nicht, finden Sie am Ende dieses Kapitel (S.164) einen Hinweis.

	Videoszene 1 zu Kapitel 10
DVD-Pfad: Kapitel_10\	
Dateien: K_10_Wasser.wmv (Dauer ca. 2 Minuten)	
K_10_Wasser_Protokoll.pdf (zugehöriges Wortprotokoll)	
Aufgabe: Was fällt Ihnen an der Gesprächsführung der Lehrerin auf?	

4. Nach Fragen abwarten können — „Ketten-Fragen" vermeiden

Zu den wenigen Punkten, die man sich für eine Gesprächsführung vornehmen kann, gehört es auch, nach dem Stellen von Fragen den Schülern zunächst einmal Gelegenheit zu geben, über die Frage nachzudenken. Gerade angehenden Lehrern fällt es außerordentlich schwer, auch nur einige Sekunden verstreichen zu lassen, in denen niemand etwas sagt. Die dann einsetzende Stille ist schwer auszuhalten. Wenn sich kein Schüler meldet, wird oft sofort eine zweite oder dritte Frage nachgeschoben in der Annahme, die erste Frage sei nicht verstanden — möglicherweise ungeschickt formuliert —

worden. Meist sind solche nachgeschobenen Fragen auch noch etwas anders formuliert als die Ausgangsfrage oder enthalten neue Aspekte, so dass die Schüler noch mehr ins Grübeln kommen. Besonders ungeschickt sind sog. „Ketten-Fragen", bei denen der Lehrer mehrere Fragen unmittelbar hintereinander stellt. Sie vergessen, dass auch Erwachsene Bedenkzeit brauchen und bei vielen Fragen nicht „wie aus der Pistole geschossen" antworten können. Zwar gibt es keine allgemeingültige Empfehlung dafür, wie lange man abwarten sollte - das hängt nicht zuletzt vom Frageniveau ab. Man sollte aber mal ausprobieren, nach einer nicht allzu trivialen Frage 10 Sekunden abzuwarten. 10 Sekunden sind für Schüler zum Nachdenken über einen Sachverhalt nicht besonders lang. Wenn man als Lehrer auf eine Antwort wartet, können 10 Sekunden wie eine Ewigkeit erscheinen. Das gilt es auszuhalten.

5. Nicht gleich den ersten Schüler drannehmen, der sich meldet.

Wenn sich auf eine Frage nach längerem Warten ein Schüler meldet, ist man hocherfreut - denn endlich geht es weiter. In solchen Fällen kostet es dann noch mehr Nerven, diesen Schüler nicht gleich dranzunehmen, sondern noch etwas länger zu warten, bis sich weitere Schüler melden. Wenn man das nicht tut, hat man kurzfristig den Scheinerfolg, dass es zügig weitergeht. Da sich bei Unterrichtsgesprächen aber immer dieselben wenigen Schüler schnell melden, besteht der längerfristige Effekt darin, dass sich die meisten anderen Schüler vom Gespräch ausklinken, weil sie ohnehin keine Chance sehen dranzukommen.

6. Schüler drannehmen, die sich nicht gemeldet haben ?

Eilige Lehrer „verkürzen" die Wartezeit gelegentlich, indem sie gezielt einen Schüler aufrufen, der sich nicht gemeldet hat, von dem aber erfahrungsgemäß eine richtige Antwort erwartet werden kann. Das kann in Ausnahmefällen sinnvoll sein, wenn tatsächlich auch nach längerem Warten kein Beitrag kommt. Es ist aber auch dann zweischneidig: Der eine Schüler geht souverän damit um, erwartet möglicherweise eine solche besondere Beachtung, der andere war gerade nicht bei der Sache und fühlt sich ertappt. Wenn man auf dieses Verfahren zurückgreifen möchte, sollte man Schüler gut kennen.

7. Dazwischenrufer nicht belohnen

In vielen Klassen gibt es Drängler unter den Schülern, die ihre Antwort auf eine Lehrerfrage sofort in die Klasse rufen. Angehende Lehrer gehen oft so darauf ein, dass sie den Drängler zurechtweisen („Melde Dich!"), was dieser auch sogleich macht - und zur Belohnung für das erwünschte Verhalten wird er dann unverzüglich drangenommen. Der Schüler erfährt auf diese

Weise „Drängeln lohnt sich" und auch die Mitschüler bekommen mit, dass sie den Lehrer auf diese Weise austricksen können.

8. Killer- oder Fangschuss-Fragen vermeiden[8]

Man fragt absichtlich einen Schüler, der gerade nicht aufgepasst hat, um ihn so zu disziplinieren „Na, Heiner, Du kannst uns das doch jetzt sicherlich noch einmal gut erklären? Du quatscht ja schon die ganze Zeit..." Das nehmen Schüler zu Recht übel — nicht nur der so reingelegte.

9. Rhetorische Selbstversicherungsfloskeln vermeiden

Sicher können Sie sich erinnern an Unterrichtssituationen, in denen der Lehrer am Ende einer anstrengenden Abhandlung fragt: „Und ist das jetzt allen klar?". Und sicher wissen Sie auch, wie Sie in solchen Situationen als Schüler reagiert haben, wenn es ihnen noch immer nicht klar war. Sie haben natürlich nicht geantwortet, sondern geschwiegen, denn wer möchte sich schon als begriffsstutzig „outen" und „den Laden" aufhalten. Auf diese Weise bekommen Lehrer immer die Rückmeldung, die sie erwünscht haben. Fragen dieser Art dienen ausschließlich dazu, dass sich Lehrer in der Scheinsicherheit erfolgreichen Unterrichtens wiegen. Sie übersehen dabei womöglich, dass sie an der Mehrheit der Klasse vorbei unterrichtet haben.

Da alle Lehrer irgendwann auch mal Schüler gewesen waren, müssten sie sich eigentlich jedes Mal auf die Zunge beißen, bevor sie diese unsinnige Frage stellen. Tatsächlich aber ist das eine der am häufigsten gestellten Fragen (und eine der am seltensten ehrlich beantworteten). Gehen Sie einmal das Protokoll einer aufgezeichneten Unterrichtsszene durch (s. WBA-Übung zu Kapitel 10, S.158) und markieren Sie, wie oft dieser Lehrer solche und ähnliche Fragen stellt. Versuchen Sie dann, für jede dieser Fragen eine alternative Frage zu formulieren, mit der man hätte herausbekommen können, was (von wem) verstanden wurde, und was noch nicht.

10.2.2 Gesprächsführung für Fortgeschrittene

Die folgenden Hinweise dürften sich nicht so leicht „vornehmen" lassen, wie die vorstehend beschriebenen elementaren Anforderungen. Um zu kontrollieren, ob man sie berücksichtigt, bedarf es Tonbandaufzeichnungen oder Helfer, die das Gespräch protokollieren und einen im Nachhinein auf Verstöße aufmerksam machen:

10. Auf Einhaltung der Gesprächsregeln bestehen und dieses kontrollieren.

---

[8] Meyer 1987

11. Ermahnen bei Nichteinhalten der Gesprächsregeln – ggfs. auch wiederholt! Unter Umständen auch durch gezieltes Ansprechen einzelner Schüler (Nicht: „Seid doch mal bitte ruhig" — wenn nur drei Schüler reden).
12. Merken, wer sich beteiligt und wer nicht.
13. Auf ein gleichmäßiges Drannehmen achten.
14. Angemessene inhaltliche Bewertung der Äußerungen anstatt eines immergleichen und oft überschwänglichen Lobs („super"; „toll").

10.2.3 Die „hohe Schule" der Gesprächsführung

Hier geht es um noch höhere Anforderungen, die vielfach auch gestandenen Lehrkräften Schwierigkeiten machen. Streng genommen verdienen eigentlich nur solche Gespräche die Bezeichnung „Unterrichtsgespräch", bei denen auch die drei folgenden Merkmale berücksichtigt sind. Nur sie gewährleisten, dass sich viele Schüler engagiert beteiligen:

15. Das Gespräch nicht immer nur auf sich zentrieren

Der Lehrer fragt, ein Schüler antwortet - der Lehrer fragt erneut, ein anderer Schüler antwortet usw. Gespräche dieser Art haben ein sternförmiges Muster: Der Lehrer ist im Zentrum und um ihn herum befinden sich die Schüler, die nacheinander mit ihm kommunizieren. Wünschenswert wäre, dass Schüler sich mit ihren Beiträgen nicht immer nur auf den Lehrer beziehen, sondern ein Gespräch untereinander anfangen (vom Stern zum Netz). Ein seltenes Beispiel für ein Gespräch von Schülern untereinander zeigt eine Unterrichtsszene aus einer 9. Klasse (s. Videoszene 2 zu Kapitel 10, S.156).

16. Ein Gespräch spannend machen; z.B. durch Zusammenfassen, Zurückgeben von Fragen, nachfragen, interpretieren.

	Videoszene 2 zu Kapitel 10

DVD-Pfad: Kapitel_11\
Datei: K_11_Auswertung_Seeungeheuer.wmv (Dauer ca. 9 Minuten)

Zunächst stellen zwei Schüler Ergebnisse ihres Projekts zu diesem Thema vor. Im zweiten Teil (ab 4. Minute) entwickelt sich eine Kontroverse über die Frage, ob es das Ungeheuer von Loch Ness und andere Seeungeheuer gibt. Die Schüler beziehen sich dabei aufeinander, der Lehrerin bleibt nicht einmal die Rolle der Moderatorin.

17. Angemessen umgehen mit Verständnisproblemen, unklare und fehlerhafte Schülerbeiträge entwirren

Dieses Merkmal verdient genauere Betrachtung, denn in Unterrichtsgesprächen kommt es häufig zu Verständnisproblemen: Ein Lehrer versteht Schülerbeiträge manchmal nicht und umgekehrt verstehen die Schüler nicht, was der Lehrer meint. Das ist völlig normal und zeichnet auch die zwischenmenschliche Kommunikation in anderen Lebensbereichen aus: Politiker verstehen sich nicht untereinander, Männer verstehen ihre Frauen nicht — und umgekehrt. Allerdings sollten Lehrer angesichts ihrer Ausbildung gewappnet sein, mit Verständnisproblemen versiert umzugehen. Tatsächlich aber sind bei Unterrichtsgesprächen oft wenig professionelle Umgangsformen zu beobachten: Unklare Schülerbeiträge werden umgedeutet, abgewimmelt oder übersehen. Wenn Lehrer sich nicht sicher sind, ob sie einen Schülerbeitrag verstanden haben, erzeugen sie mit rhetorischen Fragen und Selbstversicherungsfloskeln den Anschein, als gäbe es die Verständnisprobleme nicht (s. dazu die WBA-Übung zu Kapitel 10, S.158).

Warum sind Unterrichtsgespräche so anfällig für Missverständnisse - und zwar für beide Seiten: Lehrer verstehen Schüler nicht und umgekehrt. Es gibt mehrere Gründe dafür, dass sich Verständnisschwierigkeiten bei Unterrichtsgesprächen nicht vermeiden lassen:

1. Die unterrichtliche Kommunikation verläuft oft unglaublich schnell — dabei gibt es manchmal sogar inhaltlich mehrere parallele Kommunikationsstränge.
2. Nicht selten sind Schüleräußerungen unklar („in die Tüte formuliert"), manchmal wissen diejenigen, die etwas sagen, selbst nicht genau, was sie gemeint haben. Gelegentlich sind Schüleräußerungen kompliziert, enthalten mehrere Bedeutungsschichten. Man würde Zeit benötigen, um sie zu entschlüsseln — aber die hat man im Unterricht nicht.
3. Oft liegen Schülerbeiträge abseits von den vom Lehrer antizipierten Antworten. Sie bringen vermutlich nicht „weiter", sondern stören möglicherweise den geplanten Ablauf. Deshalb erscheint es Lehrern als entbehrlich, über ihre Bedeutung und die mögliche Beziehung zum Unterrichtsthema nachzugrübeln.
4. Schüler sind Querdenker — viele Schüler denken in alle möglichen Richtungen quer — das macht es dem Lehrer fast unmöglich, solche quergehenden Beiträge aufzugreifen und wieder aufeinander und auf einen Argumentationsstrang zu beziehen.

Schon das Aufdecken von Missverständnissen und erst recht das angemessene Eingehen auf sie gehört zu den schwierigsten Anforderungen an die

Gesprächsführung. Es gibt kaum verallgemeinerbare Tipps, weil die Probleme situationsspezifisch sind - bis auf eine Grundregel: Wenn Missverständnisse auftreten, sollte der Lehrer das Gespräch grundsätzlich gekonnt verlangsamen, z.B. durch Rückfragen *„Das habe ich so schnell noch nicht verstanden. Erzähl's doch noch einmal!"*, oder durch eine an andere Schüler gerichtete Bitte, den missverständlichen Beitrag zu erläutern oder umzuformulieren. Zeit gewinnen, um über unklare Äußerungen nachdenken zu können, das ist in solchen Situationen ganz wichtig.

10.3 WBA-Übung zu Kapitel 10

In dieser WBA-Übung geht es um die Gesprächsführung im Mathematikunterricht einer 8. Gymnasialklasse. Zu untersuchen sind, welche Verständnisschwierigkeiten die Schülerinnen haben und wie der Lehrer darauf eingeht.

	WBA-Übung zu Kapitel 10
DVD-Pfad: WBA_Uebungen_zu_Kapitel_10\ *Analyse einer Gesprächsführung*	
1. Starten Sie die Übung aus dem Untermenü zu den WBA-Übungen und folgen den Hinweisen auf dem Bildschirm. 2. Nach Abschluss der Übung erhalten Sie wie gewohnt Ihre Antworten per Email und einen Hinweis auf Musterlösungen. 3. Die Bearbeitungszeit beträgt ca. 60 Minuten.	

10.4 Lehrerfragen und Impulstechniken[9]

In vielen empirischen Untersuchungen wurde ermittelt, dass Lehrkräfte in einer Unterrichtsstunde erstaunlich viele Fragen stellen und Impulse geben. Je nach Unterricht wechseln die Durchschnittswerte. Die Pioniere solcher Untersuchungen, die Erziehungspsychologen Annemarie und Reinhard Tausch haben Ende der 60er Jahre Werte zwischen 40 und 90 Impulsen und Fragen

---

[9] In diesem Abschnitt orientieren wir uns großenteils an den Ausführungen von Aschersleben 1999, Kapitel 10, sowie von Petersen & Sommer 1999.

Für den Schüler	Für den Unterrichtsprozess
1. aktivieren	1. initiieren
2. dirigieren	2. steuern
3. informieren	3. strukturieren
4. motivieren	4. organisieren
5. emotionalisieren	5. überprüfen
6. prüfen	
7. zensieren	

Tab. 16: Didaktische Funktionen von Impulsen und Lehrerfragen

ermittelt — auch hier wiederum mit großen individuellen Unterschieden: Bei einer Lehrkraft notierten sie 171 Impulse und Fragen in einer Unterrichtsstunde. Dass solche Werte auch heute durchaus nicht ungewöhnlich sind, können Sie anhand der gerade angesprochenen Mathematikstunde (s. WBA-Übung in Kapitel 10, S.158, prüfen, indem Sie die Lehrerfragen und Impulse in den beiden zusammen etwa 8½ Minuten dauernden Szenen zählen und auf 45 Minuten hochrechnen.

Warum stellen Lehrer so erstaunlich viele Fragen und geben so viele Impulse? Die Antwort darauf lautet: Fragen und Impulsen haben eine zentrale Bedeutung für die Gestaltung des Frontalunterrichts, ihnen werden bemerkenswert viele didaktische Funktionen zugeschrieben. Sie sollen Anstöße für den Lernprozess der Schüler geben[10] (Tab. 16).

Zwischen Lehrerimpulsen und -fragen gibt es eine gewisse Arbeitsteilung.

10.4.1 Der Unterrichtsimpuls

Ein Impuls ist umgangssprachlich soviel wie eine Anregung, ein Antrieb oder Anstoß. In der Didaktik meint der Begriff *Unterrichtsimpuls* jede Maßnahme der Lehrkraft oder auch des Schülers, die den Lernprozess in Gang setzt und voranbringt. Grundsätzlich können zwei verschiedene Arten von Impulsen unterschieden werden: *Sachimpulse bzw. nonverbale Impulse* und *verbale Impulse*.

Ein Beispiel für einen verbalen Impuls: Eine Lehrkraft betritt den Klassenraum und kündigt an: „Schreibt doch einmal auf, was ihr so alles vom Re-

---

[10] Aschersleben 1999

genwurm wisst!", dann versucht sie, mit diesem verbalen Impuls eine Unterrichtsstunde einzuleiten, in der sich die Klasse mit dem Thema „Regenwurm" beschäftigt. Die Lehrkraft informiert die Schüler mit ihrer Ankündigung und weist ihnen - wenn auch noch recht weit gefasst - den Weg, wie sie sich mit dem Unterrichtsinhalt zu beschäftigen haben. Gleichzeitig hofft sie, dass die Schüler durch die Ankündigung motiviert werden, das heißt, auf diese Weise Interesse am Gegenstand „Regenwurm" bekommen.

Ein entsprechender nonverbaler Impuls könnte darin bestehen, ein kleines Terrarium mit Regenwürmern wortlos auf das Pult zu stellen und auf Schülerkommentare zu warten.

Impulse sollen der Motivation der Schüler dienen und den Lernprozess steuern. Die bloße Ankündigung des Unterrichtsinhaltes zum Stundenbeginn allein ist wenig motivierend. Im obigen Beispiel wären die Schüler vermutlich stärker durch ein Sachimpuls motiviert worden: Die Lehrkraft hätte eine Büchse voller Regenwürmer mitbringen und die Schülerreaktionen nach dem Zeigen der Tiere abwarten sollen.

Aschersleben unterscheidet drei Typen von verbalen Lehrerimpulsen:

Lehrerfrage: „Was mögen sich die Bauern wohl erzählt haben, während sie zum Thingplatz ritten?"

Aufforderung: „Denkt einmal darüber nach, was die Bauern sich erzählen, während sie zu reiten!"

Denkanstoß: „Was die Bauern, die zum Thingplatz reiten, sich erzählen, klingt nicht lustig."

Welcher verbale Impuls erfolgreicher ist, lässt sich nicht allgemeingültig klären, sondern ist schüler- und situationsabhängig. Es kann also nicht schaden, wenn man zwischen verschiedenen verbalen Impulsen variiert.

10.4.2 Die Lehrerfrage

Im Rahmen von Unterrichtsgesprächen kommt einem Satztypus allein schon aufgrund seiner Vorkommenshäufigkeit eine ganz besondere Bedeutung zu: Der Lehrerfrage.

Der Form nach gehören hierzu alle Sätze, die mit den Frageworten „was", „wer", „warum", „wie" „wann" „wo" u.s.w. eingeleitet werden. Fragen dieser Art werden auch als W-Fragen bezeichnet. Sie waren lange Zeit zu Unrecht in der Lehrerausbildung verpönt, weil sie — angeblich — das Denken von Schülern zu stark eingrenzen. Darüber hinaus gehören zur Lehrerfrage alle Sätze in Frageform, d.h. Sätze, die mit einem Fragezeichen enden.

Neben der bereits erwähnten rhetorischen Frage gibt es eine Vielzahl weiterer Fragetypen. Eine mögliche Gruppierung kann danach erfolgen, welche Denkprozesse Fragen in den Schülern auslösen (sollen). Von ihrer Funktion her lassen sich dabei zwei Haupttypen unterscheiden, die Wissensfrage und die Denkfrage.

a) *Wissensfragen*
Wissensfragen fordern „das Erinnern" (sowohl Wiedererkennen als auch Reproduzieren) von Ideen und Materialien oder Erscheinungen.
Beispiel „Welche didaktische Funktionen kann Frontalunterricht haben?"

b) *Denkfragen*
Denkfragen stellen Schüler vor für sie neuartige Situationen oder Probleme. Sie fordern dazu auf, in vorangegangenen Erfahrungen nach geeigneten Informationen und Techniken zu suchen und auf die neuen Situationen und Probleme zu übertragen. Zwei Typen von Denkfragen sind zu unterscheiden: Konvergente und divergente Fragen. Der Unterschied zwischen beiden Typen wird an den zwei folgenden Beispielen deutlich:

1. *„Welche Entwicklungen hat die Besetzung des Irak durch amerikanische Truppen ausgelöst?" (Konvergente Frage)*
2. *„Stellen Sie sich vor, die chinesische Regierung hätte die irakische Regierung militärisch gegen die amerikanischen Truppen unterstützt. Welche Folgen hätte das geopolitisch haben können?" (Divergente Frage)*

Der Rahmen für Frage 1 ist wesentlich enger gespannt als bei Frage 2. Der Lehrer erwartet eine bestimmte Antwort, und durch die Analyse der historischen Situation können Schüler das erwartete Ergebnis finden. Der amerikanische Lernpsychologe Guilford bezeichnet solche Denkprozesse als „konvergentes Denken". Konvergentes Denken bedeutet die Analyse und Integration von gegebenen oder erinnerten Fakten. Es führt zu einem erwarteten Ergebnis innerhalb eines eng strukturierten Rahmens. Konvergente Fragen regen konvergentes Denken an.

Die 2. Frage ist wesentlich offener. Sie lässt eine ganze Reihe von Antworten zu, und das Denken der Schüler erhält mehr Spielraum. Weder der Denkweg noch das Denkergebnis liegen fest. Beide werden nur durch einen weiteren Rahmen eingegrenzt. Diesen Denkprozess bezeichnet man im Anschluss an Guilford als „divergentes Denken". Divergentes Denken bedeutet intellektuelle Operationen, bei denen das Individuum frei ist, unabhängig seine eigenen Fakten in einer faktenarmen Situation abzuleiten oder eine neue Richtung oder Perspektive in Bezug auf ein gegebenes Thema einzuschlagen. Divergente Fragen regen divergentes Denken an.

c) Gefühlbezogene Fragen
Neben Wissens- und Denkfragen gibt es noch an das Gefühl gerichtete Fragen, die auf die affektiv-emotionalen Aspekte an Unterrichtsgegenständen hinweisen und Schüler auffordern, ihre Gefühle zu äußern. Auch diese können konvergent oder divergent formuliert werden:
⇒ „Wie empfindet ihr denn das, was ihr eben gehört habt?" (nach einem Gedichtvortrag)
⇒ „Traut Ihr euch denn noch, Bus zu fahren?" (nach Nachrichten über Busunfälle)

Darüber hinaus gibt es noch einige Fragetypen, die sich der obigen Systematik entziehen und nur für ganz bestimmte Etappen im Unterrichtsgespräch sinnvoll sein können[11]:
⇒ Schrotschuss-Fragen: Man kann eine Frage wie einen Schrotschuss einsetzen. Man zielt ungefähr in die Richtung, in der man eine sinnvolle Antwort erwartet und hofft, dass sich möglichst viele Schüler angesprochen fühlen. Beispiel: „Einige von euch haben doch sicherlich zu Hause ein Haustier? Erzählt doch mal!"
⇒ Ballon-Fragen: Man stellt absichtlich eine ziemlich komplexe oder eine in der Ordnung des Lehrgangs weit vorgreifende Frage, um herauszubekommen, ob man die Schüler mit dem normalen Unterrichtstempo unterfordert hat. Vorsicht: Solche planmäßigen Verfrühungen können die Schüler auch verwirren.
⇒ Reihum-Fragen: Man möchte von möglichst vielen Schülern einen eigenen Standpunkt zu einem Problem erfragen und gibt das Antwort-Recht bzw. die Antwort-Last mit einem „...und du, was meinst du dazu?" weiter.

Zusammenfassend lässt sich feststellen: Gute Ratschläge gibt es zur Genüge, aber werden sie auch befolgt? Ein häufiger empirischer Befund: Lehrer stellen weniger als möglich offene Fragen, die zum Selbstdenken und –finden auffordern. Sie stellen mehr als nötig enge Fragen auf geringem kognitivem Niveau. Die Formulierung von Denkfragen bzw. den entsprechenden Aufforderungen sind weniger einfach, als bei Fragen und Impulsen in der Art von „Wie heißt..?", „Wie verhält sich..?", „Resultat?" der Fall ist. Je mehr Spielraum ein Denkanstoß für die Art der Antwort bietet, desto größer ist das Risiko fehlerhafter, missverständlicher oder ungewöhnlicher Schülerantwor-

---

[11] nach Meyer 1987

ten und damit die Notwendigkeit für korrigierende Impulse und Nachfragen des Lehrers.

10.5 Wie erleben Schüler Lehrerfragen - und wann fragen sie selbst?

Wie kommen Lehrerfragen bei der Klasse, beim einzelnen Schüler überhaupt an? Es ist eine verbreitete Illusion, dass der Lehrer mit seinen Fragen die Gedanken aller Schüler in eine Richtung lenken kann:
⇒ Schüler, die dem Unterricht gut folgen können, denen das Thema liegt oder die die Antwort wissen, finden geeignete Lehrerfragen gut, weil sie den Stoff durchsichtiger machen, neue Erkenntnisse bringen und Erfolgserlebnisse vermitteln.
⇒ Umgekehrt sind Schülern Lehrerfragen unangenehm, wenn sie unverständlich sind oder wenn sie sie nicht beantworten werden können.
⇒ Wenn Lehrer Schüler fragen, die sich nicht gemeldet haben, fühlen diese sich oft ausgeliefert.
⇒ Es ist für Schüler frustrierend, wenn sich niemand meldet und die Gefahr besteht, selbst bei einer Frage aufgefordert zu werden, die man nicht beantworten kann.

Ganz offensichtlich hängt die Wirkung von Lehrerfragen auch davon ab, ob die Schüler, an die sie gerichtet sind, mit der Frage etwas anfangen können oder nicht. Ein nicht ganz überraschender Befund, aber immerhin macht er deutlich, dass es *die* richtige Art, Fragen zu stellen, nicht gibt.

Fragenstellen ist eine wichtige Lerntechnik im Sinne der in Kapitel 5 erläuterten Schlüsselqualifikationen[12]. Schüler können durch Fragen in gewissem Ausmaß selbst die Kontrolle über ihr Lernen übernehmen, das eigene Verstehen sichern und fördern. Lehrer können durch ihre Gesprächsführung das (Nach-)Fragen von Schülern fördern — oder behindern. Faktisch konkurrieren Lehrerfragen mit den Fragen der Schüler um die wichtige Ressource Unterrichtszeit. Zudem können Lehrer durch ihre Art zu fragen den Schülern ein (positives oder negatives) Modell für das Fragen geben.

Diverse empirische Untersuchungen aus den letzten Jahrzehnten[13] haben ergeben, dass von durchschnittlich 25 bis 30 Schülern pro Klasse zusammen

---

[12] vgl. Kapitel 05: „Lehrziele", Abschnitt 5.2, ab S. 70
[13] s. Niegemann & Stadler 2001

im Mittel pro Unterrichtsstunde nur zwischen einer und vier Fragen gestellt werden!

Und hier noch der in Abschnitt 10.2.1 versprochene Hinweis zum dritten Fehler (Unterrichtsszene „Wasser"):

Die in der Szene zu betrachtende angehende Lehrerin stellt im Sitzkreis Fragen dazu, wie man Wasser nutzen kann. Die Schüler geben eifrig Antworten, die alle gut verständlich sind. Trotzdem wiederholt die Lehrerin mehr als zwei Drittel der Schülerbeiträge wortwörtlich. Diese Unart heißt „Lehrerecho" und fällt Anfängern oft überhaupt nicht als Ungeschick auf. Wer ein Lehrerecho macht — so die Rechtfertigung — meint es doch nur gut mit dem Wiederholen: Es könnte ja sein, dass jemand aus der Runde das vom Mitschüler Gesagte nicht verstanden hat. Oft wird noch ein zweites Argument für das Lehrerecho angebracht: Es ist eine schöne Bestätigung für den Antwortenden: Die Lehrerin drückt damit aus, dass sie es genauso sieht. Das ist zwar nicht völlig auszuschließen, aber ein Schüler kann seinen Beitrag genauso durch ein Lehrerecho entwertet sehen (warum wiederholt der Lehrer etwas, das ich doch schon ganz richtig gesagt habe). Auch das Argument der besseren Verständlichkeit ist zweischneidig. Ein zu leise sprechender Schüler wird darin bestätigt; besser wäre es, ihn aufzufordern, seinen Beitrag selbst noch einmal lauter zu wiederholen. Für die lauten Mitschüler ist das Lehrerecho das Signal: Wenn ein Mitschüler was sagt, brauchen wir nicht aufzupassen, denn wichtige Beiträge werden schon durch den Lehrer wiederholt.

11 Öffnung des Unterrichts —
Innere Differenzierung

11.1 Einführung

In seinem Buch „Revolution des Lernens" nimmt der amerikanische Computerwissenschaftler Seymour Papert[1] die Veränderungsresistenz der Institution Schule mit einer hübschen Parabel aufs Korn: Eine Gruppe von Zeitreisenden aus einem früheren Jahrhundert, darunter Chirurgen und Lehrer, stattet Einrichtungen der Gegenwart einen Besuch ab. Während es den Chirurgen kaum gelingt, sich in einem modernen Operationssaal zurecht zu finden, kommt den Lehrern, die sich in einer Schule umsehen, vieles vertraut vor. In der Schule — so Paperts Botschaft — hat sich in den letzten hundert Jahren recht wenig getan, und dass, obwohl sie seit langem mit gleich bleibenden Argumenten kritisiert wird. Noch immer steht das Bild vom „Nürnberger Trichter" Pate, wonach Schüler als leere Gefäße aufgefasst werden, die gefüllt werden müssen. Der Stoff (das Wissen) ist wie in einem Fass ausgereift und muss nur in Schülerköpfe umgefüllt werden. Der Lehrer wird bildhaft zu einer Art „Umfüller". Dementsprechend wird Unterricht verstanden als Abfolge von jeweils einer „geplanten Lehrerhandlung", mit der ein „erwartetes Schülerverhalten" in Gang gesetzt wird, welches die nächstfolgende „geplante Lehrerhandlung" anstößt, die zur nächsten Schülerantwort führt usw.. Der Lehrer steht immer im Zentrum des Geschehens, ist Taktgeber für ein gleichschrittiges Denken und Handeln der Schüler. Einer solchen Auffassung von Unterricht liegt die Erwartung zugrunde, dass alle Schüler zu den gleichen Ergebnissen kommen, weil sie in derselben Zeit das Gleiche tun. Mit einem Seitenblick auf die Biochemie könnte man davon sprechen, dass gewissermaßen ein „Klonen von Lernergebnissen" in Schülerköpfen durch ein „Klonen" des Lernwegs angestrebt wird.

Wer als Schüler an einem solchen Unterricht teilgenommen hat, weiß aus eigener Erfahrung, dass diese Vorstellung von Lernen nicht funktioniert:
1. Schüler reagieren häufig nicht so, wie vom Lehrer antizipiert (prinzipiell ist ihre Reaktion nicht vollständig berechenbar).

---
[1] Papert 1994

2. Mehrere Schüler reagieren auf dasselbe Problem, Experiment etc. mit verschiedenen Ideen, Fragen und Vermutungen. Dann darf der Unterricht nicht bloß in einer Richtung fortgeführt werden, sondern sollte diesen verschiedenen Wegen nachgehen — selbst auf die Gefahr hin, dass sich einige davon bald als Sackgassen erweisen.
3. Gerade in einem wissenschaftsorientierten Unterricht sollte keine Stoffhuberei betrieben werden. Wissenschaftliche Erkenntnisse sind niemals abgeschlossen, sondern immer nur vorläufig. Wissenschaftler setzen sich selbstkritisch mit eigenen Erkenntnissen und Forschungsmethoden auseinander.

Was folgt daraus für das Verständnis von Lernen? Eine Einsicht, die schon sehr alt ist, aber viele Schulen noch immer nicht erreicht hat: Man kann keinen Menschen „lernen machen". Was der Hannoveraner Erziehungswissenschaftler Horst Siebert über Erwachsene sagt, gilt auch für Heranwachsende: Sie sind unbelehrbar — aber lernfähig. Und dazu benötigen sie geeignete Lernbedingungen.

11.2 Großformen eines offeneren Unterrichts

Es gibt eine Reihe von Unterrichtskonzepten, in denen Schülern ein Lernarrangement angeboten wird, das ihnen größere Mitgestaltungsmöglichkeiten bietet. Drei bekanntere, in bescheidenem Umfang in Schulen verbreitete Konzepte sind der Wochenplanunterricht, das Werkstattlernen und die Projektarbeit.

11.2.1 Unterricht nach Wochenplan

Werfen Sie zunächst einen Blick in eine erste Klasse und beobachten Sie die Schüler/innen und Lehrerin bei der Arbeit an ihrem ersten Wochenplan.

	Videoszene 1 zu Kapitel 11
DVD-Pfad: Kapitel_11\ *Datei*: K_11_Wochenplan.wmv (Dauer ca. 5 Minuten)	
Was fällt Ihnen am Lehrerverhalten auf?	

ÖFFNUNG DES UNTERRICHTS — INNERE DIFFERENZIERUNG

Nach dem Betrachten der Szene werden Sie sich vermutlich über die Frage nach dem „Lehrerverhalten" wundern, denn das ist im Video überhaupt nicht auszumachen. Im Gegenteil: Auffallend ist, dass von der Lehrerin weder etwas zu sehen noch zu hören ist — und das, obwohl alle Schüler in dieser ersten Klasse mit großem Eifer bei der Arbeit sind. Wenn Sie die Szene genau ansehen, werden Sie bemerken, dass die meisten Schüler — allein oder mit ihrem Sitznachbarn — ganz unterschiedliche Aufgaben bearbeiten: Die einen lösen Rechenaufgaben, andere stecken Buchstaben auf einer Steckleiste zu Wörtern zusammen, wieder andere lösen vorgegebene Schreibaufgaben oder lesen sich gegenseitig kleine Texte vor. Insgesamt sind in dem kurzen Zusammenschnitt dieser real etwa 30 Minuten dauernden Unterrichtsphase 12 unterschiedliche Schüleraktivitäten zu sehen — merkwürdigerweise ohne dass die Lehrerin sich in dieser Zeit auch nur einmal an die Klasse wendet, einen Arbeitsvorschlag macht oder etwas erläutert. Das ist — nicht nur für eine erste Klasse — erstaunlich.

Möglich ist diese Zurückhaltung der Lehrerin, weil die Aufgabenstellung auf anderem Weg erfolgt. In diesem Wochenplanunterricht erhalten die Schüler am Anfang einer Woche ein Arbeitsblatt (s. DVD-Menü „Unterrichtsdokumente" in Zeile „Kapitel 11" „Wochenplan"), in dem für die verschiedenen Fächer Aufgaben beschrieben sind — z.T. mit Hilfe von Symbolen erläutert, weil die meisten Erstklässler noch nicht lesen können:

⇒ Schreiben (Symbol „Stift"): Es sind Sätze von der Tafel und aus der Fibel abzuschreiben;
⇒ Leseübungen (Symbol „Brille") mit von der Lehrerin passend zum Leselehrgang erstellten Aufgabenkarten;
⇒ Rechenaufgaben (Symbol „Rechenplättchen") auf von der Lehrerin angefertigten Drehscheibenkarten;
⇒ je eine Ausmalübung und ein Spiel (Symbol „Brettspiel");
⇒ als Küraufgabe (Symbol „Känguru") das Drucken einer selbst formulierten kleinen Geschichte mit Buchstabenstempeln.

Drei Spalten am rechten Rand dienen zur (Selbst-)Kontrolle: Mit einem Häkchen in der linken Spalte notiert der Schüler, dass er mit der Aufgabe in dieser Zeile begonnen hat, mit einem Häkchen in mittleren Spalte teilt er mit, dass er fertig ist und ganz außen hakt die Lehrerin ab, ob die Aufgabe richtig gelöst wurde. Sind alle Aufgaben bearbeitet, schreibt die Lehrerin einen Kommentar in ein freies Feld unten auf dem Wochenplan.

Bei diesem ersten Wochenplan haben die Schüler zwei Unterrichtsstunden Zeit (am Dienstag die zweite und am Freitag die dritte Stunde), um die Aufgaben zu bearbeiten. In den beiden Wochenplanstunden entscheidet jeder für sich, mit welcher Aufgaben er beginnen und welche er für später aufheben möchte. Allerdings müssen bis zum Ende der zweiten WP-Stunde am Freitag alle Pflichtaufgaben bewältigt sein.

Das Video „Der erste Wochenplan" (s. S.166) zeigt einen Ausschnitt aus der zweiten Wochenplanstunde des ersten Wochenplans überhaupt, den diese 1. Klasse Anfang April erhalten hat. Vertraut gemacht mit dieser ungewöhnlichen Arbeitsweise wurden die Kinder in den Monaten davor durch die Arbeit mit Tagesplänen, bei der folgende sieben Grundregeln als Voraussetzung für die Wochenplanarbeit eingeführt und genauestens kontrolliert wurden:
⇒ Kenntnis der Symbole für die verschiedenen Aufgabenfelder;
⇒ erst werden die Pflichtaufgaben bearbeiten, dann darf gespielt werden;
⇒ es wird immer nur eine Aufgabe auf einmal bearbeitet;
⇒ andere Mitschüler werden nicht bei der Arbeit gestört;
⇒ jeder holt sein Material selbst, ordnet es ein und räumt es wieder weg;
⇒ jeder orientiert sich an seinem eigenen Wochenplan;
⇒ Kinder wenden sich mit Fragen und Hilfeersuchen an die Lehrerin.

Zu Beginn der zweiten Wochenplanstunde hat die Lehrerin vor der Tafel für jeden der fünf Gruppentische einen Schuhkarton mit Arbeitsmaterialien

---

Merkmale des Wochenplanunterrichts
⇒ Jeder Schüler erhält vom Lehrer am Wochenanfang ein Aufgabenblatt.
⇒ Die Aufgaben sind vom Lehrer vorgegeben (meistens Nachbereitung/Anwendung; gelegentlich Vorbereitung).
⇒ Viele Aufgaben sind individuell zu bearbeiten — daneben gibt es Aufgaben für Partner- und Gruppenarbeit.
⇒ Es gibt in der Woche mehrere festgelegte Stunden zur Bearbeitung der Aufgaben.
⇒ Jeder Schüler entscheidet selbst, wann er welche Aufgabe angeht und mit welchem Tempo (eigene Rhythmisierung von Anspannung und Entspannung).
⇒ Jeder Schüler kontrolliert nach Möglichkeit, ob und wie gut er die Aufgabe gelöst hat (Selbstkontrolle, ggfs. Partnerkontrolle).
⇒ Alle Schüler sollten alle Pflichtaufgaben am Ende der Woche gelöst haben.
⇒ Der Lehrer gibt individuelle Rückmeldungen und Hilfen und kontrolliert abschließend.
Modifikationen:
⇒ Leistungsdifferenzierte Aufgaben (z.B. für jedes Unterrichtsfach Aufgaben mit zwei oder drei Schwierigkeitsstufen — so dass viele oder sogar alle Schüler einen etwas anderen Wochenplan haben)
⇒ Zusatzaufgaben
⇒ Schüler wenden sich bei Fragen oder Hilfeersuchen zuerst an Mitschüler.
⇒ Schüler entwerfen eigene Aufgaben für Mitschüler.

Tab. 17: Merkmale des Wochenplanunterrichts

bereit gestellt. Sie gibt einige Hinweise, dann holt jeweils ein Schüler den Karton für seinen Gruppentisch ab und los geht's.

Während die Schüler/innen arbeiten, geht die Lehrerin von einem Tisch zum anderen, lässt sich Ergebnisse zeigen, geht auf Fragen ein. Des öfteren setzt sie sich an ihr Pult, kontrolliert Arbeitsblätter und lässt sich von einzelnen Schülern Hefte zeigen. Für längere Zeit spielt sie mit einem Schüler, der keinen Partner findet, ein Würfelspiel.

Wochenplanunterricht ist eine Variante des Offenen Unterrichts, die lange Zeit ausschließlich in der Grundschule praktiziert wurde[2] — und dort inzwischen eine beachtliche Verbreitung gefunden hat. Nach und nach wird auch in der Sekundarstufe I mit Wochenplänen gearbeitet[3].

11.2.2 Werkstattlernen

Das Konzept des Werkstatt-Unterrichts knüpft an die reformpädagogischen Prinzipien eines kooperativen und möglichst selbstständigen Lernens an. Nachdem in den 80er Jahren die Idee der Lernwerkstätten eine Wiedergeburt erfahren hat, gibt es inzwischen einige Varianten von Werkstattarbeit[4].

Die Schülern/innen dieser 8. Klasse haben ungewöhnlich weitreichende Möglichkeiten zum selbstorganisierten Lernen: Sie suchen sich Aufgaben aus einem umfangreichen Angebot (Tabelle 18, S.170) und bearbeiten sie über eine Periode von i.d.R. drei Wochen weitgehend selbstständig. Die Aufgaben stammen vorwiegend aus den Fächern Deutsch, Politik, Erdkunde, Geschichte und Englisch. Hinzu kommen fachübergreifende Themen — hier ein Erkundungsprojekt zum Thema „Gewalt in der Schule". Daneben gibt es eine Aufgabenkartei, die von den Schülern selbst angefertigt wird. Diese für die Mitschüler entworfenen Aufgaben werden genauso aufwändig wie die Aufgabenblätter von Lehrerseite zusammengestellt: Sie werden auf Kartonblätter geschrieben, mit kleinen Fotos oder Zeichnungen ausgeschmückt und anschließend mit Klarsichtfolie überzogen.

Wöchentlich stehen für die Werkstattarbeit drei Stunden aus dem Kontingent von zwei Lehrerinnen zur Verfügung, die in der Klasse zusammen fünf Fächer unterrichten. Die Lehrerinnen stellen zum Anfang einer Periode neue

---

[2] Huschke 1980
[3] Vaupel 1995
[4] Hagstedt 1994

Aufgaben vor (Tabelle 18, S.s.u.) und beraten im weiteren Verlauf einzelne Schüler bzw. Gruppen auf Anfrage.

Die Schüler entscheiden überwiegend selbst, was sie machen möchten und mit wem sie ggfs. zu zweit oder in Gruppen zusammenarbeiten wollen (Ausnahme: Wenn die Lehrerinnen beobachten, dass einzelne Schüler immer wieder bestimmten Aufgaben ausweichen, weil sie vermutlich nicht über die

Deutsch	Politik	Erdkunde	Geschichte	Englisch
Andere fremde Welten - Lesekiste - Bibliothek zur Anregung *Gewählt wird das Thema „Seeungeheuer"* **Satzpuzzle** - Sätze u. Satzgefüge erkennen; Satzzeichen setzen; Differenzierung für Test üben	**Aktuelles Thema: „Gewalt bei Jungen und Mädchen"** - Meinungsumfrage durchführen; pro Schulzweig (HS, RS u. Gy) werden 10 Schüler befragt (jeweils 5 Jungen und 5 Mädchen)	**Rätselreise um die Welt** LÜK-Kästen - Selbständige Übung/ Differenzierung zur Testvorbereitung für Lernschwächere	**Eine geschichtliche Persönlichkeit kennen lernen** am Beispiel Napoleons - Höhere Differenzierung; Vertiefung von Geschichtskenntnissen	**Lernspiel Memory** Unregelmäßige Verben (z.B. find - found / go - went)
Cartoons beschriften - Cartoons erfassen: Kategorien kennen lernen, Schrift passend zum Text setzen *Erwies sich als zu schwer! Daher anstelle der Cartoons:* - Kurzgeschichte „Nicht alles gefallen lassen" von G. Zwerenz als Hörspiel darstellen	**Zum aktuellen Thema** - Fotodokumentation über „Gewalt in unserer Schule" erstellen	**Suchspiel: Euro-Zwölf** - Selbständige Übung, höhere Differenzierung zur Testvorbereitung		**Länderkunde: USA** Texte übersetzen u. illustrieren
	Stärkung der Schüleridentität und der Klassengemeinschaft - Aufgabe nach Wahl in Absprache mit d. L.	**Sich über Umweltprobleme informieren** - Vortrag ausarbeiten u. halten		**Songtext übersetzten und interpretieren** Beispiel: „ebony and ivory"

Tab. 18: Aufgabenangebot für eine Werkstatt-Periode (ca. 3 Wochen mit insgesamt 9 Stunden)

erforderlichen Fähigkeiten verfügen, nötigen sie diese Schüler mit gutem Zureden, sich auch einmal solchen Aufgaben zu stellen).

Begleiten Sie Schüler/innen dieser 8. Klasse bei ihrer Werkstattarbeit in drei Videoszenen (Videoszenen 2, 3 und 4 zu Kapitel 11, s.u.).

Videoszenen 2, 3 und 4 zu Kapitel 11

DVD-Pfad: Kapitel_11\
 Dateien: K_11_Werkstattarbeit.wmv (Dauer ca. 4:30),
   K_11_Auswertung_Gewalt_in_der_Schule.wmv (4:58),
   K_11_Auswertung_Seeungeheuer.wmv (9:00).

In welcher Hinsicht weist das Lernen dieser Schüler/innen einen höheren Grad an Selbständigkeit auf, als das im herkömmlichen Unterricht in einer 8. Klasse üblich ist?

Das Aufgabenangebot wird nicht zu bestimmten Zeitpunkten en bloc ausgetauscht (wie beim Wochenplan), sondern jeweils nach und nach. Ein Austausch findet zum einen statt, wenn die Mehrheit der Schüler eine Aufgabe bearbeitet hat; zum anderen, wenn eine Aufgabe über einen längeren Zeitraum — trotz Empfehlung — nicht angenommen wird. In solchen Fällen suchen die Lehrerinnen im Gespräch mit den Schülern nach Ursachen und bitten sie um Alternativvorschläge. Im vorliegenden Beispiel stellte sich bald heraus, dass die beiden Englisch-Aufgaben („USA-Länderkunde" und die Analyse des Songs „ebony and ivory") von den Schülern — sehr zur Enttäuschung der Englischlehrerin — nicht angenommen wurden. Weil sich auch das Ausformulieren von Cartoon-Sprechblasen als zu schwer erwies, ersetzte die Deutschlehrerin sie nach einer Woche durch die Aufgabe, eine satirische Kurzgeschichte über die Eskalation einer Nachbarschaftsfehde („Nicht alles gefallen lassen" von G. Zwerenz) als Hörspiel auszuarbeiten. Bemerkenswert ist das große Angebot an Büchern, Lernspielen, diversen Übungsmaterialien sowie an Arbeitsmitteln, Geräten und Medien im Klassenraum (Poster, Kassettenrecorder, Fotoapparat, Taschenrechner, diverse Handwerkszeuge u.v.m.).

Neben der Wahl der Aufgaben und ggfs. der Arbeitspartner bestimmen die Schüler auch den Arbeitsort, der nicht notwendig im Klassenzimmer sein muss (auch auf dem Flur und in einem mit Werkzeugen ausgestatteten Nebenraum kann gearbeitet werden).

> **Merkmale des Werkstattunterrichts**
> ⇒ In jeder Werkstatt-Periode (ca. drei Wochen) arbeiten die Schüler i.d.Regel in kleinen Gruppen — z.T. auch allein — über mehrere Stunden an einem selbst gewählten Vorhaben.
> ⇒ Welche Vorhaben bearbeitet werden können, legen die beiden Lehrkräfte fest, wobei sie Vorschläge von Schülern aufgreifen.
> ⇒ Bei Partner- oder Gruppenarbeit treffen die Schüler Absprachen über das Vorgehen (z.B. Zeitplan, Materialien und Hilfsmittel, Arbeitsteilung).
> ⇒ Im Arbeitsraum (nicht notwendig Klassenraum) steht ein umfangreiches Angebot an Arbeitsmaterialien, Werkzeugen u. Lernspielen zur Verfügung.
> ⇒ Neben der Lehrkraft gibt es auch Schüler/innen mit Spezialkenntnissen und Fähigkeiten, die als „Chefs" mit ihrem Expertenwissen beraten und helfen.
> ⇒ Jede/r Schüler/in führt zur eigenen Kontrolle und zur Information für die Lehrerinnen eine Mappe, in die — nach den o.a. Fächern bzw. Themenschwerpunkten unterteilt — zu notieren ist, mit welchen Aufgaben man sich wie lange beschäftigt hat. Sofern Ergebnisse in Form von Arbeitsblättern o.ä. entstanden sind, werden sie in die Mappe geheftet. Darüber hinaus hält jede/r Schüler/in in einer großen tabellarischen Übersicht an der Wand mit Stecknadeln fest, welche Aufgabe er/sie bearbeitet hat.
> ⇒ Ergebnisse werden schriftlich festgehalten und am Ende der Werkstatt-Periode vorgestellt.

Tab. 19: Merkmale dieses Werkstattunterrichts

Auch über die Dauer der Beschäftigung mit einer Aufgabe und die Qualität der Ergebnisse entscheiden die Schüler/innen. Allerdings ist am Ende einer jeden Werkstatt-Periode die Vorstellung der schriftlich festgehaltenen Arbeitsergebnisse und der dabei gemachten Erfahrungen verbindlich. Hierbei haben diese Schüler beachtliche Vortragsfähigkeiten entwickelt. So stellt z.B. eine Viererpruppe ihre Ergebnisse zum Thema *Gewalt in der Schule* vor (Fotodokumentation, Umfrage unter Mitschülern und Zusammenfassung einer Studie). Daran schließt sich eine Diskussion über den Horrorvideos und Gewaltspiele am PC an. Zwei andere Schüler lösen mit ihrem Vortrag zum Thema *Seeungeheuer* eine lebhafte Diskussion über die wissenschaftliche Seriosität von Berichten über das Ungeheuer von Loch Ness aus (s. Videoszene 4 zu Kapitel 11, S.171).

Wenn andere Sekundarstufenlehrer dieses Projekt betrachten, ist Staunen und manchmal unterschwellig Neid zu spüren. Die Lehrerinnen machen aber in einer selbstkritischen Einschätzung deutlich, wie schwierig für sie die Realisierung dieses Unterrichts gewesen ist und welche ungewöhnlichen Voraussetzungen zusammenkommen mussten: Insbesondere Teamarbeit unter den Lehrkräften, günstige Stundenpläne, Schüler/innen, die mit dieser Art des Lernens vertraut gemacht worden sind und sich darauf einlassen.

11.2.3 Projektarbeit

Ein Beispiel für diese dritte Großform offeneren Unterrichts haben Sie bereits in einem Video zu Kapitel 5[5] kurz kennen gelernt. Schüler einer 2. Klasse stellen ihre Ergebnisse aus einer Projektwoche zum Thema „Dinosaurier" vor (Videoszene 5 zu Kapitel 11, s.u.). In dieser Szene beeindruckt die Souveränität, mit der die Zweitklässler — immerhin vor laufender Kamera — ihre Ergebnisse vorstellen. Sie identifizieren sich mit dem, was sie selbst geschaffen haben, und demonstrieren damit überzeugend die vom Begründer der Projektmethode, William Heard Kilpatrick, gegebene Charakterisierung eines Projekts als „... planvolles Handeln aus ganzem Herzen, das in einer sozialen Umgebung stattfindet."[6]

Videoszene 5 zu Kapitel 11
DVD-Pfad: Kapitel_11\   *Dateien*: K_11_ProjektSaurier.wmv (knapp 7 Minuten)
Versuchen Sie anhand der Szene herauszufinden, worin sich Projektarbeit von Wochenplan- und Werkstattunterricht unterscheidet.

Die ursprüngliche Idee von Kilpatrick und anderer amerikanischer Reformpädagogen hinter dem pädagogischen Konzept „Projekt" war es, einen Gegenentwurf zur herkömmlichen Schule zu machen: Dort nimmt der Lehrer seinen Schülern fast alle Entscheidungen über das Lernen ab: Er legt Ziele fest, plant den Unterrichtsablauf und bewertet die Schülerleistungen. Dem Schüler bleibt nur die Ausführung des vom Lehrer vorgeschriebenen Lernwegs, der Lektion. Der Schüler ist ein „Sklave" des Lehrerwillens — so der Vorwurf Kilpatricks. Dagegen organisieren bei der Projektarbeit die Schüler ihr Lernen in eigener Verantwortung. Sie werden aktiv im ursprünglichen Sinn des Begriffs *Projekt* (vom lat. *pro-iacere* = „*vor(aus) werfen, sich etwas vornehmen*"). Als wichtigstes Ziel des Projektunterrichts galt dem

---

[5] Kapitel 05: „Lehrziele", ab S.69
[6] Kilpatrick 1935

Mentor Kilpatricks, dem amerikanischen Erziehungsphilosophen und Psychologen John Dewey, eine gesellschaftspolitische Zielsetzung: Schon in der Schule sollten Schüler wie in einer demokratischen Ideal-Gesellschaft zusammenarbeiten. Sie sollten Demokratie im Vorgriff auf das spätere Leben üben, indem sie sie schon in der Schule „leben". Hinzu kommt ein lernpsychologisches Argument: Nachhaltiges Lernen funktioniert nicht, wenn man Schülern immer nur fertige Ergebnisse vorsetzt. Ungleich wertvoller ist es, eigenen Fragestellungen nachzugehen und dabei aktiv eigentätig Erfahrungen zu machen, statt passiv die von anderen gemachten Erfahrungen bloß noch zu rezipieren.

Bis heute wird der Begriff Projektunterricht in der schulpädagogischen Literatur in nahezu unveränderter Weise verwendet[7]. Daneben gibt es Schulpädagogen, die den Begriff „Handlungsorientierter Unterricht" bevorzugen, um nahezu gleiche Vorstellungen von Lehren und Lernen zu beschreiben, wie sie von den frühen Vertretern des Projektunterrichts entwickelt worden sind[8].

Merkmale eines Unterrichtsprojekts

1. *Mitplanung:* Themenfindung, Planung und Auswertung mit den Schülern
   Alle Schüler beschäftigen sich mit einem Thema, Problem oder einer Frage (z.B. Schulhofgestaltung - Sicherer Schulweg - Drogen - Abenteuerspielplatz). Die Schüler sind an der Planung und Vorbereitung wesentlich beteiligt. Alle Entscheidungen (z.B. zu Zielen; Methoden, Zeitplanung, Materialbeschaffung) werden abgestimmt.
2. *Problemorientierung:* Erfahrungs- und Lebensweltbezug, außerschulisches Lernen
3. *Untypische Lernformen:* Erkenntnisse und Erfahrungen werden induktiv aufgrund eigener Aktivitäten erworben.
4. *Fach- und disziplinübergreifendes Lernen:*
   Die Arbeit geht über einen längeren, zusammenhängenden Zeitraum und ist i.d. Regel nicht bezogen auf Unterrichtsfächer.
5. *Intensive Kooperation:* Die Arbeit erfolgt zwar auf ein gemeinsames Gesamtziel hin, ist aber zumeist arbeitsteilig mit einem hohen Anteil an selbstständiger Gruppenarbeit.
6. *Sinnvolles Gesamtziel:* z.B. ein brauchbares Produkt, eine sinnvolle Erfahrung, das/die für alle Schüler bedeutsam ist — meist über den Unterricht hinaus.

Tab. 20: Merkmale eines Unterrichtsprojekts

---

[7] Frey 1982, Hänsel 1986
[8] z.B. Gudjons 1986 und Meyer 1987

11.3 Merkmale eines Offeneren Unterrichts

In Abschnitt 2 sind drei vergleichsweise verbreitete „Großformen" eines *Offeneren Unterrichts* vorgestellt worden. Es gibt noch einige weitere solcher Großformen (z.B. Stationenlernen[9], Freie Arbeit, Wahldifferenzierung). Ihre „Wurzeln" haben die meisten Konzepte in der Reformpädagogik, einer — was die Entwicklung alternativer Unterrichtskonzepte angeht — äußerst kreativen Periode von ca. 1910 bis ca. 1930. Verbunden ist sie mit den Namen Dewey, Freinet, Montessori, Otto, Petersen, Gaudig, Lietz u.v.a.[10]. Vier Merkmale verbinden diese Großformen Offenen Unterrichts:

Merkmal 1: Die Weltsicht von Schülern zum Lerngegenstand machen
Öffnung des Unterrichts heißt zuallererst, auf die individuellen Besonderheiten der Schüler einzugehen, also ihre Wünsche, Interessen, Fähigkeiten, sowie ihre kulturellen, sprachlichen, religiösen und politischen Vorerfahrungen zu berücksichtigen. Beim Projektlernen ist die Erkundung der Schülerinteressen, ihrer Wünsche und Fragestellungen fester Bestandteil des Unterrichts. Sofern Unterricht nicht projektmäßig gestaltet wird, besteht die Schwierigkeit oftmals darin, diese individuellen Sichtweisen zu ermitteln. Obwohl das didaktische Prinzip des *Anknüpfens an Vorerfahrungen* in allen Unterrichtstheorien bemüht wird, wird es im Schulalltag oft nicht ernst genommen. Wenn z.B. im fragend-entwickelnden Unterricht auf Vorerfahrungen eingegangen wird, dann nur, um sie als ungenau oder fehlerhaft herauszustellen und möglichst schnell durch Darlegung der richtigen Sichtweise zu überwinden. Schüler merken das umgehend und trauen sich nur dann zu melden, wenn sie ganz sicher sind, die richtige Antwort zu wissen. Auf diese Weise schaffen es Lehrer, von den Verständnisproblemen ihrer Schüler „verschont zu bleiben". Die beiden schweizer Pädagogen Peter Gallin und Urs Ruf[11] haben Vorschläge gemacht, wie man der „singulären" Weltsicht von Schülern, ihren Deutungen von Phänomenen und ihren Bemühungen, Probleme zu lösen, auf die Spur kommen kann. Ihre „Kernidee" — um einen von ihnen favorisierten Begriff auf ihr Konzept anzuwenden[12] — lautet: Erst müssen

---

[9] vgl. Tabelle 22, S.192
[10] zur Einführung in die Reformpädagogik s. Röhrs 1991
[11] Gallin & Ruf 1993
[12] Der Begriff *Kernidee* spielt in den Überlegungen Gallins und Rufs eine zentrale Rolle: Bevor Lehrer einen Lernstoff vermitteln, sollen sie überlegen, was für sie selbst das Besondere, Wissenswerte daran ist.

Schüler Gelegenheit und Zeit (!) erhalten, um sich über ihre individuelle Problemsicht und ihre Herangehensweise bei der Lösung von Aufgaben klar zu werden. Dazu werden sie angehalten, den Weg ihres Nachdenkens schriftlich festzuhalten. Dieses „Reisetagebuch" dient dem Lehrer als Wegweiser in die Gedankenwelt seiner Schüler. Es hilft ihm, sowohl originelle Lösungsansätze als auch Fehldeutungen nachzuvollziehen. Ein weiterer Vorschlag lautet, dass sich Schüler jeweils mit einem Mitschüler wechselseitig über ihre Lösungsversuche, Schwierigkeiten und Irrwege austauschen. Die faszinierende Idee dahinter: Wenn ein Schüler seine Ideen und Fehler präzise mitteilen kann, hat er eine größere Chance sie zu überwinden. Helfen kann dabei auch, die Ideen und Fehler eines Gegenübers nachzuvollziehen. An diesen Dialog anknüpfend ist es dann im Unterrichtsgespräch leichter, nach und nach von der „singulären" zur „regulären" Weltsicht vorzustoßen. Vermittels der Selbst- und Fremderkundung wird Lernen zu einem reflexiven Prozess.

Merkmal 2: Differenzierendes Lernen ermöglichen
Bei den drei in Abschnitt 2 vorgestellten Videobeispielen fällt gegenüber herkömmlichem Unterricht auf, dass nicht alle Schüler zur selben Zeit dasGleiche machen. Diese Lehrer gehen nicht von einem fiktiven Durchschnittsschüler aus, sondern berücksichtigen die individuellen Unterschiede ihrer Schüler, indem sie ihnen über weite Strecken Gelegenheit geben, verschieden zu lernen (Unterschied = Differenz, daher heißt es „Differenzierendes Lernen"). Gemeint ist in diesem Fall die *Binnendifferenzierung*, also verschiedenartige Lernaktivitäten von Schülern zur gleichen Zeit an einem Ort. Davon zu unterscheiden ist die *äußere Differenzierung*, d.h. die Zusammenfassung von Schülern zu relativ altershomogenen Lerngruppen nach Klassen (Altersdifferenzierung), nach Schulformen (Leistungsdifferenzierung) oder in Arbeitsgemeinschaften (Interessendifferenzierung). Ein differenzierendes Lernarrangement bietet unterschiedliche Lernwege, Schwierigkeitsgrade, Methoden und Arbeitsmittel, es lässt ein unterschiedliches Lerntempo zu, ermöglicht die Wahl unterschiedlicher Inhalte und gibt ggfs. unterschiedliche Lehrziele vor.

Merkmal 3: Schülern Gestaltungsmöglichkeiten einräumen
Die Entscheidungen über die Gestaltung des Unterrichts werden bei offeneren Unterrichtskonzepten nicht allein vom Lehrer vorab getroffen, sondern mit den Schülern während des Unterrichts besprochen. Dabei sind die für Schüler bestehenden Wahl- und Mitbestimmungsmöglichkeiten bei einzelnen Unterrichtskonzepten verschieden.

So entscheidet beim *Wochenplan* vorwiegend der Lehrer über Thema, Ziele, Material, Arbeitsformen und Medien. Die Schüler haben Wahlmöglichkeiten bei der Auswahl von Material, Medien und Arbeitsformen (z.B. Rechtschreibübungen mittels Laufdiktat oder Lückentext oder Dosendiktat) und können wählen bei der Sozialform (einzeln, Partner, Gruppen), dem Zeitpunkt und der Zeitdauer des Arbeitens, sowie der Reihenfolge, in der sie die Aufgaben bearbeiten.

Bei der *Werkstattarbeit* entscheiden die Schüler mit über Auswahl von Material, Medien, Arbeitsformen; sie legen mit fest, wie ihr Ergebnis aussehen soll und entscheiden z.T. auch über die Ziele.

Beim *Projekt* haben die Schüler noch größere Mitsprachemöglichkeiten, weil sie zusätzlich über das Thema, die Lehrziele und die Arbeitsformen mitbestimmen — allerdings müssen sie sich mit anderen Schülern abstimmen.

Merkmal 4: Öffnung der Schule nach außen — in zwei Richtungen:
Öffnung des Unterrichts bedeutet schließlich, dass der Unterricht sich gegenüber der Außenwelt öffnet. Dazu können entweder Experten wie Buchautoren, Vertreter von Berufsgruppen, oder Hundehalter in die Schule kommen oder die Klasse sucht außerschulische Lernorte auf, z.B. Museum, Fabrik, Bauernhof, Theater, Natur.

11.4 Drei verbreitete Missverständnisse über Offenen Unterricht

Die Kritik an der Grundidee einer Öffnung des Unterrichts entzündet sich häufig an drei problematischen Prämissen, die den Vertretern dieser Konzepte entweder irrtümlich unterstellt werden oder die diese mit ihrer Argumentation sogar nahe legen.

Erstes Missverständnis:
Im Offenen Unterricht sind die Schülerinteressen der absolute Maßstab.

Diese irrige Auffassung wird z.T. durch die Art und Weise nahe gelegt, wie Konzepte Offenen Unterrichts dargestellt werden. Sie dient Gegnern als willkommener Vorwand, um dieser Art von Unterricht generell eine Absage zu erteilen. Wenn Sie sich in Kapitel 5[13] mit dem gesellschaftlich vorgegebenen Bildungsauftrag beschäftigt haben, dürfte Ihnen jedoch klar sein, dass

---

[13] vgl. Kapitel 05.2, S.70

bestimmte Rahmenvorgaben und Ziele des Unterrichts nicht verhandelbar sind. Das haben die meisten Reformpädagogen übrigens nicht anders gesehen. Die folgenden Aussagen zum Stellenwert, dem Schülerinteressen eingeräumt werden sollten, stammen nicht etwa von einem Anhänger der Schwarzen Pädagogik, sondern von dem Mitbegründer der Projektmethode, dem bereits erwähnten Erziehungsphilosophen John Dewey (Hervorhebungen durch die Autoren):

„Die grundlegenden Faktoren im Erziehungsvorgang sind ein unreifes, unentwickeltes Wesen und gewisse gesellschaftliche Ziele, Bedeutungen, Werte, die in der gereiften Erfahrung der Erwachsenen verkörpert sind. Der Erziehungsvorgang ist die gehörige Wechselwirkung der beiden Faktoren. ... In Wirklichkeit sind Interessen nur Einstellungen zu möglichen Erfahrungen; sie sind keine Leistungen; *ihr Wert liegt in der Hebelkraft, die sie gewähren, nicht in der Ausführung, die sie darstellen.*"[14]

„Die größere Reife der Erfahrung, die dem Erwachsenen als Erzieher zukommen sollte, versetzt ihn in die Lage, jede Erfahrung der Kinder so zu beurteilen, wie es das Kind mit seiner weniger reifen Erfahrung noch nicht kann. Daher ist es das Geschäft des Erziehers, zu erkennen, in welche Richtung eine Erfahrung zielt."[15]

Im Übrigen stehen Schülerinteressen nicht immer und nicht zwangsläufig konträr zu den gesellschaftlich vorgegebenen Zielsetzungen. Letztlich trägt aber der Lehrer die Verantwortung für den Unterricht und wird vernünftigerweise immer dann eingreifen, wenn seine zentralen Ziele und Prinzipien verletzt werden könnten. Unterrichten ist immer — und sei der Unterricht noch so offen — ein „Austausch unter Ungleichen".[16]

Zweites Missverständnis:
Im Offenen Unterricht macht sich der Lehrer zunehmend überflüssig.

Auch dieses verbreitete Missverständnis, das Lehrern die verführerische Vision eines angenehmen Nichtstuns in Aussicht stellt, spricht von großer Unkenntnis über die Praxis eines solchen Unterrichts. Jeder noch so offene Unterricht bedarf strikter Lehrerkontrolle. Der französische Reformpädagoge Célestin Freinet hat diesen Aspekt von Lehrerarbeit mit der Kontrolltätigkeit eines Ingenieurs im Maschinenraum verglichen:

„In der Praxis wird der Lehrer vorgehen müssen wie ein Mechaniker, der eine Anzahl von Maschinen zu überwachen hat. Dieser kann sich beruhigt an der Schwelle des Maschinenraumes aufhalten, wenn es nicht zu Störungen kommt. Sobald er aber ein verdächtiges Geräusch vernimmt oder merkt, dass eine Maschine nur schwach oder

---

[14] Dewey 1935, S. 142 u. S. 150
[15] Dewey 1963, S. 49
[16] Gallin & Ruf 1998

unregelmäßig läuft, muss er herbeieilen, sie ölen, sie auf eine höhere Tourenzahl bringen oder das Räderwerk langsamer laufen lassen."[17]

Zwar ist von Freinet auch ein Zitat überliefert, welches das obige Missverständnis nahe legt: „Im Unterricht arbeiten die Schüler, der Lehrer arbeitet zuhause." Aber Freinet lässt in seinen Unterrichtsbeschreibungen keinen Zweifel aufkommen, dass der Lehrer während des Unterrichts ständig gefordert ist: Seine Aufgabe dort ist die Hilfestellung und Beratung der Schüler, die Überprüfung ihrer Ergebnisse sowie die Diagnose von Lernschwierigkeiten. Darüber hinaus fungiert er fortwährend als „Wächter der Ordnung" (so eine treffende Metapher unseres Kollegen Roland Narr in Anlehnung an die spanischen Freinet-Pädagogen Aïda Vasquez und Fernand Oury).

Drittes Missverständnis:
Offener Unterricht ersetzt Frontalunterricht.

Zwar ist richtig, dass Frontalunterricht im Rahmen offener Konzepte eine deutlich geringere Rolle spielt als im herkömmlichen Schulalltag. Aber kein offener Unterricht kommt ohne frontale Phasen aus (z.B. zur gemeinsamen Planung, zum Informieren oder zur Besprechung von Ergebnissen). Die falsche Polarisierung von hier „offener = guter Unterricht", dort „frontaler = schlechter Unterricht" hat in der Vergangenheit — gerade bei Junglehrern — unnötige Illusionen erzeugt, die alsbald in Enttäuschung umgeschlagen sind.

11.5 „Kleinformen" einer Öffnung des Unterrichts

Die Diskussion über eine Öffnung von Unterricht konzentriert sich meist ausschließlich auf die vorstehend beschriebenen Großformen. Sie erscheinen zunächst auf dem Papier außerordentlich attraktiv, wirken aber abschreckend, sobald Lehrer darüber nachdenken, sie im eigenen Unterricht aufzugreifen. Offenbar ist die Diskrepanz zwischen dem, was diese Konzepte versprechen, und den Einschätzungen vieler Lehrer, was in ihrem Unterricht realistisch ist, zu groß. So ist zu erklären, dass Lehrer aus der Sekundarstufe gelegentlich behaupten: „Offener Unterricht — das ist doch bei uns wegen des enormen Stoffpensums gar nicht möglich — das geht nur in der Grundschule." Umgekehrt behaupten einige (wenige) Grundschullehrer: „Offener Unterricht — dafür sind unsere Schüler noch viel zu jung, das geht nur mit älteren Schülern". Übersehen wird dabei, dass auch im herkömmlichen, vorwiegend lehrerzentrierten Unterricht Formen von Öffnung im Sinne der obigen vier

---

[17] Freinet 1979, S.75

Merkmale praktiziert werden können — ganz unabhängig von der Altersstufe oder Schulform. Man kann (und sollte) bescheiden anfangen!

Eine ganz alltägliche Variante der Öffnung besteht beispielsweise darin, dass Lehrer Schüler über ihr Unterrichtsvorhaben informieren. So können Lehrer am Anfang einer Stunde den geplanten Stundenverlauf entweder mündlich oder in Form einer Tafelnotiz bekannt geben *(Transparenz der Unterrichtsplanung)*. Sie können ihr Vorgehen begründen, z. B. hinsichtlich der Themenauswahl, der Festlegung von Arbeitsformen oder bei der Zensurengebung *(Begründung didaktischer Entscheidungen)*. Lehrer ermöglichen es Schülern, zum Unterricht Stellung zu nehmen, z.b. mit einem im Klassenzimmer angebrachten Zettelkasten oder wöchentlichen bzw. monatlichen Diskussionsrunden *(Schülerrückmeldung)*.

Eine Öffnung von Unterricht i.S. der vier Merkmale auch diesseits der Großformen ist im Schulalltag nicht nur möglich, sondern eine notwendige Voraussetzung jeden Unterrichts. Kein Unterricht — selbst der strikteste Frontalunterricht — kann die Wünsche, Interessen, Fähigkeiten und Vorerfahrungen der Schüler ignorieren. Beispiele dafür, dass Schüler auch in einem überwiegend lehrerzentrierten Unterricht tagtäglich bei didaktischen

Art der Beteiligung	Beispiele
Einflussnahme auf Inhalte, Materialien und Medien	Ein Schüler hat von einer Englandreise typische Londoner Souvenirs als Plastikspielzeug mitgebracht (Doppeldeckerbus, rote Telefonkabine, Londoner Taxis, Big Ben) und stellt sie im Englischunterricht auf englisch vor.
	Schüler sollen „Erlebnisse mit Haustieren" aufschreiben und können dabei entscheiden, welche Szene sie vorstellen.
Einflussnahme auf Arbeitsformen	Bei der Lösung von Rechenaufgaben stehen verschiedene Hilfsmittel zur Wahl (Rechenkette, Plättchen, 100er-Feld)
Wahlmöglichkeit bei den Sozialformen	Ein Arbeitsvorschlag lässt ausdrücklich die Wahl, eine Aufgabe in Einzelarbeit, mit einem Partner oder in einer Dreiergruppe zu lösen.
Wahl von Zeitpunkt u. Zeitdauer des Arbeitens	Ein Mathematikspiel wird auf Wunsch vieler Schüler wiederholt (obwohl die Lehrerin unter Zeitdruck steht).
Wahl des Arbeitsorts	Auch im herkömmlichen Unterricht können Gruppen ihre Arbeit außerhalb des Klassenraums erledigen, z.B. auf dem Flur, im Schulgarten, in der Bibliothek.
Mitgestaltung der Lernumgebung	Im Klassenzimmer gibt es Ausstellungsflächen z.B. für das Lieblingsspielzeug oder ein Maskottchen. Schüler hängen eigene Poster an die Wände oder bemalen sie. Schüler können einmal im Monat die Sitzordnung wechseln.

Tab. 21: Alltägliche Beteiligung der Schüler/innen an der Unterrichtsgestaltung

Entscheidungen mitwirken bzw. sie beeinflussen, lassen sich in jeder Unterrichtsstunde ausmachen. Übersehen werden sie deshalb, weil sie sich nur kurzfristig auf das Unterrichtsgeschehen auswirken und daher unerfahrenen Beobachtern im Vergleich zu den Mitbestimmungsmöglichkeiten bei den Großformen kaum auffallen.

Für nahezu alle Entscheidungsebenen lassen sich viele Beispiele aus dem herkömmlichen Unterricht finden, in denen Schülern eine Einflussnahme gewährt wird (Tabelle 21, S.180). Zwar muss man schon etwas genauer hinsehen, um solche vergleichsweise bescheidenen Varianten einer Beteiligung von Schülern an der Unterrichtsgestaltung wahrzunehmen, wird aber schnell sensibel dafür.

Schüler bemühen sich recht oft darum, eigene Erfahrungen und Interessen zu dem vom Lehrer vorgegebenen Thema einzubringen, nicht immer zur Freude der Lehrkräfte. Häufig haben Schüler Ideen, die auf den ersten Blick stören, weil sie das gut vorbereitete Konzept des Lehrers durcheinander bringen. Im Nachhinein erweist es sich dann doch oft als lohnend, darauf eingegangen zu sein:

⇒ Im Mathematikunterricht sitzen die Schüler auf dem Teppichboden um ein Quadrat aus Papier und erläutern die Eigenschaften: Form, Winkel, Klappbarkeit u.a. Dann stellt die Lehrerin einen Arbeitsvorschlag: „Überlegt zu zweit, aus welchem Material ihr ein Quadrat herstellen könnt, das genau ein Meter lang und ein Meter breit ist." Zunächst sammelt die Lehrerin einige Vorschläge der Kinder: Sand, Papierstreifen, Ranzen, Stifte. Dann werden Maßbänder ausgeteilt und die Schüler fangen in Zweier-, z.T. Dreiergruppen an. In einer Dreiergruppe gibt die „Chefin" die Anweisung: Wir legen uns alle hin zu einem Quadrat. Die anderen bezweifeln, dass das geht, weil nicht alle gleich lang sind — sind aber nicht sicher. Die Lehrerin greift absichtlich nicht ein. Die „Chefin" lässt sich messen. Allen in der Gruppe wird klar, dass niemand genau einen Meter lang ist. Außerdem ist es schwer, mit drei Personen vier Seiten darzustellen. Es wird ein kleiner Teppich zusammengerollt und als Ersatz für die vierte Person dazugelegt. Aber immer noch stimmen die Längen nicht. Hartnäckige Korrekturversuche, indem Beine länger gestreckt oder anzogen werden, Arme nach oben gestreckt werden — nichts führt zum gewünschten Ergebnis. Neue Idee: Ein Quadrat aus Büchern legen — da gibt die Lehrerin das Signal zum Aufhören.

⇒ Eigentlich hat die 6. Klasse Englisch, aber weil Carolin heute Geburtstag hat, darf sie sich ein Spiel aussuchen — ein in dieser Klasse beliebtes Ritual. Carolin entscheidet sich für das 10-Fragen-Spiel: Sie denkt sich einen Begriff aus und schreibt ihn auf die Tafelrückseite. Die anderen müssen den Begriff nun mit 10 Fragen erraten. Die Fragen müssen so gestellt sein, dass sie mit ja oder nein zu beantworten sind. Carolins erster Begriff ist, wie sie sagt, eine Krankheit. Ihre Mitschüler raten angestrengt, bekommen die Krankheit aber nicht raus. Nach der 10. Fragen ist nur klar, dass es etwas mit Aids zu tun hat. Stolz verkündet Carolin ihr Lösungswort: „Schwul". — Die Lehrerin ist ein wenig geschockt, schweigt aber zunächst. Britta, Carolins beste Freundin, fährt Carolin an: „Du spinnst ja, das ist doch keine Krankheit." Carolin verteidigt sich: „Natürlich ist das eine Krankheit." Einige Mitschüler geben zustimmende oder ablehnende Kommentare, es entsteht ein lebhaftes Gemurmel. Die Lehrerin fragt: „Wie kommst du denn darauf, Carolin?" Darauf Britta, ziemlich sauer: „Das hat sie von Ihren Eltern, die denken so was Blödes." Die nun einsetzende, lebhafte Debatte verfolgt die Lehrerin mit gemischten Gefühlen — schließlich ist sie auf das Thema Homosexualität nicht vorbereitet und außerdem ist ja Englisch dran. Andererseits ergeben sich in der Schule selten Gelegenheiten, dass Schüler von sich aus unvoreingenommen über derartige Themen diskutieren.

Man muss als Lehrer nicht darauf warten, bis Schüler ihre Interessen kund tun; man kann auch ausdrücklich dazu anregen:
⇒ Im Deutschunterricht erhalten Schüler abwechselnd einmal pro Woche Gelegenheit, ihr Lieblingsbuch oder einen Kinofilm vorzustellen.
⇒ Im Musikunterricht der Oberstufe fördert der Lehrer die Stärken der Schüler, indem er sie ermuntert, etwas selbst zu komponieren. Zuerst sind die Schüler ein wenig verhalten, doch er gibt ihnen zu verstehen, dass es keine schlechten bzw. falschen Kompositionen gibt. Jedes entstandene Stück sei ein Kunstwerk. Das ermutigt die Schüler und es entstehen einige wunderbare Kurs-Kompositionen, die sich die Schüler gegenseitig mit Blockflöten vortragen.
⇒ Im Frontalunterricht stellt ein Lehrer seine Fragen ganz oft so, dass sie nicht nur auf eine richtige Antwort abzielen, die er sich vorher ausgedacht hat. Die Schüler fühlen sich zu freien Interpretationen herausgefordert und werden in ihrer Selbstständigkeit bestärkt.
⇒ Eine angehende Lehrerin erinnert sich an eine Vertretungskraft, die in der 6. Klasse zwei Englischstunden übernehmen musste. Sie brachte ihre Gitarre mit und sang mit den Schülern bekannte englische Lieder. Anschließend war der Text gemeinsam zu übersetzen. Zur folgenden Stunde sollte ein Schüler eine Schallplatte mit seinem englischen Lieblingslied mitbringen, das dann mit Hilfe des Liedertextes sinngemäß übersetzt wurde. Dabei kam es nicht darauf an, jede Vokabel stur zu übersetzen, sondern zu verstehen, was der Sänger ausdrücken wollte. Dieser angehenden Lehrerin sind Vokabeln aus diesem Unterricht besser im Gedächtnis verhaftet geblieben als andere, die sie für Tests, etc. auswendig lernen musste.

Immer wieder kommt es im Unterricht zu Situationen, in denen Lehrer ihr geplantes Vorhaben wegen dringender Schüleranliegen zeitweise aussetzen müssen:
⇒ Einige Zeit nach Stundenbeginn kommt der Klassensprecher von einer Sprecherversammlung zurück und hat acht Postkarten mitgebracht, die die Klasse bei einem Schülerwettbewerb gewonnen hat. Die müssen nun gerecht verteilt werden, so dass die 26 Schüler der 3. Klasse zufrieden mit der Lösung sind. Aber wie kann man das machen? Dazu kommen einige Vorschläge, die erst besprochen und abgestimmt werden müssen — auch wenn jetzt eigentlich Fachunterricht dran wäre.
⇒ Eine Grundschullehrerin ist auf das nicht seltene, die betroffenen Schüler meist belastende Phänomen des Zahnausfalls vorbereitet: Der ausgefallene Zahn wird in einem Blumentopf eingepflanzt und am nächsten Tag ist eine „Lutscherblume"' daraus gewachsen.
⇒ Zu Beginn einer Unterrichtsstunde, in der eigentlich etwas ganz anderes geplant war, legt ein Schüler einen toten Maulwurf auf den Lehrertisch. Der Schüler hat den

Maulwurf auf dem Schulweg gefunden. Die Lehrerin ist im ersten Moment sehr irritiert, hat sich aber schnell wieder im Griff. Da das allgemeine Interesse der Schüler auf den Maulwurf gerichtet ist, kann sie nicht einfach zu ihrem Thema übergehen. Sie nimmt das Thema „Maulwurf" auf und fragt zunächst, was die Schüler über Maulwürfe wissen. Dabei taucht oft das Stichwort „Der Maulwurf Grabowski" auf. Über diesen Maulwurf gibt es Kinderbücher. Die Lehrerin überlegt sich daraufhin, mit den Schülern in die Schulbücherei zu gehen, um dieses Buch zu suchen. In der Bücherei wird dieses Buch gesucht, und nebenbei erklärt die Lehrerin etwas zum Umgang mit der Bücherei. Damit ist der Maulwurf sogar für den geplanten Unterricht „nützlich", denn im Fach Deutsch stand sowieso ein Gang zur Bücherei an.

Möglicherweise erscheinen diese Beispiele für Mitplanungsmöglichkeiten von Schülern relativ unspektakulär, wenn man sie mit den ungleich weitergehenden Einflussmöglichkeiten bei den Großformen Offeneren Unterrichts vergleicht. Für Schüler sind diese Möglichkeiten der Einflussnahme jedoch außerordentlich bedeutsam. Damit bekommen sie von ihren Lehrern das Signal, mit ihren Anliegen ernst genommen zu werden. Lehrer, die sich in dieser Weise den Wünschen und Interessen ihrer Schüler öffnen, schaffen so das Fundament für eine gute Beziehung zu ihren Schülern. Wie aus der in Kapitel 2 zitierten Absolventenbefragung[18] hervorgeht, sind es gerade die kleinen Gesten der Geduld, Rücksichtnahme und des Entgegenkommens, welche für die Schüler besonders zählen und den „guten Lehrer" ausmachen.

11.6 Vorschlag für ein Erkundungsprojekt „Öffnung des Unterrichts"

Bei diesem Erkundungsvorhaben (S.184) geht es darum, Beispiele für eine Öffnung von Unterricht in Hinblick auf die in diesem Kapitel beschriebenen Aspekte (Transparenz der Unterrichtsplanung / Möglichkeiten für Schüler zur Rückmeldung über den Unterricht / Beteiligung der Schüler/innen an didaktischen Entscheidungen) im Unterrichtsalltag zu entdecken.

---

[18] vgl. Kapitel 2.1, S.23

	Erkundung/Beobachtung zu Kapitel 11

DVD-Pfad: Kapitel_11\   *Datei:*   K_11_EB_Oeffnung.pdf   Diese Datei ist der Erkundungs-/Beobachtungsbogen. Drucken Sie die Datei aus und machen Ihre Eintragungen auf dem Vordruck
Hospitieren Sie in einer Unterrichtsstunde und notieren Sie, welche alltäglichen Formen einer Öffnung des Unterrichts Ihnen auffallen. Dabei können Sie sich an den Aufgaben im Erkundungsbogen orientieren.
Sechs beispielhafte Ergebnisse von Erkundungsvorhaben. befinden sich in *DVD-Pfad*: Kapitel_11\   *Dateien:*   K_11_EB_Oeffnung_Beispiel_1.pdf   bis ..... Beispiel_6.pdf

12 Planung einer ganzen Unterrichtsstunde

Die bisherigen Kapitel dieses Buches befassen sich mit vielen Aspekten, die bei der Planung von Unterricht beachtet werden sollten:
⇒ Einstieg und Stundeneröffnung
⇒ Lehrziele, einschließlich heimlicher und mitlaufender Ziele
⇒ Arbeitsaufträge
⇒ Arbeits- und Sozialformen
⇒ Möglichkeiten der Öffnung des Unterrichts
⇒ Gestaltung der Lernumgebung im Sinne der sechs Leitlinien für erfolgreichen Schulunterricht (s. Kapitel 6).

Deren Summe ergibt jedoch noch keinen Entwurf für eine ganze Unterrichtsstunde. Fünf Leitfragen sind geeignet, um die in diesem Buch bearbeiteten Aspekte in einen stimmigen Zusammenhang zu bringen. Die Unterrichtsvorbereitung ist abgeschlossen, wenn die Lehrerin diese grundsätzlich beantworten kann[1].

Leitfrage 1
Über welche neuen Einsichten, Fähigkeiten, Informationen sollen (möchten → Lehrziel soll möglichst zum Lernziel werden!) die Schülerinnen nach der Stunde verfügen?

Welche Art von Unterricht die Lehrerin auch plant — sehr offenen oder sehr frontalen Unterricht — sie muss zunächst klären
⇒ welches *Thema;*
⇒ welche *Lehrziele*; das sind fach- und themenbezogene Ziele *und* fächerübergreifende Ziele sowie deren kognitive *und* affektive *und* pragmatische Dimensionen.[2]
⇒ welche (Leit-)*Methode*(n). Die Methodenentscheidung ist zu diesem frühen Zeitpunkt erforderlich, da die wichtigsten Ziele und die wichtigsten Methoden kongruent sein müssen. Z.B. ist die Einführung einer Rechenart nicht mit Freiarbeit möglich und die Förderung der Kooperationsfähigkeit nicht mit Frontalunterricht. Entscheidet man sich für innere- (=Binnen-) Differenzierung, arbeiten verschiedene Schüler oder Schülergruppen in

---

[1] Leitfragen sind bereits von mehreren Verfassern von Unterrichtslehren formuliert worden. Besonders zu nennen sind die fünf „Didaktischen Grundfragen", die W. Klafki in seinem Aufsatz „Didaktische Analyse als Kern der Unterrichtsvorbereitung" herleitet.
[2] vgl. Kapitel 05: „Lehrziele", S.69

der gleichen Unterrichtsstunde mit *unterschiedlichen* Zielen und/oder an *unterschiedlichen* Themen.[3]

Leitfrage 2
An welche Vorkenntnisse, Interessen, Vorlieben, Problemsichten der Schülerinnen kann angeknüpft werden? Welche Eigenheiten der Klasse oder einzelner Schülerinnen müssen berücksichtigt werden?

⇒ Eine Unterrichtsstunde schwebt nicht im luftleeren Raum. Sie steht in einem Zusammenhang mit vorausgegangenen Unterrichtsstunden.

⇒ Die Schülerinnen müssen da abgeholt werden, wo sie stehen[4]: Welche Bereiche der Thematik sind aktuell bedeutsam für sie, was erleichtert bzw. erschwert einzelnen Schülern den Zugang?

⇒ Entscheidet man sich aus diesen Gründen für innere Differenzierung: Welche didaktische Reduktion[5] ist ggfs. möglich, damit auch weniger erfahrene oder lernstarke Schüler Zugang finden?

Leitfrage 3
Welche Struktur soll die Unterrichtsstunde haben?

Diese Frage bezieht sich auf die gesamte Unterrichtsstunde. Sind die ersten beiden Leitfragen sorgfältig beantwortet, beantwortet sich diese Frage oft wie von selbst.

⇒ Die Stunde muss in Abschnitte gegliedert werden, die nicht zu groß sein dürfen. Selbst Erwachsenen fällt es meistens schwer, mehr als 15 Minuten aufmerksam zu bleiben. Es ist also grob abzuschätzen, wie viel Zeit ein Abschnitt beanspruchen wird, und dann je nach Klassenstufe und erforderlicher Konzentration eine Dauer von ca. 5 – 15 Minuten einzuplanen.

⇒ Ist der Zeitbedarf größer, muss entweder die Arbeit in diesem Abschnitt in sich abwechslungsreich sein (mehrere Arbeitsformen erfordern) oder er muss in Teilabschnitte mit unterschiedlichen Anforderungen gegliedert werden.

⇒ An welche ständigen Aufgaben muss ich denken; welche kleinen Hilfsmittel muss ich bereithalten?

⇒ Welche Geräte und Medien setze ich ein? Wann erprobe ich sie und stelle sie bereit?

---

[3] vgl. Kapitel 11: „Öffnung des Unterrichts — Innere Differenzierung", S. 165
[4] Zu verstehen im Sinne ernsthaften Bemühens: Vgl. Kapitel 06: „Lernumgebung als Rahmen erfolgreichen Schulunterrichts", Leitlinie 3, S. 94
[5] „Didaktische Reduktion" meint Verringerung der Komplexität und damit Vereinfachung von Themen. Das darf jedoch nicht zu inhaltlichen Verfälschungen führen.

Leitfrage 4
Was muss bei der Planung der einzelnen Unterrichtsabschnitte bedacht werden?
Diese Frage bezieht sich auf jeden einzelnen Unterrichtsabschnitt:
⇒ Wie will ich (die Lehrer/in) in diesem Abschnitt handeln?
⇒ In welcher *Sozialform* soll gelernt werden, d.h. wie viele Personen sollen jeweils zusammen arbeiten und wie sind sie gruppiert (z.B. Einzelarbeit, Partnerarbeit mit Sitznachbar oder mit von der Lehrerin bestimmtem Partner, Gruppenarbeit in Tischgruppen oder in Wahlgruppen, Klassenunterricht frontal oder im Sitzkreis oder in Kinoreihen)?
⇒ In welcher *Arbeitsform* soll in diesem Abschnitt gelernt werden, d.h. welche Tätigkeit üben die Schüler aus (z.B. Bearbeitung eines Arbeitsblattes, Vorlesen, Tafelabschrift, Experimentieren, Diskutieren, Arbeit mit Materialien)?
⇒ Welche Beiträge, Initiativen und Reaktionen erwarte ich von meinen Schülerinnen?
⇒ An welchen Zielen soll in diesem Abschnitt vorwiegend gearbeitet werden?
⇒ Wie erfahre ich, — nicht für alle Abschnitte, aber mindestens für den letzten oder vorletzten — was meine Schüler/innen gelernt haben?

Leitfrage 5
Welche Risiken könnten auftreten, wie könnten sie aufgefangen werden?
Diese Frage bezieht sich auf die gesamte Unterrichtsstunde und wird sinnvollerweise am Ende der Vorbereitung bedacht.
⇒ Mancher Unterricht erfordert organisatorische Vorbereitungen, z.B. Umräumen der Klasse, Reservierung eines Funktionsraumes oder Gerätes, Bereitstellung von Materialien. Es muss rechtzeitig bedacht werden, ob das realisiert werden kann.
⇒ Manchmal sollen die Schüler Produkte herstellen. Das sollte die Lehrerin vorher selbst einige Male ausprobieren. Oft ergeben sich dabei unerwartete Schwierigkeiten.
⇒ Manchmal sollen in der Klasse emotional besetzte Themen angesprochen werden. Die Lehrerin sollte vorher bedenken, ob Sie selbst bereit wäre, z.B. im Bekanntenkreis oder mit Freunden über diese Themen zu sprechen. Sie sollte von ihren Schülern keine Aussagen erwarten, die ihr selbst so peinlich wären, dass sie nicht wenigstens versuchen würde, diese in ein Gespräch einzubringen.
⇒ Unterricht läuft selten wie geplant. Darum macht sich die Lehrerin schon *vorher* Gedanken darüber, was passiert wenn ... z.B. Unruhe aufkommt;

technische Pannen eintreten; die Zeit nicht reicht; sie zu früh fertig wird; sie ein wichtiges Teilziel nicht erreicht, das sie aber für ihr Stundenziel benötig; interessante Schülerbeiträge in andere Richtung gehen; usw..

Die Leitfragen werden nicht unbedingt in dieser Reihenfolge beantwortet, sondern oft parallel oder auch spiralförmig. Z.B. veranlasst die Arbeit an Leitfrage fünf die Lehrerin, Leitfrage eins noch einmal zu durchdenken, weil der Funktionsraum in dieser Stunde nicht frei ist. Ein häufig zu beobachtender Anfänger-Fehler ist es, dass zunächst nur das Thema festgelegt und dann gleich mit Leitfrage 3 begonnen wird. Ist der erste Abschnitt bestimmt, wird für diesen Leitfrage 4 bearbeitet, dann der 2. Abschnitt, für diesen wiederum Leitfrage 4 usw.. In dieser assoziativen Weise vorbereiteter Unterricht ist relativ beliebig, selbst wenn im Nachhinein Ziele formuliert werden, die damit evtl. erreicht werden können.

Dagegen spricht nicht, dass erfahrene Schulpraktikerinnen oft in dieser Weise vorgehen. Was Berufsanfänger dabei oft nicht bemerken ist, dass diese ihre Lehrziele und ihre Schülerinnen „im Kopf haben" und Leitfrage 1 und 2 somit für die gesamte Unterrichtseinheit oder für das Schulhalbjahr generell geklärt sind.

12.1 Beispiel für die Planung einer ganzen Unterrichtsstunde

Aller Anfang ist schwer. Darum sollte jemand, der das erste Mal vor der Aufgabe steht, eine Unterrichtsstunde selbst zu planen, nicht gleich alle fünf Leitfragen einbeziehen. Besser ist es, wenn eine Ausbildungslehrerin die Vorbereitung der gesamten Unterrichtsstunde übernimmt und die Anfängerin nur jeweils einzelne Aspekte selbst erarbeitet. Es folgt ein Vorschlag für den Einstieg in die selbständige Unterrichtsplanung:

⇒ In der ersten Stunde könnte sich die Anfängerin auf die fachgerechte Formulierung von Arbeitsaufträgen konzentrieren. Oft geht es in dieser Stunde darum, die Schülerinnen erst einmal kennen zu lernen. So kann es sich bei den ‚Arbeitsaufträgen' um Anweisungen für Kennenlern-Spiele handeln.

⇒ Schon für die zweite oder dritte Stunde sollte sie Ziele formulieren. Die Anfängerin sollte ab jetzt keine Unterrichtsstunde halten, für die nicht ihre Lehrziele möglichst genau im Unterrichtsentwurf stehen. Ihre Arbeitsaufträge sollte sie wörtlich aufschreiben und möglichst auch ausprobieren. Da fehlt natürlich noch viel an einer soliden Unterrichtsplanung. Die Lücken

sollte jedoch die Ausbildungslehrerin ausfüllen und teilweise auch die Anfängerin selbst mit Phantasie und „gesundem Menschenverstand".
⇒ Weitere Aspekte können dann nach und nach dazu kommen, z.B. als nächster die Stundeneröffnung, zusammen mit Organisation, Ritualen und Regeln.
⇒ Dann könnte sie sich mit dem Unterrichtseinstieg befassen. Das macht wahrscheinlich am meisten Spaß, weil man dabei eigene Ideen realisieren kann. Aber wenn dieser Aspekt gleich in einer der ersten, selbst geplanten Unterrichtsstunden im Mittelpunkt steht, bereitet sich die Anfängerin nur fachlich und fachdidaktisch vor und hat dann gar keine Zeit und keinen inneren Raum für die allgemeindidaktische Vorbereitung — und die ist vor allem anfangs am wichtigsten.
⇒ Bei der Planung von Unterrichtsgesprächen und innerer Differenzierung sollte zunächst die Ausbildungslehrerin helfen. Wenn die Anfängerin sich nach einigen Wochen schon sicherer fühlt, kann dieser Aspekt zum Planungsschwerpunkt werden.

Nach einigen Wochen ist es dann so weit, dass die Anfängerin allein oder in einer Ausbildungsgruppe eine ganze Unterrichtsstunde oder sogar eine kleine Unterrichtseinheit selbst plant und dazu einen ausführlichen Unterrichtsentwurf ausarbeitet. Das ist der richtige Zeitpunkt, möglichst alle Aspekte der Unterrichtsplanung zu berücksichtigen, die in diesem Buch bearbeitet werden. Die fünf Leitfragen können dann eine Orientierungshilfe sein.

Eine Konkretisierung der 5 Leitfragen ist nur möglich, wenn man eine ganz bestimmte Klasse vor Augen hat. Unterrichtsplanung kann man nicht „am grünen Tisch" lernen. Wir können deshalb nur mit einem Beispiel veranschaulichen, wie eine solche Planung aussehen kann und einige zusätzliche Hilfestellungen geben.

Folgendes Beispiel orientiert sich an der realen Unterrichtsplanung für eine Doppelstunde, die im Rahmen eines fünfwöchigen Schulpraktikums von Drittsemestern entworfen wurde. Die angehenden Lehrerinnen haben sich den Plan für diesen Unterricht sorgfältig überlegt. Dabei hing viel von der aktuellen Situation dieser Klasse und dieser angehenden Lehrerinnen ab:
⇒ Hätte eine angehende Lehrerin nicht ein bestimmtes Methodenseminar besucht, wäre die Praktikumsgruppe nicht auf Stationenlernen als geeignete Lehrmethode gekommen. Dann hätten sie eine andere Lösung gefunden.
⇒ Die angehenden Lehrerinnen hätten auch andere Zielvorstellungen entwickeln können. Für welche Ziele man sich letzten Endes entscheidet, hängt von persönlichen Schwerpunkten und auch von der Klassensituation ab.

⇒ Wie der Plan für die Stunde dann ganz konkret aussieht, hängt hauptsächlich von der Phantasie und vom Fleiß und von den früheren Erfahrungen der Lehrerin ab.
⇒ Wie die Stunde wirklich abläuft — das ist gewöhnlich eine Mischung aus Erwartetem und Unerwartetem.

Von daher kann dieses Beispiel auch kein Muster sein, wie man einen ausführlichen Unterrichtsentwurf herstellt, sondern nur für das Herangehen an die Unterrichtsplanung. Es gibt kein Entwurfsschema, das für jeden Unterricht geeignet ist. Wenn dennoch in manchen Seminaren gefordert wird, dass alle Unterrichtsentwürfe zumindest formal gleich aussehen sollen, besteht die Gefahr, dass Schablonen vorgelegt werden, die mit dem realen Unterrichtsgeschehen nicht viel zu tun haben.

Die Planung ist aus Darstellungsgründen etwas überarbeitet und gestrafft worden, jedoch im Prinzip geblieben, wie sie war. Die drei angehenden Lehrerinnen haben nach dieser Planung unterrichtet[6].

Information 1 zu Kapitel 12

Das Beispiel können Sie besser nachvollziehen, wenn Ihnen der ausführliche Unterrichtsentwurf mit den Begleitmaterialien vorliegt.
DVD-Pfad: Kapitel_12\
Datei: K_12_Entwurf.pdf

Leitfrage 1

Das *Thema* war vorgegeben. Zu den inhaltlichen Vorgaben durch Richtlinien und Sachkundebuch gehört im 2. Schuljahr „Jahreszeiten". Das Praktikum fand größtenteils im März statt, es gab schon einige warme Tage und man konnte den Frühling ahnen. So schlug die Ausbildungslehrerin eine Unterrichtseinheit ‚Frühling' vor. Die drei angehenden Lehrerinnen haben gern mitgemacht und mit den Kindern Bilder zu den vier Jahreszeiten gemalt, dann Tulpen mitgebracht und über Pflanzen im Frühling unterrichtet, haben ein Frühlingsgedicht besprochen, blühende Büsche und Zaubervögel als bunte Frühlingsvögel malen lassen, sogar ein Frühlingsfrühstück gemacht und viele andere Frühlingsthemen besprochen, z.B. im Morgenkreis. Außer-

---

[6] Wir danken den drei angehenden Lehrerinnen, deren Unterlagen aus dem Schulpraktikum wir hier verwenden, der Ausbildungslehrerin, unter deren Anleitung und in deren Klasse der Unterricht stattfand, sowie den Schülerinnen und Schülern, die sich eifrig beteiligt haben!

dem ging in dieser ganzen Zeit der Schreib-/Leselehrgang und der Mathematiklehrgang weiter, wurde jedoch nach Möglichkeit in das Thema „Frühling" integriert, indem z.B. die Texte mit dem Frühling zu tun hatten.

Nach drei Wochen sollte eine Zusammenfassung und Wiederholung stattfinden. Die drei angehenden Lehrerinnen setzten sich zusammen und überlegten gemeinsam: „Was sollen die *Ziele* dieser Wiederholung sein?" Die Vielfalt und Buntheit des Frühlings war im Unterricht vor allem durch die vielfältigen Zugänge deutlich geworden, in Kunst, Biologie, Deutsch, Sachunterricht und sogar im Mathematikunterricht. Man war sich dann ziemlich schnell einig, dass dies das zentrale Ziel sein sollte: Dass die Schülerinnen
⇒ noch einmal ihre Vorfreude auf die Vielfalt und Buntheit des Frühlings spüren sollten,
⇒ ihre positive Einstellung in Bezug auf all die vielen Inhalte, die damit im Laufe der Wochen verknüpft wurden, gefestigt werden sollte,
⇒ diese Inhalte in dem Zusammenhang geübt und gefestigt werden sollten.

Die Ziele sollten also vorrangig affektiver und instrumenteller Art sein und kognitive Ziele aus den vorhergehenden Wochen aufgreifen.

Nun stellte sich die Frage nach der *Methode*. Das Problem war, dass unter dem Hauptthema ‚Frühling' in dieser Unterrichtseinheit eine Vielfalt von Themen bearbeitet wurde. Hätte man diese z.B. nacheinander wiederholt oder mit einer Serie von Arbeitsblättern, wäre das ein ödes Abarbeiten geworden, bei dem der Gesichtspunkt „Buntheit" auf der Strecke geblieben wäre. Jedoch hatte eine angehende Lehrerin an einem Methodenseminar teilgenommen, in dem auch „Stationenlernen"[7] dargestellt wurde. In einem Merkblatt konnten die angehenden Lehrerinnen den in Tab. 22 (S.192) abgedruckten Text lesen:

Stationenlernen hatte vor einigen Wochen schon einmal stattgefunden, allerdings mit wenigen Stationen. Diese Methode erschien den angehenden Lehrerinnen nun auch für diese Unterrichtsstunde gut geeignet, wobei klar war, dass jede Station auf einen der Inhalte bezogen sein sollte, die in den letzten Wochen bearbeitet worden waren.

Leitfrage 2
Der inhaltliche Zusammenhang des geplanten Unterrichts war in diesem Fall klar, da es sich um den Abschluss einer größeren Unterrichtseinheit handelte. Jedoch stellte sich im Sinne von Leitlinie 3 für erfolgreichen Schulunterricht

---

[7] Stationenlernen ist eine der „Großformen" offenen Unterrichts, s. Kapitel 11: „Öffnung des Unterrichts - Innere Differenzierung", Abschnitt 11.2, S.166.

„Die Schüler da abholen wo sie sind"[8] die Frage, welche der beiden Organisationsformen des Stationenlernens für die Schülerinnen in dieser Klasse geeignet ist. Dazu wurde die Dokumentation der Schüler- und Klassenbeobachtung herangezogen, die seit Praktikumsbeginn immer wieder ergänzt wurde. Nicht nur Anfängerinnen ist zu empfehlen, mit Beginn der Arbeit in einer „neuen" Klasse auch solch eine Dokumentation zu beginnen. Man sollte dabei grundsätzlich vorgehen wie bei der Unterrichtsbeobachtung[9] und Fak-

---

Stationenlernen

Eine weitere Möglichkeit des differenzierten Unterrichts bietet das Lernen an Stationen. Hier kann sich jedes Kind die Zeit nehmen, die es braucht. Es können zur selben Zeit unterschiedliche Dinge getan werden, jedes Kind kann sich also bedingt das aussuchen, was ihm gerade am meisten liegt.

Stationenlernen ist ein Weg zwischen Freiheit und Kontrolle. Die Schüler können sich ihre Zeit frei einteilen, wissen aber genau, was von ihnen erwartet wird. Diese Form des Unterrichts ist ein guter Einstieg in freie Arbeitsformen. Sie fördert die Lernfreude, vermittelt Erfolgszuversicht, regt zum selbständigen Arbeiten an und führt zur Übernahme von (Eigen-)Verantwortung.

Wichtig bei der Planung von Stationenlernen ist, dass alle Materialien didaktisch in einer Weise aufbereitet werden, die den Schülern die selbständige Bearbeitung ermöglicht, ohne dass sie auf die Hilfe des Lehrers angewiesen sind. Zu berücksichtigen ist außerdem, dass möglichst unterschiedliche Lernkanäle und Sinne angesprochen werden und das Material den verschiedenen Leistungsniveaus entspricht.

Prinzipiell gibt es zwei Organisationsformen des Lernens an Stationen:
- Die Schüler arbeiten entweder eine bestimmte Zeit an einer Station, auf ein vereinbartes Signal hin wird aufgeräumt und die Station gewechselt, oder
- die Schüler suchen sich eine Station aus, bearbeiten ohne Zeitbegrenzung das vorgegebene Material bis zum Ende und wechseln dann. Dabei ist es vorteilhaft, einige Stationen als verpflichtend festzulegen, um zu verhindern, dass einige Kinder überhaupt nicht oder nur langsam und unkonzentriert arbeiten.

Die Planung einer solchen Unterrichtseinheit bedeutet für die Lehrperson im Vorfeld einen erheblichen Aufwand. Während des Unterrichts ist ihre Rolle im Idealfall darauf beschränkt, sich beobachtend im Hintergrund zu halten und auf Anforderung zu beraten.

Generell ist Stationenlernen mehrstündig anzusetzen, um den Schülern genügend Zeit und Freiraum zu geben.

Tab. 22: Stationenlernen

---

[8] vgl. Kapitel 06: „Lernumgebung als Rahmen erfolgreichen Schulunterrichts", S.91
[9] vgl. Kapitel 03: „Unterricht beobachten und protokollieren", S. 39

> **Unsere Klasse**
> Unsere Klasse setzt sich aus 14 Jungen und 11 Mädchen zusammen.
> Die Mitarbeit der Schüler ist insgesamt gut. Mit großem Interesse nehmen sie neue Themen und Techniken auf und haben besonders viel Freude am praktischen Tun.
> Leider verhalten sich einige Kinder häufig in einer Weise, die vor allem bei Gruppen-, aber auch bei Einzelarbeiten zu massiven Störungen führt. Außerdem gibt es Schüler, die nicht bereit sind, mit anderen zu kooperieren oder Arbeitsmaterialien mit ihnen zu teilen. Die Klassengemeinschaft ist jedoch im Großen und Ganzen gut.
> 2 Schüler sind erst im Laufe des Schuljahres in die Klasse gekommen. Während sich Darius[**] gut eingelebt hat und den Eindruck macht, von Anfang an in der 2/2 gewesen zu sein, fällt Julia die Anpassung schwerer. Sie spielt nicht mit den anderen Kindern, ist meistens für sich alleine, arbeitet bei Gruppenarbeiten nur nach mehrmaliger Aufforderung mit und passt sich auch sonst den Gepflogenheiten nicht an. So nimmt sie zum Beispiel häufig Arbeitsmaterialien mit nach Hause, die vereinbarungsgemäß in der Schule bleiben sollen. Sie ist allerdings auch erst seit Beginn des 2. Halbjahres in der Klasse.
> Einige der Kinder haben teilweise extreme motorische Probleme, die ihnen häufig die Konzentration auf und die Ausführungen von Aufgaben erheblich erschweren.
> ....
> Aus dem Rest der Klasse, die leistungsmäßig alle dem Mittelfeld zuzuordnen sind, stechen 3 Schüler besonders hervor: Jochen, Robert und Dan sind Kinder, auf deren tragende Mitarbeit man sich in fast allen Situationen verlassen kann.
> Da in der Klasse also ein großes Leistungsgefälle herrscht, ist differenzierter Unterricht hier besonders wichtig.

Tab. 23: Schüler- und Schulklassenbeobachtung

ten, Interpretationen und Wertungen sorgfältig trennen. Anders als bei der Unterrichtsbeobachtung ist es jedoch möglich, die Schulklassenbeobachtung ständig zu ergänzen, Interpretationen zu bestätigen oder zu relativieren und die eigenen Wertungen ständig zu überprüfen und zu revidieren.[10] Eine solche Beobachtung sollte enthalten:

⇒ Fakten zur Klassenzusammensetzung, z.B. Geschlechterverhältnis, Altersstruktur der Schüler, Familiensituation, ethnische und religiöse Situation,

---

[**] Die Namen aller Schüler/innen wurden verändert
[10] Selbstverständlich sollte sein, dass solch ein Dokument unter strengen Datenschutzbedingungen und für den eigenen Gebrauch hergestellt wird. Wird es im Ausbildungsunterricht vorgelegt, muss vorab geklärt werden, ob der Datenschutz in diesem Rahmen sichergestellt werden kann.

relevante Ereignisse (z.B. Zugänge / Abgänge im Laufe des Schuljahrs, Klassenkonferenzen).
⇒ Beobachtung einzelner Schüler, die gewöhnlich aus einem besonderen Anlass stattfinden, z.B. wegen gehäufter Konflikte, auffälliger Verhaltensveränderungen, ‚auffälliger' Unauffälligkeit.
⇒ Die Interpretation und noch stärker die Wertung dieser Beobachtungen sollte immer unter den Gesichtspunkten von Leitlinie 2 (*„die Schüler ernst nehmen"*)[11] und 3 (*„die Schüler da abholen, wo sie stehen"*)[12] erfolgen und immer als vorläufig gelten.

Ein Auszug aus der Dokumentation der angehenden Lehrerinnen zu diesem Zeitpunkt ist Tabelle 23, S.193. Die Quintessenz lautet: „Da in der Klasse also ein großes Leistungsgefälle herrscht, *ist differenzierter Unterricht hier besonders wichtig.*" Damit ist die Entscheidung für die zweite Organisationsform klar, obwohl diese schwieriger zu realisieren ist: Die Schüler suchen sich eine Station aus, bearbeiten ohne Zeitbegrenzung das vorgegebene Material bis zum Ende und wechseln dann.

Leitfrage 3
Festgelegt wurde, dass es sich um eine Doppelstunde handeln soll. Die Abschnittsgliederung ist durch die Ziel- und Methodenentscheidungen weitgehend vorgegeben:
1. Stundeneröffnung mit Begrüßungsritual. Ca. 10 Minuten.
2. Einführung. Dieser Abschnitt ist besonders sorgfältig zu planen, da Stationenlernen in dieser Klasse bisher nur in einer Vorform stattfand. Also: Ca. 10 Minuten.
3. Arbeit in Stationen, Phase I. Entsprechend der Zahl der bearbeiteten Frühlingsthemen kann es ca. 10 Stationen geben. Entsprechend den Bereichen Mathematik, Deutsch, Kunst und Sachunterricht soll es vier Pflichtstationen und mindestens noch 2 Wahlstationen geben. Die Stationen sollen so gestaltet werden, dass langsam arbeitende Schülerinnen jeweils ca. 5-10 Minuten benötigen. Dann können vor der Pause 3 Stationen bearbeitet werden. Ca. 25 Minuten. Die lange Dauer dieser Phase ist unbedenklich, da sie in sich gegliedert ist.

Pause mit anschließendem gemeinsamem Frühstück
4. Arbeit in Stationen, Phase II. Ca. 20 Minuten.

---

[11] vgl. Kapitel 06: „Lernumgebung als Rahmen erfolgreichen Schulunt.", Leitlinie 2, S.93
[12] vgl. Kapitel 06: „Lernumgebung als Rahmen erfolgreichen Schulunt.", Leitlinie 3, S.94

5. Versammlung im Sitzkreis. Die Kinder stellen ihre Ergebnisse vor und erzählen von ihren Erfolgen und Schwierigkeiten. Ca. 15 Minuten.

Leitfrage 4
Vor allem die Abschnitte 2 sowie 3-4 müssen sorgfältig vorbereitet werden. Die angehenden Lehrerinnen überlegen, welche Stationen in Frage kommen und dass für besonders schnelle Schülerinnen noch einige Zusatzaufgaben erforderlich sind. Sie teilen dann die Arbeit unter sich auf. Jede angehende Lehrerin übernimmt einige Stationen. Jede überlegt bis zum nächsten Tag, wie die Station aussehen soll und stellt auch das Arbeitsmaterial her. Zu jeder Station wird eine Aufgabe beschrieben, es werden Ziele formuliert und Hinweise zur Kontrolle bzw. Selbstkontrolle gegeben.

Ein Beispiel ist Station 7 aus dem Bereich Kunst:

C. Kunst

Es werden Frühlingstiere erstellt, die dann in der Klasse aufgehängt werden sollen. Während unseres Praktikums haben wir mit den Kindern schon einige Frühlingsdekorationen gebastelt.

Station 7: Ein Bienchen basteln

<u>Aufgabe:</u>   Aus einer Toilettenpapier-Rolle, die bemalt wird, Papier und Pfeifenputzern soll nach Vorlage ein Biene erstellt werden.

<u>Ziel:</u>   Üben des Umgangs mit Schablonen; genaues und sauberes Arbeiten nach Vorlage

<u>Kontrolle:</u>   Durch Vergleich mit einem Modell

Mit dieser Beschreibung der Station ist es jedoch noch nicht getan:
⇒ Die Aufgabe muss als Arbeitsvorschlag für die Kinder so verständlich beschrieben werden, dass Kinder eines 2. Schuljahres ihn selbst erlesen und verstehen können.
⇒ Das Modell muss hergestellt werden. Das ist auch darum wichtig, damit die Lehrerin selbst merkt, welches Material benötigt wird und welche Schwierigkeiten es gibt. *Niemals sollte die Lehrerin von ihren Schülerinnen — gleich welchen Schuljahrs — etwas verlangen, was sie nicht selbst vorher ausprobiert hat!*
⇒ Und das Material muss besorgt werden — in diesem Fall z.B. viele Toilettenpapier-Rollen, d.h. die inneren Rollen. Wenn die angehenden Lehrerinnen diese nicht seit einiger Zeit gesammelt hätten, könnten sie diese Station nicht machen! *Lehrerinnen sind Sammlerinnen! Sie sammeln alles Mögliche, was sie — vielleicht — gelegentlich im Unterricht gebrauchen können.*

Zu ihrem nächsten Treffen haben die drei angehenden Lehrerinnen schon die Arbeitsblätter und das Material hergestellt und mitgebracht. Sie stellen sich das Material gegenseitig vor und besprechen es. In einigen Fällen wird noch etwas geändert. Damit ist die Planung der Abschnitte weitgehend beendet.
Leitfrage 5
Diese Doppelstunde ist sehr materialreich. Es ist darum wichtig, vor Stundenbeginn alle Materialen in ausreichender Menge, nach Stationen geordnet, bereitzulegen. Zusätzlich wird bedacht:
⇒ Ein Organisationsplan ist notwendig, da die Stationen in der Klasse günstig platziert werden sollen.
⇒ Damit für die Kinder und für die angehenden Lehrerinnen die Übersicht nicht verloren geht, wollen die Lehrerinnen jede Station abhaken, die bereits erledigt ist. Dafür wird in Gemeinschaftsarbeit ein ‚Frühlingsorden' gebastelt, auf dem die Stationen eingetragen sind und den sich jedes Kind anheftet.
⇒ Für besonders schnelle Schülerinnen sollen zwei Zusatzstationen bereit stehen.

Damit ist die Unterrichtsplanung beendet. Die angehenden Lehrerinnen haben diese Planung in Form eines ausführlichen Unterrichtsentwurfs dokumentiert. Der ausführliche Entwurf mit den Bildern von einigen Begleitmaterialien befindet sich auf der DVD (vgl. Information zu Kapitel 12, S.190).

12.2 Kurzformen der Unterrichtsvorbereitung

Ergebnis der Unterrichtsvorbereitung ist in diesem Fall ein ausführlicher Stundenentwurf. Das ist jedoch eine Ausnahme, da diese Vorbereitung als Teil des Praktikumsbericht vorgelegt werden sollte. Wenn kein besonderer Grund für eine ausführliche Dokumentation der Unterrichtsvorbereitung vorgelegen hätte, wäre das Ergebnis nur die Materialsammlung für jede Station gewesen.

Auf dieser Basis eine so komplexe Doppelstunde zu halten, würde jedoch selbst einer erfahrenen Praktikerin schwer fallen. Üblich ist es darum, eine Kurzform der Unterrichtsvorbereitung herzustellen und sich während des Unterrichts daran zu orientieren. Solche Kurzformen können je nach Neigung und persönlichem Stil sehr unterschiedlich gestaltet werden. Bewährt hat sich jedoch, dass die Lehrerin auf einem Vordruck alle ständigen Aufgaben und kleinen Hilfen notiert sowie eine Tabelle, in der die Phasen der Unterrichtsstunde stichwortartig beschrieben sind. Sinnvoll kann es sein, Arbeitsanweisungen wörtlich aufzuschreiben.

Die Kurzform der hier skizzierten ausführlichen Unterrichtsplanung befindet sich am Ende des ausführlichen Entwurfs. Im Begleitmaterial befinden sich zwei weitere Beispiele für Kurzformen einer Unterrichtsvorbereitung.

Information 2 zu Kapitel 12

Kurzformen der Unterrichtsplanung:
DVD-Pfad: Kapitel_12\
Datei: K_12_Unterrichtsplanung_Kurzformen.pdf

12.3 Erkundung / Beobachtung zu Kapitel 12

Die Planung einer ganzen Unterrichtsstunde fällt angehenden Lehrern im Allgemeinen schwer, auch wenn sie sich an Hilfen orientieren, wie sie z.B. in diesem Kapitel gegeben werden. Sie äußern daher häufig den Wunsch, das Planen einer Stunde von ihren Ausbildern in einem Seminar oder sogar in einer Vorlesung beispielhaft gezeigt zu bekommen — besser noch, gemeinsam eine Stunde zu planen. Darin drückt sich eine typische Anfängersichtweise aus, wonach Stundenplanung etwas ist, dass sich mittels Algorithmus bewältigen lässt, ohne dass man eine ganz bestimmte Klasse mit realen Schülern vor Augen hat und ohne dass man sich mit dem Stundenthema aus fachlicher Perspektive eingehender beschäftigen müsste. Leider wird diese Illusion in der Literatur mit sog. „Planungshilfen" gefördert, die den Eindruck erwecken, Stunden könnten am grünen Tisch geplant werden, wobei es reicht, sich eine Lerngruppe mal eben vorzustellen. Solche Empfehlungen ignorieren eine Quintessenz der Arbeiten von Klafki und Schulz, die — ausgehend von unterschiedlichen didaktischen Konzepten — schon vor Jahren zur gleichen Schlussfolgerung gekommen sind:
⇒ Klafki[13] hat mit seinen Fragen zur Didaktischen Analyse unmissverständlich klar gemacht, dass die Festlegung, was von einem Thema vermittelnswert ist, also die Formulierung von Unterrichtszielen und -inhalten,

---

[13] Klafki 1962, S. 5 - 34.

nur durch eine adressatenspezifische Analyse des ins Auge gefassten Gegenstandes erfolgen kann;
⇒ Schulz[14] hat mit der von ihm herausgearbeiteten Interdependenz unterrichtlicher Strukturmomente nachgewiesen, dass Unterricht ohne genaue Kenntnisse der Lerngruppe, für die er gedacht ist, nicht geplant werden kann, weil zentrale Entscheidungen nur mit Blick auf die konkreten Schüler getroffen werden können.

Unterricht ist ohne genauere Kenntnis der Lerngruppe, für die er entworfen werden soll, nicht planbar. Daher können wir in diesem Kapitel auch nur darlegen und exemplarisch veranschaulichen, welche Planungsschritte ganz allgemein erforderlich sind und welche Überlegungen dabei angestellt werden müssen.

Um angehenden Lehrern dennoch Gelegenheit zu geben, sich möglichst konkret mit einigen bei der Unterrichtsplanung anfallenden Aufgaben auseinanderzusetzen, haben wir uns eine Aufgabe ausgedacht, mit der das Pferd „Unterrichtsplanung" gewissermaßen von hinten aufgezäumt wird. Voraussetzung dafür ist, an einer Unterrichtsstunde einer Lehrerin teilzunehmen und den Unterricht sorgfältig zu beobachten, ohne vorab irgendwelche Informationen zu dieser Stunde zu erhalten. Anschließend sind der Unterrichtsablauf und die — von der Lehrerin vermutlich verfolgten — Lehrziele zu rekonstruieren. Dieses Erkundungsprojekt (Erkundung/Beobachtung zu Kapitel 12, S.199) zielt darauf ab, die unterrichtlichen Entscheidungen, die bei der Stundenplanung vorab festzulegen sind, im Nachhinein zu rekonstruieren: In welchen Phasen ist die Stunde verlaufen, was sollte in diesen Phasen erreicht werden, welche Tätigkeiten haben Lehrer und Schüler in diesen Phasen ausgeführt? Welche Sozial- und Arbeitsformen waren in den einzelnen Phasen vorherrschend? Welche Medien und anderen Materialien bzw. Hilfsmittel wurden eingesetzt? Was sollten die Schüler/innen vermutlich lernen, was haben sie gelernt? Welche ungewöhnlichen Ereignisse gab es in der Stunde, die von der Lehrkraft nicht vorhergesehen werden konnten (z.B. überraschende Schülerhandlungen oder -äußerungen, technische Pannen), wie ist die Lehrer/in damit umgegangen und welche Konsequenz hatte das für den weiteren Stundenverlauf?

Dieses Erkundungsprojekt ist besonders ertragreich, wenn es von einer kleinen Gruppe unternommen wird, so dass man sich bei der Stundenrekonstruktion gegenseitig verständigen muss.

---

[14] Schulz 1965

	Erkundung/Beobachtung zu Kapitel 12

DVD-Pfad: Kapitel_12\   *Datei:*   K_12_ EB_Rekonstruktion.pdf   Diese Datei ist der Erkundungs-/Beobachtungsbogen. Drucken Sie die Datei aus und machen Ihre Eintragungen auf dem Vordruck
Bitte hospitieren Sie, möglichst mit mehreren, in einer Unterrichtsstunde Ihrer Ausbildungslehrerin, ohne dass Sie vorab irgendwelche Informationen über diese Stunde erhalten.   **Aufgabe:**   Protokollieren Sie das Unterrichtsgeschehen in dieser Stunde. Vergleichen Sie anschließend ihre Beobachtungen und Notizen und fertigen Sie daraus eine Beschreibung der Unterrichtsstunde an, aus der ein nicht anwesender Leser möglichst genau die Ziele des Lehrers, den Ablauf sowie ggfs. ungewöhnliche Ereignisse entnehmen kann. Orientieren Sie sich dabei an den im o.g. Erkundungsbogen vorgeschlagenen Aufgaben.
Fünf beispielhafte Ergebnisse von Erkundungsvorhaben. befinden sich in   *DVD-Pfad*: Kapitel_11   *Dateien:*   K_12_Beispiel_1. pdf   bis ..._Beispiel_5.pdf

13 Unterrichtsstörungen — wenn Unterricht anders verläuft als geplant

Zunächst geht es um etwas sehr Alltägliches: Eine Lehrerin erklärt in ihrem 8. Schuljahr die Dreisatzrechnung – und zwar zum wiederholten Mal. Da unterhalten sich zwei Schülerinnen. Das erscheint der Lehrerin als eine Unterrichtsstörung. Lehrerinnen reagieren darauf oft mit disziplinierenden Maßnahmen. Beim ersten Mal werden die Schülerinnen ermahnt, beim zweiten Mal erhalten sie eine Extra-Arbeit, beim dritten Mal werden sie einzeln und auseinander gesetzt – oder so ähnlich.

Störung wird demnach von Lehrern oft ganz einfach definiert: *Störung ist, was mich stört.*[1] Von dieser Definition ist es dann nicht weit zu Vorwürfen, dass man den Schülern Schuld gibt an der Störung. Gespräche aus Lehrerzimmern kann man entnehmen, dass Schüler seit Jahren immer frecher werden — heute oft verhaltensgestört, erziehungsschwierig, ADHS, ADS, MCB, MCD[2] genannt. Selbst in der Tagespresse finden sich fast täglich Berichte über Problemschüler. Entsprechende Aussagen von Lehrern sind übrigens seit der Antike dokumentiert, so dass man sagen kann, dass seit den Anfängen der Schule viele Lehrer meinen, dass Schüler immer schwieriger werden.

Wie für alle Ein-Faktoren-Theorien — *verantwortlich für Unterrichtsstörungen sind schwierige Schüler* — gilt, dass diese Sichtweise gar zu einfach ist. Wie wäre es z.B.

⇒ Wenn die Lehrerin schlecht vorbereitet ist und den Dreisatz wirr und unsystematisch erklärt?
⇒ Oder wenn eine Schülerin glaubt, dass die Lehrerin einen Fehler gemacht hat — aber weiß, dass die Lehrerin auf Schülerfragen mit sarkastischen Bemerkungen reagiert?

---

[1] Vergleichbare Definitionen finden sich auch in der schulpädagogischen Literatur. Z.B. „Auffälliges Verhalten von *Schülerinnen* und *Schülern* wird nicht selten von den (betroffenen) Lehrkräften und der Klasse als *Unterrichtsstörung* wahrgenommen. Keller et al. 1990, definieren unter dem Verweis, dass eine objektive Definition nicht möglich sei, *Unterrichtsstörungen* wie folgt: „*Unterrichtsstörungen* sind unterschiedliche Formen abweichenden Verhaltens, die das Lehren und Lernen mehr oder weniger stark beeinträchtigen". (S. 105) In: Grässer, Dierschke-Blümke & Forster 2002

[2] ADHS = Aufmerksamkeits-Defizit-Hyperaktivitätssyndrom; ADS = Aufmerksamkeit-Defizit-Störung; MCB Minimale cerebrale Bewegungsstörung; MCD = Minimale cerebrale Dysfunktion

⇒ Oder wenn etwas sehr Wichtiges geschehen ist, worüber die Schülerinnen miteinander reden, was die Lehrerin aber nicht mitbekommen hat, „11. September" oder „Erfurt" als Extrembeispiele.
⇒ Oder wenn eine Schülerin Liebeskummer hat und sich überhaupt nicht auf den Unterricht konzentrieren kann?

Solche Beispiele lassen sich beliebig finden. Sie zeigen, dass es immer *Gründe* für Unterrichtsstörungen gibt — sie entstehen nicht zufällig oder ‚nur so'. In Erkenntnis dieser Tatsache gibt es Erklärungsansätze, die die einfache Definition von Unterrichtsstörung geradezu umkehren. Das gilt z.B. für die TZI (Themenzentrierte Interaktion), eine Kommunikations- und Interaktionslehre für Gruppendiskussionen und Unterrichtsgespräche.[3] Diese sollen zielgerichtet geführt werden und so, dass wirklich jeder dran kommt und bis zum Abschluss innerlich dabei bleibt. Eine zentrale Regel der TZI lautet: *Störungen haben Vorrang*. Und das heißt: Wenn irgendjemand sich aus irgendwelchen Gründen nicht mehr voll auf die gemeinsame Arbeit konzentrieren kann, wird die Arbeit sofort unterbrochen, bis geklärt ist, woher diese Störung kommt und bis sich wieder alle konzentrieren können. Das gilt nicht nur für die Lehrerin, sondern für alle Gesprächsteilnehmer. Jede Schülerin darf sagen: *Ich kann jetzt nicht mehr aufpassen*, und die Gruppe versucht gemeinsam, diese Störung zu klären oder zumindest zu neutralisieren. Oft hilft es schon, dass man aussprechen kann, was einen gerade innerlich beschäftigt, und dann kann man sich wieder den Inhalten zuwenden.

Definition von Störung lautet in diesem Fall: *Störungen sind wichtige Symptome und Wegweiser im pädagogischen Prozess. Sie haben Vorrang vor der inhaltlichen Arbeit*. Eine Störung ist nach dieser Interpretation ein Indikator, also etwas sehr Nützliches.

Um dieses Spannungsfeld — von der gestörten Lehrerin auf der einen Seite bis zur Unterrichtsstörung als Wegweiser und pädagogischer Herausforderung auf der anderen Seite — geht es in diesem Kapitel.

---

[3] vgl. Cohn 1975

13.1 Unterrichtsstörung unter verschiedenen Perspektiven betrachtet

Eine Unterrichtsstörung — wie überhaupt eine Störung — ist nicht mehr und nicht weniger als ein subjektiver Eindruck, eine individuelle Befindlichkeit, auch wenn die objektivierende Ausdrucksweise Anderes nahe legt: Eine „Störung" ist kein objektiver Tatbestand, der unabhängig von einem sich gestört fühlenden Subjekt existiert. Eine Lehrerin sollte demnach den Satz „XY stört" aus ihrem Wortschatz streichen und stattdessen sagen „XY stört *mich*!" Denn was eine Lehrerin stört, muss eine andere nicht unbedingt berühren.

Ein Beispiel: An der Glockseeschule, einer hannoverschen Versuchsschule, war es in den 70er-Jahren ein wichtiges Prinzip, dass alle Lernprozesse von den Schülern selbst gesteuert und dass alle Konflikte von den Schülern selbst reguliert werden sollten. Auch Eltern durften jederzeit in die Schule kommen und so machte ein Vater dort eines Tages einen Besuch im Grundschulbereich. Dort beobachtete er, wie ein Junge mit einem anderen Schüler eine Partie Schach spielte. Nach einiger Zeit waren die beiden schon ziemlich weit mit ihrem Spiel, als ein dritter Schüler vorbei ging und die Figuren mit einer Handbewegung auf den Boden fegte. Nun — die beiden bauten die Figuren wieder auf und begannen ihr Spiel neu. Als sie wieder ziemlich weit waren, kam ein vierter Schüler vorbei und fegte die Figuren mit einer Handbewegung auf den Boden. Die beiden bauten die Figuren wieder auf und dann wiederholte sich alles zum dritten Mal. Da packten die beiden die Figuren weg und machten etwas anderes. Es waren zwei, zeitweilig sogar drei Lehrer anwesend, da mehrere Klassen gleichzeitig unterrichtet wurden. Aber die Lehrer sahen keinen Anlass einzugreifen — denn nach ihrem pädagogischen Konzept sollten die Schüler lernen, ihre Konflikte untereinander selbst zu klären.

An diesem Beispiel kann man sehen, dass eine Störung mindestens aus drei verschiedenen Perspektiven betrachtet werden kann und dann jeweils eine ganz unterschiedliche Bedeutung bekommt:
Erste Perspektive: Störung als Lehr-/Lernstörung betrachten
Eine Lehrerin kann in ihrem Unterrichtsplan den Lernprozess der Schüler starr planen oder auch offener halten[4]. Wenn es in diesem Plan eine Stelle gibt, an der grundsätzlich *jedes Schülerverhalten* akzeptabel ist, kann es dort

---
[4] vgl. Kapitel 11: „Öffnung des Unterrichts - Innere Differenzierung", S.165

auch keine Störung des Lernprozesses geben. Je genauer der Lehrer den Ablauf des Lernprozess festlegt, um so störungsanfälliger wird der Unterricht. Frontalunterricht ist demnach die störungsanfälligste Unterrichtsform. Im Grunde ist dort alles eine Lehr- und damit auch eine Lernstörung, was nicht genau dem geplanten Ablauf entspricht.

Das heißt auch: Lehrerinnen, die viel Frontalunterricht machen, müssen sich ständig mit Unterrichtsstörungen auseinandersetzen. Das ist eine erschöpfende Sisyphusarbeit und dürfte zu einer der Ursachen des unter Lehrern so verbreiteten „burn-out–Syndroms" gehören. Für die Glockseeschule galt damals: Da der Ablauf des Unterrichts von den Lehrerinnen nicht geplant wurde, konnte es auch keine Störung des Lehr- und Lernprozesses geben.

Zweite Perspektive: Störung als Kommunikationsstörung betrachten

Eine Lehrerin, die strammen Frontalunterricht macht, oder eine Dozentin, die z.B. eine Mathematikvorlesung hält und eineinhalb Stunden lang Formeln an die Tafel schreibt, wird ganz zufrieden sein, wenn in dieser Zeit kein Schüler bzw. kein Student hustet und man nur den Stift auf dem Papier hört.

Betrachtet eine Lehrerin ihren Unterricht dagegen vorrangig als Interaktion und Kommunikation, ist es für sie eine ernste Störung, wenn niemand etwas sagt oder wenn niemand auf den anderen eingeht und natürlich auch, wenn es alle möglichen Aktivitäten im Raum gibt, die weder auf den Unterricht noch auf andere Schüler noch auf die Lehrerin bezogen sind. Aber wieder gilt: Je fester die Lehrerin bestimmte Kommunikationsformen vorgibt, um so störanfälliger ist der Unterricht. Für die Glockseeschule galt damals: Da von den Lehrerinnen keine Gesprächsregeln vorgegeben wurden, konnte es auch keine Störungen der Unterrichtskommunikation geben.

Dritte Perspektive: Störung aus der Schülerperspektive betrachten

Lehr-/Lernstörungen und Kommunikationsstörungen sind beides Unterrichtsstörungen, aber zunächst einmal nur aus der Lehrerperspektive betrachtet. Doch wie sieht das aus der Perspektive der Schüler aus?

Vielen Erwachsenen fällt es schwer, während komplexer inhaltlicher Arbeit gleichzeitig Musik zu hören, auf Kinder zu achten, Telefongespräche zu führen usw.. Sie können sich dann nicht so gut konzentrieren. Dagegen konnten wir kürzlich eine (gute!) Schülerin bei den Abitur-Vorbereitungen beobachten, die dabei im Allgemeinen im Schneidersitz vor dem laufenden Fernseher saß. Wie es scheint, hat es ihr sogar bei der Arbeit geholfen, von Zeit zu Zeit mal ein paar Minuten ins Programm zu sehen. Ihr schien das „Multitasking" keinerlei Probleme zu bereiten.

Wenn also in einer Schulklasse bei der Gruppenarbeit ein ziemlicher Aufruhr herrscht, so dass die Lehrerin sich überhaupt nicht mehr konzentrieren kann und sich enorm gestört fühlt — dann heißt das noch lange nicht, dass ihre Schüler sich auch gestört fühlen. Vielleicht empfinden sie diese Arbeitsunruhe als angenehm und belebend. Vielleicht würden einige Schüler sich sogar verunsichert und damit gestört fühlen, wenn es plötzlich mucksmäuschenstill wäre. Greift die Lehrerin ein, da *sie* sich durch diese Unruhe gestört fühlt, kann die Situation schnell umkippen und die Lehrerin wird nun *selbst* zur Störerin, die durch ihre Intervention die Aktivitäten ihrer Schüler unterbindet und den Erfolg des Unterrichts be- oder sogar verhindert.

Möglich ist auch, dass sich wenige Schüler gestört fühlen und nicht mehr ordentlich arbeiten können, die überwiegende Mehrzahl jedoch nicht. Generell stellt sich dann die Frage: Wenn sich Schüler durch Schüler gestört fühlen oder ganz allgemein, wenn es Probleme zwischen Schülern gibt – ist das eigentlich ein Problem der Lehrerin oder ein Problem zwischen diesen Schülern? Wiederum gilt, dass ein Eingreifen der Lehrerin evtl. wichtige soziale Lernprozesse unterbinden und den Erfolg künftigen Unterrichts behindern kann. An der Glockseeschule galt damals, dass solche Konflikte ausschließlich als Problem der Schüler angesehen wurden.

Vielleicht ist durch diese Hinweise jetzt auch nachvollziehbar, dass in der Szene mit den Schach spielenden Schülern keine der anwesenden Lehrerinnen einen Grund zum Eingreifen gesehen hat — während der beobachtende Vater ziemlich erschüttert nach Hause ging.

13.2 Wahrnehmung von Störung als Ergebnis unbewusster Prozesse

Wie bemerkt eine Lehrerin eigentlich, dass sie sich gestört fühlt? Nachdem nun deutlich ist, dass Störung nicht einfach bedeutet, dass da jemand stört, ist diese Frage nicht mehr so trivial, wie sie zunächst aussieht.

Wenn wir uns gestört fühlen, ist das ein innerer Vorgang. Irgend etwas geschieht in unserem Inneren, vielleicht[5] im Gehirn. Es ist ein Vorgang, über den wir keine Kontrolle haben. Es ist ein Vorgang, den wir nicht einmal bemerken — plötzlich ist das Gefühl da. Es handelt sich um einen unbewussten Vorgang. Und wie der Name schon sagt, unser Unbewusstes kennen wir

---

[5] „Vielleicht" ist mit Bedacht eingesetzt, da es für unbewusste Vorgänge mehrere konkurrierende Theorien gibt.

nicht bewusst. Nur in unseren Träumen und Tagträumen und in unseren Phantasien begegnet es uns manchmal. Über unser Unbewusstes haben wir keine Kontrolle.[6]

Warum gibt es in unserem Gehirn so etwas Wirres und Unkontrollierbares wie das Unbewusste? Das ist leicht zu verstehen. Wir nehmen in jedem Augenblick viele Sinneseindrücke wahr, in mancher Sekunde 100 und mehr. Bewusst nachdenken und urteilen können wir aber immer nur über wenige zur gleichen Zeit. Darum speichern wir alle diese Sinneseindrücke in unserem Gehirn und verarbeiten sie unbewusst — das heißt, unser Gehirn arbeitet Tag und Nacht unablässig selbstständig und ohne dass wir das bemerken. Zuerst filtert unser Gehirn die wenigen Eindrücke aus, die sofort und bewusst verarbeitet werden müssen. Meistens reicht dann die Zeit aus, um über diese wenigen Eindrücke nachzudenken und die notwendigen Entscheidungen zu fällen und z.B. vor der roten Ampel anzuhalten oder dem Radfahrer auszuweichen. Weitaus die meisten Sinneseindrücke verarbeiten wir *nur* unbewusst. Manche Neurowissenschaftler meinen, das sind 90% aller Eindrücke, andere meinen sogar 99% aller Eindrücke. Wenn wir beim Autofahren immer über *alle* Sinneseindrücke nachdenken würden, kämen wir wohl kaum bis zur nächsten Ecke.

Während des Unterrichtens nimmt eine Lehrerin wahrscheinlich noch viel mehr Dinge gleichzeitig wahr als beim Autofahren und verarbeitet die dann unbewusst. Die Beobachtungsübung[7] konnte vielleicht eine Ahnung davon vermitteln, welche Fülle von Eindrücken auf eine unterrichtende Lehrerin einströmen und manchmal einstürmen. Sie ist bemüht, beim Unterrichten sehr konzentriert zu sein, zumal wenn da noch weitere angehende Lehrer oder die Mentorin sitzen. Da läuft alles Mögliche ab. Sie gibt Informationen, stellt Arbeitsanweisungen, geht in der Klasse herum und unterstützt einzelne Schüler, ermahnt mal jemanden, der zu laut ist oder nicht ordentlich mitarbeitet, schlichtet mal einen kleinen Streit, sammelt die Klasse, wenn es mal zu unruhig wird, macht — vor allem in der Grundschule — mal eine kleine Auflockerungsübung, z.B. ein Lied singen oder ein Spiel, bei dem alle in der Klasse herumlaufen. Alles das ist Unterrichtsalltag — keine Störung — auch wenn da Schüler geschwatzt oder nicht aufgepasst haben oder wenn es mal einen Streit gegeben hat usw..

---

[6] Ein Satz, wie man ihn manchmal hört: „Ich mache mir das bewusst" oder „Du musst Dir das mal bewusst machen" ist Unsinn, oder bestenfalls eine Metapher für „genau nachdenken", denn Unbewusstes kann man sich nicht willkürlich bewusst machen.

[7] vgl. Begleitende Übung 03, S.53

Und dann passiert es: Plötzlich fängt sie an, sich verunsichert zu fühlen. Oder sie spürt, dass in ihr Ärger aufkommt oder sogar Wut. Oder sie fängt an, alles öde zu finden und schaut auf die Uhr, wann die Stunde endlich zu Ende ist. Oder sie fühlt sich plötzlich enttäuscht, weil sie sich das ganz anders vorgestellt hat. Also: Sie spürt etwas, spürt ein Gefühl, und zwar ein Gefühl, das sie negativ wahrnimmt oder interpretiert. Am häufigsten handelt es sich um Gefühle des Ärgers, der Verunsicherung und der Enttäuschung. Dieses Gefühl, *ihr Gefühl — das ist die Störung.* Nur ihr Gefühl ist die Störung, sonst nichts.

Und wenn sie dann nicht professionell damit umgeht, geschieht folgendes: Sie spürt Ärger aufsteigen. Im gleichen Augenblick sieht sie, wie Carola und Tobias miteinander schwatzen — und interpretiert: Ich ärgere mich, weil Carola und Tobias miteinander schwatzen. Sie stellt einen Ursache-Wirkungs-Zusammenhang her, obwohl es sich zunächst mal nur um zwei Ereignisse handelt, die gleichzeitig auftreten. Oder: Sie spürt plötzlich ein Gefühl von Leere und Enttäuschung. In diesem Augenblick wird ihr deutlich, dass Tina die Teilungsregel für Brüche wieder nicht verstanden hat, obwohl das nun schon die dritte Wiederholung ist. Und sie interpretiert: Ich bin enttäuscht, meine ganze Arbeit ist sinnlos, weil Tina die Bruchrechnung nicht kapiert. usw.. Sie interpretiert eine oder einige wenige der vielen Hundert Wahrnehmungen in dieser Unterrichtsphase als Ursache für ihr Gefühl. Durch diesen Interpretationsvorgang ist die Störung dann nicht mehr innen, sondern außen. Man nennt das eine Verschiebung. Sie hat die Störung aus ihrem Inneren und von sich weg nach außen verschoben. Die große Mehrzahl aller von Lehrerinnen wahrgenommenen Unterrichtsstörungen dürfte dieser Art sind.

Die Störung ist also ein Gefühl der Lehrerin. Wenn die Ursache dieses Gefühls *nicht* außen liegt — die Ursache nicht im Beobachtungsgegenstand liegt — wie wird es dann verursacht? Nun — es ist eine Botschaft des eigenen Unbewussten. Unbewusst hat die Lehrerin die ganze Zeit, während sie Unterrichtsarbeit geleistet hat, all die vielen Hunderte Eindrücke aufgenommen und verarbeitet. Das hat sie nicht gemerkt und sie hatte auch gar keine Zeit dazu, weil sie währenddessen hart gearbeitet hat. Dennoch hat sich ihr Gehirn in dieser Zeit nicht nur mit der Unterrichtsarbeit befasst, sondern hat unbewusst all diese Eindrücke ver- und bearbeitet. Diese unbewusste Gehirnarbeit hat natürlich auch ein Ergebnis. Aber wie soll das Gehirn der Lehrerin das Ergebnis dieser unbewussten Denkprozesse mitteilen? Es kann ihr ja nicht auf die Schulter tippen und sagen „he, pass mal auf, da läuft was schief"!

Das Gehirn löst dieses Dilemma so, dass es ihr ein Gefühl schickt. Ein gutes Gefühl, wenn sie sich freut oder zufrieden ist oder neugierig wie's weitergeht oder aufmerksam usw.. Gute Gefühle heißen: *Weiter so — alles im grünen Bereich.* Negative Gefühle dagegen heißen: *Achtung, aufgepasst — irgendetwas ist hier unklar oder problematisch. Denk' jetzt scharf nach, analysiere die Situation.*

Wenn die Lehrerin ihr Gefühl dann auf ein mehr oder weniger zufälliges Ereignis verschiebt, führt das ins Leere. Besonders folgenreich ist es, wenn sie das dann immer auf ein oder zwei Schüler schiebt, die schuld daran sein sollen, dass alles so schlecht läuft, wenn sie sich Sündenböcke oder schwarze Schafe konstruiert. Nach einiger Zeit hat sie es dann endlich geschafft, dass die beiden Schüler sitzen bleiben oder aus der Klasse verschwinden — und seltsam — im nächsten Jahr gibt es dann wieder zwei so schreckliche Schüler in der Klasse — oder sogar drei. Und dann sagt die Lehrerin: *Die Schüler werden immer schlimmer.*[8] Wir haben mit Bedacht gesagt: „Wenn sie sich schwarze Schafe konstruiert". Es gibt keine schwarzen Schafe — schwarze Schafe werden gemacht[9].

Drei Vorschläge für einen professionellen Umgang mit dieser Situation sind:

⇒ Erstens, dass die Lehrerin daran arbeitet, ihr Gefühl möglichst frühzeitig wahrzunehmen — nicht erst, wenn ihr Ärger oder ihre Enttäuschung riesig sind, sondern wenn das noch ein ganz kleines und zartes Pflänzchen ist. Das ist leicht gesagt — fällt aber (vor allem Männern?) oft sehr schwer. Hilfreich kann — wie das z.B. für Psychotherapeuten verpflichtend ist — eine tiefenpsychologisch orientierte Supervision sein, um einen unmittelbaren Zugang zu den eigenen Gefühlen zu erreichen. Denn für eine professionelle Unterrichtsarbeit ist es notwendig, dass Lehrerinnen ihre Gefühle wahrnehmen und beachten.

⇒ Zweitens kann die Lehrerin ihr Wissen darum, dass ihr Gefühl meistens aus einem längeren unbewussten Verarbeitungsprozess und nicht aus einem aktuellen Vorfall resultiert, in der konkreten Situation handlungswirksam werden lassen.

⇒ Drittens ist es notwendig, dass sie mit ihren Gefühlen, diesen Botschaften ihres Unbewussten, angemessen umgeht. „Angemessen umgehen" heißt,

---

[8] Heene, 2001 befasst sich damit und gibt Hinweise, wie diesem „Teufelskreis" zu entkommen ist — damit der „Schwarze Peter" nicht immer wieder bei einem Schüler landet.
[9] Dazu als Lesehinweis: Die Erzählung „Bäh, bäh, schwarzes Schaf" von Rudyard Kipling, dem Autor des Dschungelbuchs.

sie tatsächlich als Botschaften zu interpretieren, sie als wichtige Hinweise für die weitere Gestaltung der unterrichtlichen Kommunikation ernst zu nehmen.

Damit sind die Aufgaben deutlich, die eine professionelle Lehrerin hat, wenn sie während ihrer Unterrichtsarbeit eine Störung wahrnimmt — also ein negatives Gefühl hat. Sie überlegt: Welche Botschaft könnte sich hinter dieser Störung verbergen? Das ist nicht einfach herauszufinden, da die Botschaft aus dem eigenen Unbewussten kommt, keine Erklärung dabei ist und man auch aus der Art des eigenen Gefühls nichts über die in der Störung verborgene Botschaft erfahren kann. Wenn das Klima in der Klasse gut ist, kann das Entschlüsseln der Störung zu einer Gemeinschaftsaufgabe von Lehrer und Schülern werden, was überhaupt als der beste Weg erscheint, mit Störungen umzugehen.

⇒ Sie könnte z.B. sagen: „Es ist so eine Unruhe in der Klasse. Ich merke, dass mich das total nervös macht. Helft mir mal: Was ist denn los? Wo hakt es?"

⇒ Oder sie könnte ein „Blitzlicht" machen. Jede — die Lehrerin eingeschlossen — sagt reihum, wie es ihr gerade geht und womit sie sich gedanklich beschäftigt.

⇒ Arbeitet man im Computerraum, könnte jede Schülerin ein kurzes Statement zur aktuellen Unterrichtssituation anonym ins Klassenforum stellen.

Deutlich wird schon an diesen Beispielen: Es hängt alles vom Klima in der Klasse und der Beziehung der Lehrerin zu ihren Schülern ab. Wenn die Beziehung schlecht ist, wird man sie „im Regen" stehen lassen. Aber sie bekommt dann immerhin eine wichtige Information: Meine Beziehung zu dieser Klasse ist schlecht. Wenn die Beziehung dagegen gut ist, erhält sie alle Informationen, damit sie ungestört weiter arbeiten kann, natürlich in vielen Fällen oder sogar in den meisten Fällen in eine andere Richtung, als sie ursprünglich geplant hatte. Die Gruppendynamik bietet viele Hilfen, um die Botschaft von Störungen gemeinsam mit den Schülern zu entschlüsseln.[10] Es folgen einige grundsätzliche Hinweise zur Arbeit mit Störungen:

⇒ Die oben genannten und weitere gruppendynamische Verfahren können nicht nur bei Störungen, sondern jederzeit auch im Zusammenhang mit fächerübergreifenden Zielen eingesetzt werden, z.B. bei der Projektplanung, zur Herstellung eines Meinungsbilds, als Rückmeldung, Stundenkritik

---

[10] Zahlreiche Hinweise dazu in: König & Edding 2004 [URL: http://www.gruppendynamik-dagg.de/0___Main/5___sLit.htm [am 13.10.2005]

usw.. Wenn dann tatsächlich eine Störung eintritt, sind die Schüler mit diesen Verfahren symmetrischer Lehrer-/Schülerkommunikation[11] bereits vertraut, was die Erfolgsaussichten deutlich verbessert.

⇒ Wenn die Lehrerin ihren Schülern den ersten Vorwurf macht, und wenn der Vorwurf noch so versteckt ist — ja, sogar wenn sie den Vorwurf nur in sich hat, ohne ihn auszusprechen — die Schüler werden ihn sofort zumindest unbewusst bemerken und dann endet die Kommunikation mit ihren Schülern. Ihre Schüler werden bockig und werden ihr nicht mehr helfen, die Störung aufzuklären.[12]

⇒ Wenn es der Lehrerin innerhalb der Situation nicht gelingt, die Botschaft der Störung zu entschlüsseln oder eine angemessene Reaktion zu finden, und wenn ihr das auch gemeinsam mit den Schülern nicht gelingt, weil der Kontakt nicht so gut ist oder weil sie die Klasse noch nicht kennt, dann sollte sie nach Möglichkeit den Unterricht unterbrechen. Denn andernfalls ist die Prognose für die weitere Unterrichtsarbeit ausgesprochen schlecht. Wenn sie stattdessen Ihren Unterricht ‚durchzieht', wie es so schön heißt, kann man fast sicher vorhersagen, dass die Störung immer stärker wird und dass letzten Endes nicht nur nichts gelernt wird, sondern dass vielleicht sogar zukünftiges Lernen verhindert wird.[13] Damit tritt die Situation ein, dass die Lehrerin — aus ihrer eigenen Störung heraus — die künftigen Lernprozesse ihrer Schülerinnen nachhaltig stört.

⇒ Damit dies nicht eintritt, sollten der Lehrerin einige didaktische Strategien zur Verfügung stehen[14] — z.B. indem sie sagt: „Ich möchte an dieser Stelle erst mal unterbrechen und mit euch noch ein Spiel machen, oder eine Geschichte vorlesen." Dann kann sie zu Hause über die Störung nachdenken und vielleicht mit Freunden oder Kollegen darüber sprechen. Die TZI-Regel, dass Störungen Vorrang haben, ist in diesen Fällen sehr sinnvoll. Sie sollte in solchen Fällen beherzigt werden.

---

[11] Symmetrisch wird eine Kommunikation genannt, „wenn beide Partner dem anderen gegenüber das gleiche Verhalten zeigen können. Etwa wenn beide Vorschläge machen, den anderen kritisieren, ihm Ratschläge geben können." (Thun 1981, S. 181) Der Begriff geht auf Watzlawick u.a. 1969 zurück.
[12] Das ist nicht anderes, als in der Familienerziehung. Wenn Eltern ihren Kindern Vorwürfe machen, kommt es nicht mehr zu einem konstruktiven und ergebnisorientierten Gespräch.
[13] Es entsteht „Reaktanz", ein später kaum aufzuhebendes Lernhindernis. Vgl. Dickenberger, Gniech & Grabitz, in: Frey & Irle (Hrsg.) 1993, S.243-274
[14] vgl. Kapitel 12: „Planung einer ganzen Unterrichtsstunde", Leitfrage 5, S.187

13.3 Übertragung und Gegenübertragung

Es folgen einige zusätzliche Modellvorstellungen, die vor allem dazu anregen sollen, sich mit dieser anspruchsvollen Thematik weiter zu befassen. Dabei kann der Begriff „Übertragung" zunächst verwirren, da er in der Umgangssprache anders verwendet wird („Übertragung" eines Fußballspiels.).

⇒ Wie bereits erwähnt, nimmt die Lehrerin, während sie anstrengende Unterrichtsarbeit leistet, sehr viel wahr. Das betrifft zunächst einmal viele sinnlich wahrnehmbare Ereignisse im Klassenraum, vom Rascheln des Papiers bis zu den vielen kleinen Gesten und Handlungen von 20 oder 25 Schülern. Allein das summiert sich ja schon zu über 100 Einzelwahrnehmungen in der Sekunde, die sie aber *nicht* einzeln bewusst wahrnimmt, sondern als eine Art Gesamteindruck. Wenn das Rascheln insgesamt etwas lauter wird und fahrige Bewegungen ihrer Schüler insgesamt etwas häufiger werden, interpretiert ihr Gehirn in seiner *unbewussten* Verarbeitung diese Wahrnehmungen vielleicht als Alarmzeichen. Wenn die Lehrerin nun jemand ist, der sich leicht ärgert, meldet ihr Gehirn ihr dieses Alarmzeichen jetzt als aufkommenden *Ärger*. Wenn sie eher depressiv veranlagt ist, meldet ihr Gehirn ihr vielleicht ein aufkommendes *resignatives Gefühl*. Wenn sie eher zur Ungeduld neigt, meldet es ihr aufkommende *Ungeduld*. Aus der Art des Gefühls kann die Lehrerin demnach nicht auf die Art des Problems schließen. *Die Störung ist nur ihr Gefühl und sonst nichts* – welches Gefühl sie dann wahrnimmt, hängt überwiegend von ihrer Persönlichkeitsstruktur und von früheren Erfahrungen ab. Das bedeutet: Die Gefühls-Botschaft muss die Lehrerin durch Nachspüren entschlüsseln!

⇒ Und zweitens: Auch die Schüler verarbeiten die meisten Informationen unbewusst. Auch in den Schülern läuft solch ein innerer Film ab und auch die Schüler erhalten dann von ihrem Unbewussten Gefühlsmeldungen. Z.B. fängt der eine Schüler an, sich zu ärgern, der andere spürt ein resignatives Gefühl, der dritte spürt aggressive Impulse. Welches Gefühl ein Mensch gerade hat, kann man ihm nicht so leicht ansehen – *das gilt für die bewusste Wahrnehmung*. Aber die unbewusste Wahrnehmung von Gefühlen funktioniert tadellos! Das heißt, wenn sich 12 Schüler in ihrer Klasse langweilen, fällt der Lehrerin das vielleicht nicht *bewusst* auf, aber *unbewusst* nimmt sie das wahr.

⇒ Und drittens: Es gibt einen psychischen Mechanismus, der schon seit langem erkannt und untersucht worden ist: Wenn Gesprächspartner „A" sich gekränkt fühlt, oder einen Ärger in sich trägt, kann es geschehen, dass

Gesprächspartner „B" anfängt, sich zu ärgern. Es ist dafür nicht einmal notwendig, dass „A" seinen Ärger selbst wahrnimmt, oder dass der Ärger „B" gilt — vielleicht hat „A" sich früher einmal in einer ähnlichen Situation über eine wichtige Bezugsperson, z.B. seinen Vater geärgert. „A" überträgt sein früheres Gefühl auf „B". Das nennt man eine Gefühlsübertragung oder einfach Übertragung[15]. Und wenn „B" auf dieses übertragene Gefühl reagiert, nennt man das eine Gefühls-Gegenübertragung oder einfach Gegenübertragung. Und das kann der Lehrerin auch während ihrer Unterrichtsarbeit in der Klasse geschehen: Dass einige Schüler intensive Gefühle haben, dass sie diese Gefühle unbewusst wahrnimmt und dass sie dann das gleiche Gefühl bekommt. Also: Einige Schüler ärgern sich über die Lehrerin, weil sie finden, dass sie zu schnell vorgeht. Sie nimmt diesen Ärger unbewusst wahr und fängt an, sich über diese Schüler zu ärgern. Das ist eine Gegenübertragung. Sie spürt nicht ihren Ärger, sondern den Ärger dieser Schüler. In der Gegenübertragung wird immer das gleiche Gefühl übertragen — Ärger spüre ich als Ärger, Langeweile spüre ich als Langeweile usw..

13.4 Sonderfälle: Institutionelle Störungen und Störungen durch Gewaltanwendung

Bevor an einigen Beispielen gezeigt wird, wie mit Unterrichtsstörung umgegangen werden kann, soll zunächst kurz auf drei Sonderfälle eingegangen werden. Diese Sonderfälle sind keine Unterrichtsstörungen im eigentlichen Sinne, da sie nicht durch Unterricht verursacht werden, aber sie wirken doch störend und manchmal zerstörend auf den Unterricht ein.

13.4.1 Störungen durch die ‚Institution Schule'[16]

Ein weiteres Mittel, Unterricht zu stören, besteht darin, Schüler zu informieren. „Wir haben nach einigem Bemühen einen Zustand der Ruhe in der Klas-

---

[15] Die Begriffe „Übertragung" und „Gegenübertragung" gehen auf Freud zurück, der diese seit ca. 1910 in verschiedenen Zusammenhängen verwendet, darin zunächst jedoch Störfaktoren des therapeutischen Prozesses sieht. Erst seit ca. 1950 (Heimann, P.) werden Übertragungs- und Gegenübertragungsprozesse zunehmend als Voraussetzung therapeutischer Prozesse betrachtet und darüber hinaus als wichtige Indikatoren.
[16] Winkel 1996 nennt dies „administrative Verstörung von Schule".

se hergestellt und wir konzentrieren uns gerade auf den Kernpunkt des eben eingeführten neuen Stoffes. Da klopft jemand an der Tür: „Umlauf". Oder der Lautsprecher dröhnt: „Achtung, Achtung! Eine Mitteilung. Der Kuchenverkauf ..." Der Faden ist gerissen. Er muss später wieder geflickt werden, während die meisten Schüler noch den Inhalt des „Umlaufs" verarbeiten."[17] Jede Schülerin und jede Lehrerin erinnert sich an solche alltäglichen Situationen.

Oder ein Lehrer ist gerade dabei, den Schlussstrich zu ziehen und die Ergebnisse zusammenzubringen. Da schrillt die Klingel. Die Schüler lassen den Stift fallen und laufen raus. Unwahrscheinlich, dass man nächste Woche an dieser Stelle anknüpfen kann. In vielen Schulen gibt es darum keine Pausenklingel mehr und zudem einige Blockstunden, in denen die kleinen Pausen flexibel gehalten werden.

Oder allein schon die gesamte Schulorganisation mit Fächern, Stundenplan, Pausen usw. An der Glockseeschule, aus deren Arbeit anfangs schon berichtet wurde, ging der Unterricht damals von 9 – 16 Uhr und es gab keinen Stundenplan und keine Pausen, außer zur Mittagsmahlzeit. Jeder Schüler befasste sich mit Inhalten seiner Wahl und machte Pausen nach Bedarf.

Im weiteren Sinne gehören dazu auch Leistungsmessung und Zeugnisse. Schüler befassen sich dann nicht mit Inhalten, die sie interessieren, sondern mit den Inhalten der Tests. Das gilt auch für angehende Lehrerinnen, die sich in ihrem Studium überwiegend an Scheinen und Prüfungen orientieren. Das beeinträchtigt massiv andere Lernprozesse, die an einer Hochschule oder im Referendariat ebenfalls möglich und für den eigenen Entwicklungsprozess eventuell sehr wertvoll wären.

Diese Art organisatorisch bedingter Störungen des Unterrichts sind nicht selten und nicht zu unterschätzen. Nur bemerken wir sie oft gar nicht, weil sie uns so selbstverständlich erscheinen. Praktikantinnen und Referendarinnen haben darauf keinen nennenswerten Einfluss, Lehrerinnen und Lehrer schon. Die Gestaltungsfreiheit einer Gesamtkonferenz[18] ist sehr groß — Zeugnisse und Zensuren kann sie allerdings nicht abschaffen.

---

[17] B. Meier 2004 auf der Homepage der Realschule Steinlach-Wiesaz
[18] Das ist die Konferenz aller Lehrkräfte mit Eltern- und Schülervertretern, unter Vorsitz des Schulleiters.

13.4.2 (Körperliche) Gewalt

Um mit dem Schlimmsten zu beginnen: Ein Schüler zeigt offene Gewalt — diesmal wurde bewusst die männliche Form gewählt, von Mädchen geht viel seltener offene Gewalt aus. Er zieht ein Messer oder einen Schlagring oder schlägt brutal auf Klassenkameraden ein — gemeint ist nicht eine Rangelei oder dergleichen — oder er schlägt auf die Lehrerin ein. Oder ein Schüler beschimpft die Lehrerin auf schwer abwertende oder sexistische Weise — „Du Drecksau", „fick Deine Mutter" oder „fick Dich selbst" und Beschimpfungen ähnlicher Qualität — dann unterbricht die Lehrerin den Unterricht sofort. Sie fordert den Schüler oder die Schülerin auf, mit ihr zur Schulleitung zu kommen. Weigert er sich, muss sie einschätzen, ob er bzw. sie gefährlich für die anderen Schüler ist. Wenn ja — führt sie alle anderen Kinder aus der Klasse. Wenn nein — holt sie Hilfe — sei es den Hausmeister oder eine Kollegin. Wenn jemand eine Waffe zieht — gleich welcher Art – sollte man nicht zögern, die Polizei zu rufen, zumindest ab Klasse 7 oder 8.

Aber, um es deutlich zu sagen: Es geht hier nicht darum, mit Kanonen auf Spatzen zu schießen, sondern um wirkliche Gewalt! Die Lehrerin muss spüren, ob da nicht jemand nur angeben will oder sich im Ton vergriffen hat, sondern dass Gewalt im Spiel ist. Sie merkt das daran, dass sie ganz real Angst bekommt. Für die Grundschule und für die meisten Sonderschulformen ist das kaum vorstellbar. Entscheidend ist nur ihr Gefühl! Ihr Unbewusstes verarbeitet ihre Eindrücke blitzschnell und schickt eine schrille Warnung: Angst — das Gefühl Angst ist die Warnung des Unbewussten vor Gefahr.

Dann überlegt sie gemeinsam mit ihrem Vorgesetzten, also mit der Schulleitung, wie es weitergehen kann. Die Lösung wird sicher sehr von den Umständen abhängen. Aber sowohl sie selbst wie die Schulleitung muss bedenken: Wenn ein älterer Schüler die Lehrerin anschreit: „Du gehörst mal richtig durchgefickt" oder ähnliche sexistische und/oder brutale Sprüche — und sie lässt das zu oder ermahnt den Schüler und geht dann zur Tagesordnung über — dann wird sie niemand mehr in dieser Klasse achten — und am wenigsten sie sich selbst. Wenn die Lehrerin noch am gleichen Tag weiter unterrichtet — nach einem körperlichen Angriff sollte sie das nicht tun — dann nicht in Anwesenheit dieses Schülers. In solch einer Situation ist es dringend erforderlich, die beiden ersten und wichtigsten Leitlinien für erfolgreichen Schulunterricht verinnerlicht und präsent zu haben: Als Lehrer/in sich selbst ernst nehmen und seine Schüler/innen ernst nehmen.[19]

Wenn dem Schüler sein Übergriff selbst leid tut und ihm das erstmals passiert ist, könnte die Lehrerin sich vielleicht damit zufrieden geben, wenn er sich am nächsten Tag vor der Klasse bei ihr entschuldigt. Andernfalls sollte sie die Schulleitung darum bitten, sie zu schützen, indem der Schüler eine Klassenkonferenz bekommt, mit dem Ziel einer Versetzung in die Parallelklasse, und dass er bis zur Klassenkonferenz vom Unterricht beurlaubt wird. Also — der Kern dieser Botschaft ist: Die Lehrerin muss den Angriff und vor allem sich selbst und ihre verletzten Gefühle ernst nehmen.

Das war das Schlimmste. Und nun kommt das Allerschlimmste: Wenn eine Lehrerin ihre Gefühle lange Zeit übergeht und gar nicht merkt, wie es ihr immer schlechter geht, kann es ihr in einer Konfliktsituation geschehen, dass sie selbst ein Kind schlägt. Das passiert nur, wenn sie vorher alle Gefühls-Alarmzeichen übergangen hat. Dann überlegt sie blitzschnell, ob sie den Unterricht unterbrechen muss oder nicht. Wenn ja, geht sie mit dem Kind zur Schulleitung und protokolliert dort den Vorfall, möglichst genau und mit Hilfe der Schulleitung.

Meistens wird es reichen, wenn die Lehrerin ihrer Klasse sagt: ‚Ich werde morgen mit euch darüber sprechen' und wenn sie den Vorfall in der Pause mit der Schulleitung protokolliert. Sie sollte auch nicht gleich alle Schuld auf sich nehmen und prüfen, ob es sich vielleicht um Notwehr gehandelt hat — dass sie auf diese Weise einen anderen Schüler vor einem Übergriff geschützt hat. In jedem Fall muss sie dann mit ihrer Vorgesetzten darüber sprechen, wie es nun weiter gehen soll. Wahrscheinlich wird ein Gespräch mit den Eltern erforderlich sein und die werden sich überlegen, ob sie die Lehrerin anzeigen oder nicht. Und natürlich muss die Lehrerin mit ihrer Klasse darüber sprechen und ihrer Klasse sagen, dass das ein schwerer Fehler war. Aber sie muss in sich und mit sich genau nachprüfen, wie es zu den Schlägen kommen konnte und ob ihr die Schläge leid tun oder nicht — hier hilft nur Ehrlichkeit. Davon hängt ab, ob und wie es mit ihrer Klasse weiter geht.

Keiner Lehrerin ist zu wünschen, dass sie eine dieser Situationen jemals erlebt. Lehrerberichte besagen allerdings das Gegenteil — erstaunlich viele sind schon einmal in eine solche Situation gekommen — und das wirkt lange

---

[19] vgl. Kapitel 06: „Lernumgebung als Rahmen erfolgreichen Schulunterrichts", Leitlinie 1, S.92 und Leitlinie 2, S.93

nach. Der Schlüssel dafür ist aber, dass die Lehrerin sich selbst als Lehrerin ernst nimmt und rechtzeitig auf ihre Gefühle achtet!

13.4.3 Konflikte zwischen Schülern

Ein dritter Sonderfall sind Konflikte zwischen Schülern. Die können sehr störend sein, aber es handelt sich eigentlich nicht um Unterrichtsstörungen — jedenfalls wenn es sich um ‚echte Konflikte' handelt, die die Interessen und das Selbstwertgefühl von Schülern betreffen. Solche Konflikte können im Unterricht aufbrechen aber sie kommen nicht aus dem Unterricht. Ein eindrucksvolles Beispiel dafür ist der Konflikt einer Schülerin, der in der WBA-Übung zu Kapitel 03, S.53, beobachtet werden kann.

Solche Konflikte werden offensichtlich, z.B. wenn Schüler nicht in einer Gruppe zusammenarbeiten wollen oder wenn Schüler Wälle um ihren Arbeitsplatz errichten. Dazu gehört auch, wenn offen Vorurteile geäußert werden, z.B. über ausländische Schüler, wenn sexistische Äußerungen gemacht werden und es immer wieder zu Streit und Gezänk bis hin zu abwertenden Äußerungen und Prügeleien kommt und ganz allgemein eine aggressive Atmosphäre in der Klasse herrscht.

Den Schülern dann bei einer Lösung des Konflikts zu helfen, ist natürlich sehr wichtig. Wenn in ihrer Klasse ein Konflikt zwischen Schülern oder Schülergruppen auftaucht, sollte die Lehrerin dem immer Vorrang geben, da die Schule ja fast der einzige Bereich ist, in dem das Umgehen mit realen Konflikten in einer Weise thematisiert werden kann, dass die Konfliktpartner beginnen können, sich reflexiv auseinander zu setzen.[20] Außerdem kann Unterricht sonst kaum noch stattfinden.[21]

---

[20] vgl. Kapitel 05.2: „Lehrziele", Tabelle 8, S.71. Z.B. in § 2 Nds. Schulgesetz heißt es u.a., dass Schüler lernen sollen, Konflikte zu bewältigen.

[21] Informationen zur Unterstützung bei der Lösung von Konflikten zwischen Schülern können unter Stichworten wie Mediation oder Konfliktmanagement aufgerufen werden. Z.B. URL: http://www.bildungsserver.de/zeigen.html?seite=2208 [am 06.12.2005], mit Hinweise auf zahlreichen Literaturlisten zur Thematik „Streitschlichtung".

13.5 Die Botschaft der Störung entschlüsseln — einige Beispiele

Die Lehrerin versucht, die Botschaft der Störung zu entschlüsseln. Ein Regelwerk der Art: „Wie gehe ich kompetent mit Unterrichtsstörungen um" ist nach den bisherigen Überlegungen offensichtlich nicht möglich. Es geht demnach nicht um Regeln, sondern um eine Denkweise (sehr wichtig!). Wenn es überhaupt eine Regel gibt, dann: *Die Lehrerin sollte Störungen in jedem Fall ernst nehmen!* Oder anders ausgedrückt: Wenn die Lehrerin während des Unterrichts Gefühle spürt, vorzugsweise negative Gefühle, dann sollte sie die ernst nehmen. Sie sollte ihre Gefühle nicht übergehen und den Unterricht nicht durchziehen! Damit rettet sie sich vielleicht bis zur Pause — aber das ist auch alles. Und die nächste Unterrichtsstunde kommt bestimmt!

13.5.1 Lehr-/Lernstörungen (Überraschungen im Unterricht)

Arbeitsvorschlag 1 zu Kapitel 13

Bei dieser Übung zu Lehr-/Lernstörungen geht es um typische Unterrichtssituationen. Die Klassenstufe soll für diese Übung außer Acht gelassen werden. Hintergrund ist jeweils, dass die Lehrerin die Stunde sehr gut vorbereitet hat, mit Bildmaterial, Versuchsaufbau, Arbeitsblättern usw.. Sie kennt die Klasse gut und kommt normalerweise auch gut klar.

Situation 1:
Sie haben eine Sachunterrichtstunde über Haustiere vor und machen einen Sitzkreis, in dem jeder seine Erfahrungen mit Haustieren erzählen soll, da kommt Frank zu spät und hat einen verletzten Frosch gefunden. Natürlich springen alle Kinder auf und umringen Frank.

Situation 2:
Sie sprechen über elektrischen Strom und fragen, wofür man den braucht, da meldet sich Carola und sagt: ‚Atomstrom ist ganz gefährlich und ich war mit meinen Eltern gestern zum Castor. Da hat sich einer auf den Schienen festgebunden.' Alles redet durcheinander und fragt Carola, ob sie auch im Fernsehen war.

Situation 3:
Während des Mathematikunterrichts beginnt plötzlich ein furchtbares Gewitter und einige Schüler haben Angst und sagen, man muss sich unter den Tisch setzen. Einer beginnt zu weinen.

Aufgabe
Überlegen Sie sich für jede Situation zwei verschiedene Möglichkeiten, wie Sie mit dieser Situation umgehen.

Am Anfang dieses Kapitels wurde gezeigt, dass Störungen unter verschiedenen Perspektiven gesehen werden können, u.a. unter einer fachlich-inhaltlichen Perspektive. Die Lehrerin fängt an sich zu ärgern, d.h. fühlt sich gestört, weil die Lernprozesse nicht so ablaufen, wie sie das geplant hat. Auf Störungen dieser Art — Lernstörungen — bezieht sich einerseits die zentrale Frage, wie man Schülerinnen dort abholen kann, wo sie stehen und andererseits die fünfte Frage für die schriftliche Unterrichtsplanung: *An welchen Stellen im Verlauf könnten sich überraschende Anforderungen für mich erge-*

ben und was mache ich dann?[22] Arbeitsvorschlag 1 zu Kapitel 13, S.218, ist eine Übung zu Lehr-/Lernstörungen.

Alle drei Beispiele sind vom Typus „Überraschung im Unterricht". Es handelt sich dabei um die alltägliche Situation, dass etwas geschieht, was die Lehrerin nicht vorhergesehen hat. Die Phantasie kann in dieser Hinsicht nicht so viel bieten wie die Realität. Es passiert eigentlich immer etwas Überraschendes im Unterricht. Zur Störung werden solche Überraschungen, wenn die Lehrerin diese so empfindet. Wenn sie sich ärgert, weil Frank zu spät kommt und sagt: „Bring' den Frosch raus und setz' ihn unter die Hecke". Wenn sie von Carola genervt ist und sagt: „Das spielt für unsere Frage keine Rolle. Passt jetzt endlich auf!" Und wenn sie von den heulenden Kindern verunsichert ist und sagt: „Hier kann nichts passieren, geht jetzt an euer Arbeitsblatt!"

Andernfalls wird die Lehrerin sich über Frank freuen, gemeinsam mit der Klasse überlegen, ob man dem Frosch helfen kann – und selbst wenn sie vielleicht im Augenblick nicht so viel mit dem Frosch anfangen kann, sind die 10 Minuten, die sie dafür benötigt, sehr gut genutzt, denn sie kann darauf zurückgreifen, wenn sie nächstens eine Unterrichtseinheit über Naturschutz macht.

Und Carola wird sie von ihrem Demonstrationserlebnis erzählen lassen, auch wenn sie vielleicht nicht davon überzeugt ist, dass es gut ist, Kinder auf Demonstrationen mitzunehmen, und wenn sie persönlich Atomstrom sauberer als Braunkohlenstrom findet. Aber vielleicht passt die Thematik „Atomstrom" doch ganz gut zu ihrem Thema, auch wenn sie daran zunächst nicht gedacht hat.

Wenn sie die Kinder während des Gewitters tröstet und beruhigt, bleibt das Arbeitsblatt liegen — aber vielleicht festigt sich ihre Beziehung mit der Klasse und das ist in künftigen Stunden viel mehr wert als das Arbeitsblatt.

Die Lehrerin sollte versuchen, sich selbst in der Richtung zu erziehen, dass sie etwas Unerwartetes in ihrer Unterrichtsstunde nicht als Störung, sondern einfach als Ereignis wahrnimmt. Dann hat sie den Kopf frei um zu entscheiden, ob dieses Ereignis, diese unerwartete Bemerkung, dieser unerwartete Vorfall, in den Unterricht integriert werden kann, oder ob er zumindest kurz zur Kenntnis genommen und gewürdigt werden kann oder ob er zurückgestellt wird.

---

[22] vgl. Kapitel 12: „Planung einer ganzen Unterrichtsstunde", Leitfrage 5, S.187

Wie wichtig das ist, sei an einem kleinen Beispiel gezeigt: Eine Schülerin hatte im 5. Schuljahr Streit mit ihrer Englischlehrerin und wurde schließlich so wütend auf die Lehrerin, dass sie diese beschimpfte. Alle Versuche, sie dazu zu bringen, dass sie sich dafür entschuldigt, schlugen fehl, und so hatten die beiden sich einige Wochen lang nichts mehr zu sagen. Eines Tages stand sie mitten in der Englischstunde auf und sagte unvermittelt „... es tut mir leid..." Die Lehrerin verstand sofort, dass das die Entschuldigung war, die in dem Mädchen wochenlang „gegoren" hatte. Damit war dann alles wieder gut. Worum es hier geht: Vielleicht sagt eine Schülerin etwas, woran sie lange gekaut und innerlich gearbeitet hat, oder vielleicht hat jemand eine ganz originelle und erstaunliche Idee, oder es passiert etwas Einzigartiges — und wenn die Lehrerin diesen Moment verpasst, weil ihr Arbeitsblatt sonst nicht fertig wird, kommt der vielleicht nie wieder. Dazu gibt es wieder eine Leseempfehlung — ein bezauberndes kleines Bilderbuch von Judith Kerr: „Ein Tiger kommt zum Tee." Wenn man dann nicht vorbereitet ist, kommt der Tiger vielleicht nie wieder!

Natürlich gilt in den meisten Fällen, dass unpassend scheinende Äußerungen oder plötzlich eintretende Ereignisse wirklich vom Wege wegführen und entsprechend aus dem Unterrichtsgeschehen ausgefiltert werden müssen, das heißt kurz gewürdigt und dann entschlossen zurück- oder beiseite gestellt werden. Aber es gibt auch an (fast) jedem Tag Vorfälle, die den gemeinsamen Lernprozess voranbringen können, wenn man sie angemessen beachtet.

Der gesamte Bereich der lehr-/lernzielbezogenen Störungen des Unterrichts fällt im Kern unter die Kategorie „Überraschung im Unterricht". Lernstörungen treten immer auf, wenn Schüler eben *nicht* dort abgeholt werden, wo sie stehen und/oder wenn Lehrerinnen *nicht* gewillt oder nicht in der Lage sind, sich auf Überraschungen im Unterricht einzustellen.[23] Wenn man hier als Lehrerin Fortschritte machen will und die eigene Sensibilität für Überraschungen im Unterricht erhöhen will, ist es eine Möglichkeit, dass man gelegentlich Unterrichtsstunden mit einer Videokamera aufzeichnet und gemeinsam mit Kolleginnen ansieht. Dann kann man versuchen, solche Stellen im Unterrichtsfilm aufzuspüren und über mögliche Alternativreaktionen zu den real gewählten diskutieren.

---

[23] Das sind zentrale Fragen der Didaktik, auf die in mehreren Kapitel eingegangen wird.

13.5.2 Kommunikationsstörungen

Unter der zweiten Perspektive wurden Unterrichtsstörungen als Kommunikationsstörungen interpretiert. Die Botschaft von Kommunikationsstörungen zu entschlüsseln, ist besonders wichtig, weil fast alle relevanten Lernprozesse in der Schule von der konstruktiven Kommunikation zwischen Lehrer/in und Schülern bzw. von Schülern untereinander getragen werden. Etwas verkürzt könnte man sagen: Wenn in der Schule nicht mehr konstruktiv kommuniziert wird, wird auch nicht mehr gelernt.

Folgende Situation kann man in der Grundschule oft beobachten: Ein Unterrichtsgespräch. Die angehende Lehrerin hat eine Frage gestellt oder einen Impuls gegeben — aber niemand antwortet. Die Spannung im Klassenzimmer wächst. Endlich — meldet sich ein Schüler. Die Lehrerin atmet auf und nimmt ihn auch gleich dran. Und er sagt: „Darf ich mal austreten?"

Diese Situation ist vielleicht so zu interpretieren. Die Situation ist spannungsgeladen und Anspannung ist oft eng verbunden mit Harndrang. Da kleine Kinder dies noch nicht so gut kontrollieren können, passiert es ihnen leicht, dass sie in die Hosen machen, wenn die Situation zu aufregend für sie ist. In dieser kleinen Szene könnte also eine Botschaft des Kindes verborgen sein. Es teilt der Lehrerin mit: „Die Situation ist so spannungsgeladen — das kann ich nicht mehr aus(-halten)!" Das Kind teilt es mit — aber man muss die Botschaft erst entschlüsseln. Dazu benötigt man feine Antennen. Wenn man in unserem Beispiel — „Darf ich mal austreten" — nur die Worte hört, versteht man rein gar nichts. Die Unterrichtsstörung ist eine Botschaft, die erst entschlüsselt werden muss — und das fällt der Lehrerin manchmal schwer, weil sie als Lehrerin persönlich involviert ist.

Die Lehrerin sollte davon ausgehen, dass praktisch alle Störungen, die nicht zu den bisher diskutierten Störungsformen gehören — also institutionelle Störung, Gewalt- und Lernstörung — vom Typus der „Kommunikationsstörungen" sind. Sie erscheinen als Schwatzen, in der Klasse herumlaufen, Kichern und Herumalbern bei jeder passenden und unpassenden Gelegenheit, allgemein als hoher Lärmpegel, zu geringe Aufmerksamkeit, zu spät kommen von Schülern, in die Klasse schreien, abschreiben, Hausaufgaben nicht machen, Spickzettel benutzen, Arbeitsanweisungen nicht beachten, und es dauert lange, bis nach einem Wechsel der Sozialform wieder Ruhe einkehrt. Man kann manchmal beobachten, dass es 10 Minuten dauert, bis die Schüler einen Stuhlkreis gebildet haben. Eine aktive, interessierte und geübte Schulklasse schafft das in ½ bis 1 Minute. Das lässt sich endlos fortsetzen und ist so vielfältig, wie der Unterricht selbst. Ob eine Kommunikationsstörung vorliegt, erkennt die Lehrerin vor allem an ihrem diffusen Ärger oder an diffusem Unbehagen.

Bis jetzt sollte deutlich sein, dass jede dieser Störungen im Grunde eine Botschaft ist — nur, die Botschaft zu entschlüsseln, ist nicht immer so leicht wie in dem Beispiel ‚Darf ich mal austreten?'.

In den Beispielen aus Arbeitsvorschlag 2 zu Kapitel 13, S.222, und vielen anderen handelt es sich um Unterrichtsstörungen — denn *die Lehrerin* fühlt

---

Arbeitsvorschlag 2 zu Kapitel 13

Dies ist ein Übung zu Kommunikationsstörungen. Dazu werden einige Unterrichtssituationen skizziert. Die Klassenstufe soll für diese Übung außer Acht gelassen werden. Hintergrund ist jeweils, dass die Lehrerin die Stunde sehr gut vorbereitet hat, mit Bildmaterial, Versuchsaufbau, Arbeitsblättern usw.. Sie kennt die Klasse gut und kommt normalerweise auch gut klar.

Situation 1:
Sie kommen in die Klasse und es dauert schon ziemlich lange, bis alle Schüler ruhig werden und Sie „Guten Morgen" sagen können. Sie wollen dann eine Arbeitsanweisung geben, aber immer, wenn Sie anfangen wollen, ist es wieder so unruhig, dass Sie sich unterbrechen müssen. Das geht so einige Minuten lang.

Situation 2:
Sie führen ein ziemlich schwieriges und wichtiges Unterrichtsgespräch, an dem sich mehrere Schüler/innen intensiv beteiligen. Ihnen fällt dann auf, dass eine Schülerin viel schreibt, und als Sie hin gehen, stellt sich heraus, dass sie Schularbeiten für ein anderes Fach macht.

Situation 3:
Bei jeder Frage melden sich zwar einige Schüler, die anderen schreien die Antwort einfach in die Klasse, obwohl Sie das schon tausend Mal untersagt haben. Sie nehmen dann zwar immer die dran, die sich gemeldet haben — aber das macht natürlich keinen Spaß, wenn die Antwort längst mehrmals gesagt bzw. geschrieen ist.

Aufgaben
a) Überlegen Sie sich zu jeder der drei Situationen zwei mögliche Botschaften, die hinter dieser Unruhe stecken könnten.
b) Überlegen Sie sich für diese beiden „Botschaften" jeweils ein oder zwei Reaktionsmöglichkeiten.

sich ganz real gestört — vom Typus „Kommunikationsstörung". Vielleicht fühlen sich auch einige der Mitschüler gestört, z.B. die, die sich melden. Aber das kann die Lehrerin schon nicht mehr wissen. Sie sollte demnach auf Bemerkungen der Art verzichten, dass sie disziplinierend eingreifen müsse, weil die anderen Schüler gestört würden. Vielleicht sind viele Schüler ganz froh über diese angeblichen Störungen und finden es ziemlich unterhaltsam, wenn die Lehrerin aufgeregt herumspringt — zumal wenn sie nicht unmittelbar betroffen sind.

Weiter oben wurde bereits auf einige Möglichkeiten hingewiesen, wie die Lehrerin mit Kommunikationsstörungen dieser Art umgehen kann, in Kooperation mit der Klasse in einer Art Meta-Kommunikation, also Kommunikation über die Kommunikation. Das soll nun gleich wieder relativiert werden, denn diese Empfehlung gilt nur, wenn die Vorbereitung der Lehrerin an einigen Stellen missglückt ist, oder wenn sie wichtige Bedingungen des Unterrichts nicht berücksichtigt oder einfach nicht gekannt hat:

⇒ Vielleicht ist die Klasse so unruhig, weil in der vorigen Stunde über das Ziel der nächsten Klassenfahrt beraten und abgestimmt wurde – und die Erregung darüber hat sich noch nicht gelegt.
⇒ Oder die Schülerin macht Hausaufgaben, weil sie in der vorigen Stunde gefehlt hat und dem Klassengespräch darum nicht folgen kann.
⇒ Oder die Schüler schreien in die Klasse, weil die Lehrerin manchmal eben **nicht** konsequent ist und Schülerantworten auch ohne Melden entgegennimmt.

In allen diesen Fällen ist die *Kommunikation über die Inhalte* gestört und eine Meta-Kommunikation wird wahrscheinlich zur Aufklärung der Kommunikationsstörung und zu deren Verschwinden führen —aber nur, wenn die Lehrerin auf die Informationen, die sie auf diese Weise erhält, auch angemessen reagiert[24]:

⇒ Wenn die Schüler aufgeregt über die Abstimmung sind, hilft vielleicht, wenn die Lehrerin ihnen 5 Minuten Zeit gibt, um aus verschiedenen Perspektiven von der Abstimmung zu *berichten* — ein Fehler wäre es, wenn sie die Diskussion wieder aufleben lässt. Oder sie greift auf ein bekanntes Ritual zurück und macht z.B. eine Konzentrationsübung mit der Klasse.

---

[24] In dem Buch von Winkel; R. (1997) werden 12 Beispiele für „typische" Unterrichtsstörungen als Symptom interpretiert und entsprechende Handlungsmöglichkeiten für Lehrer gezeigt. Zu jeder Störung gibt es dort auch weiterführende Literaturhinweise.

⇒ Wenn eine Schülerin nebenbei Hausaufgaben macht, könnte die Lehrerin vielleicht für die, die in der vorigen Stunde nicht da waren oder sich nicht mehr gut erinnern können, eine Kurzzusammenfassung der Stunde geben. Oder sie legt die Folie mit der Zusammenfassung auf und bittet zwei oder drei Schüler, diese zu erläutern.

⇒ Gegen das Reinschreien könnte die Lehrerin in einer Grundschulklasse eine Strichliste führen lassen, auf der ein Schüler immer einen Strich macht, wenn *sie* jemanden drannimmt, der sich nicht gemeldet hat, und einen Strich, wenn jemand hinein schreit. Wenn *die Lehrerin* mehr als zwei Fehler macht oder die Klasse weniger als 10, gibt es keine Hausaufgabe. In einer höheren Klassenstufe könnte es hilfreich sein, wenn sie — vor Beginn des Unterrichtsgesprächs — noch einmal die Gesprächsregeln wiederholt.

13.5.3 Die Botschaft der Angst

Angesprochen werden im Folgenden vor allem angehende Lehrerinnen, die als Praktikantin oder Referendarin am Anfang ihrer Berufslaufbahn stehen.

Es gibt einen noch schwerwiegenderen Fall von Kommunikationsstörung. Den erkennt die Lehrerin daran, dass sie eine ganz diffuse Angst vorm Unterrichten empfindet. Damit ist jetzt nicht die plötzlich hervorschießende Angst vor einer gewaltsamen Bedrohung gemeint, sondern eine schleichende Angst, die sich darin äußert, dass die Lehrerin häufig auf die Toilette gehen muss oder dass sie während der Stunde verunsichert ist, wie es weitergeht, sich an ihren Aufzeichnungen festhält, auf die Uhr sieht und aufatmet, wenn die Stunde zu Ende ist. Also eine schleichende Angst oder eher Verunsicherung. Diese hat wohl in vielen Fällen eine doppelte Ursache:

⇒ Erstens: Als Berufsanfängerin ist die Lehrerin sich ihrer Lehrerrolle vielleicht noch nicht sehr sicher. Sie sieht viele Unterrichtsgeschehnisse noch mit den Augen einer Schülerin und wäre manchmal am liebsten eine ältere Klassenkameradin ihrer Schüler. Woher sie da auf einmal die persönliche Autorität einer Lehrerin nehmen soll, ist ihr manchmal ziemlich schleierhaft.[25]

---

[25] In dieser Phase ist es besonders wichtig, dass die Ausbildungslehrerin in den Unterricht nur in wirklich unvermeidlichen Fällen hinein regiert, da andernfalls aus Schülersicht eine Autorität der angehenden Lehrerin schon aus institutionellen Gründen nicht gegeben ist.

⇒ Zweitens: Ihre Schüler sind ja zwangsweise in der Schule, auch wenn sie vielleicht gerne hingehen. Die Lehrerin steht für den Staat, der die Schüler dazu zwingt, in die Schule zu gehen. Bereitwillig unterwerfen die Schüler sich dem Zwang nur, wenn sie spüren, dass sich diese Einschränkung ihrer Freiheit für sie auch lohnt. Und dafür müssen sie ihrer Lehrerin glauben können, dass es sich *mit ihr* lohnt. Die Schüler müssen ihr also glauben können, dass sie eine wirkliche Lehrerin ist, die ihnen etwas Richtiges und Wichtiges auf angemessene Weise beibringen kann.

Die wichtigste Voraussetzung dafür ist zunächst einmal, dass sie selbst glaubt, dass sie solch eine Lehrerin ist.[26] Wenn sie das selbst nicht glaubt, werden ihre Schüler ihr das auch nicht glauben – was immer sie tut oder sagt. In diesem Fall könnte es sich in den drei Beispielen aus Arbeitsvorschlag 1 zu Kapitel 13 auch um folgende Botschaft ihrer Schüler an sie handeln: Ich bin unsicher, ob Du eine richtige Lehrerin bist! Zeig uns, ob Du eine richtige Lehrerin bist! Und die Verunsicherung ihrer Schüler spürt *sie* dann als eigene Unsicherheit — das ist eine Form der unbewussten Verarbeitung von Eindrücken, die man Gegenübertragung nennt (sehr wichtig!)[27].

Es treffen also zwei Umstände aufeinander: Zum einen ihre eigene Rollenunsicherheit, zum anderen ihre Gegenübertragung der Verunsicherung ihrer Schüler. Die beiden Umstände passen wie der Schlüssel ins Schloss und können sich so gewaltig verstärken, bis sie vielleicht fast handlungsunfähig ist und alles nur noch wie durch einen Nebel wahrnimmt. Beide Umstände sind zudem weitgehend unbewusst und man kann nicht so einfach sagen: „Jetzt will ich mal rollensicher sein." Und ihren Schülern kann sie auch nicht sagen: „Seid ganz beruhigt, ich bin schon eine richtige Lehrerin."

Erkennbar ist dieser beunruhigende Zustand an der diffusen Angst der Lehrerin im Zusammenhang mit ihrer Klasse und ihrem Unterricht. Eine einfache Abhilfe gibt es dafür nicht — zunächst mal nur, dass am Anfang das Eingeständnis stehen muss: *Ich habe (etwas) Angst, in meine Klasse zu gehen. Ich habe (etwas) Angst vor der nächsten Stunde.* Dann gibt es grundsätzlich zwei Möglichkeiten:

Erstens: Wenn die diffuse Angst relativ *klein* ist, helfen erfahrungsgemäß vor allem drei Dinge:

---

[26] vgl. Kapitel 06: „Lernumgebung als Rahmen erfolgreichen Schulunterrichts", Leitlinie 1, S.92
[27] vgl. Abschnitt 13.3: „Übertragung und Gegenübertragung", S.211

⇒ Eine sorgfältige Vorbereitung, die die Lehrerin vorher mit anderen besprochen hat. Und zwar mit Freunden, die sie nicht niedermachen, sondern wirklich unterstützen.
⇒ Dann Erfahrung. Dass sie also im Rahmen von Hospitationen und Unterrichtsversuchen möglichst viel unterrichtet — das heißt natürlich auch, dass sie viel Arbeit investieren muss. Nach einigen Wochen sieht das dann oft schon ganz anders aus. Die Angst ist weg und sie freut sich auf die nächste Stunde, die sie geben darf.
⇒ Und drittens: Dass sie nicht hochstapelt. Dass sie ihren Schülern sagt, dass sie noch nicht viel Erfahrung hat und dass sie sich noch ziemlich unsicher fühlt. Wenn gleichzeitig deutlich ist, dass sie sich gut vorbereitet und wenn sie sich nicht gehen lässt und jammert, werden die Schüler sich mit ihr solidarisieren und werden sie unterstützen.

Der bekannte russische Pädagoge Anton Semjonowitsch Makarenko hatte in den 20er-Jahren eine Internatsschule für verwahrloste und verwilderte Straßenkinder gegründet. Nach einiger Zeit gelang es ihm, mit seinem unbedingten Einsatz und seinem unerschütterlichen Glauben an diese Kinder einige der wilden Kerle für dieses gemeinsame Werk zu gewinnen. Dann beschlossen sie gemeinsam, über den Eingang ein Schild zu hängen, mit dem Motto: NICHT JAMMERN. Diese Worte sollten auch heute über jeder Schultür hängen. Aktuell klingt das Jammern vieler Lehrerinnen bis in die Medien, dass die Schüler zu schwierig und die Klassen zu groß und die Korrekturen zu lang und die Materialien zu alt und die Stundenzahlen zu hoch und die Stundentafeln zu klein und die Kollegien zu zerstritten seien usw. usw.. Um es klar zu sagen: Gute Lehrer jammern nicht, sondern krempeln einerseits die Ärmel hoch und tun auf der anderen Seite alles, was sie nur können, um für sich selbst und für ihre Schüler und auch für ihre Kolleginnen sensibel zu bleiben oder zu werden.

Zweitens: Wenn die Lehrerin *große* Angst vor der Klasse und vorm Unterrichten hat und wenn die Angst auch nicht weggeht, wenn sie sich alle Mühe mit ihrer Vorbereitung gibt, gibt es nur zwei Möglichkeiten:
⇒ Entweder sie sagt: Der Lehrerberuf ist nichts für mich — und wechselt den Beruf. Dass ihr Familien- und Freundeskreis dann enttäuscht ist, muss sie ertragen.
⇒ Oder sie geht dieser großen Angst auf den Grund. Das erfordert großen Mut und bedeutet zudem die große Mühe einer Psychotherapie.

Der Preis ist andernfalls, dass sie genau die missgelaunte, graue Lehrerin wird, die sie selbst nie leiden mochte und die niemand leiden mag.

13.6 Zusammenfassung

Deutlich geworden sein sollte, dass es für das Umgehen mit Unterrichtsstörungen keine allgemein gültigen Rezepte gibt, sondern dass es immer auf den Einzelfall ankommt.

⇒ Aus jeder lehr-/lernzielbezogenen Störung des Unterrichts **können** sich Anregungen für Veränderungen in der Unterrichtsgestaltung ergeben oder interessante inhaltliche Aspekte, die den Unterricht aktuell oder zu einem späteren Zeitpunkt beleben. Vielleicht führen sie auch nur vom Wege ab und müssen aus dem Unterrichtsgeschehen ausgefiltert werden.

⇒ In jeder Kommunikationsstörung steckt eine verborgene Botschaft. Zwar erreicht die Gefühlsbotschaft die Lehrerin nach unbewusster Verarbeitung von Informationen, so dass sie aus der Art des eigenen Gefühls nicht direkt etwas über die in der Störung verborgene Botschaft erfahren kann. Aber Botschaften dieser Art sind — mittels Metakommunikation — oft nicht so sehr schwer zu entschlüsseln. Die unbewusste Verarbeitung erfolgt sozusagen nur aus Gründen der Effektivität und die realen, zugrundeliegenden Informationen können im Meta-Gespräch relativ leicht rekonstruiert werden.

⇒ Die diffuse Angst einer jungen, noch wenig erfahrenen Lehrerin vor der nächsten Unterrichtsstunde und/oder den Schülern *kann* aus der eigenen Rollenunsicherheit sowie ihrer Gegenübertragung der Verunsicherung ihrer Schüler kommen. Dann *kann* sie vielleicht allmählich abgebaut werden, durch sorgfältige Vorbereitung, konstruktive Unterrichtsreflexion mit befreundeten Lehrern und symmetrische Umgangsformen mit den Schülern.

⇒ Die intensive Angst einer Lehrerin vor der Klasse, vorm Unterrichten und/oder vor der Schule und vor Kolleginnen hat *wahrscheinlich* tiefere Ursachen. Es *kann* gelingen, dieser Angst auf den Grund zu gehen, wenn man den großen Mut zu einer Psychotherapie aufbringt.

Unterrichtsstörungen sind oft mit beklemmenden negativen Gefühlen verbunden und erfordern meistens erheblichen zeitlichen und emotionalen Einsatz. Nimmt die Lehrerin diese Herausforderung an, kann sie daran im Laufe der Jahre zur Lehrerpersönlichkeit heranreifen.

14 Zensur und Leistungsbewertung

14.1 Erstaunliche Ergebnisse von Benotungsexperimenten

Seit vielen Jahren wird an der Universität Hannover im Rahmen von Seminaren und Vorlesungen ein ganz besonderes Benotungsexperiment durchgeführt, an dem inzwischen viele hundert angehende Lehrer/innen teilgenommen haben [1]. Die dabei zu erfüllenden Aufgaben sind immer gleich: Die ersten beiden Aufgaben bestehen darin, zwei Aufsätze, die angeblich aus der 4. Klasse einer Grundschule stammen, nach Inhalt, Stil, Rechtschreibung und Gesamtnote zu bewerten. Die dritte und vierte Aufgabe besteht darin, zwei Mathematikarbeiten zu bewerten, die angeblich aus einer 4. Grundschule bzw. der 5. Klasse einer Realschule stammen.

Auch die dabei erzielten, erstaunlichen Ergebnisse sind im Laufe der Jahre immer gleich geblieben, wenn man von geringen Abweichungen absieht. Die im Folgenden referierten Ergebnisse stammen aus einer Vorlesung von 2004, bei der 355 Studierende an diesem Benotungsexperiment teilgenommen haben. Eine ausführliche Darstellung dieser Ergebnisse enthält die DVD. Sofern Sie der Ansicht sind, dass diese Art der Zensierung Ihnen nicht passieren könnte, sollten Sie dieses Benotungsexperiment selbst durchführen; alle erforderlichen Unterlagen finden Sie auf der DVD. Da es bei diesem Experiment darum geht, die unterschiedliche Zensierungspraxis zwischen mehreren Personen aufzuzeigen, können die nachfolgend vorgestellten Effekte nur nachgewiesen werden, wenn sich mindestens 30 Personen beteiligen.

Ein überraschendes Ergebnis lautet kurz gefasst, dass die Zensurenverteilung für alle bewerteten Aspekte sowohl bei der Rechtschreibleistung als auch bei der Mathematikleistung einer Normalverteilung grob angenähert ist. Für identische Schülerleistungen erteilen die Beurteiler Zensuren von „sehr gut - 1" bis „ungenügend - 6". Typisch ist „Mathematikarbeit 2", für die 7 X „sehr gut", 39 X „gut", 95 X „befriedigend", 114 X „ausreichend", 63 X „mangelhaft" und 8 X „ungenügend" gegeben wurde.

---

[1] Wegner, Seminarmaterial

Benotungsexperiment zu Kapitel 14

Das Experiment:
DVD-Pfad: Kapitel_14\
Datei: K_14_Experiment.pdf
Diese Datei ist das Aufgabenheft. Drucken Sie sich die Datei aus und machen Ihre Eintragungen auf dem Vordruck. Folgen Sie bitte *genau* der Arbeitsanweisung (Dauer ca. 1 Stunde).

Die Ergebnisse zum Experiment:
Die ausführlichen Ergebnisse finden Sie unter:
DVD-Pfad: Kapitel_14
Datei: K_14_Ergebnisse.pdf

Vielleicht noch überraschender ist, dass sogar die Zahl der gefundenen Rechtschreibfehler und Rechenfehler (!) entsprechend streut. Z.B. gilt wiederum für „Mathematikarbeit 2", dass 5 X 1 Fehler, 28 X 2 Fehler, 37 X 3 Fehler, 59 X 4 Fehler, 35 X 5 Fehler, 25 X 6 Fehler, 14 X 7 Fehler, 14 X 8 Fehler und 35 X 9 und mehr Fehler gefunden wurden, was die Streuung der Zensuren zum Teil erklärt[2].

⇒ Dieses Experiment wurde erstmals im Jahr 1964 in Oberösterreich gemacht.[3] Versuchsteilnehmer waren damals Deutschlehrer bzw. Mathematiklehrer, die in den Klassenstufen 4 und 5 unterrichteten. Das Experiment wurde seitdem oft wiederholt, da die Ergebnisse bei Lehrern auf Unglauben stießen. Seit 2002 führen es die Autoren jährlich in einer Pflichtvorlesung für Zweitsemester (jeweils mit ca. 350 Teilnehmern) durch.

⇒ Wie in der Arbeitsanweisung beschrieben, handelt es sich um Originalarbeiten, die aktuell geringfügig verändert wurden, z.B. wurde € statt Schilling eingesetzt, eine österreichische Redewendung ein wenig eingedeutscht sowie die neue Rechtschreibung berücksichtigt.

---

[2] Die Zahlen summieren sich nicht gleich, da einerseits nicht alle Teilnehmer am Experiment eine genaue Fehlerzahl angeben und andererseits auch nicht alle eine Zensur erteilt haben.
[3] Weiss 1965, 1966

Die Tragweite dieses Experiments ist sehr groß, denn es lässt Zweifel aufkommen — vor allen Erklärungs- und Lösungsansätzen — ob eine „richtige" Ziffernbenotung möglich sei. Eine weitere Antinomie des Lehrerberufs deutet sich an: Die Notwendigkeit, Schüler zu bewerten und die der Unmöglichkeit, dies weitgehend „gerecht" oder „richtig" zu erledigen. Wenn Lehrer/innen Zensuren geben oder Empfehlungen für die Schulartenwahl schreiben, sollten sie dies jedes Mal mit bedenken. Das bedeutet jedoch nicht, dass keine Verbesserung des Bewertungsverfahrens möglich ist, worauf im Folgenden eingegangen werden soll. Die wichtigste Verbesserung ist jedoch, dass die Lehrerin sich über diese Problematik im Klaren ist.

14.2 Die (Un-)Gerechtigkeit der Ziffernbenotung

Zensuren scheinen ungeheuer genau zu sein: Z.B. gehen in Niedersachsen im Jahr 2003 ins Abiturzeugnis 36 Einzelnoten ein, teils mit einfacher, doppelter und vierfacher Gewichtung, aus denen dann ein Mittelwert errechnet wird, auf eine Stelle hinter dem Komma genau. Und die Stelle hinter dem Komma ist sehr wichtig: Schon 0,1 Unterschied kann bedeuten, dass eine Student/in keinen Studienplatz im gewünschten Studiengang erhält oder dass sie jahrelang warten muss.

Die Ergebnisse des Versuchs können da vielleicht nachdenklich machen. Der Gedanke ist naheliegend, dass für „Tests" in der gymnasialen Oberstufe und für Prüfungszensuren wenigstens das Gleiche gilt wie für Klassenarbeiten im 4. und 5. Schuljahr. Real ist es sogar einfacher, den kleinen Schulaufsatz eines Viertklässlers zu beurteilen als einen „Test" im Leistungskurs. Könnte es da nicht sein, dass verschiedene Lehrerteams die „Tests" ein und desselben Abiturienten ganz unterschiedlich beurteilt hätten? Wäre es nicht sogar denkbar, dass dessen „Zensurenschnitt" bei dem einen Bewerterteam 1,6 gewesen wäre und vielleicht für ein Medizinstudium gereicht hätte, und bei einem anderen Bewerterteam nur 3,2 und gar nicht mehr für einen Studienplatz gereicht hätte?

Von da kommt man schnell zu der Frage, was denn nun die „reale", die „echte" Leistung ist. Denn es wäre äußerst ungerecht, wenn vielleicht in jedem Jahr Zehntausende von Abiturienten keinen oder nicht den gewünschten Studienplatz bekämen — obwohl ihre Leistungen genau so gut oder sogar besser als die der glücklicheren Bewerber sind, und sie lediglich das Pech hatten, von ihrem Bewerterteam schlechter benotet worden zu sein.

Um nun zu überprüfen, ob Zensuren tatsächlich dermaßen problematisch sind, wurden im Anschluss an die Experimente von Weiss Hunderte von weiteren Zensierungsexperimenten, Parallelklassenvergleichen und Schulvergleichen gemacht. Der Name Karlheinz Ingenkamp[4] steht für diese Forschungsrichtung. Dieser machte als *eine* notwendige Konsequenz aus diesen Untersuchungen deutlich, dass auch bei der Zensurengebung Kriterien berücksichtigt werden müssen, die im Rahmen der Testpsychologie entwickelt wurden. Es handelt sich um Fachbegriffe — sie dürfen also nicht umgangssprachlich verstanden werden[5]. Das Lehrerurteil sollte

⇒ *objektiv* sein. Damit ist gemeint, dass die Person des Beurteilers möglichst keinen Einfluss auf das Urteil hat. Ganz egal, wer die Klassenarbeit nachsieht, es sollte immer das Gleiche herauskommen. Z.B. sollte sich der Beurteiler nicht von der Person des Schülers beeinflussen lassen — ob er nun in Designerkleidung daher kommt oder ungekämmt ist.

⇒ *gültig* (= valide) sein. Das heißt, es sollte wirklich gemessen werden, was gemessen werden sollte. Wenn es z.B. um die Bruchrechnung geht, sollten Rechtschreibfehler keine Rolle spielen, oder Textaufgaben sollten so formuliert werden, dass auch weniger sprachgewandte Schüler sie verstehen können.

⇒ *zuverlässig* (= reliabel) sein. Damit ist gemeint, dass unter gleichen Bedingungen immer das gleiche Urteil gefällt wird. Wenn der Lehrer die Klassenarbeit heute und in einem Monat noch einmal nachsieht, sollte das Gleiche herauskommen.

Objektivität, Gültigkeit und Zuverlässigkeit sind so genannte Gütekriterien[6], die mindestens erfüllt sein müssen, wenn eine Ziffernnote angemessen und gerecht sein soll.

14.2.1 Objektivität der Ziffernbenotung

Am Anfang soll wieder ein Untersuchungsbefund aus dem eingangs beschriebenen Benotungsexperiment stehen. In diesem Experiment gibt es bei

---

[4] Ingenkamp 1995
[5] Standardliteratur dazu: Lienert 1998. Dieser benennt als Hauptgütekriterien Objektivität, Reliabilität, Validität, als Nebengütekriterien Normierung, Vergleichbarkeit, Ökonomie, Nützlichkeit. In diesem einführenden Text werden nur die Hauptgütekriterien berücksichtigt.
[6] Bei einigen Autoren werden weitere Kriterien genannt, wodurch die Argumentation aber nicht grundlegend verändert wird.

jeder Aufgabe einen knappen Hinweis zur Biografie des Schülers. Dieser lautet:

> *Biografie 1:* Dieser Aufsatz stammt aus der 4. Klasse einer Grundschule. Die Schreiberin ist eine durchschnittliche Schülerin mit Empfehlung für die Hauptschule. Beide Eltern sind berufstätig (Hortkind).
> *Biografie 2:* Dieser Aufsatz stammt aus der 4. Klasse einer Grundschule. Schreiber ist ein sprachlich begabter Junge mit Gymnasialempfehlung, der Vater Redakteur bei der örtlichen Zeitung.
> *Biografie 3:* Dieser Mathematik-Test stammt aus der 4. Klasse einer Grundschule. Tobias ist mathematisch begabt und zeichnet sich zuweilen durch originelle Lösungen aus.
> *Biografie 4:* Dieser Mathematik-Test stammt aus der 5. Klasse einer Realschule. Claudia ist eine durchschnittliche Schülerin. In der Originalarbeit gab es zahlreiche Streichungen und Verbesserungen. Es war nur schwer durchzufinden.

In ihrer Schulklasse haben Lehrer/innen die Schüler vor sich und kennen den persönlichen Hintergrund jedes Schülers viel besser. Die Frage ist nun: Spielen vielleicht schon die o.g. knappen Hinweise eine Rolle bei der Benotung der Schülerleistung?
In dem Benotungsexperiment wird ein kleiner Trick angewandt um Hinweise darauf zu erhalten, ob das Urteil von Bewertern durch Kenntnisse über die Schülerpersönlichkeit beeinflusst wird: Es gibt *zwei Testversionen* (Version A + B), die sich nur in einem Punkt unterscheiden:
⇒   In Version A ist
-    *Aufsatz 1* die <u>ungünstigere</u> *Biografie 1* zugeordnet.
-    *Aufsatz 2* die <u>günstigere</u> *Biografie 2* zugeordnet.
-    *Mathematikarbeit 1* die <u>günstigere</u> *Biografie 3* zugeordnet.
-    *Mathematikarbeit 2* die <u>ungünstigere</u> *Biografie 4* zugeordnet.
⇒   In Version B ist
-    *Aufsatz 1 die günstigere Biografie 2 zugeordnet.*
-    *Aufsatz 2 die ungünstigere Biografie 1 zugeordnet.*
-    *Mathematikarbeit 1 die ungünstigere Biografie 4 zugeordnet.*
-    *Mathematikarbeit 2 die günstigere Biografie 3 zugeordnet.*

Auf der einen Seite des Veranstaltungsraumes wird Version A ausgegeben, auf der anderen Version B. Dann kann man vergleichen, ob die Versuchsteilnehmer/innen z.B. Aufsatz 1 auf der einen Seite des Veranstaltungsraumes anders bewerten als auf der anderen:

⇒ Typisch ist die Zensierung von Aufsatz 1, für den mit der günstigeren Biografie ca. 15 X „sehr gut", 95 X „gut" und nur 45 X „befriedigend" erteilt wird. Mit der ungünstigeren Biografie gibt es für die gleiche Arbeit nur 3 X „sehr gut", 40 X „gut", dafür über 100 X „befriedigend".

⇒ Für Mathematikarbeit 1 wird mit der günstigeren Biografie 50 X „sehr gut" und 25 X „befriedigend" erteilt, mit der ungünstigeren Biografie gibt es für die gleiche Arbeit nur 30 X „sehr gut", dafür aber 50 X „befriedigend".

Statistisch sind alle ermittelten Unterschiede hochsignifikant. Es gibt keine andere Interpretation: Schüler, von denen der Lehrer eine bessere Meinung hat, werden — bei absolut gleicher Leistung — viel besser zensiert als Schüler, von denen der Lehrer eine schlechtere Meinung hat, oder einfacher ausgedrückt: Gut eingeschätzte Schüler werden bei gleicher Leistung viel besser beurteilt als schlecht eingeschätzte Schüler.

Dieses Ergebnis hat immer wieder überrascht. Aber seit die Zensurenforschung 1964 mit dem bereits erwähnten Experiment des Österreichers Weiss begann, wird jedes Mal das gleiche Ergebnis gefunden. Es lautet kurz gefasst, dass in Hinblick auf alle bewerteten Schülerleistungen die beigefügte Kurzbiografie einen *erheblichen* Einfluss auf die erteilte Zensur und auch auf die Anzahl der gefundenen Fehler hat. Für Deutsch-Arbeiten gilt, dass bei gleicher Leistung Schüler mit günstigerer Biografie im Durchschnitt fast eine ganze Note besser zensiert als Schüler mit ungünstigerer Biografie und zwar in allen vier Bereichen, Rechtschreibung, Stil, Inhalt und in der Gesamtnote; Mathematikarbeiten werden mit der „besseren" Biografie im Durchschnitt ungefähr um eine halbe Note besser zensiert.

Noch ein weiteres Ergebnis findet sich immer wieder: Bei schlechten Schülern werden viel mehr Fehler gefunden als bei guten Schülern — wohlgemerkt bei absolut identischer Leistung. Es ist dann natürlich kein Wunder, dass gute Schüler auch bessere Zensuren bekommen — noch bessere als ihnen aufgrund ihrer Leistung zustehen würden.

Die dargestellten Bewertungsexperimente betreffen das Gütekriterium der Objektivität. Die Ergebnisse, die jederzeit reproduzierbar sind, bedeuten für die Gerechtigkeit von Ziffernnoten: *Die Einschätzung der Person des Schülers hat einen (überraschend) großen Einfluss auf das Lehrerurteil. Je positiver eine Lehrerin einen Schüler einschätzt, um so bessere Zensuren bekommt er – bei gleicher Leistung.*

Wie kann es zu solch einem Ergebnis kommen? Man kann davon ausgehen, dass keine der Versuchsteilnehmer/innen Schüler mit einer negativeren Biografie benachteiligen möchte und mit einer positiveren Biografie bevorteilen. Vielleicht haben die meisten Versuchsteilnehmer/innen sogar im Gegenteil die Vorstellung, dass Schüler, die ohnehin schon benachteiligt sind, besonders gefördert und wohlwollend beurteilt werden sollten. Und trotzdem findet die große Mehrheit bei Schülern mit der schlechteren Biografie mehr Fehler und erteilt eine schlechtere Note. Eine mögliche Erklärung bietet der Rückgriff auf Erkenntnisse aus Kapitel 13.2[7]. Dort wird die Arbeitsweise des Unbewussten beschrieben. Jede Lehrer/in nimmt in jeder Sekunde eine Fülle von Sinneseindrücken auf und verarbeitet diese größtenteils unbewusst. Das geschieht natürlich auch, wenn die Lehrerin Klassenarbeiten zensieren oder die Teilnehmerin an einem Seminar eine Bewertungsübung macht.

Unbewusst verarbeitet sie auch den kleinen Hinweis auf die Biografie des Schülers oder der Schülerin. Dass sie bei der „schlechteren" Schüler/in strenger auf Fehler achtet und strenger zensiert, ist ein Ergebnis der unbewussten Verarbeitung dieser Informationen. Sie weiß ja aus langjähriger Erfahrung bzw. aus ihrer 13-jährigen Schulzeit, dass Schüler mit ungünstigerer Biografie meistens mehr Fehler machen und schlechtere Zensuren bekommen. Entsprechend verarbeitet ihr Unbewusstes diese Information. Und da sie über ihr Unbewusstes keine bewusste Kontrolle hat, fließt dieses Verarbeitungsergebnis in ihr Urteil ein, ohne dass sie das bewusst will, und ohne dass sie das bemerkt.

14.3 Warum gelingt das Zensieren so schlecht?

Ein Missverständnis wäre es, die bisherigen Ausführungen als eine Art „Lehrerschelte" zu verstehen. Das Problem liegt nicht in der Person des bewertenden Lehrers — auch wenn, wie gezeigt, die statistische Objektivität des Lehrerurteils gering ist — sondern in der gängigen Praxis der Ziffernbenotung. Folgendes Beispiel soll das verdeutlichen:

Lehrer müssen Zensuren vergeben, Hochschullehrer auch. Z.B. müssen Grundschullehrer am Ende des vierten Schuljahrs Empfehlungen für die Schularten geben. Das ist eine Weichenstellung fürs Leben — und die Kinder sind da erst 10 Jahre alt. Mancher Lehrer denkt dann:

⇒ Gerecht heißt, dass nur ein Kind, das die vier Grundrechenarten schriftlich und mündlich sicher beherrscht, eine Gymnasialempfehlung bekommt.

---

[7] vgl. Kapitel 13: „Unterrichtsstörungen, 13.3, S.211

⇒ Ein anderer denkt: Ich weiß ja gar nicht, ob das Kind nicht verborgene Fähigkeiten hat, die ich bisher nicht erkannt habe. Sicherheitshalber gebe ich eine Gymnasialempfehlung, um keine Chancen zu verbauen.
⇒ Der dritte denkt: Das Kind erscheint mir ziemlich schwach begabt. Aber die Eltern wollen unbedingt, dass es aufs Gymnasium geht und geben schon jetzt alle mögliche Nachhilfe. Ich überlasse die Verantwortung den Eltern — und gebe eine Gymnasialempfehlung.

Das ließe sich beliebig fortsetzen. Das Dilemma liegt darin, dass es ganz verschiedene Gründe dafür geben kann, einem Kind eine Gymnasialempfehlung zu geben oder nicht zu geben.

Das ist auch der Schulverwaltung und den Kultusministerien nicht verborgen geblieben. Die Lösung dafür sollte eine verbindliche Vorgabe für die Zensierung sein: Alle Zensierungsvorschriften, die es in Deutschland z.Zt. in Schulen und Hochschulen gibt, orientieren sich seitdem am Beschluss der Kultus-

Notenbezeichnung	Notenziffer	Notendefinition gemäß KMK-Beschluss v. 03.10.1968
sehr gut	1	Die Note „sehr gut" soll erteilt werden, wenn die Leistung den Anforderungen in besonderem Maße entspricht.
gut	2	Die Note „gut" soll erteilt werden, wenn die Leistung den Anforderungen voll entspricht.
befriedigend	3	Die Note „befriedigend" soll erteilt werden, wenn die Leistung im Allgemeinen den Anforderungen entspricht.
ausreichend	4	Die Note „ausreichend" soll erteilt werden, wenn die Leistung zwar Mängel aufweist, aber im Ganzen den Anforderungen noch entspricht.
mangelhaft	5	Die Note „mangelhaft" soll erteilt werden, wenn die Leistung den Anforderungen nicht entspricht, jedoch erkennen lässt, dass die notwendigen Grundkenntnisse vorhanden sind und die Mängel in absehbarer Zeit behoben werden könnten.
ungenügend	6	Die Note „ungenügend" soll erteilt werden, wenn die Leistung den Anforderungen nicht entspricht und selbst die Grundkenntnisse so lückenhaft sind, dass die Mängel in absehbarer Zeit nicht behoben werden können.
Zwischennoten und so genannte Prädikatsanhängsel sind in Notenzeugnissen unzulässig. Soll darauf hingewiesen werden, dass bestimmte Leistungen in einem Fach besser oder schlechter als die zusammenfassende Bewertung waren, kann im Zeugnis ein entsprechender Hinweis unter „Bemerkungen" gegeben werden.		

Tab. 24: Erlass der KMK zur Zensurengebung

ministerkonferenz vom 03.10.1968 für Notenzeugnisse im Primarbereich und im Sekundarbereich I[8]:

Die Zensuren werden demnach an den „Anforderungen" gemessen und nur sofern mehrere Zensuren vorliegen, gemittelt und auf eine Stelle hinter dem Komma gerundet. Nach den bisherigen Ausführungen dürfte deutlich sein, dass das Dilemma auf diesem Wege nicht gelöst werden kann, da „Anforderungen" für jeden Bewerter etwas anderes bedeuten.

Grundsätzlicher ist die Überlegung, dass eine Leistung nur beurteilt werden kann, wenn es einen verbindlichen Bezugsrahmen gibt. Das kann sein

⇒ ein *sozialer Bezugsrahmen*; dann wird durch die Bewertung der *Rangplatz* des Schülers oder Studenten innerhalb einer Bezugsgruppe bezüglich der beurteilten Leistung bestimmt.

⇒ ein *individueller Bezugsrahmen*; dann wird die *Veränderung* in der Leistung des Schülers oder Studenten bewertet, die zwischen zwei Zeitpunkten stattgefunden hat.

⇒ ein *kriterienbezogener Bezugsrahmen*; dann wird bewertet, welchen quantitativen und/oder qualitativen *Kriterien* die Leistung des Schülers oder Studenten genügt.

Der Zensurenerlass legt jedoch nicht fest, welcher Bezugsrahmen gelten soll, und so wird ein Bewerter sich z.B. am Klassendurchschnitt orientieren, ein zweiter am individuellen Lernfortschritt und der dritte orientiert sich an Quantität und Qualität der erreichten Lehrziele.

Selbst wenn ein Zensurenerlass auch den Bezugsrahmen festlegen würde, was bisher in Deutschland nirgends der Fall ist, wäre damit noch nichts gewonnen, denn jeder Bezugsrahmen kann wiederum ganz unterschiedlich interpretiert werden:

⇒ Der *soziale Bezugsrahmen* kann eine Lerngruppe innerhalb einer Klasse oder eines Kurses sein, eine Schulklasse, alle Parallelklassen innerhalb einer Schule, eine Altersgruppe innerhalb eines Bundslandes, ganz Deutschlands oder schließlich innerhalb der ganzen Welt bzw. der OECD-Staaten, wie in den PISA-Tests.

⇒ Der *individuelle Bezugsrahmen* kann die kognitive Lernleistung eines Schülers oder Studenten sein, es können aber auch persönlicher Einsatz, Persönlichkeitseigenschaften, die soziale Angepasstheit oder der soziale

---

[8] Zeugnisse in den allgemein bildenden Schulen, Rd.Erl. d. MK v. 24.5.2004 – 303-83203 (SVBl. S. 305) – VORIS 22410, Absätze 3.4.1, 3.4.2, 3.5

Status herangezogen werden.⁹

⇒ Als *kriterienbezogener Bezugsrahmen* kommen die vom Lehrer selbst gesetzten Lehrziele in Frage, aber auch Lehrziele, die durch eine Stufenkonferenz, Rahmenrichtlinien und Standard- oder Vergleichsarbeiten gesetzt werden.

Je nachdem, welcher Bezugsrahmen für den Bewerter im Vordergrund steht bzw. welche Kriterien dem Bezugsrahmen zugrunde liegen, wird die Zensur ganz Unterschiedliches bedeuten. Damit tritt das Dilemma hervor, das letzten Endes ursächlich für die meisten Schwierigkeiten mit der Zensurengebung ist, dass es nämlich ein weites Spektrum von Motivationen gibt, eine bestimmte Zensur zu erteilen, und ein eben so weites Spektrum der Interpretation. Wer die Aussage der Zensur später interpretiert, weiß aber in aller Regel nicht, welche Motivation der Zensurenerteilung zugrunde lag. Dieses Phänomen wird unter dem Begriff „Funktion der Schulzensur" diskutiert.

14.3.1 Funktionen der Zensur mit Vorrang eines sozialen Bezugsrahmens

⇒ Geht es darum, dass man mit der Zensur ein Recht auf Besuch einer weiterführenden Schule oder auf einen Studienplatz oder einen Referendariatsplatz erwirbt, spricht man von der *Berechtigungsfunktion* oder *rechtlichen Funktion* oder auch *Auslesefunktion* der Zensur.

⇒ Vor allem in den USA ist es in vielen Schulen üblich, dass an der Wand Listen hängen, auf der die Rangordnung der Schüler im Vergleich zur Klasse oder zur ganzen Schule dokumentiert wird. Die Rangordnung wird wöchentlich aktualisiert. Sogar im Abschlusszeugnis steht: Die Schülerin war auf dem 54. Rang von 260. Das wird die Funktion der *rangmäßigen Einstufung* durch die Zensur genannt oder auch deren *Vergleichsfunktion*. Vor allem spielt diese Funktion bei der Abiturzensur eine Rolle, denn zum Studium werden die Abiturient/innen von der zulassenden Behörde genau nach Rang zugelassen — die 120 besten bekommen einen Studienplatz usw..

---

⁹ Erschütternde Beispiele dazu werden aus der Nazizeit überliefert, als sogenannte jüdische Schüler, so lange sie überhaupt in die Schule gehen durften, automatisch um mehrere Zensuren abgewertet wurden, oder aus der DDR, wo auch sehr gute Schüler keinen Studienplatz erhielten, wenn sie selbst oder ihre Familie als politisch unzuverlässig galten.

14.3.2 Funktionen der Zensur mit Vorrang eines individuellen Bezugsrahmens

⇒ Ein Schüler hat seine Hausaufgaben nicht erledigt oder nicht aufgepasst und dann eine Antwort nicht geben können oder eine Stunde geschwänzt oder seine Vokabeln nicht gelernt. Viele Lehrer geben dafür eine 5 oder sogar eine 6. Das hat ja offensichtlich mit der Leistung nichts zu tun – vielleicht beherrscht der Schüler den Stoff schon am nächsten Tag. Aber diese Zensur geht am Ende des Halbjahrs dann doch in die Gesamtzensur für das Fach ein. Die Zensur hat hier eine *disziplinierende Funktion*, kann zur Belohnung und zur Bestrafung eingesetzt werden — in der Literatur wird das oft mit der sinnigen Bezeichnung „*pädagogische Funktion*" oder *Kontrollfunktion* benannt. Es gibt Lehrer, die sich hilflos fühlen bei dem Gedanken, dass ihnen diese sogenannte „Zensurenpeitsche" aus der Hand genommen werden könnte.

⇒ In einer Schulklasse ist ein Schüler, der große Schwierigkeiten mit der Rechtschreibung hat. Er macht im Diktat 26 Fehler und bekommt eine 6. Ein anderer Schüler macht nur 3 Fehler und bekommt eine 2. Nun übt aber der erste Schüler sehr fleißig und macht im nächsten Diktat nur 16 Fehler, verbessert sich also um 10 Fehler. Der zweite Schüler macht 4 Fehler. Der Lehrer hat jetzt die Möglichkeit, für 16 Fehler ebenfalls eine 6 zu geben und für 4 Fehler wieder eine 2 — obwohl der erste Schüler viel besser geworden ist und der zweite schlechter. Ein anderer Lehrer sagt vielleicht: Du hast Dich um 10 Fehler verbessert! Das ist eine Superleistung. Damit bist du der Beste in der ganzen Klasse. Du bekommst diesmal eine 1. Das ist übrigens ein Beispiel, an dem sich die Geister scheiden. Manche finden die erste Art der Zensierung ungerecht und manche die zweite Art. In jedem Fall verwendet der zweite Lehrer die Zensur aber zur Belohnung, man spricht von der *Motivations- oder Anreizfunktion* der Zensur.

⇒ Wenn ein Lehrer erst einmal weiß, dass ein Schüler schlecht ist, findet er bei ihm mehr Fehler und gibt für die gleiche Leistung schlechtere Zensuren als guten Schülern. Also werden schlechte Schüler immer schlechter. Man nennt das mit einem Fachausdruck „self-fulfilling-prophecy" — eine sich selbst erfüllende Prophezeiung. Der Lehrer weiß, dass das ein schlechter Schüler ist, der schlechte Leistungen bringen wird — und er verhält sich unbewusst so, dass diese Vorhersage auch eintritt. Und es geht noch weiter — auch Schüler, die wissen, dass sie schlechte Schüler sind, verhalten sich entsprechend, fangen an Unsinn zu machen statt aufzupassen, machen keine Hausarbeiten usw.. Zensuren haben also, neben den bisherigen Funktionen, auch eine *stigmatisierende* Funktion.

14.3.3 Funktionen der Zensur mit Vorrang eines kriterienbezogenen Bezugsrahmens

⇒ Die Eltern, aber auch ein Lehrherr oder ein Arbeitgeber wollen auch wissen, ob der Schüler über bestimmte Fähigkeiten verfügt. Steht da „Mathematik 2", gehen die Eltern davon aus, dass ihr Kind dem Stoff folgen kann und nimmt ein Lehrherr an, dass sein neuer Auszubildender dazu in der Lage sein wird, den theoretischen Teil der Ausbildung zu schaffen. Man spricht von der *Berichtsfunktion* der Zensur.

⇒ Noch wichtiger ist es wohl für den Schüler, dass er erfährt, was er kann und was er nicht kann. Er müsste also mittels Zensur erfahren, wo seine Schwächen liegen und möglichst auch, wie er die ausgleichen kann. Nur ist es natürlich nicht leicht, solche Informationen in eine Zensur zu packen. Viele Lehrer versuchen das zu lösen, indem sie Punkte für einzelne Aufgabenteile vergeben. Daraus kann ein Schüler bzw. können seine Eltern Hinweise auf den Förderbedarf des Kindes erhalten. Man nennt das die *diagnostische Funktion* der Zensur.

Die Wahl eines kriterienbezogenen Bezugsrahmens wird vor allem in der öffentlichen Diskussion oft als die einzig sinnvolle Entscheidung angesehen. Mögliche unerwünschte Nebenwirkungen werden dabei leicht übersehen:

⇒ Wenn die Leistungen eines Schülers, der sich große Mühe gibt und der schon große Lernfortschritte gemacht hat, immer wieder mit 5 und 6 benotet werden, oder

⇒ wenn ein Schüler, einfach weil er motorisch begabt ist, immer die besten sportlichen Leistungen bringt – sich aber total unsportlich verhält, niemanden unterstützt und im Laufe der Zeit auch immer schlechter wird, trotzdem in Sport immer eine 1 bekommt,

erhalten beide Schüler eine falsche Botschaft: Im ersten Fall, dass zähes Bemühen sich nicht lohnt; im zweiten, dass Bemühen unnötig oder sportliches Verhalten überflüssig ist.

Integrierte Gesamtschule

BERICHT

für das Schuljahr 19__ __

_1_ Jahrgang

St.Gr. _1_ / _4_

Name	Vorname	Geb.-Datum

Liebe   !

Du bist eine sehr kluge Schülerin, die viel weiß und bei den Klassenkameraden beliebt ist. Sicher war es für Dich im 1. Schuljahr aber auch oft schwer, Wissen zurückzuhalten und auf das langsamere Lerntempo der anderen Schüler Rücksicht zu nehmen.

Seit Du weißt, daß Du nach den Sommerferien die 3. Klasse besuchen wirst, eignest Du Dir mit sehr viel Energie und Freude den Stoff des 2. Schuljahres an.

Mathematische Zusammenhänge begreifst Du schnell, sodaß es Dir hier rasch gelingen wird, eventuell auftretende Lücken zu schließen.

Abb. 6: Auszug aus einem Lernentwicklungsbericht

14.4 Versuche zur Lösung des kaum lösbaren Problems

Manche Lehrer versuchen, diese Probleme zu lösen, indem sie die Schulklasse als klaren *sozialen Bezugsrahmen* nehmen und alle Leistungen auf den Klassendurchschnitt beziehen. Sie zensieren z.B. so, dass der Zensurenschnitt immer bei 8 Punkten liegt, also einer glatten Drei. Die zwei oder drei besten Arbeiten bekommen eine Eins, die schlechtesten meistens eine Fünf. Die Drei ist die häufigste Zensur. Tatsächlich wird die Vergleichbarkeit der Zensuren innerhalb der Schulklasse damit besser. Dafür gibt es neue Probleme:

⇒ Es kann dann sein, dass es in dieser Klasse für die gleiche Leistung eine Fünf gibt, für die man in der Parallelklasse eine Zwei oder sogar eine Eins bekommt. Ingenkamp[10] hat vor Jahren eine große Untersuchung an Berliner Schulen durchgeführt und festgestellt, dass der schlechteste Schüler in der besten Klasse mehr konnte als der beste Schüler in der schlechtesten Klasse. Anders ausgedrückt: Was an der einen Schule ein Einser-Abschluss ist, reicht an der anderen Schule nicht zum Bestehen.

⇒ Ein Hochschullehrer hat dieses Verfahren vor Jahren für die Statistikklausuren eingeführt. Man konnte eine Höchstzahl von 30 Punkten erreichen, jedoch hatten nur ein oder zwei Studenten mehr als 4 Punkte geschafft. Man war dann mit 0 Punkten durchgefallen, mit einem Punkt kam man aber noch durch und hatte ab 4 Punkten eine 1. Der Versuch wurde nicht wiederholt.

Die Orientierung am Klassendurchschnitt ist demnach nichts anderes, als dass eine Funktion der Zensur, nämlich die der *rangmäßigen Einstufung,* zum zentralen Kriterium gemacht wird.

Ein weiterer Lösungsversuch durch Wahl eines klaren *sozialen Bezugsrahmens* ist die Einführung zentraler Abschlussprüfungen, wie sie seit langem in Frankreich und inzwischen auch in vielen Bundesländern üblich sind. Im Mittelpunkt steht hier die *rechtliche oder Berechtigungsfunktion* der Zensur. Dennoch ist ein Zentralabitur sicher ungerecht, wenn sehr unterschiedliche Lehrerleistungen und/oder sehr unterschiedliche Ausgangsniveaus bei den Schülern zugrunde liegen.

Vor allen an Hochschulen ist das Dilemma der Bewertung von Studienleistungen nicht unbeachtet geblieben, spätestens seit Ingenkamp in den 70er-Jahren zahlreiche Forschungsergebnisse zu dieser Thematik veröffentlicht hat. Dennoch blieb das Problem weitgehend tabuisiert, außer in Seminaren

---

[10] Z.B. Ingenkamp 1969

zur Leistungsmessung — d.h. man zensiert in Hochschulen teilweise mit etwas schlechtem Gewissen, als gäbe es dieses Problem nicht. Einige Hochschullehrer/innen versuchen das Zensierungsdilemma zu umgehen, indem sie allen Prüflingen eine 1 oder eine 2 geben — ohne sich über die grobe Ungerechtigkeit dieses Verfahrens Rechenschaft abzulegen. Lösungsversuche dieser Art dürften am ehesten unter dem Etikett der Dissonanzreduktion subsummierbar sein[11].

In Kenntnis des Dilemmas der einander widersprechenden Funktionen der Schulzensur wird an Grundschulen, in Integrierten Gesamtschulen und an einigen Versuchsschulen erprobt, diese ganz oder weitgehend abzuschaffen, jedoch einen klar *kriterienbezogenen Bezugsrahmen* beizubehalten. Das Ziffernzeugnis wird durch sogenannte Lernzustandsberichte oder Lernentwicklungsberichte ersetzt.

⇒ Lernentwicklungsberichte (s. Abb. 6, S.241) in der Primarstufe werden vielfach als sehr persönlich gehaltene Briefe an die Schüler verfasst. Es werden dann die Eltern in die Schule gebeten. Die Lehrerin liest der Schülerin den zusammenfassenden Bericht und die Berichte für die einzelnen Fächer langsam vor und spricht mit dem Kind darüber.

⇒ In Lernzustandsberichten der Sekundarstufe, z.B. an einer IGS (s. Abb. 7, S.244, dieser LZB hat insgesamt 11 Seiten) werden vielfach die Lehrziele eines Halbjahres aufgelistet und dahinter kreuzt die Lehrerin jeweils an, ob der Schüler das Lehrziel ganz, teilweise oder gar nicht erreicht hat.

Bei diesem Verfahren steht demnach die *diagnostische Funktion* der Zensur im Vordergrund. So überzeugt Verfechter von Lernzustandsberichten oft sind, gibt es auch dabei gravierende Probleme.

---

[11] vgl. Kapitel 03: „Unterricht beobachten und protokollieren", S.39

| IGS RODERBRUCH | LERNENTWICKLUNGSBERICHT | | Schuljahr 1995/96 |
| 7. Jahrgang | Pflichtbereich | | 1. Halbjahr |

| Name | Vorname | Stgr. 7/1 | Fach/Fachbereich: Englisch A-Kurs |

		Lernziele		
		e	te	ne
1.	**MÜNDLICHE FERTIGKEITEN**			
1.1	Hörverstehen/Leseverstehen:			
	Die Schülerin/der Schüler kann sprachliche Äußerungen verstehen und umsetzen	x	✓	✓
	(erhöhte Anforderung) Sie/er kann längere, zusammenhängende Texte verstehen	x	✓	✓
1.2	Sprechen:			
	Sie/er spricht lautgerecht und intonatorisch richtig Wörter und Sätze	x	✓	✓
	Sie/er wendet eingeführten Wortschatz und Strukturen an	x	✓	✓
	(erhöhte Anforderung) Sie/er kann zu vorgegebenen Themen sich selbständig und zusammenhängend äußern	x	✓	✓
2.	**SCHRIFTLICHE FERTIGKEITEN**			
2.1	Die Schülerin/der Schüler setzt eingeführten Wortschatz und bekannte Strukturen richtig ein	x	✓	✓
2.2	Sie/er kann einfache Texte nach Vorlagen erstellen	x	✓	✓
2.3	(erhöhte Anforderung) Sie/er kann selbständig Texte zu bekannten Themen erstellen	x	✓	✓
2.4	Sie/er weist eine angemessene Sicherheit im schriftlichen Bereich nach (Vokabel- und Übungstests)	5	3	✓
2.5	Ergebnisse der fertigkeitsbezogenen Tests			
	Hörverstehen (HV)/ Leseverstehen (LV)	3	✓	—
	Texterstellung/Sprachrichtigkeit (SR)	2	—	—
	Strukturen (STR)	✓	—	—
	Wortschatz (WS)	1	4	—
	Rechtschreibung (RS)	✓	—	—
2.6	Testergebnisse aus erhöhter Anforderung insgesamt	4	✓	—
3.	Lehrwerk: English G B3			
	Führung der Arbeitsunterlagen	x	✓	✓

Individuelle Lernentwicklung

Du bist viel ausgeglichener um gute Beiträge bemüht. Auch im schriftlichen Bereich haltest Du erfreuliche Ergebnisse.

Der Schüler / Die Schülerin nimmt laut Konferenzbeschluß im zweiten Halbjahr des 7. Schuljahres am Fachleistungskurs A / B teil.

Hannover, 26.01.19

_____
(Fachlehrerln)

Abb. 7: Auszug aus einem Lernzustandsbericht

⇒ Zum einen ist dieses Bewertungsverfahren für Lehrerinnen sehr zeitaufwändig und zudem haben Fachlehrer, die in viele Klassen unterrichten, oft gar nicht genügend Informationen, um den Lernzustand jedes Schülers zu beurteilen. Dann werden die Ziffern einfach durch Floskeln ersetzt. Da steht dann: „Carola hat in Deutsch schriftlich teilweise erfreuliche Leistungen erbracht. Ihre mündliche Mitarbeit muss sich noch erheblich verbessern." Eine glatte „3" wäre da ebenso gut gewesen.

⇒ Gravierender ist folgender Einwand: Ziel dieser Reform der Zensurengebung ist eine verbesserte Lerndiagnostik und Information von Schülern und Eltern über den Förderbedarf. Ab Klasse 9 muss es dann auch an der IGS Ziffernzensuren geben, da es nun um Abschlüsse geht, die vergleichbar mit den Abschlüssen an anderen Schularten sein müssen. Es zeigt sich dann in einer erschreckenden Zahl von Fällen, dass Schüler aus allen Wolken fallen, wenn sie erstmals Ziffernzeugnisse erhalten. Sie hatten sich für gute oder sehr gute Schüler gehalten, da sie und ihre Eltern die Lernzustandsberichte nicht angemessen interpretiert hatten. Warum? Die im Lernzustandsbericht genannten Lehrziele haben fast unvermeidlich ein ganz unterschiedliches Gewicht, was für Schüler und Eltern kaum erkennbar ist, wenn diese nicht zufällig fachlich versiert sind — die Quantität der erreichten Lehrziele wird mit Qualität verwechselt. Ein Umdenken fällt diesen Schülern dann oft sehr schwer, da sie aufgrund dieser Fehleinschätzung sich nicht angewöhnt haben, zielstrebig zu arbeiten.

Man könnte diese Argumentation weiterführen. Es sollte jedoch schon erkennbar sein, dass jeder Ansatz zu Lösung des Dilemmas zum Scheitern verurteilt ist, wenn versucht wird, dieses durch die Bevorzugung einer einzigen Funktion der Schulzensur zu beheben. Z.B. würde sich die Qualität der Information vielleicht verbessert, wenn mit Lernzustandsberichten ab Klasse 5 gleichzeitig auch Ziffernzeugnisse ausgegeben werden und so zur *diagnostischen* auch die *rangbildende* Funktion der Zensur aktiviert wird.[12]

14.5 Neuere Vorschläge zur Lösung des kaum lösbaren Problems

Die scheinbare Unlösbarkeit des Dilemmas der Ziffernbenotung rührt daher, dass es unmöglich ist, mit einer Zensur gleichzeitig mehrere z.T. wider-

---

[12] In diese Richtung geht die Praxis an der IGS Roderbruch und IGS Linden in Hannover, im 8. Jahrgang parallel Lernzustandberichte und Ziffernzeugnisse zu erteilen.

sprüchliche Funktionen oder Aufgaben zu erfüllen. Andererseits sind die Schüler in einer Schulklasse so unterschiedlich, dass die meisten oder sogar alle genannten Funktionen der Schulzensur *benötigt* werden. Während für den einen Schüler ein klares, kriterienbezogenes Signal erforderlich ist, braucht der andere die Anerkennung seines individuellen Bemühens und der Dritte muss wissen, wie sein Stand innerhalb der Klasse ist.

Neue und belebende Impulse hat die Diskussion dieser Thematik durch die PISA-Studien[13] erhalten, die in Deutschland erstmals im Jahr 2001 wahrgenommen wurden. Darin ergab sich, dass Deutschlands Schulen im internationalen Vergleich weit abgeschlagen zusammen mit Krisenregionen und Entwicklungsländern rangieren. Die durchschlagende Wirkung dieser Ergebnisse ist jedoch nicht allein daraus zu erklären. Für die PISA-Studien wurden nicht einfach internationale Vergleichstest geschrieben und dann die Zahl der Rechtschreibfehler, Rechenfehler und dgl. ausgezählt. Man blieb also nicht bei der *rangmäßigen Einstufung* durch die Zensur stehen, sondern erfasste auch qualitative Merkmale wie Sinnentnahme beim Lesen, Erfassen mathematischer und naturwissenschaftlicher Zusammenhänge und Problemlösen. Es wurden also weitere Funktionen der Schulzensur einbezogen, vor allem die *Berichts- und die diagnostische Funktion*. Anders als bei den meisten bisherigen Lösungsversuchen werden demnach bei diesem Ansatz der soziale und der kriterienbezogene Bezugsrahmen gleichzeitig berücksichtigt. Das Ergebnis erinnert an einen komplexen Lernzustandsbericht, wobei Notenziffern allenfalls der Zusammenfassung dienen.

Die zentralen Begriffe, um die die Diskussion zur Leistungsmessung seither kreist, sind Kompetenzstufen[14] und Standard. Unter Kompetenzstufen versteht man quantitative und vor allem qualitative Niveaus einer Leistung. Der Begriff „Standard'" wird in den PISA-Studien für die inhaltliche, quantitative und qualitative Beschreibung der Kompetenzstufe verwendet, die ein durchschnittliches Kind dieser Altersstufe erreichen sollte. Es gibt demnach nur einen Standard[15]. Dazu werden jeweils fünf Kompetenzstufen beschrieben, wobei die mittlere dem Standard entspricht. Auf Kompetenzstufe I befindet sich demnach ein Schüler, der über rudimentäre Kenntnisse und Fähig-

„Kompetenzstufen

---

[13] OECD 2001
[14] Die Begriffe werden fälschlich zuweilen fast synonym gebraucht.
[15] Wird von Standards gesprochen, bezieht sich das jeweils auf verschiedene Altersstufen oder Fächer.

> Es werden fünf Stufen mathematischer Kompetenz definiert, auf denen die Personen mit ihren Fähigkeiten und die Aufgaben mit ihren Schwierigkeitskennwerten verortet werden. Stufe I entspricht einem bloßen Rechnen auf Grundschulniveau, Stufe III stellt den Standard mathematischer Grundbildung dar, der von 15-Jährigen erreicht werden sollte.
>
> *Stufe I: Rechnen auf Grundschulniveau (Skalenwerte 329-420)*
> Personen, die dieser Stufe zugeordnet werden, verfügen lediglich über arithmetisches und geometrisches Wissen auf Grundschulniveau. Sie können dieses Wissen abrufen und unmittelbar anwenden, wenn die Aufgabenstellung von vornherein eine bestimmte Standard-Mathematisierung nahe legt. Begriffliche Modellierungen sind nicht leistbar.
>
> *Stufe II: Elementare Modellierungen (Skalenwerte 421-511)*
> Auf dieser Stufe werden auch einfachste begriffliche Modellierungen vorgenommen, die in einen außermathematischen Kontext eingebettet sind. Personen auf dieser Kompetenzstufe können unter mehreren möglichen Lösungsansätzen den passenden finden, wenn durch Graphiken, Tabellen, Zeichnungen usw. eine Struktur vorgegeben ist, die das Modellieren erleichtert. Auch auf dieser Stufe sind allerdings nur die Wissensinhalte der Grundschulmathematik sicher verfügbar.
>
> **Standard mathematischer Grundbildung**
> *Stufe III: Modellieren und begriffliches Verknüpfen auf dem Niveau der Sekundarstufe I (Skalenwerte 512-603)*
> Mit dieser Stufe findet im Vergleich zu Stufe II in mehrfacher Hinsicht ein qualitativer Sprung statt. Schülerinnen und Schüler auf dieser Kompetenzstufe verfügen auch über einfache Wissensinhalte der Sekundarstufe I, also über den Standardstoff der Lehrpläne aller Schulformen. Sie können Konzepte aus unterschiedlichen mathematischen Bereichen verknüpfen und zur Lösung von Problemstellungen nutzen, wenn visuelle Darstellungen den Lösungsprozess unterstützen.
>
> *Stufe IV. Umfangreiche Modellierungen auf der Basis anspruchsvoller Begriffe (Skalenwerte 604-695)*
> Schülerinnen und Schüler auf dieser Kompetenzstufe bewältigen im technischen Bereich umfangreichere Verarbeitungsprozesse, können also eine Lösung über mehrere Zwischenergebnisse hinweg aufbauen. Auch offene Modellierungsaufgaben werden bewältigt, bei denen man unter vielfältigen Lösungswegen einen eigenen finden muss. Verstärkt können auch innermathematische begriffliche Zusammenhänge modelliert werden.
>
> *Stufe V: Komplexe Modellierung und innermathematisches Argumentieren (Skalenwerte über 696)*
> Auf dieser letzten Stufe ist auch anspruchsvolles curriculares Wissen verfügbar. Die Schülerinnen und Schüler, die dieser Kompetenzstufe zugeordnet werden, können auch sehr offen formulierte Aufgaben bewältigen, bei denen ein Modell frei gewählt bzw. selbst konstruiert werden muss. Begriffliche Modellierungsleistungen auf dieser höchsten Stufe umschließen häufig Begründungen und Beweise sowie das Reflektieren über den Modellierungsprozess selbst." (Artelt u.a. 2001, S.20)

Tab. 25: Kompetenzstufen, Standard für Mathematik, 15-jährige Schüler

keiten verfügt; auf Kompetenzstufe V, wenn er mit dem Wissen in allen in Frage kommenden Bereichen souverän umgehen kann.

Zwar kann mit einer an Standards und Kompetenzstufen orientierten Benotung das Ergebnis der Zensurenforschung, wonach Ziffernnoten weder objektiv, noch gültig, noch zuverlässig sind, nicht außer Kraft gesetzt werden. Es macht aber einen wesentlichen Unterschied aus, ob die *Kriterien* für die Leistungsmessung vorher bekannt und klar definiert sind oder nicht. Um auf das Zensierungsexperiment zurückzukommen: Hätten die Versuchsteilnehmer für Aufgabe 2 und 3 ein Blatt mit den „richtigen" Lösungen zur Hand gehabt, eine Punktvorgabe für jeden Lösungsschritt und eine Umrechnung der Punktsumme in eine Zensur, wäre zwar immer noch kein einheitliches Urteil zustande gekommen, die Abweichungen wären aber wesentlich geringer gewesen.

Zwischen dem Standard und dem Leistungsbegriff besteht ein enger inhaltlicher Zusammenhang. Der Standard muss z.B. klare Aussage zu folgenden Fragen machen:

⇒ *Was gehört zur Leistung?* Ein Leistungssportler, der sich unsportlich verhält, wird vom Platz gestellt oder disqualifiziert. Es ist dann ganz egal, ob er der beste Torhüter der Welt ist. Sportliches Verhalten ist also sogar im Leistungssport ein Teil der Leistung — gilt das auch für den Schulsport? Soll die Zensur sich z.B. zu 1/3 aus der Disziplin-spezifischen Leistung, 1/3 sportlicher Haltung und 1/3 Einsatzbereitschaft zusammensetzen, so dass der beste Sportler vielleicht nur 5 Punkte und damit eine „4" bekommt und der schlechteste Sportler 10 Punkte und damit eine „2"? Oder ist das Unsinn?

⇒ *Muss eine Leistung vollständig sein?* Ein Schüler springt 6,01 m und ist damit mit weitem Abstand der beste Weitspringer der Schule. Er tritt aber jedes Mal 1 cm über. Ist er dann 6,00 m gesprungen und bekommt eine „1" oder hat er keinen gültigen Versuch und bekommt eine „6"? Oder Mathematik: Ein Schüler hat eine sehr schwierige Aufgabe komplett richtig gelöst, aber macht beim Hinschreiben der Antwort einen Zahlendreher (vertauscht 2 und 4). Sollte er eine „1" bekommen oder eine „6", weil er die Aufgabe nicht richtig gelöst hat?

⇒ *Was ist eine Leistung?* Ein Schüler hat einen englischen Vater und beherrscht die englische Sprache so gut wie die deutsche. Ist das eine Leistung? Jemand spricht Englisch mit einem harten deutschen Akzent und beherrscht auch nicht die Umgangssprache, spricht aber ein ordentliches Schulenglisch — und hat sich das in sechs Jahren harter Arbeit angeeignet. Ist das eine Leistung? Also: Ist Leistung das *Können* eines Menschen oder der *Zuwachs* an Können? Oder soll man die Leistung wieder aufteilen und 1/3 für die Sprechfähigkeit, 1/3 für Grammatik und Vokabelkönnen und 1/3 für den Leistungszuwachs in Halbjahr geben, so dass der Schüler mit dem englischen Vater zunächst nur 5 Punkte und damit eine 4 bekommt — es sei denn, er bringt noch zusätzliche Leistungen?

Bereits in den 70er-Jahren gingen Überlegungen in diese Richtung. Ingenkamp favorisierte als Lösungshilfe für das Zensierungsdilemma sog. „Diagnostische Schultests"[16]. Solche Tests erfüllen alle Gütekriterien. Ein diagnostischer Mathematiktest im 8. Schuljahr kann demnach Auskunft geben, wo ein Schüler oder eine Klasse im Leistungsvergleich tatsächlich steht. Ingenkamp selbst entwickelte zahlreiche solcher diagnostischen Schultests. Solche Tests ersetzen zwar keine Klassenarbeit, aber sie können wichtige Hinweise geben. Wären flächendeckend solche Tests eingesetzt worden, würde niemand von den Ergebnissen der PISA-Studien überrascht worden sein und es hätte sie womöglich in dieser Ausprägung nicht gegeben. Die PISA-Studien sind nichts anderes als diagnostische Tests, die länder- und staatenübergreifend eingesetzt werden. Karlheinz Ingenkamp — jetzt fast 80 Jahre alt — konnte diese Bestätigung für sein Lebenswerk noch erleben[17].

Die Diskussion um Standards und Kompetenzstufen führt jedoch noch weiter. In vielen Bundesländern wird zur Zeit geplant, zu Beginn und am Ende jedes Schuljahres in möglichst vielen Klassenstufen und Fächern möglichst flächendeckend sogenannte Vergleichsarbeiten zu schreiben. Diese werden durchweg an einem Standard und an Kompetenzstufen orientiert. Um zu berücksichtigen, dass die Lernvoraussetzungen vielfach unterschiedlich sind, wenn z.B. eine Schule in einem sozialen Brennpunkt liegt, wird die Hälfte der Vergleichsaufgaben überregional und die andere Hälfte schulbezogen konzipiert[18]. So bekommt jeder Lehrer nicht nur Informationen darüber, wie der Leistungsstand seiner Klasse bezogen auf die Gesamtheit aller gleichaltrigen Schüler im jeweiligen Bundesland und auf Parallelklassen ist, sondern auch, wie sich die Kompetenz jedes einzelnen Schülers im Verlauf des Schuljahrs verändert hat — das ist sein eigentlicher Lehr-Erfolg. Damit wird auch der *individuelle Bezugsrahmen* einbezogen.

Demnach kann man — im Unterschied zu allen bisher genannten Ansätzen — nicht nur Aussagen über die Schülerleistung, sondern auch über die

---

[16] Ingenkamp 1978, S. 248-252
[17] Stegemann 2003
[18] vgl. Helmke 2003

Lehrerleistung machen! Anstelle der Versuchung nachzugeben, wiederum eine schlichte *rangmäßige Einstufung* der Lehrer vorzunehmen, und diese dann z.B. „leistungsbezogen" entsprechend zu bezahlen, könnte man den Unterricht besonders erfolgreicher sowie besonders erfolgloser Lehrer sorgfältig und unter verschiedenen Kriterien beobachten und vergleichen. Die daraus resultierenden Hinweise auf erfolgreiches Lehrerhandelns könnten zu einer Verbesserung des Lehramtstudiums, der Ausbildung im Referendariat und der Fortbildung von Lehrern genutzt werden.

Eine Leistungsüberprüfung mittels Vergleichsarbeiten ist dazu geeignet, den Leistungsstand in einem eng umgrenzten Anforderungsbereich zu diagnostizieren und den individuellen Förderbedarf aufzudecken. Allerdings weisen mehrere Autoren darauf hin, dass durch eine unverständige Anwendung von Standards und Kompetenzstufen die Probleme der Messung von Schulleistungen nicht gelöst, sondern eher noch verstärkt werden[19]. Denn auch auf diese Weise zustande gekommenen Schulzensuren kann man nicht ansehen, welcher Bezugsrahmen bei einer bestimmten Art der Zensierung im Vordergrund stand und folglich ist ihre Bedeutung ebenso unklar — nur der Glaube an sie ist wegen der kompetenten Erhebung um ein Vielfaches größer.

Nicht vernachlässigt oder verschwiegen werden soll auch die erhebliche Missbrauchsgefahr solcher Verfahren. Verwendet man sie nicht als Diagnosewerkzeuge, sondern lediglich zur Herstellung von Schulzensuren, um die Auslese von Schülern zu perfektionieren und zusätzlich eine Auslese von Lehrern zu initiieren, missbraucht man das Vertrauen aller Beteiligten und muss damit rechnen, dass künftig parallel eine reine Testvorbereitung stattfindet, durch die das reale Unterrichtsgeschehen nicht diagnostiziert sondern lediglich kaschiert wird. Falls eine Schulbehörde heimlich solche Absichten verfolgte, sollte man ihr empfehlen, eher die bisherige einfachere und billigere Zensierungspraxis beibehalten.

14.6 Ratschläge für Praktiker

⇒ Die Notwendigkeit Schüler zu beurteilen und die Unmöglichkeit, dieses „gerecht" oder „richtig" zu tun, ist eine Antinomie des Lehrerberufs. Es ist notwendig, sich dessen bewusst zu sein. Man sollte niemals der Illusion erliegen, als einziger dieser Antinomie nicht unterworfen zu sein.

---

[19] Herrmann 2004; Brügelmann 2004

⇒ Zensierung ist dennoch unverzichtbar und es ist nicht egal, wie zensiert wird. Aus der Diskussion um Kompetenzstufen und Standards ist schon jetzt abzuleiten, dass es sinnvoll ist, mit der Zensierungsproblematik offen umzugehen. Es ist notwendig, mit den Schülern über Leistungsmessung und Zensierung zu verhandeln — nicht über Zensuren(!). Und zwar immer während der Übungsphase vor einer Klassenarbeit, niemals danach, immer mit den Ziel, die Standards, an denen sich die Zensierung orientieren wird, transparent zu machen, niemals mit dem Ziel, auf Leistung zu verzichten.
⇒ Leistung sollte ein Gesprächsthema mit Schülern sein, z.B. wenn ein Schüler nach intensiven Bemühungen nun 16 statt 26 Fehler im Diktat macht. Das könnte ein Anlass sein, mit der Klasse über Leistung zu sprechen. Z.B. könnte man dann ein Zensurenraster vorschlagen, bei dem die Zensur einerseits an die absolute Fehlerzahl gekoppelt wird und andererseits jeweils um eine Note angehoben wird, wenn man sich um eine bestimmt Fehlerzahl oder Rohpunktzahl gegenüber der vorigen Klassenarbeit verbessert.
⇒ Solche Anhebungen können auch in anderen Fächern sinnvoll sein, z.B. in Sport, wo außer der gemessenen fachlichen Leistung der Einsatzwille und die sportliche Haltung einbezogen werden könnten.
⇒ Sehr wertvoll wäre es, solange Vergleichsarbeiten noch nicht vorliegen, zum Schuljahrsbeginn und am Ende diagnostische Schultests zu machen, aber ohne Zensur! Denn die Lehrerin sollte sich darüber im Klaren sein, dass diese Tests ihre Leistung und die ihrer Kollegen messen, weniger die der Schüler.
⇒ Ein Schülerbrief zum Leistungsstand, wie er in manchen Grundschulen üblich ist, könnte eine sehr große Hilfe für einige Schüler sein. Die Lehrerin sollte den Brief nicht an alle, sondern nur an einzelne Schüler schreiben — das schafft sie sonst nicht. Darin sollten alle Floskeln vermieden werden. Vielmehr sollte die Lehrerin ihre Eindrücke ernsthaft und mit dem erkennbaren Ziel beschreiben, ihre Schüler zu unterstützen. Auch wenn die Lehrerin kritisch ist und Kritik übt, sollte sie Vorwürfe vermeiden.
⇒ Die Lehrerin sollte in jedem Fall vermeiden, Fehlinformationen zu geben. Ein Kind, dessen Leistungen im Vergleich zur Klasse gering sind, darf nicht in dem falschen Glauben bleiben, dass es tolle Leistungen bringt. Das wäre eine falsch verstandene pädagogische Haltung. Das Gegenteil ist genau so falsch. Die Lehrerin sollte eine gute oder hervorragende Leistung gut oder hervorragend nennen — ohne Lobhudelei. Genau so sollte sie eine geringe Leistung als solche benennen – ohne Vorwurf und Kritik. Eine

angemessene pädagogische Haltung ist es, wenn die Lehrerin es nicht bei dieser Information belässt, sondern ein Gespräch mit ihrem Schüler führt, in dem sie, möglichst gemeinsam und auch im Kontakt mit den Eltern, realistische Möglichkeiten für eine Veränderung herausarbeitet.

⇒ Die Lehrerin sollte sich jede Aussage über Faulheit sparen. Faulheit gibt es nicht. Es gibt immer Gründe dafür, warum ein Schüler sich nicht bemüht — aber wahrscheinlich sind der Lehrerin und vielleicht auch dem Schüler diese Gründe unbekannt.

⇒ Leistung ist etwas Individuelles. Misst man ganz mechanisch die Leistung, indem man Fehler zählt, Punke verteilt und schließlich die Klassenarbeiten entsprechend zensiert, werden der Lehrerin die individuellen Veränderungen bei den einzelnen Schülern in ihrer Klasse entgehen – die positiven wie die negativen. Motivation entsteht nur, wenn es nicht egal ist, was man ganz individuell leistet und wenn das auch von wichtigen Bezugspersonen gesehen wird.

⇒ Und ein letzter und fast der wichtigste Punkt: Die Lehrerin sollte durch ihre ganze Haltung und ihre Arbeit und auch — aber nicht nur — durch ihre Worte zu erkennen geben, dass Leistung positiv ist und dass es Spaß macht, etwas zu leisten, und dass Leistung einen nicht zum Außenseiter macht.

15 Das Konzept einer erfahrungsfundierten Einführung in unterrichtliches Handeln

15.1 Zu den Schwierigkeiten, Unterrichtstheorie erfahrungsbezogen zu vermitteln

Eine wichtige Aufgabe der Lehrerausbildung ist es, angehende Lehrer/innen auf ihre zentralen beruflichen Tätigkeiten vorzubereiten: Die Planung, Durchführung und Auswertung von Unterricht. Die Annäherung an das Berufsfeld „Unterricht" erfolgt dabei durch zwei grundlegend unterschiedliche Anforderungen, die aufeinander bezogen sein sollten[1].
⇒ einerseits vermittels einer probeweisen Strukturierung, d.h. Planung und Gestaltung des Unterrichts im Rahmen eigener Unterrichtsversuche;
⇒ andererseits vermittels einer Befähigung zur erziehungswissenschaftlich fundierten Interpretation, d.h. zur systematischen Beobachtung, Reflexion und theoriegeleiteten Analyse von Unterricht.
Folgt man der Einschätzung des Oldenburger Schulpädagogen Hilbert Meyer[2], so sollte eine professionelle Lehrerbildung beide Aufgaben, die konstruktiv-gestaltende und die reflexiv-analytische, idealerweise so aufeinander beziehen, dass eine reflexive Auseinandersetzung mit eigener oder fremder Unterrichtspraxis die didaktisch-methodische Handlungsfähigkeit fördert. Es ist jedoch nicht so einfach, angehende Lehrer davon zu überzeugen, dass es ein Gewinn sein kann, Unterricht unter Rückgriff auf erziehungswissenschaftliche Kategorien zu überdenken. Im Gegenteil: Die Beschäftigung mit Unterrichtstheorie wird nicht als Fundament und Bereicherung für unterrichtliches Handeln verstanden, sondern als aufgesetzt und störend. Die konträren Vorstellungen zwischen Ausbildern und Auszubildenden über die Bedeutung erziehungswissenschaftlicher Theorie sind als Kernproblem der Lehrerbildung immer wieder beklagt worden[3].

---

[1] Terhart 2000
[2] Meyer 1999, S. 50
[3] Aus Sicht von Ausbildern sollten Absolventen eines Lehramtsstudiums im Idealfall in der Lage sein, Unterrichtspraxis auf der Basis unterschiedlicher theoretischer Konstrukte zu prüfen und Handlungsalternativen zu entwickeln, damit sie letztlich zu einer von ihnen selbst verantworteten Unterrichtskonzeption gelangen. Absolventen kritisieren dagegen gerade, dass

Die Geringschätzung einer anspruchsvollen, theoriebasierten Aufarbeitung von Unterricht hängt auch damit zusammen, dass angehende Lehrer bei der Erarbeitung didaktischer Kategorien und unterrichtstheoretischer Konzepte zu wenig Gelegenheit erhalten, die theoretischen Konstrukte mit eigenen Unterrichtserfahrungen zu verknüpfen. Curriculare und ausbildungsdidaktische Hindernisse sowie psychologische Barrieren erschweren es, eigene Unterrichtserfahrungen und Unterrichtstheorie aufeinander zu beziehen.

Curricular unausgewogene Schwerpunktsetzungen

Massive curriculare Hindernisse ergeben sich aus der in Deutschland etablierten Zweiphasigkeit der Lehrerausbildung, die den Ausbildungsgang in zwei kaum aufeinander bezogene Abschnitte segmentiert. Innerhalb beider Phasen erfolgt eine jeweils gegenläufige Akzentuierung der theoretischen bzw. schulpraktischen Studienanteile, die ihrer Verzahnung entgegenwirkt: In der erste Phase haben angehende Lehrer in den wenigen kurzen Schulpraktika kaum Gelegenheit zur Unterrichtshospitation - geschweige denn dazu, Unterricht selbst zu planen und durchzuführen. Stattdessen beschäftigen sie sich in Seminaren und studienbezogener Literatur mit Unterrichtsinterpretationen anhand vorgegebener — vorwiegend schriftlich präsentierter — Unterrichtsbeispiele, die für den jeweiligen Zweck konstruiert sind. Vor dem genau umgekehrten Problem stehen Anwärter und Referendare in der II. Phase. Im Vergleich zur I. Phase haben sie einen außerordentlich hohen Anteil an eigenem Unterricht zu absolvieren (neben dem begleiteten Ausbildungsunterricht auch noch unbetreuten sogenannten eigenverantwortlichen Unterricht). Entsprechend weniger Zeit haben Anwärter/Referendare für die Aufarbeitung ihrer Unterrichtserfahrungen. Die Zeit für Nachbesprechungen oder zumindest Nachbesinnungen selbst erteilten und hospitierten Unterrichts ist knapp bemessen.

Bevormundende Unterrichtsinterpretation

In der ersten Phase wird das Problem mangelnder oder divergierender Unterrichtserfahrungen scheinbar elegant umgangen, indem eine für alle gemeinsame Erfahrungsgrundlage mittels vertexteter Unterrichtsbeispiele geschaffen wird. Solche Textbeispiele sind leicht herzustellen und relativ resis-

---

sie in Seminaren mit unterschiedlichen, sich z.T. widersprechenden Konzepten konfrontiert würden, die im Unterrichtsalltag keine Orientierungshilfe böten, sondern handlungsunfähig machten. Ihrem Ruf nach Orientierungshilfen und Rezepten beggenen Ausbilder mit dem ausdrücklichen Anspruch, genau dieses keinesfalls leisten zu wollen. Als Konsequenz „produziert" die Lehrerausbildung unbeabsichtigt ein gebrochenes Verhältnis ihrer Absolventen zur „Theorie", die sie als etwas Fremdes, Bedrohliches auffassen.

tent gegenüber Fehlinterpretationen und Missverständnissen seitens der Adressaten. Sofern es nicht ohnehin fiktive Beispiele sind, hat der Autor durch Auslassungen und interpretative „Anreicherungen" des Ausgangsmaterials dafür gesorgt, dass die Rezipienten solche Schilderungen ausschließlich unter dem gewünschten Aspekt interpretieren. Der vermeintliche Vorzug derart unterkomplexer Unterrichtsdarstellungen besteht darin, dass die Darstellungsabsicht des Autors i. d. R. verstanden und der vorgestellte Unterricht ausschließlich unter dem gewünschten Gesichtspunkt gesehen wird. Das ist jedoch zugleich der entscheidende Nachteil, denn Unterricht wird in einer ‚vorverdauten' Weise präsentiert. Der Rezipient kann sich solchen bevormundenden Interpretationen nicht entziehen. Weil er den Unterricht nicht selbst erlebt hat, muss er der Interpretation des Autors - sozusagen blind und taub - vertrauen. Suggeriert wird damit, dass die Frage „Was geschieht im Klassenzimmer?" (so ein Buchtitel[4]) eindeutig beantwortet werden kann. Vermittelt wird die trügerische Sicherheit, dass die Definition dessen, was eine „Situation" ist, und das theorieorientierte ‚Auslesen' von Situationen einfach sei. Mit welchen Beobachtungs- und Interpretationsproblemen man in realen Unterrichtssituationen konfrontiert ist, kann nicht einmal erahnt werden, weil weder die Reduktion von Komplexität noch eine selbständige Zuordnung der Situation zu einem theoretischen Aspekt als eigenständige Leistungen abverlangt werden. Ambivalenz und Unstimmigkeiten bei der Beobachtung und Interpretation von Unterricht kommen so erst gar nicht in den Blick. Das funktioniert bis zum 1. Staatsexamen und dann beginnt — mit der eigenen Unterrichtspraxis — die Hilflosigkeit, Unterricht genau zu beobachten, bedeutsame von weniger bedeutsamen Episoden zu unterscheiden und ihn „richtig" zu interpretieren. Es gibt keine Eindeutigkeit mehr, jede Unterrichtsstunde — ja jede Episode innerhalb einer Stunde — kann unter vielen Aspekten „gesehen" werden.

Zugespitzt ausgedrückt beschäftigen sich angehende Lehrer in der ersten Phase mangels eigener Unterrichtserfahrung vorwiegend mit der Analyse von Unterrichtssurrogaten, zu denen sie keinen Erfahrungsbezug haben, während Anwärter in der zweiten Phase kaum Gelegenheit haben, die zur Genüge gemachten eigenen Praxiserfahrungen theoretisch zu durchdringen. In beiden Phasen sind also schon die curricularen Bedingungen denkbar ungünstig, um eine erfahrungsfundierte Auseinandersetzung mit eigener oder aus Beobachterperspektive erlebter Unterrichtspraxis anzustoßen.

---

[4] Combe & Helsper 1994

Erzwungene Unterrichtsreflexion
An den wenigen Stellen im Ausbildungsgang, an denen eine intensivere Auseinandersetzung mit Unterrichtserfahrungen vorgesehen ist — bei Unterrichtsversuchen im Rahmen begleiteter Praktika in der ersten Phase oder nach Unterrichtsproben in der zweiten Phase — stellen sich weitere Hindernisse in den Weg. In den sog. Stundenbesprechungen wird eine theoretisch anspruchsvolle Aufarbeitung erschwert:
⇒ weil ständiger Handlungsdruck eine intensivere Auseinandersetzung kaum zulässt;
⇒ weil die emotionale Involviertheit der Unterrichtenden unmittelbar nach dem Unterricht so groß ist, dass es kaum gelingt, die notwendige Distanz zu entwickeln;
⇒ weil gruppendynamische Beziehungen den diskursiven Austausch von Einschätzungen erschweren (sei es, um ein gutes Gruppenklima nicht durch kritische Einwände zu gefährden und Unterrichtende nicht zu verletzen - sei es, dass man in angespanntem Gruppenklima durch Kritik am Unterrichtenden die eigene Kompetenz hervorkehrt);
⇒ weil eine „höhere Vernunft" es gebietet, sich während der Ausbildung, in der man immer in der einen oder anderen Weise beurteilt wird, opportunistisch zu verhalten.

Angesichts dieser Hindernisse überrascht es nicht, dass angehende Lehrer Widerstände gegen Unterrichtsnachbesprechungen entwickeln oder zumindest mit einem beklommenen Gefühl daran teilnehmen. Zwar schätzen angehende Lehrer in beiden Phasen in aller Regel die Gelegenheit, im Rahmen eigener Unterrichtsversuche ihre Eignung für den Lehrerberuf zu erproben und weiterzuentwickeln. Aber dieses didaktische Probehandeln sollte besser ungestört durch Beobachter und Beurteiler (!) erfolgen. Nachbesprechungen, die über rituelle Anerkennungsfloskeln („Ist schon recht gut gelaufen.") hinausgehen und eine analytische Durchdringung anstreben, sind oft unerwünscht. Das ist psychologisch verständlich, denn für einsichtsvolles Lernen ist die Zeit unmittelbar nach dem Unterrichtsversuch eigentlich die ungünstigste überhaupt: Fast immer sind die Unterrichtenden nach solchen, für sie anstrengenden Stunden erschöpft — und zumeist stolz darauf, das vorab mühsam ausgearbeitete Vorhaben umgesetzt zu haben. Jede Kritik zu diesem Zeitpunkt muss niederschmetternd und deplaziert erscheinen, wie gerechtfertigt sie auch sein mag, wie vorsichtig sie vorgebracht wird. Einwände gegen die Unterrichtsführung oder Alternativvorschläge werden deshalb leicht als Angriff auf die eigene Person oder zumindest als generelle Abwertung des Unterrichts angesehen. Sie führen dazu, dass die Kritisierten „dicht machen",

Kritik nicht mehr an sich heranlassen. Das Erzeugen von Selbstzufriedenheit aufgrund eines diffusen Stimmigkeitsgefühls kann aber nicht Ausbildungsziel sein, denn dann wird einer problematischen Haltung Vorschub geleistet:

„Solche Praktiker lieben es weit mehr, das Gewicht ihrer Erfahrungen und Beobachtungen gegen jene (die Wissenschaft - L.Klingenberg) geltend zu machen. ... er erfährt nur sich, nur sein Verhältnis zu den Menschen, nur das Misslingen seiner Pläne, ohne Aufdeckung der Grundfehler, nur das Gelingen seiner Methode, ohne Vergleichung mit den vielleicht weit rascheren und schöneren Fortschritten besserer Methoden."[5]

Ausbilder bewegen sich daher bei Nachbesprechungen oft auf einem recht schmalen Grat zwischen dem Risiko, den Unterrichtenden durch Kritik zu verletzen, und der Notwendigkeit, Probleme anzusprechen und Entwicklungsperspektiven aufzuzeigen. In der ersten Phase entledigen sich Ausbilder nicht selten dieses Dilemmas durch Flucht aus dem Feld [6].

Gelegentlich bringen angehende Lehrer gegen die Aufarbeitung von Unterrichtspraxis ein auf den ersten Blick triftiges Argument vor: Die *Einmaligkeit pädagogischer Situationen* wird ausgespielt gegen den Anspruch, Unterrichtsprozesse „theoretisch" zu durchdringen, d.h. in erziehungswissenschaftlichen Kategorien zu analysieren. Warum sollte man sich die Mühe machen, Unterricht theoretisch zu bearbeiten, wenn er sich ohnehin niemals exakt wiederholt - also nichts Übertragbares gelernt werden kann? Ein Scheinargument, denn: So richtig es ist, dass keine Unterrichtssituation sich jemals genauso wiederholt, so richtig ist auch, dass Unterricht immer nur kategorial, auf der Grundlage von Gesichtspunkten beobachtet und interpretiert werden kann. D.h., auch wenn Unterricht selbst einzigartig ist, unsere Betrachtung desselben ist es mitnichten. Wir haben eine unsichtbare Brille, die unsere Wahrnehmung und Interpretation lenkt - unabhängig davon, ob wir uns dieser Tatsache bewusst sind oder nicht. Insbesondere Anfänger (aber nicht nur

---

[5] Herbart 1802 / 1922, S. 457, zitiert nach Klingberg 1992, S. 240
[6] Es ist ein offenes Geheimnis, dass viele in der Lehrerbildung tätige Hochschullehrer, die laut Stellenbeschreibung zur Beteiligung an der schulpraktischen Ausbildung verpflichtet sind, alle erdenklichen Ausflüchte bringen, um möglichst keinen Fuß in die Schule zu setzen: „Als Soziologie (Psychologe, Philosoph, ...) kann ich angehenden Lehrern doch nichts über Unterricht beibringen." Ein Kollege erzählte einmal voller Stolz von einer aus Sicht der von ihm betreuten Studierenden gelungenen Praktikumsbetreuung. Er habe von ihnen Blumen geschenkt bekommen, weil er während des Praktikums nicht einmal in der Schule aufgetaucht sei. Sein Fazit: „Ich habe im Praktikum nicht gestört". Wieder andere haben ausgerechnet während der Praktikumswochen dringende Dienstgeschäfte, wichtige Tagungen oder müssen ein Buch schreiben. Möglicherweise liegt der Grund für diese Flucht aus der Ausbildungsverantwortung darin, dass es nur schwer möglich ist, der zugeschriebenen Schulratsrolle zu entkommen.

sie) bemerken die Gerichtetheit ihrer Wahrnehmung nicht, sondern neigen dazu, ihre Beobachtungsfähigkeit als hinreichend genau zu überschätzen.

Unsolides Fundament für die Aufarbeitung von Unterrichtserfahrungen
Stundennachbesprechungen finden in der Regel auf der Basis von – generell lückenhaften - schriftlichen Notizen statt, oft auch nur *aufgrund vager Beobachtungseindrücke*. Unterrichtende wie Beobachter können sich unmittelbar nach dem Unterricht zwar grob an den Gang der Dinge erinnern, aber kaum Details richtig rekonstruieren – und gerade darauf kommt es häufig an. Für eine tragfähige Unterrichtsanalyse fehlt die Möglichkeit, mittels Playback-Taste das Erinnerte noch einmal genau zu betrachten. Zum anderen kreisen Nachbesprechungen von Unterrichtsversuchen um solche Aspekte, die sich aufgrund des erlebten Unterrichts in den Vordergrund schieben. Das sind nach Lage der Dinge immer andere - je nachdem, welches Thema in welcher Klassenstufe unterrichtet wurde, welche Methoden eingesetzt wurden oder was sich Außergewöhnliches ereignet hat. Wenn es um den Unterricht bei einer Lehrerin geht, für die Gespräche zwischen Schülern im Rahmen eines überwiegend frontalen Unterrichts einen hohen Stellenwert haben, wird die Analyse sich um Fragen der Gesprächsführung sowie um die Vor- und Nachteile von Frontalunterricht drehen. Wenn in der Parallelklasse die Lehrerin überwiegend differenzierende Unterrichtsformen praktiziert, wird sich die Analyse auf Fragen der Differenzierung sowie auf die Zusammenarbeit von Schülern bei Partner- oder Gruppenarbeit richten. Angehende Lehrer, die ihre Hospitationen und Unterrichtsversuche in einer ersten Klasse machen, werden sensibilisiert, wie Probleme des Schriftspracherwerbs auf alle Lernbereiche durchschlagen und bei der Planung jeder einzelnen Stunde zu bedenken sind. Sie erfahren aber nichts darüber, in welcher Weise die mühsame Suche nach der Geschlechtsrollenidentität die Interaktion zwischen Jungen und Mädchen in einer 6. Klasse bestimmt. Solche Besprechungen lassen also *keine Themensystematik* zu, sondern sind bestimmt durch die Zufälligkeit des Themas, die Eigenart des Unterrichts, Besonderheiten der Lerngruppe und andere zufällige Ereignisse.

Zusammenfassend ist festzuhalten, dass eine erfahrungsbezogene Vermittlung erziehungswissenschaftlicher Kategorien allenfalls ansatzweise stattfindet, selten systematisch erfolgt und durch kontraproduktive Bedingungen erheblich behindert wird.

15.2 Unterrichtstheoretische Grundkategorien erfahrungsbezogen vermitteln

Die geschilderten Schwierigkeiten einer Vermittlung theoretischer und praktischer Studieninhalte in der Lehrerbildung sind nicht grundsätzlich aufhebbar, weil Unterrichtstheorie immer nur Ausschnitte von Unterrichtspraxis fokussiert und weil Unterrichtspraxis nicht eindeutig in theoretischen Kategorien gefasst werden kann. Dennoch können die beiden eingangs genannten Aufgaben besser aufeinander bezogen und einige der beschriebenen Probleme abgeschwächt werden, indem angehende Lehrer verschiedenartige Zugänge zu pädagogischer Praxis erhalten, Unterricht unterschiedlich repräsentiert erleben und verschiedene Varianten seiner Aufarbeitung erproben.[7] Dabei kommt den mit den Neuen Medien gegebenen Möglichkeiten eine besondere Bedeutung zu. Die Auseinandersetzung mit Unterricht anhand multimedial präsentierter Unterrichtsdokumente eröffnet Chancen für eine anspruchsvolle Unterrichtsanalyse und -reflexion, wie sie weder durch Unterrichtshospitation noch mit herkömmlichen Medien gegeben sind.[8]

Bei der Entwicklung des in diesem Band vorgestellten Konzepts hat die Frage im Vordergrund gestanden, ob es einen für angehende Lehrer/innen annehmbaren Weg gibt, sich mit Unterrichtserfahrung (selbst-)reflexiv und theoretisch anspruchsvoll auseinander zu setzen. Ein feinfühliges Gespür für die Besonderheit von Unterrichtssituationen und die Fähigkeit, ein komplexes Geschehen auf bedeutsame Aspekte zu reduzieren, sind Leistungen, die Lehrer im Unterrichtsalltag andauernd erbringen müssen. Schon das Definieren einer „Situation" im Fluss des Geschehens und das „Auslesen" der Situation in Hinblick auf einen bestimmten Aspekt — einhergehend mit der Entscheidung, viele andere mögliche Aspekte auszublenden — ist eine Interpretationsleistung, die von Unterrichtenden andauernd verlangt wird. Nur wer gelernt hat, den unablässigen Strom der Unterrichtsereignisse angemessen in ‚Situationen' zu zergliedern und die jeweilige Situation mit einem passenden Interpretationsmuster ‚auszulesen', wird Unterricht in seiner Bedeutungsvielfalt verstehen. Für berufsunerfahrene und interpretationsungeübte Anfänger stellt es eine außerordentlich hohe Anforderung dar, wenn sie z.B. bei Hospitationen und Unterrichtsversuchen sofort mit der ganzen Komplexität von Unterricht konfrontiert werden. Anfänger sollten besser schrittweise darauf

---

[7] Dick 1999
[8] Weitere Beispiele dazu in dem Band „Unterrichten lernen mit Gespür" (Mühlhausen 2005)

vorbereitet werden, die mit einer Interpretation notwendig einhergehende Komplexitätsreduktion an unterschiedlich komplexen Unterrichtsdarstellungen möglichst selbstständig zu vollziehen.

Die Besonderheit des hier vorgestellten Konzepts besteht darin, dass die in den einzelnen Kapiteln behandelten unterrichtstheoretischen Kategorien einerseits mittels unterschiedlicher medialer Repräsentationsformen veranschaulicht werden, andererseits in den WBA-Übungen und Erkundungsprojekten auf unbekannte, verschiedenartig dargebotene Unterrichtssituationen zu übertragen sind. Die zu entschlüsselnden Unterrichtsausschnitte sind in ihrer Komplexität je nach Zugang unterschiedlich weitgehend reduziert, je nachdem, ob

⇒ eine medial aufbereitete Videoszene oder Unterricht live beobachtet wird;
⇒ vorher festliegt, unter welcher Fragestellung Unterricht betrachtet werden soll, oder ob das erst hinterher von den Beobachtern entschieden wird;
⇒ eine Unterrichtsszene nur als Video mit Bild und Ton dargestellt wird, oder ob parallel dazu das genaue Wortprotokoll und weitere Informationen eingeblendet werden.

Bei den *Videoszenen*, die von der DVD zu einzelnen Kapiteln aufgerufen werden können, steht die Funktion der Veranschaulichung im Vordergrund. Zum Thema „Unterrichtskonzepte, die selbstständiges Lernen fördern" zeigt eine Videoszene Schüler/innen einer 1. Klasse, die allein oder zu zweit an verschiedenen Aufgaben aus ihrem ersten Wochenplan arbeiten. Eine andere Videoszene dokumentiert, wie das Unerwartete in die wohlüberlegte Planung einbrechen kann: Eine Englischlehrerin muss ein Unterrichtsgespräch kurzfristig unterbrechen, weil sich ein Streit unter zwei Schülern entwickelt, der handgreiflich zu werden droht. Die Videodarstellungen erleichtern — trotz ihrer Komplexität im Vergleich zu schlichten Textbeispielen — das Verständnis für die zu veranschaulichenden Kategorien, weil sie — im Vergleich zur realen Unterrichtsbeobachtung — die Komplexität in mehrfacher Weise reduzieren:

⇒ durch die Kameraperspektive (gegenüber dem Geschehen in einer Klasse, bei dem der Beobachter selbst die Perspektive in der Regel willkürlich wählt und ständig ändert);
⇒ durch die Auswahl der Szenen mit Blick auf die Fragestellung;
⇒ durch vorausgehende Erläuterungen und die Aufgabenstellung ist nahegelegt, dass die Szenen im Kontext der Fragestellung betrachtet werden.

In diesem perspektivischen Zuschnitt von Unterrichtswirklichkeit zu einer Art Wirklichkeitsextrakt liegt der didaktische Vorzug gegenüber einer Hospitation vor Ort. Die Unterrichtssituationen sind vordefiniert, d.h. sorgfältig mit

Blick auf den zu behandelnden didaktischen Aspekt ausgewählt; die Aufgabenstellung fokussiert die Betrachtung darauf. Sie sind aber gegenüber vertexteten Unterrichtsschilderungen noch immer so komplex, dass ihre Entschlüsselung für unerfahrene Unterrichtsbeobachter eine erhebliche eigenständige Leistung darstellt.

Bei den veranschaulichenden Unterrichtsvideos und den meisten *WBA-Übungen* kommt ein weiterer Vorzug hinzu: Die Szenen können beliebig oft betrachtet werden, so dass ein Diskurs über das im Medium Festgehaltene möglich wird. Über unklare Passagen, schnelle Wortwechsel oder schlecht zu Verstehendes kann man sich durch wiederholtes Betrachten und Hören vergewissern — im Unterschied zur längst entschwundenen Wirklichkeit nach einer Hospitation. Angereichert werden die Szenen in den *WBA-Übungen* mit parallel einsehbaren, detailgetreuen Wortprotokollen, so dass eine präzise Analyse möglich ist. Das vergangene Unterrichtsgeschehen wird damit so eindeutig dokumentiert, dass der Beliebigkeit nachträglicher Rekonstruktionen des vermeintlich Gesehenen und Gehörten aus dem Gedächtnis Grenzen gesetzt sind.

Demgegenüber ist es gerade die Besonderheit der WBA-Übung zu Kapitel 03 *„Unterrichtsbeobachtung und -protokollierung"* (S.53), Betrachter nicht auf Analyseaspekte festzulegen. Wie bei einer Realhospitation kann die Szene nur einmal betrachtet werden, kein Wortprotokoll unterstützt zunächst den Prozess des Verstehens, keine vorgegebene Kategorie die Ausrichtung der Perspektive. Das anschließend zu schreibende Szenenprotokoll ist zwangsläufig fehler- und lückenhaft. Die Täuschungsanfälligkeit der eigenen Wahrnehmung wird in diesem Experiment im zweiten Teil aufgedeckt, indem der Betrachter sein Beobachtungsprotokoll mit dem medial dargestellten Ablauf vergleichen kann. Im Unterschied zu Beobachtungen bei Unterrichtshospitationen erhält der Betrachter hier ein Korrektiv zur eigenen Wahrnehmung.

Die anderen WBA-Übungen zeigen eine oder mehrere Unterrichtsszenen als Video mit zugehörigen Wortprotokollen, die jeweils auf genau festgelegte Aspekte hin zu untersuchen sind. So wird in den WBA-Übungen zu Kapitel 04 (zum Thema *Unterrichtseinstiege*, S.67) der Anfang von zwei Unterrichtsstunden gezeigt, die unter der Fragestellung zu analysieren sind, welche didaktischen Funktionen der jeweilige Einstieg erfüllt und welche nicht. In der WBA-Übung zum Thema *Lehrziele* ist anhand einer kurzen Unterrichtsszene, die Schüler bei einer Gruppenarbeit zeigt, zu rekonstruieren, welche fachlich-thematischen und welche fachübergreifenden Ziele der Lehrer vermutlich hat. Im zweiten Teil der Übung sind Lehrzielformulierungen aus einem Unterrichtsentwurf daraufhin zu überprüfen, auf welche Zieldimensionen sie sich beziehen und ob sie hinreichend genau operationalisiert sind.

Bei den ersten vier schulischen *Erkundungsprojekten* werden die Hospitanten mit der ganzen Komplexität realen Unterrichts konfrontiert. Die didaktische Reduktion des Materials erfolgt ausschließlich aufgrund des festgelegten Erkundungsauftrags. Die Hospitanten müssen die Vielschichtigkeit des unmittelbar miterlebten Unterrichtsgeschehens auf den durch den Analyseauftrag vorgegebenen Fokus reduzieren.

Beim fünften *Erkundungsprojekt* (Erkundung / Beobachtung zu Kapitel 12, S.199) sind abstrakte Planungskategorien wie Lehrziele, Unterrichtsphasen und unterrichtsmethodische Aspekte in selbst erlebtem Unterricht „wiederzuentdecken". Mehrmalige Erprobungen dieses Erkundungsvorhabens zeigen, dass angehende Lehrer durch Übertragung dieser didaktischen Kategorien auf eine selbst erlebte Stunde diese besser nachvollziehen können, als wenn sie „freischwebend" eine eigene Stunde zu planen versuchen, ohne eine konkrete Klasse vor Augen zu haben. Auf der DVD werden einige Ergebnisse von Dreiergruppen vorgestellt, die jeweils gemeinsam diese Rekonstruktion vorgenommen haben. Für eine Bearbeitung dieser Aufgabe in einer Kleingruppe spricht, dass divergierende Antworten diskutiert und gemeinsame Lösungen gefunden werden müssen. So wird deutlich, dass scheinbar einfach zu beantwortende Fragen (Wie viele Phasen hat die Stunde? Wann genau ist die Einstiegsphase beendet und setzt die Erarbeitungsphase ein?) nicht immer eindeutig beantwortet werden können.

Diese Varianten einer angeleiteten Unterrichtsanalyse auf der Basis multimedial aufbereiteter Unterrichtsszenen und teilnehmender Unterrichtsbeobachtung ermöglichen es, pädagogische Praxis anschaulich „hineinversetzbar" vorzustellen und zugleich theoriegeleitet zu analysieren. Die Annäherung an das komplexe Phänomen Unterricht auf verschiedenen Wegen mit verschiedenen Analyseaufgaben verbessert wechselseitig das Verständnis für Unterrichtsprozesse und für die erziehungswissenschaftlichen Kategorien, mit denen sie erfasst werden können.

16 Literatur

Artelt, Baumert, Klieme, Neubrand, Prenzel, Schiefele, Schneider, Schümer, Stanat, Tillmann & Weiß (Hrsg.): Pisa 2000 – Zusammenfassung zentraler Befunde. Berlin: Max-Planck-Institut für Bildungsforschung, 2001
Aschersleben, Karl: Frontalunterricht - klassisch und modern. Neuwied: Luchterhand Verlag 1999.
Blaschke, B: taz Nr. 6791 vom 4.7.2002, S. 16
Bloom, Benjamin u.a. (Hrsg.): Taxonomie von Lernzielen im kognitiven Bereich. Weinheim u. Basel: Beltz Verlag 1972
Bovet, Gislinde & Frommer, Helmut: Praxis Lehrerberatung – Lehrerbeurteilung. Baltmannsweiler 1999
Brügelmann, Hans: Lesekultur im Klassenzimmer. Leseförderung in der Grundschule statt Leistungsstandards. Erziehung und Wissenschaft 3/2004
Cohn, Ruth C.: Von der Psychoanalyse zur Themenzentrierten Interaktion: Von der Behandlung einzelner zu einer Pädagogik für alle. Stuttgart: Klett-Cotta 1975 (13. Auflage 1997)
Combe, Arno & Helsper, Werner: Was geschieht im Klassenzimmer. Weinheim: Deutscher Studienverlag 1994
Dewey, John: Das Kind und der Lehrplan. In: Dewey, J. & Kilpatrick, W.H.: Die Projektmethode. dt. Weimar 1935, 142-160
Dewey, John: Erfahrung und Erziehung. In: Corell, W. (Hrsg.): Reform des Erziehungsdenkens. Weinheim: Beltz 1963, 27-100
Dickenberger, D., Gniech, G. & Grabitz, H.-J.: Die Theorie der psychologischen Reaktanz. In: D. Frey & M. Irle (Hrsg.). Theorien der Sozialpsychologie. Band 1: Kognitive Theorien. Bern: Huber 1993
Drews, Ursula: Anfänge, Lust und Frust junger Lehrer. Frankfurt: Cornelsen Scriptor 2002
Enders-Dragässer, Uta & Fuchs, Claudia (Hgg.): Frauensache Schule. Aus dem deutschen Schulalltag: Erfahrungen, Analysen, Alternativen. Frankfurt a.M.: Fischer TB 4733, 1990
Engelbrecht, Alexander: Kritik der Pädagogik Martin Wagenscheins. Eine Reflexion seines Beitrages zur Didaktik. Hamburg: LIT-Verlag 2003
Festinger, Leon & Carlsmith, James, M.: Cognitive Consequences of Forced Compliances. Journal of Abnormal and Social Psychology, 1959, 58, 203-210
Floden, Robert, E. & Clark, Christopher M.: Lehrerausbildung als Vorbereitung auf Unsicherheit. In: Terhart, E. (Hrsg.): Unterrichten als Beruf - Neu-

ere amerikanische und englische Arbeiten zur Berufskultur und Berufsbiographie von Lehrern und Lehrerinnen. Köln/Wien: Böhlau 1991
Forgas, Joseph P.: Sozialpsychologie - Eine Einführung in die Psychologie der sozialen Interaktion. Weinheim :Psychologische Verlags Union München 1987
Freinet, Célestin: Die moderne französische Schule. Paderborn: Schöningh 1979, 2. Aufl.
Frey, Karl : Die Projektmethode. Weinheim: Beltz Verlag 1982
Gage, Nathaniel L.: Unterrichten — Kunst oder Wissenschaft? München: Urban und Schwarzenberg 1979
Gallin, Peter & Ruf, Urs: Sprache und Mathematik in der Schule. Zürich: Verlag Lehrerinnen und Lehrer 1993 (3.Aufl.)
Gallin, Peter & Ruf, Urs: Dialogisches Lernen in Sprache und Mathematik. Band 1: Austausch unter Ungleichen. Seelze-Velber: Kallmeyer Verlag 1998
Giesecke, Hermann; Hentig, Hartmut v. & Fauser, Peter u.a.: Wozu die Schule da ist. Seelze: Friedrich-Verlag 1996
Grässer, U., Dierschke-Blümke, M. & Forster, U.: Verhaltensauffällige Schülerinnen und Schüler - eine Betrachtung aus systemischer Sicht. In: Pädagogische Beiträge 2/2002. [URL: http://pz.bildung-rp.de/pn/pb2_02/ verhaltensauffaelligeschueler.htm] am 15.04.2004, veröffentlicht vom Pädagogischen Zentrum Rheinland-Pfalz auf dem Bildungsserver Rheinland-Pfalz, [URL: http://pz.bildung-rp.de/index.pht am 15.04.2004]
Grell, Jochen & Grell, Monika: Unterrichtsrezepte. München: Urban und Schwarzenberg 1979
Greving, Johannes & Paradies, Liane: Unterrichts-Einstiege. Ein Studien- und Praxisbuch. Berlin: Cornelsen Scriptor 1996
Grotjahn, R.: Testtheorie: Grundzüge und Anwendung in der Praxis. URL: http://www.testdaf.de/ html/ publikationen/pdffiles/regensburg99.pdf [am 20.08.2003]
Gudjons, Herbert: Handlungsorientiert lehren und lernen. Projektunterricht und Schüleraktivität. Bad Heilbrunn: Klinkhardt 1986
Hage, Klaus; Bischoff, Heinz; Dichanz, Horst; Ebel, Klaus-D.; Oehlschläger, Heinz-Jörg & Schwittmann, Dieter: Das Methodenrepertoire von Lehrern. Eine Untersuchung zum Schulalltag der Sekundarstufe I. Opladen: Leske und Budrich Verlag 1985
Hagstedt, Herbert: Lerngärten und Werkstattunterricht. Gesamthochschule Kassel, Reihe Werkstattberichte Heft 3, 1994

Hannigan, Sharon L. & Reinitz, Mark Tippens: A Demonstration and Comparison of Two Types of Inference-Based Memory Errors. In: Journal of Experimental Psychology — Learning, Memory, and Cognition, Vol 27. No.4 2001

Hänsel, Dagmar (Hrsg.): Das Projektbuch Grundschule. Weinheim und Basel: Beltz 1986

Heene, H.W.: Stefan hat den Schwarzen Peter doch nicht - Ein systemisch-konstruktivistischer Sichtwechsel. In: Pädagogische Nachrichten 1/2001. [URL: http://pz.bildung-rp.de/pn/pn1_01/s51-53.htm] am 15.04.2004, veröffentlicht vom Pädagogischen Zentrum Rheinland-Pfalz auf dem Bildungsserver Rheinland-Pfalz, [URL: http://pz.bildung-rp.de/index.pht am 15.04.2004]

Heimann, P: On countertransference. Int J Psychoanal 1950;31. S. 81–84

Helmke, Andreas: Unterrichtsqualität. Erfassen — Bewerten — Verbessern. Seelze: Kallmeyer 2003

Herbarts pädagogische Schriften. Bearbeitet und herausgegeben von E. v. Sallwürk. Erster Band Langensalza 1922

Herrmann, Ulrich: Schule im Jahre IV nach Pisa. Ein 10-Punkte-Progamm gegen die illusionären Erwartungen an ‚Bildungsstandards'. In: Pädagogik 4/2004

Hinz, Renate: Rituale in Schule und Unterricht. In: PÄDAGOGIK Heft 12/2001 S. 53-56

Huschke, Peter: Das Wochenplan-Buch. Weinheim: Beltz Verlag 1980

Ingenkamp, Karlheinz: Sind Zensuren aus verschiedenen Klassen vergleichbar? In: b:e (betrifft erziehung). 1969

Ingenkamp, Karlheinz: Die Fragwürdigkeit der Zensurengebung. Weinheim: Beltz 1995 (erstmals 1974)

Ingenkamp, Karlheinz: Neue Schultests 1976/77 – ein Überblick. In: DDS, 70, 1978, 4, S. 248-252

Jessen, Jens: Schule ist wie die Gesellschaft: Böse In: DIE ZEIT, 33. Jg. 7.8. 2003, S. 42

Kant, Immanuel: Über die Pädagogik. In: Kant, Immanuel: Werkausgabe Band XII. Hrsg. von Wilhelm von Weichedel. Frankfurt/M. 1968

Kilpatrick, William Heard: Der Projektplan — Grundlegung und Praxis. In: Dewey, J. & Kilpatrick, W.H.: Die Projektmethode. dt. Weimar 1935, 161-189

Klafki, Wolfgang: Didaktische Analyse als Kern der Unterrichtsvorbereitung. In: Roth, H. & Blumenthal, A. (Hrsg.): Didaktische Analyse. Grundlegende

Aufsätze aus der Zeitschrift 'Die deutsche Schule'. Hannover: Schroedel 1962

Klafki, Wolfgang: Neue Studien zur Bildungstheorie und Didaktik - Beiträge zur kritisch-konstruktiven Didaktik. Weinheim u. Basel: Beltz 1985

Klingberg, Lothar: Herbart über den „pädagogischen Takt". In: Pädagogik und Schulalltag 47, 1992, Bd. 3, S. 238-247

König, O. & Edding, C.: Literaturverzeichnis. Sektion Gruppendynamik im DAAG, Stand: 12.04.2004 [URL: http://www.gruppendynamik-dagg.de/0__Main/5__sLit.htm am 16.04.04]

Kuntze, W.-M.: Der Spickzettel für Lehrproben. In: Englisch - Zeitschrift für Englischlehrerinnen und Englischlehrer; Heft 4 1987

Lienert, Gustav A.: Testaufbau und Testanalyse. 'Weinheim/ Berlin 1998, München (erstmals 1969)

Meier, B.: Einige Gedanken zum Thema: Information - Mitteilung - Unterrichtsstörung [URL: http://www.rsw.tue.schule-bw.de/temp/umlauf.html, auf der Homepage der Realschule Steinlach-Wiesaz, URL: http://www.rsw.tue.schule-bw.de/index.html am 15.04.2004]

Meyer, Hilbert: Trainingsprogramm zur Lehrzielanalyse. Frankfurt: Scriptor 1975

Meyer, Hilbert: Unterrichtsmethoden. Band I (Theorie) und Band II (Praxis) Frankfurt: Scriptor Verlag 1987

Meyer, Hilbert: Wege & Werkzeuge zur Professionalisierung in der LehrerInnenausbildung. Begleitskript zum Eröffnungsvortrag auf der 24. Jahreskonferenz der ATEE in Leipzig 1999

Meyer, Hilbert: Türklinkendidaktik. Berlin: Cornelsen - Scriptor 2001

Mühlhausen, Ulf: Überraschungen im Unterricht - Situative Unterrichtsplanung. Weinheim: Beltz 1994

Mühlhausen, Ulf: Szenarien zur Arbeit mit den Hannoveraner Unterrichtsbildern — vorgestellt in erprobten Beispielen, in: Wegner, W. (Hg.): Computer und Computernetze als Lehr- und Lernmedien — Ein Werkstattbericht. Bad Heilbrunn: Klinkhardt 2003

Mühlhausen, Ulf (Hrsg.): Unterrichten lernen mit Gespür - Szenarien für eine multimedial gestützte Analyse und Reflexion von Unterricht. Einschl. Begleit-DVD mit sechs Hannoveraner Unterrichtsbildern. Schneider Verlag Hohengehren, Baltmannsweiler 2005.

Müller, Klaus Dieter: Hilfen zur Psychohygiene in einer humanen Schule, Hannover 1997. Bd. 27 der Schriftenreihe „Theorie und Praxis" (Hgg. Bönsch, M. & Schäffner, L.), Erhältlich über: Universität Hannover, Fachbereich Erziehungswissenschaften, Bismarckstr. 2, 30173 Hannover

Muth, Jakob: Pädagogischer Takt - Monographie einer aktuellen Form erzieherischen und didaktischen Handelns. Heidelberg: Quelle & Meyer 1962

Niedersächsisches Kultusministerium: Niedersächsisches Schulgesetz. Hannover, in der Fassung von 1998 (Nds. GVBl, S. 137)

Niegemann, Helmut & Stadtler, Silke: Hat noch jemand eine Frage? Systematische Unterrichtsbeobachtung zu Häufigkeit und kognitivem Niveau von Fragen im Unterricht. In: Unterrichtswissenschaft 29. Jahrgang; Heft 2, 2001, S. 171 - 192

Nikolas, Bärbel: Offener Unterricht zum Schulanfang. Berlin: Cornelsen Scriptor 1997

OECD (Hg.): Lernen für das Leben. Erste Ergebnisse der internationalen Schulleistungsstudie PISA 2000, 2001. URL: http:// www.pisa.oecd.org/ Docs/ Download/ PISA2001(deutsch).pdf [am 16.02.2003]

Orths, Markus: Die deutsche Schule wird zum Narrenhaus. Beilage chrismon der Wochenzeitung DIE ZEIT 04/2004; S 36

Papert, Seymour: Revolution des Lernens - Kinder, Computer, Schule in einer digitalen Welt deutsch: Hannover: Heise Verlag, 1994

Peschel, Falko: Offen bis geschlossen - Formen und Chancen offenen Unterrichts In: Gesing, Harald (Hrsg.): Pädagogik und Didaktik der Grundschule. Neuwied: Luchterhand 1996, S. 229-268.

Petersen, Jörg & Sommer, Hartmut: Die Lehrerfrage im Unterricht. Donauwörth: Auer Verlag 1999 (mit beispielhaften Unterrichtsszenen als Videos auf CD)

Röhrs, Hermann: Die Reformpädagogik - Ursprung und Verlauf unter internationalem Aspekt. Deutscher Studien Verlag, 3. Aufl. 1991.

Schmidt-Wulffen, Wulf: Schlüsselqualifikationen - Bildung für das Leben oder im Dienste der Wirtschaft In: Zeitschrift Praxis Geographie, 28. Jg. Heft 4, 1998, S. 14-19

Schulz, Wolfgang: Unterricht — Analyse und Planung. In: Heimann, P., Otto, G. & Schulz, W. (Hrsg.): Unterricht — Analyse und Planung. Schroedel Hannover 1965. S. 13-47.

Schwelien, M.: Wenn Leistung einsam macht. Deutsche Schüler in der Zwickmühle: Je besser die Note, desto größer die Angst, als Streber diffamiert zu werden. In: DIE ZEIT 13/2003

Sennet, Richard: Der charakterlose Kapitalismus. In: **DIE ZEIT** Nr. 49 vom 26. 11. 1998, S. 28

Siebert, Horst: Didaktisches Handeln in der Erwachsenenbildung - Didaktik aus konstruktivistischer Sicht. Neuwied: Luchterhand 1997 2. Aufl.

Spranger, Eduard: Das Gesetz der ungewollten Nebenwirkungen in der Erziehung. Quelle und Heidelberg: Meyer Verlag 1962

Stegemann, Thorsten: Die wahre PISA-Katastrophe. Erziehungswissenschaftler [d.i. K. Ingenkamp] geht mit der veröffentlichten Reaktion auf die berüchtigte Studie hart ins Gericht. 07.10.2002 [URL: http://www.heise.de/tp/deutsch/inhalt/co/13365/1.html, am 16.12.2003].

Terhart, Ewald; Czerwnka, Kurt; Ehrlich, Karin; Jordan, Frank & Schmidt, Hans Joachim: Berufsbiographien von Lehrerinnen und Lehrern. Frankfurt/M. 1994

Terhart, Ewald (Hrsg.): Perspektiven der Lehrerbildung in Deutschland. Abschlußbericht der von der Kultusministerkonferenz eingesetzten Kommission. Weinheim und Basel: Beltz 2000

Thun, F. Schulz v.: Miteinander reden, Bd. 1. Reinbek: Rowohlt Tb 1981

Vaupel, Dieter: Das Wochenplanbuch für die Sekundarstufe — Schritte zum selbständigen Lernen. Weinheim und Basel: Beltz Verlag 1995

Watzlawick, P. Beavin, J. & Jackson, D.D.: Menschliche Kommunikation. Formen, Störungen, Paradoxien. Huber Verlag 2000[10] (erstmals 1969)

Weiss, R.: Über die Zuverlässigkeit der Ziffernbenotung bei Aufsätzen. In: Schule und Psychologie 12 / 1965, 257-269.

Weiss, R.: Über die Zuverlässigkeit der Ziffernbenotung bei Rechenarbeiten. In: Schule und Psychologie 13 / 1966, 144-151.

Wimmer, Heinz & Perner, Josef: Kognitionspsychologie. Stuttgart, Berlin, Köln, Mainz: W. Kohlhammer Verlag 1979

Winkel, Jens: Suchen heißt noch lange nicht finden. In: Wegner, W. (Hg.): Computer und Computernetze als Lehr- und Lernmedien – Ein Werkstattbericht. Bad Heilbrunn: Klinkhardt 2003

Winkel, Rainer: Der gestörte Unterricht – Diagnostische und therapeutische Möglichkeiten. Schneider Verlag Hohengehren, Baltmannsweiler 2005, 7. Auflage

Winkel, Rainer: Unterrichtsstörungen – 12 Tipps für die Praxis. Essen: Neue Deutsche Schule Verlagsgesellschaft 1997 (erstmals 1995). [auch URL: http://www.gew.de/service/praxis/ texte/ u_stoerungen.pdf am 15.04.2004]

17 Index

Antinomie 14, 31, 33
  päd. Paradoxon 31
  Zensierung 250
Arbeitsauftrag 16, 131
  Grundmuster 139
  Prüffragen 133–36
Arbeitsblatt 150
Aschersleben 151, 158, 159
Beobachtung 14, 39
  Abweichung 54
  Bewertung 46
  Fakten 46
  Interpretation 46
  Protokoll 40, 45
  Protokollanalyse 46
Bildungsauftrag 70, 75
Bildungsserver, 151
Bloom 76
Brügelmann 250
Cohn 202
Combe&Helsper 255
Dewey 23, 178
Dick 259
Dickenberger&Gniech & Grabitz 210
Differenzierung
  innere 17, 176
Drews 30, 32
Enders-Dragässer 94
Festinger&Carlsmith 51
Floden&Clark 29
Forgas 45
Forschendes Lernen 12

Frage Siehe Lehrerfrage
Freinet 179
Frey 174
Frey&Irle 210
Frontalunterricht 17, 145, 147
Fuller&Brown 30
Gage 25
Gallin&Ruf 93, 95, 175, 178
Giesecke&v.Hentig& Fauser 15
Grässer&Dierschke-Blümke&Forster 201
Grell&Grell 66, 88, 148
Greving&Paradies 61
Grotjahn 19
Grundgesetz 16
Gudjons 174
Hage&Dichanz u.a 146
Hagstedt 169
Hannigan & Reinitz 48
Hänsel 174
Heene 208
Heimann 212
Helmke 26, 118, 121, 249
Herbart 257
Herrmann 250
Hinz 127
Hüne 31
Huschke 169
Ingenkamp 232, 242, 249

Jessen 32
Kant 31
Kernidee 175
Kilpatrick 173
Kipling 208
Klafki 72, 197
Klingberg 257
König&Edding 209
Lehrer
  Berufswahl 23
  guter 25
  Idealbild 25
  nicht perfekt 31
  päd.Takt 35
  Situationssicherheit 35
  Stufenmodell 30
  wertneutral 107
Lehrerausbildung 254
  erste Phase 254
  zweite Phase 255
Lehrerecho 164
Lehrerfrage 17, 159, 160–64
  Denkanstoß 160
Lehrerrolle 28
Lehrervortrag 145, 151
Leistungsbewertung siehe Zensur
Lernumgebung 15
Lienert 232
Mager 76
Meier 213
Meyer 32, 62, 66, 76, 155, 162, 174, 253
Möller 76

Mühlhausen 43, 259
Müller 92
Muth 35, 36
Narr 89, *127*
Niegemann&Stadler 163
Nikolas 89
Nilshon 126
Organisation 16, 118–22
   Ansagen 119
   Checkliste 121
   Geschäftsführung 119
   Hinweise 119
   Kontrollen 119
Papert 165
Petersen&Sommer 158
PISA-Studien 246
   Kompetenzstufen 246, 247
   Missbrauch 250
   Standard 246, 247
   Vergleichsarbeiten 249
   Praktikumsbericht 28
   Projektarbeit 173–74
   Reformpädagogik 175
Regel 16, 29
   Einführung 127
   Funktion 125
   Klassenraum 127
   Reisetagebuch 176
Ritual 16, 29
   Anfangsritual 124
   erneuern 123
   hinterfragen 123
   Prügelritual 125
   Schlussritual 124

Signalcharakter 123
verhandeln 124
Wegmarke 122
Röhrs 175
Roth 66
Schlüsselproblem 72
Schlüsselqualifikation 73, 83
Schmidt-Wulffen 73
Schule und Recht 15, 105
   Elternrecht 109–11
   Grundgesetz 108
   Schulaufsicht 105
   Schulgesetz 16, 109
   Schulrecht 15
Schulpraktikum 28
Schultest 249
Schulz 198
Schwelien 94
Shaw 49
Siebert 51
Spranger 31, 67, 88
Stationenlernen 192, 194
Stegemann 249
Störung siehe Unterrichtsstörung
Stundeneröffnung 14, 55
   Beispiel 55
   Funktion 56
Summerhill 126
Tafelbild 150
Terhart 27, 253
Thun 210
Überraschung 14
Unbewusstes 205, 235
   Angst 226

Botschaft 207
Übertragung 211
Unterricht
   Besprechung 254–58
   erfolgreicher 15, 26, 91
   Gerüst 16
   geschlossener 17
   guter 23, 24
   Leitlinie 15, 92–97, 100–102
   Lernumgebung 99
   offener 17, 166
   offener, Kleinformen 179–83
   offener, Missverständnisse 177–79
   Öffnungsansätze 175–77
   Planung 18
   schlechter 24, 25, 27
   Thema 190
Unterrichtsbeobachtung siehe Beobachtung
Unterrichtseinstieg 14, 55
   alltäglich 63
   aufwändig 62
   Beispiel 57, 60
   Funktion 56
   motivierend 66
   OMEI 59
   Überraschungen 65
   überschätzt 66
Unterrichtsgespräch 17, 145, 152–58
Unterrichtsimpuls 159

Unterrichtsplanung
Abschnittsgliederung 194
Beispiel 188–96
Didaktische Analyse 197
Einstieg 188
Klassenbeobachtung 193
Kurzform 196
Leitfrage 18, 185–88
Material 195
Organisation 196
Strukturmomente 198
Unterrichtsstörung 18
Angst 224
Definition 201, 202
entschlüsseln 209
Gefühl 207, 208
Gewalt 214
Gruppendynamik 209
institutionell 212
Kommunikationsstörung 204, 221
Konflikt 216
Lehr-/Lernstörung 203, 218

Schülerperspektive 204
Sündenbock 208
Überraschung 218
Verschiebung 207
Unterrichtsvorbereitung siehe Unterrichtsplanung
Vaupel 169
Wahrnehmung 47
Dissonanz 51
Täuschungsanfälligkeit 45
Watzlawick 96, 210
Wegner 229
Weiss 230
Werkstattunterricht 169–73
Wimmer & Perner 47
Winkel 114, 212, 223
Wochenplan 166–69
Zensur 19 siehe auch PISA-Studien
Benotungsexperiment 229
Berichtsform 243
Bezugsrahmen 237
Dilemma 245
Funktion 238–40
Gütekriterien 232

Leistung 248
Notendefinition 236
Objektivität 233
Un-/Gerechtigkeit 231
unbewusste Einflüsse 235
Ziel 15
affektiv 79, 86
ausgewogen 86
Bildungsziel 15, 74, 83
fächerübergreifend 75, 83, 84, 105, 117, 123
fachlich 15, 76
Feinziel 77, 78
Feinziel-Beispiel 78
Grobziel 77
heimlich 15, 88
Hilfsmittel 78
kognitiv 78, 86
Lehrziel 69, 191
Lehrzieltaxonomie 76, 81
Lernziel 70
Maßstab 78
mitlaufend 70
pragmatisch 79, 86
Richtziel 77

271

Neuerscheinung 2007

Ulf Mühlhausen
Abenteuer Unterricht
Wie Lehrer/innen mit überraschenden Unterrichtssituationen umgehen
2007. 284 Seiten. Kt. ISBN 9783834001924. € 19,80
Begleit-DVD mit Videobeispielen und Unterrichtsdokumenten.

Derzeit haben erstaunlich optimistische Vorstellungen von einer Steuerbarkeit des Unterrichts Konjunktur. Eine von TIMMS, PISA und anderen Studien enttäuschte Schulpolitik versucht den nationalen Makel wettzumachen durch administrativ verordnete Reformen, die unter hohem Erfolgsdruck stehen. Vielerorts gebildete Planungsstäbe, Steuerungsgruppen und Kompetenzzentren sind aufgerufen, 'zukunftsweisende' Konzepte vorzulegen, die Qualität, Effektivität und Nachhaltigkeit schulischer Bildung sichern sollen. Aber ist schulischer Lernerfolg generalstabsmäßig planbar, wie Kultusministerien das erhoffen? Ist Unterricht planerisch so leicht in den Griff zu bekommen, wie das auch viele didaktische Theorien suggerieren? Je näher man auf Unterricht zugeht, desto deutlicher wird, wie gering die Determinationskraft von vorausgehender Planung ist. Jenseits von bildungspolitisch herstellbaren Rahmenbedingungen und gegen curriculare Ansprüche werden vor Ort kaum berechenbare Faktoren wirksam, die über Erfolg oder Misserfolg von Unterricht entscheiden.

In wie vielfältiger Weise das Unerwartete selbst in gründlich vorbereiteten Unterricht 'einbrechen' kann, zeigen 222 Unterrichtsbeispiele, 45 davon als Videoszenen auf der DVD. Die daraus resultierenden Anforderungen an die Lehrkräfte sind mitunter recht verzwickt und ihre Reaktionen durchaus nicht immer pädagogisch vertretbar. Wovon lassen sich Lehrer/innen in Situationen leiten, in denen das vorentworfene Stundenkonzept seine handlungsleitende Funktion einbüßt? Forschungsbefunde und Erklärungsversuche hierzu gibt es nur wenige und sie sind erstaunlich widersprüchlich. Ihre kritische Prüfung ermöglicht die Skizze zu einer Theorie des Lehrerhandelns im Unterricht, die der verblüffenden Varianz vorfindbarer Reaktionstendenzen gerecht wird. Auch wenn eine fundierte Forschung zu diesem Problemkomplex erst am Anfang steht, so hat die Lehrerbildung die schwierige Aufgabe, Lehrer/innen besser als bisher auf die unstetige, nicht im Voraus planbare Seite des Unterrichtens einzustellen.

Schneider Verlag Hohengehren
Wilhelmstr. 13; D-73666 Baltmannsweiler